21世纪全国高等院校物流专业创新型应用人才培养规划教材

现代物流管理学

主　编　丁小龙
副主编　王富忠　李　化
参　编　曹玉华　田　跃
　　　　戴　勇　安玉兴

内容简介

本书紧密结合当前物流领域的实践，较好地体现了现代物流管理的最新实用知识，具体内容包括现代物流管理概述、物流战略管理、运输管理、仓储管理、装卸搬运管理、配送管理、物流信息管理、物流组织管理、物流成本管理、物流质量管理、物流服务管理、绿色物流管理、供应链管理和国际物流管理，共14章，突出应用性和普及性。为方便学习和教学，本书每章开头都有导入案例，每章结尾都有课堂讨论、综合练习和案例分析，引导读者思考该章内容。

本书可作为高等院校本专科生和研究生物流专业的教学用书，也可供 MBA、EMBA 和企业相关管理人员培训或学习参考。

图书在版编目(CIP)数据

现代物流管理学/丁小龙主编. —北京：北京大学出版社，2010.8
(21 世纪全国高等院校物流专业创新型应用人才培养规划教材)
ISBN 978-7-301-17672-6

Ⅰ. ①现… Ⅱ. ①丁… Ⅲ. ①物流—物资管理—高等学校—教材 Ⅳ. ①F252

中国版本图书馆 CIP 数据核字(2010)第 161165 号

书　　　名：	现代物流管理学
著作责任者：	丁小龙　主编
策 划 编 辑：	李　虎　刘　丽
责 任 编 辑：	刘　丽
标 准 书 号：	ISBN 978-7-301-17672-6/U·0036
出 版 发 行：	北京大学出版社
地　　　址：	北京市海淀区成府路 205 号　100871
网　　　址：	http://www.pup.cn　新浪官方微博：@北京大学出版社
电 子 信 箱：	pup_6@163.com
电　　　话：	邮购部 62752015　发行部 62750672　编辑部 62750667　出版部 62754962
印　刷　者：	三河市北燕印装有限公司
经　销　者：	新华书店
	787 毫米×1092 毫米　16 开本　23.5 印张　543 千字
	2010 年 8 月第 1 版　2014 年 1 月第 4 次印刷
定　　　价：	42.00 元

未经许可，不得以任何方式复制或抄袭本书之部分或全部内容。
版权所有，侵权必究
举报电话：010-62752024　电子信箱：fd@pup.pku.edu.cn

21世纪全国高等院校物流专业创新型应用人才培养规划教材编写指导委员会

(按姓名拼音顺序)

主 任 委 员	齐二石			
副主任委员	白世贞	董千里	黄福华	李荷华
	刘元洪	王道平	王海刚	王汉新
	王槐林	魏国辰	肖生苓	徐 琪
委 员	曹翠珍	柴庆春	丁小龙	冯爱兰
	甘卫华	高举红	郝 海	阚功俭
	李传荣	李学工	李向文	李晓龙
	李於洪	林丽华	刘永胜	柳雨霁
	马建华	孟祥茹	倪跃峰	乔志强
	汪传雷	王 侃	吴 健	易伟义
	于 英	张 军	张 浩	张 潜
	张旭辉	赵丽君	周晓晔	周兴建

丛 书 总 序

物流业是商品经济和社会生产力发展到较高水平的产物，它是融合运输业、仓储业、货代业和信息业等的复合型服务产业，是国民经济的重要组成部分，涉及领域广，吸纳就业人数多，促进生产、拉动消费作用大，在促进产业结构调整、转变经济发展方式和增强国民经济竞争力等方面发挥着非常重要的作用。

随着我国经济的高速发展，物流专业在我国的发展很快，社会对物流专业人才需求逐年递增，尤其是对有一定理论基础、实践能力强的物流技术及管理人才的需求更加迫切。同时随着我国教学改革的不断深入以及毕业生就业市场的不断变化，以就业市场为导向，培养具备职业化特征的创新型应用人才已成为大多数高等院校物流专业的教学目标，从而对物流专业的课程体系以及教材建设都提出了新的要求。

为适应我国当前物流专业教育教学改革和教材建设的迫切需要，北京大学出版社联合全国多所高校教师共同合作编写出版了本套《21世纪全国高等院校物流专业创新型应用人才培养规划教材》。其宗旨是：立足现代物流业发展和相关从业人员的现实需要，强调理论与实践的有机结合，从"创新"和"应用"两个层面切入进行编写，力求涵盖现代物流专业研究和应用的主要领域，希望以此推进物流专业的理论发展和学科体系建设，并有助于提高我国物流业从业人员的专业素养和理论功底。

本系列教材按照物流专业规范、培养方案以及课程教学大纲的要求，合理定位，由长期在教学第一线从事教学工作的教师编写而成。教材立足于物流学科发展的需要，深入分析了物流专业学生现状及存在的问题，尝试探索了物流专业学生综合素质培养的途径，着重体现了"新思维、新理念、新能力"三个方面的特色。

1. 新思维

(1) 编写体例新颖。借鉴优秀教材特别是国外精品教材的写作思路、写作方法，图文并茂、清新活泼。

(2) 教学内容更新。充分展示了最新最近的知识以及教学改革成果，并且将未来的发展趋势和前沿资料以阅读材料的方式介绍给学生。

(3) 知识体系实用有效。着眼于学生就业所需的专业知识和操作技能，着重讲解应用型人才培养所需的内容和关键点，与就业市场结合，与时俱进，让学生学而有用，学而能用。

2. 新理念

(1) 以学生为本。站在学生的角度思考问题，考虑学生学习的动力，强调锻炼学生的思维能力以及运用知识解决问题的能力。

(2) 注重拓展学生的知识面。让学生能在学习到必要知识点的同时也对其他相关知识有所了解。

(3) 注重融入人文知识。将人文知识融入理论讲解，提高学生的人文素养。

3. 新能力

(1) 理论讲解简单实用。理论讲解简单化，注重讲解理论的来源、出处以及用处，不做过多的推导与介绍。

(2) 案例式教学。有机融入了最新的实例以及操作性较强的案例，并对案例进行有效的分析，着重培养学生的职业意识和职业能力。

(3) 重视实践环节。强化实际操作训练，加深学生对理论知识的理解。习题设计多样化，题型丰富，具备启发性，全方位考查学生对知识的掌握程度。

我们要感谢参加本系列教材编写和审稿的各位老师，他们为本系列教材的出版付出了大量卓有成效的辛勤劳动。由于编写时间紧、相互协调难度大等原因，本系列教材肯定还存在不足之处。我们相信，在各位老师的关心和帮助下，本系列教材一定能不断地改进和完善，并在我国物流专业的教学改革和课程体系建设中起到应有的促进作用。

齐二石
2009 年 10 月

齐二石 本系列教材编写指导委员会主任，博士、教授、博士生导师。天津大学管理学院院长，国务院学位委员会学科评议组成员，第五届国家 863/CIMS 主题专家，科技部信息化科技工程总体专家，中国机械工程学会工业工程分会理事长，教育部管理科学与工程教学指导委员会主任委员，是最早将物流概念引入中国和研究物流的专家之一。

前　　言

　　管理是人类社会共同劳动的产物，在现代社会化大生产条件下，管理已成为现代社会极为重要的社会机能。物流活动作为一种共同劳动，不论是宏观物流还是微观物流，自然也需要管理。

　　现代物流管理是在现代社会再生产过程中，根据物质资料实体流动的规律，应用管理的基本原理和科学方法，对物流活动进行计划、组织、指挥、协调、控制和监督，使各项物流活动实现最佳的协调与配合，以降低物流成本，提高物流效率和经济效益。现代物流管理旨在探讨物流企业现代经济活动的基本规律，运用科学的经营管理理论和方法，实现资源的有效配置、结合和运转，以便满足市场需求，充分发挥资源的效能，创造更多更好的经济和社会效益。

　　现代物流管理涉及的内容十分广泛，一般可从 3 个不同角度加以划分：一是对物流活动诸要素的管理，其中包括对运输、仓储、装卸搬运、包装、配送、流通加工等环节的管理；二是对构成物流系统诸要素的管理，其中包括对人、财、物、信息等要素的管理；三是对物流管理活动中具体职能的管理，其中包括对物流组织、计划、质量、技术、经济等职能的管理。本书在编写时，结合实际教学进行了适当取舍和重新编排，尽量概括现代物流管理的基本原理和最新成果，特别关注物流管理的实际应用，同时也力求遵循通俗易懂、重点突出、适合教学的原则。

　　本书是北京大学出版社组织编写的"21 世纪全国高等院校物流专业创新型应用人才培养规划教材"之一。本书由丁小龙(扬州大学)担任主编，并负责对全书框架结构的设计及最后统稿。王富忠(浙江科技学院)和李化(沈阳工程学院)担任副主编。曹玉华(浙江科技学院)、田跃(扬州工业职业技术学院)、戴勇(扬州大学)和安玉兴(沈阳工程学院)参编。

　　本书共由 14 章构成，各章编写人员分工如下：第 1 章，丁小龙；第 2 章和第 3 章，曹玉华；第 4 章，李化；第 5 章和第 6 章，王富忠；第 7 章，田跃；第 8 章，丁小龙；第 9 章，戴勇；第 10 章和第 11 章，安玉兴；第 12 章和第 13 章，王富忠；第 14 章，田跃和丁小龙。

　　本书在编写过程中参考和采用了一些专家学者的成果，尽管已列在参考文献中，但难免会有疏漏，在此特别声明并致以诚挚的感谢！

　　鉴于编者水平所限，本书难免存在不妥之处，恳请广大专家学者和读者批评指正。

丁小龙
2010 年 5 月于扬州

目 录

第1章 现代物流管理概述 1

1.1 现代物流与传统物流 2
- 1.1.1 物流概念的演变 3
- 1.1.2 现代物流和传统物流的区别 6

1.2 物流管理概述 9
- 1.2.1 物流管理的概念 9
- 1.2.2 物流管理的必要性与重要性 9

1.3 物流管理发展历程 13
1.4 现代物流管理内容 15
1.5 物流管理现代化 16
- 1.5.1 物流管理现代化目标 16
- 1.5.2 物流管理现代化标志 16
- 1.5.3 物流管理现代化手段 18

1.6 现代物流管理理论 20
本章小结 24
综合练习 24

第2章 物流战略管理 28

2.1 物流战略管理概述 30
- 2.1.1 物流战略管理的含义 30
- 2.1.2 基于供应链下的物流战略管理 31

2.2 物流战略环境分析 33
- 2.2.1 物流战略环境 33
- 2.2.2 物流战略管理环境分析 36

2.3 物流战略制定与决策 40
- 2.3.1 物流战略制定 40
- 2.3.2 物流战略决策 42

2.4 物流战略实施与控制 45
- 2.4.1 物流战略实施 45
- 2.4.2 物流战略控制 45

本章小结 47
综合练习 48

第3章 运输管理 51

3.1 运输概述 52
- 3.1.1 现代运输方式 53
- 3.1.2 运输合理化 56

3.2 运输决策管理 60
- 3.2.1 运输方式的选择 60
- 3.2.2 运输路线以及运量的选择 63
- 3.2.3 运输服务商的选择 64

3.3 运输组织管理 66
- 3.3.1 物流运输组织的形式 66
- 3.3.2 物流运输组织作业流程 70

3.4 运输合同管理 77
- 3.4.1 运输合同的订立与履行 77
- 3.4.2 运输合同的变更与解除 81
- 3.4.3 运输责任的划分 82

本章小结 84
综合练习 85

第4章 仓储管理 87

4.1 仓储管理概述 88
- 4.1.1 仓储管理的含义 88
- 4.1.2 仓储的分类 90
- 4.1.3 仓储管理的内容 92
- 4.1.4 仓储管理的原则 92

4.2 仓库规划、选址与布局 93
- 4.2.1 仓库规划 93
- 4.2.2 仓库选址 94
- 4.2.3 仓库布局 97

4.3 商品保管与养护 100
- 4.3.1 库存商品变化形式 100
- 4.3.2 库存商品变化因素 101
- 4.3.3 商品保管养护措施 102

4.4 库存管理 103
- 4.4.1 库存管理概述 103

4.4.2 确定性需求库存控制 106
4.4.3 随机需求库存控制 113
4.4.4 JIT 存货管理 114
4.4.5 ABC 分类库存管理法 116
本章小结 119
综合练习 119

第 5 章 装卸搬运管理 122

5.1 装卸搬运概述 123
  5.1.1 装卸搬运的含义、地位与作用 124
  5.1.2 装卸搬运的分类 124
5.2 装卸搬运机械管理 126
  5.2.1 装卸搬运机械的类型 126
  5.2.2 装卸搬运机械的选择与配套 129
  5.2.3 装卸搬运机械的管理措施 130
5.3 装卸搬运合理化概述 131
  5.3.1 不合理的装卸搬运 131
  5.3.2 装卸搬运基本原则 132
  5.3.3 装卸搬运合理化 133
5.4 装卸搬运作业管理 135
  5.4.1 装卸搬运作业特点 135
  5.4.2 装卸搬运作业流程 136
  5.4.3 装卸搬运作业组织 137
本章小结 138
综合练习 139

第 6 章 配送管理 141

6.1 配送概述 143
  6.1.1 配送的含义与特点 143
  6.1.2 配送的类型 144
  6.1.3 配送作业流程 146
  6.1.4 配送路线的确定 147
6.2 配送合理化 148
  6.2.1 配送合理化标志 148
  6.2.2 配送合理化措施 149
6.3 配送中心功能及流程 150
  6.3.1 配送中心含义与特点 150
  6.3.2 配送中心的功能 151
  6.3.3 配送中心的类型 152
  6.3.4 配送中心作业流程及管理 153
6.4 配送中心规划与设计 154
  6.4.1 配送中心规划与设计概述 154
  6.4.2 配送中心规划与设计的内容 155
  6.4.3 配送中心选址 156
  6.4.4 配送网点布局 157
  6.4.5 配送中心功能布局设计 158
本章小结 160
综合练习 160

第 7 章 物流信息管理 163

7.1 物流信息概述 165
7.2 物流信息技术 166
  7.2.1 EDI 电子数据交换技术 167
  7.2.2 条形码与 POS 系统 168
  7.2.3 RFID 射频技术 172
  7.2.4 GIS 技术 173
  7.2.5 GPS 技术 176
7.3 物流信息系统 178
  7.3.1 物流信息系统的含义 178
  7.3.2 物流信息系统结构 179
  7.3.3 物流信息系统开发 181
  7.3.4 物流信息系统分析 183
7.4 物流信息管理系统的应用 184
  7.4.1 运输管理信息系统的应用 184
  7.4.2 仓储管理信息系统的应用 185
  7.4.3 配送管理信息系统的应用 186
本章小结 188
综合练习 189

第 8 章 物流组织管理 193

8.1 物流组织概述 195
  8.1.1 物流组织产生与发展 195
  8.1.2 物流组织的分类 197
8.2 物流组织结构 197
  8.2.1 传统物流组织 198
  8.2.2 现代物流组织 199
8.3 物流组织设计 201
  8.3.1 物流组织设计的内容 201
  8.3.2 物流组织设计的影响因素 202

8.4 物流组织人力资源管理 204
 8.4.1 物流组织人员选聘 204
 8.4.2 物流组织人员培训 207
 8.4.3 物流组织人员考核 210
8.5 物流组织变革 213
 8.5.1 物流组织创新 213
 8.5.2 物流战略联盟 216
本章小结 220
综合练习 221

第9章 物流成本管理 225

9.1 物流成本管理概述 226
 9.1.1 物流成本概述 226
 9.1.2 物流成本管理的目标和范围 231
 9.1.3 物流成本管理的理论发展 ..232
9.2 物流成本核算 232
 9.2.1 物流成本核算的主要内容 ..233
 9.2.2 物流成本核算的方法 235
 9.2.3 物流企业效率分析和评价方法 236
9.3 物流成本分析与控制 237
 9.3.1 物流成本分析与系统模型 ..238
 9.3.2 物流成本控制的基本问题 ..241
 9.3.3 物流成本控制方法 242
 9.3.4 预算管理制度的利弊分析 ..244
9.4 降低物流成本的途径 245
 9.4.1 降低运输成本的途径 245
 9.4.2 降低存货持有成本的途径 ..246
 9.4.3 降低物流行政管理成本的途径 248
本章小结 249
综合练习 250

第10章 物流质量管理 253

10.1 物流质量管理概述 254
 10.1.1 质量与质量管理 255
 10.1.2 物流质量定义与内容 257
 10.1.3 物流质量管理定义与工作内容 258

10.2 物流质量管理的方法 259
 10.2.1 PDCA 循环管理法 259
 10.2.2 ABC 分析法 260
 10.2.3 "7S" 现场管理法 262
10.3 物流标准化 263
 10.3.1 物流标准化概述 263
 10.3.2 ISO 9000 质量管理体系 264
10.4 物流质量改进 268
 10.4.1 物流质量改进的环境 268
 10.4.2 物流质量改进的过程 269
10.5 物流业务流程再造 270
 10.5.1 业务流程再造理论概述 270
 10.5.2 物流业务流程再造程序 271
本章小结 272
综合练习 273

第11章 物流服务管理 276

11.1 物流服务管理概述 278
 11.1.1 物流服务 278
 11.1.2 物流服务的特征 278
 11.1.3 物流服务的新理念 280
11.2 物流增值服务 281
 11.2.1 增值服务的含义 281
 11.2.2 增值服务的领域 282
11.3 物流服务质量评价 284
 11.3.1 物流服务质量评价指标 284
 11.3.2 物流服务质量的改进 287
11.4 物流服务绩效评价 290
本章小结 292
综合练习 293

第12章 绿色物流管理 295

12.1 绿色物流概述 297
 12.1.1 绿色物流的含义、兴起的原因与理论基础 297
 12.1.2 绿色物流的特点 299
12.2 绿色物流系统 300
 12.2.1 绿色物流系统的含义 300
 12.2.2 绿色物流系统的构建 301
12.3 物流系统的绿色评价 303
 12.3.1 物流系统的环境评价 303

12.3.2 物流系统的资源评价 304
12.3.3 物流系统绿色评价指标体系 305
12.4 绿色物流发展策略 306
12.4.1 我国绿色物流发展主要障碍 306
12.4.2 我国绿色物流发展策略 307
本章小结 309
综合练习 309

第 13 章 供应链管理 311

13.1 供应链概述 312
13.1.1 供应链的含义 312
13.1.2 供应链的结构 313
13.1.3 供应链的特点 314
13.1.4 供应链的类型 314
13.2 供应链的整合与优化 317
13.2.1 供应链的整合 317
13.2.2 供应链的优化 319
13.3 供应链管理概述 322
13.3.1 供应链管理的含义 322
13.3.2 供应链管理的原则 322
13.3.3 供应链管理的内容 323
13.4 供应链网络设计 324
13.4.1 供应链网络设计的影响因素 324
13.4.2 供应链网络设计的步骤 325

13.5 供应链管理的绩效评价 326
13.5.1 供应链管理绩效评价内容 326
13.5.2 供应链管理绩效评价方法 327
本章小结 329
综合练习 330

第 14 章 国际物流管理 334

14.1 国际物流概述 336
14.1.1 国际物流的概念 336
14.1.2 国际物流的分类 337
14.2 国际物流业务 337
14.2.1 国际货物运输 338
14.2.2 国际货物仓储 340
14.2.3 国际货物配送 342
14.3 国际物流服务 344
14.3.1 国际货运代理 344
14.3.2 国际船舶代理 346
14.3.3 国际快递 349
14.4 国际物流发展趋势 351
14.4.1 国际物流发展的影响因素 351
14.4.2 国际物流发展趋势下的供应链管理 353
14.4.3 经济全球化背景下的国际物流管理发展趋势 356
本章小结 358
综合练习 358

参考文献 361

第1章 现代物流管理概述

【本章教学要点】

知识要点	掌握程度	相关知识	应用方向
现代物流与传统物流的区别	了解	物流概念的演变、对现代物流的界定	弄清现代物流的含义
物流管理发展历程	了解	企业物流、供应链管理	了解现代物流管理的发展现状
现代物流管理内容与特点	重点掌握	物流活动、系统、具体职能等要素管理	明白现代物流管理的内容与特点
物流管理现代化	掌握	物流管理现代化的目标、标志和手段	推进物流管理现代化建设
现代物流管理新理念	熟悉	第三方物流、供应链管理、第四方物流、精益物流、虚拟物流、物流一体化等	树立现代物流管理新理念

【本章教学目标与要求】

- 了解物流概念的演变;
- 了解现代物流与传统物流的区别;
- 掌握物流、物流管理的定义;
- 了解现代物流管理的发展历程;
- 掌握物流管理现代化标志和手段;
- 掌握现代物流管理内容与特点;
- 熟悉现代物流管理新理念。

导入案例

美国联合包裹服务公司

20世纪初,自从美国联合包裹服务公司(UPS)在西雅图百货商店之间穿梭运送福特T型车和摩托车以来,这家以深棕色为代表色的公司,一直严格遵循自己成功的营业模式,并受到广泛的称赞。虽然UPS日趋成熟的"棕色经营"已实现了每个工作日投递1300万件邮包的创举,但他们认为还不足以在全球化、知识化的物流业市场中竞争。因此,必须摆脱企业传统的经营模式,向信息化的第三方物流企业发展。

早在20世纪80年代,UPS就决定创立一个强有力的信息技术系统。之后的10年间,UPS在信息技术方面投入110亿美元,配置了主机、PC、手提电脑、无线调制解调器、蜂窝通讯系统等设施设备,并网罗了4000名程序工程师及技术人员。这种投入,使UPS实现了与99%的美国企业和96%的美国居民之间的信息往来。目前,UPS可向顾客和供应商提供瞬间电子接入服务,以便查阅有关包裹运输和送达过程的信息。例如1998年圣诞节前夕,有100万顾客访问UPS网站查看其托运货物的在途状况。UPS还能对每日运送的1300万个邮包进行货物跟踪。例如,一个出差在外的销售员在某地等待某些样品的送达时,可以通过UPS的3COM网络系统输入运单跟踪号码,即可知道货物的位置;当需要将货物送达另一个目的地时,还可通过网络以及附近的蜂窝式塔台,通知将货物送到客户最新指定的投递点。

UPS的货运司机是公司货物跟踪系统中的关键人物。他们携带了一块电子操作板,称作DLAD,即运送信息获取装置,可同时捕捉和发送运货信息。一旦用户在DLAD上签收了包裹,信息将会在网络中传播。寄件人可以登录UPS网站了解货物情况。同时,司机行驶路线的塞车情况,或用户即时提货等信息也可发放给DLAD。除利用网络对货件运送与监控外,利用其网络,公司还可以开拓新的综合商务渠道,既做中间商,又当担保人。UPS通过送货件、做担保及运货后向收件人收款,正成为现代商务社会中一个重要结点。

资料来源:刘明菲,王槐林.物流管理[M].北京:科学出版社,2008.第20、21页

美国联合包裹服务公司是现代众多物流企业管理的典范之一,其科学先进的现代物流管理思想和方法告诉人们:管理是人类共同劳动的客观要求。作为现代物流业,其活动事关国民经济各行业的发展,事关千家万户的生活需要,稍有不慎就会引发重大的社会问题,因此,必须要对其进行科学管理。也只有对物流进行科学管理,才能通过提高物流效率来提高企业效益、社会效益和人们的生活质量。

1.1 现代物流与传统物流

现代物流是相对于传统物流而言的提法,严格意义上讲,现代物流与传统物流是有本质区别的。一般人们把早期的物流称为传统物流,而把现在的物流称为现代物流。近年来,很多人都会提到"现代物流"一词,在西方发达国家,也有Modern Logistics(现代物流)这个提法。但是对于现代物流和传统物流之间的区别是什么、现代物流具有哪些明显特征等

问题并没有很深入的研究。为了有效地进行现代物流管理，有必要先弄清楚物流概念的演变、现代物流和传统物流之间的本质区别。

1.1.1 物流概念的演变

人们对物流的最早认识是从流通领域开始的。社会分工使社会发展到生产与消费相分离的商品经济，产生了连接生产与消费的流通功能。在商品流通过程中，一般是在买卖成交的商流完成以后进行物流活动，即把商品运送到消费者所在地，这个过程即为物流过程。物流是从包装开始，通过装卸、运输、储存、保管等过程，将商品运到买者手中，流通活动宣告结束。随着商品经济的发展、社会分工的细化，商品交换规模进一步扩大，促使商业信用的发展，出现了多种交易付款方式，如预付款方式、定金方式、支票、汇票、分期付款、延期付款、托收承付等方式，这使得流通的主要职能商流与物流进一步分离。随着商流与物流的分离，商品流通的水平得到提高，人们可按照实物和资金各自的运行规律去组织，从而不仅提高了流通的速度，也提高了方便性和安全性。在商品流通过程中，除商流和物流这两项具体的流通活动外，还有信息流活动。这是因为交易的双方为了各自的利益，都要尽力掌握对方和中介方的有关商品交易的各种信息，如商品信息、支付能力、商业信誉等。信息流活动包括在商品交换的前期、中期、后期对商流信息和物流信息的生产、加工、传递、储存等。因此，商流、物流、信息流成为商品流通的必要组成部分。

人们虽然长期对物流现象习以为常，但是一直到20世纪初以前，还没有关于"物流"的概念表述。从20世纪初到现在的近一个世纪时间内，有很多学者和组织机构进行过物流研究，但由于各国经济环境、研究方法不同，人们看待问题的思想、观念的差别，故目前各国对物流的定义还没有一个统一的概念。

1. 物流概念在欧美

物流的概念最早起源于20世纪初的美国，美国也是最早将其付诸实践的国家之一。时至今日，美国物流的概念产生和发展大致经历了物流概念的孕育、分销物流学和现代物流学3个发展阶段，见表1-1。

表1-1 美国物流概念产生和发展的阶段

物流概念发展阶段	时间范围	主要特点
第一阶段 物流概念孕育	20世纪初~20世纪50年代	Physical Distribution 与 Logistics 两种概念提法
第二阶段 分销物流学	20世纪50年代中期~20世纪80年代中期	Physical Distribution 概念得到完善发展，并走向世界
第三阶段 现代物流学	20世纪80年代中期~现在	放弃使用 Physical Distribution，而采用 Logistics 概念，其意义内涵更丰富

1901年，约翰·F·格鲁威尔(John F.Growell)在美国政府报告《农产品流通产业委员会报告》中，第一次论述了对农产品流通产生影响的各种因素和费用，在理论上揭开了人们对物流认识的序幕。1905年，美国少校琼斯·贝克(Chauncey B.Baker)在其所著的《军队和军需品运输》中提出 Logistics 的物流概念，并指出"与军备的移动与供应相关的战争的艺术的分支就叫物流"。1922年，著名市场营销学家弗莱德·F·克拉克(Fred.F.Clark)在《市

场营销原理》中将市场营销定义为："影响商品所有权转移的活动和包括物流的活动"，并用"Physical Distribution"一词作为要素来研究企业经营活动中的运输、储存等业务活动。

从实践发展的角度看，1941—1945年第二次世界大战期间，美国军事后勤活动的组织为人们对物流的认识提供了重要的实证依据，推动了战后对物流活动的研究以及实业界对物流的重视。第二次世界大战期间，美国及其盟军为了战争目的，需要在横跨欧洲、美洲、大西洋的广大范围内进行军事物品的补充调运。他们在军队人员调动、军用物品装备的制造、运输、供应、战前配置和调运、战争中补给与养护等军事后勤活动中，研究采用了一系列技术和方法，使得这些后勤活动既能够保障供给、满足战争需要，又能够达到费用省成本低、时间短效率高，同时还能安全、巧妙地回避对方攻击等。由此，在美国军方形成了关于后勤管理(Logistics Management)的完整思想、技术和方法体系，通过对采购、运输、仓储、分发进行统筹安排、优化调度的全面管理，以求费用更低、速度更快、服务更好地实现军队、辎重和给养移动过程的组织保障。第二次世界大战后，Logistics(军事后勤)的运作理念和方法被广泛应用于企业界。

20世纪60年代，随着世界经济环境的变化，美国现代市场营销的观念逐步形成，客户服务成为企业经营管理的核心要素，物流在为客户提供服务上起到了重要的作用。物流，特别是配送，得到了快速的发展。1960年，美国的Raytheon公司建立了最早的配送中心，结合航空运输系统为美国市场提供物流服务。

1963年，美国成立了国家物流管理学会(National Council of Physical Distribution Management, NCPDM)，其对物流的定义是：物流管理是为了计划、执行和控制原材料，在制品库存及制成品从起源地到消费地的有效率的流动而进行的两种或多种活动的集成。这些活动可能包括但不仅限于顾客服务、需求预测、交通、库存控制、物料搬运、订货处理、零件及服务支持、工厂及仓库选址、采购、包装、退货处理、废弃物回收、运输、仓储管理。

进入20世纪80年代，欧美物流管理的内容已由企业内部延伸到企业外部，其重点已经转移到对物流的战略研究上，企业开始超越现有的组织结构界限而注重外部关系，将供货商(提供成品或运输服务等)、分销商以及用户等纳入管理的范围，利用物流管理建立和发展与供货厂商及用户稳定、良好、双赢、互助的合作伙伴关系，物流管理已经意味着企业应用先进的技术、站在更高的层次上管理这些关系。电子数据交换(EDI)、准时制生产(JIT)、配送计划以及其他物流技术的不断涌现和应用发展，为物流管理提供了强有力的技术支持和保障。

1985年，美国物流管理学会(现在已改名为The Council of Logistics Management, CLM)对物流的定义：物流是对货物、服务及相关信息从起源地到消费地的有效率、有效益的流动和储存进行计划、执行和控制，以满足顾客要求的过程。该过程包括进向、去向、内部和外部的移动以及以环境保护为目的的物料回收。

同年，加拿大物流管理协会(1967年成立时叫The Canadian Assoiation of Physical Distribution，1992年更名为The Canadian Association of Logistics Management，2000年5月又更名为The Canadian Association of Supply Chain & Logistics Management)给物流下的定义是：物流是对原材料、在制品库存、产成品及相关信息从起源地到消费地的有效率的、成本有效益的流动和储存进行计划、执行和控制，以满足顾客要求的过程。该过程包括流进(Inbound)、流出(Outbound)和内部流动。

20 世纪 90 年代，电子商务在欧美如火如荼地发展，促使现代物流上升到了前所未有的重要地位。目前的发展表明，电子商务交易额中 80%是商家对商家交易。电子商务发展等于对整个物流进行了一个重新定义的过程，对物流所有的环节和所有的方面都产生了革命性的影响。

1994 年欧洲物流协会(European Logistics Association，EIA)对物流的定义是：物流是在一个系统内对人员和(或)商品的运输、安排及与此相关的支持活动的计划、执行和控制，以达到特定的目的。

1998 年美国物流管理协会对物流的定义是：物流是供应链过程的一部分，是为了满足客户需求而对商品、服务及相关信息从原产地到消费地的高效率、高效益的正向和反向流动及储存进行的计划、执行与控制的过程，其目的是满足客户要求。

2. 物流概念在日本

20 世纪 60 年代物流的概念被引入日本，并将其定义为"物流"。当时对物流的理解是"在连接生产和消费之间对物资履行保管、运输、装卸、包装、加工等功能，以及作为控制这类功能后援的信息功能，它在物资销售中起到了桥梁作用。"

1955 年末到 1965 年是第二次世界大战后日本经济从复苏转向高度发展的时代。随着经济快速增长，日本国内各种消费品、原材料、设备等的流通规模和范围不断扩张，导致公路、港口和铁路等运输基础设施和运输业难以应对。同时，许多企业原有的仓库满仓，需要不断地租借附近营业性仓库，甚至不得不在工厂内搭起天棚以保管商品。这种情形使传统的出货就是出货、保管就是保管、配送就是配送等孤立的处理办法难以适应要求，需要从物流大系统的角度，对运输、仓储、保管、配送等活动进行综合管理；同时，流通领域诞生了系统化的思想。在这个背景下，为了研究综合管理、流通系统化和提高产业劳动生产率等课题，当时日本组织了各种专业考察团到国外考察学习，并公开发表详细的考察报告，全面推动了日本生产经营管理的发展。在这些考察团中，一个由 12 名专家学者组成的"流通技术专业考察团"，从 1956 年 10 月下旬到 11 月底，在美国各地进行了实地考察，并首次接触到物流这个新生事物。1958 年，由考察团撰写了"劳动生产率报告 33 号"刊登在日本《流通技术》杂志上，第一次提到 PD(Physical Distribution)的概念。由此，PD 概念被正式引入日本，大大推动了日本物流的研究。

最初，"物流"究竟是"物的流动"还是"物理性流通"，在日本也曾引起广泛的讨论。"物的流动"在英语中叫做"Flow of Goods"或"Materials Flow"，是单纯的物的流动；"物理性流通"在英语中叫做 PD(Physical Distribution)，意思是流通中的物理性方面。因此，物流是"物理性流通"的省略语。事实上，这个"Distribution"包含分配的意思。从逻辑上讲，分配是商业交易的衍生物，故将"Physical Distribution"翻译成物理性流通，还是比较贴切的。由此可见，物流着重强调了流通分配的物理性方面，专注如何更有效地实现买卖双方之间已经达成的货物交易。

1964 年，日本用"物的流通"一词取代了从英语中引用过来的 PD(Physical Distribution)，从此，物流革新思想开始渗透到日本整个经济社会。

20 世纪 70 年代，日本产业构造审议会流通部给物流下的定义是：所谓物流，是物资有形或无形地从供给者向需求者进行的物理的流动。具体说，物流活动包括包装、装卸、运输、保管及通信联络等诸项活动。这种物流活动与交易活动不同，物流活动可以对物资做出在时间和空间方面的价值贡献。

1981年，日本日通综合研究所在出版的《物流手册》上对物流的定义是：物流是物质资料从供给者向需求者的物理性流动，是创造时间性、场所性价值的经济活动。从物流的范畴来看，包括：包装、装卸、保管、库存管理、流通加工、运输、配送等诸种活动。如果不经过这些过程，物质资料就不能移动。

3. 物流概念在中国

自古以来，中国同样也存在各种物流活动和物流业，但是中国关于物流的概念产生比较晚，中国关于物流的概念是20世纪70年代末从日本引入的。"文化大革命"结束以后，国家为恢复国民经济，派了一个考察团到美日等国考察。当时，考察团在美国学到的是Physical Distribution，在日本学到的是"物流"，后来在中国则统称之为"物流"。随后，国民经济的快速发展极大地推动了物流业的发展，如运输业、仓储业、包装业都得到了快速发展。

但是，我国对"物流"从观念上认识的发展，却与基础硬件设施的发展速度不成正比。自引进"物流"概念和理论以来，在很长一段时间里没有引起足够的重视。在发达国家应用物流理论和物流技术对流通领域和生产领域进行改善已是很普遍时，在我国普及程度却很不理想。这主要是由于我国长期实行的是计划经济体制，整个国民经济按计划生产、分配和消费，物流管理只是作为实现计划生产和消费的辅助手段。

随着社会主义市场经济体制的初步建立，市场体系的逐步完善，经济持续、高速、稳定地增长，科学技术的迅猛发展，我国经济开始进入新的发展阶段。一方面，经济的发展、产品的不断丰富，导致短缺经济基本结束，买方市场逐步形成；另一方面，随着经济市场化、市场一体化、竞争国际化趋势的加强，物流作为提高国民经济竞争力的关键因素和影响众多领域发展的潜在大市场，开始为社会各界广泛关注。有关物流的学术团体也相继成立，并积极有效地组织开展了国内国际物流学术交流活动。中国物流流通学会于1989年5月在北京成功承办了第八届国际物流会议，这对我国的物流发展起到了极大的促进作用。

2006年12月4日，我国颁布的《中华人民共和国物流术语国家标准》(GB/T 18345—2006)正式出台，该标准对物流的定义为：物流是物品从供应地向接收地的实体流动过程，根据实际需要，将运输、储存、装卸、搬运、包装、流通加工、配送、信息处理等基本功能实现有机结合。这个定义既参考了美国、日本的物流的定义，又充分考虑了中国物流发展的现实。从中可以看出，物流是一个物品的实体流动过程，在流通过程中创造价值，满足顾客及社会性需求，即物流的本质是服务。

1.1.2 现代物流和传统物流的区别

现代物流与传统物流是相对而言的提法，更多的情况下，现代物流是泛指物流业发展到现阶段的物流。现代物流是在不同的国家和经济背景下逐渐发展而来，其概念在不同国家有不同的表述形式，而且随着时代的发展也在不断修正现代物流的定义。

1. 国内关于现代物流的争议

在国内，对于什么是现代物流，争议很大，出现了多种不同的说法。在有关物流的论著中，比较典型的对于现代物流理解的观点主要有以下几种。

汪鸣、冯浩在主编的《我国物流业发展政策研究》一书中认为现代物流是"涵盖企业经济活动各个环节的创造增值价值的经济活动"。

翁心刚在其《物流管理基础》一书中认为现代物流"是指具有现代特征的物流"。

丁俊发在其《中国物流》一书中认为现代物流"是对传统物流的升华与革命"。认为现代物流比传统物流功能更全面，物流要素集成，信息技术广泛应用，第三方物流成发展趋势。

刘志学在其《现代物流手册》一书中认为"现代物流是指以现代信息技术为基础，整合物流各项基本功能而形成的综合性物流活动模式"。

何明珂在所著的《物流系统论》一书中明确提出没有"现代物流"与"传统物流"之说。认为物流发展历史很短，就是现代或者当代的事情。"物流"与"现代物流"没有差别，讲物流就是指的现代物流。

除此之外，在相关的学术研究文章中对于现代物流也有各种各样的表述。其中有代表性的主要有以下几种。

韩宗银、王云松在其"现代物流发展趋势的探讨"(四川冶金，2003-1)一文中，认为现代物流是指物流供应商通过利用高技术，实现运输合理化、仓储自动化、包装标准化、加工配送一体化、装卸机械化和信息管理网络化，大大节省流通费用，提高工作效率，达到优化企业效益和社会效益的目的。

唐齐国在其"初探现代物流管理对军需管理的影响"(物流科技，2003-2)一文中，认为现代物流指的是将信息、运输、仓储、库存、装卸搬运以及包装等物流活动综合起来的一种新型的集成式管理，其任务是尽可能降低物流的总成本，为顾客提供最好的服务。

郝海瑞在其"加强现代物流的整合与管理"(中国工商管理研究，2003-2)一文中，认为现代物流是指从买卖双方交易的"商流"中分离出来的第三方物流和第四方物流的总称。

迟永林、张锦在其"传统物流业与现代物流业的关系及转化"(重庆交通学院学报社科版，2003-3)一文中，认为现代物流不仅包括原材料、产成品等从生产到消费的全程实物流动，还包括伴随这一过程的信息流动，以及对实物和信息的流动进行的计划、管理和控制。随着观念的更新和技术的进步，现代物流业呈现出新的特征。

勾宏图在其"对发展现代物流的认识"(中国物流与采购，2004-20)一文中，认为现代物流是将运输、仓储、装卸、加工、整理、配送、信息等方面有机结合，形成完整的供应链，为用户提供多功能、一体化的综合性服务，通过整个供应链的有效管理创造价值。

以上这些认识，都从不同的角度对于"什么是现代物流"进行了阐述，可以说是仁者见仁，智者见智。

2. 对于现代物流的界定

在对现代物流进行界定之前，首先应该明确"现代物流"与"现代物流管理"是两个不同性质的概念。现在有很多对于物流概念的定义，名义上是物流的定义，实际上是物流管理的定义，因此很容易使人们误解。事实上，这种误解和误导在我国已经非常广泛，不仅是新闻媒体，而且许多教科书和学术杂志都存在这种误解和误导。这种误解和误导既不利于我国物流人才的培养，也不利于我国物流业的科学发展，必须予以纠正。

对于现代物流的准确界定确实是一件很困难的事情，因为"现代"这个词具有永恒的变动性，不同的时代都可以相对于其以前的时代称为"现代"。对于物流而言，也是如此。物流发展也是一个连续不断的制度、技术、组织与管理的变迁过程，从物流概念出现以来，无论在我国还是国外，物流都经历了不同的发展阶段。对于各国、各地区而言，物流的发展阶段又各不相同。因此，想要准确地界定现代物流的概念，就需要选取一个合适的参照标准。基于这样的认识，在这里对现代物流的概念作如下界定：所谓现代物流，就是指基于现代物流管理、现代物流服务、现代物流技术和现代物流经济的一种物流形态。它是将运输、包装、仓储、配送、装卸搬运、流通加工、信息等物流活动有机综合起来，形成完整供应链的一种新型的集成管理方式，其目的是为用户提供多功能、一体化的综合性服务，通过整个供应链的有效管理来创造价值。

3. 现代物流与传统物流的区别

基于上述界定，现代物流与传统物流的区别实际上就是在物流服务、物流管理、物流技术和物流经济4个物流非固有属性方面变革引起的区别。

传统物流是一个相对的概念，它是相对于现代物流而言的。通常，把基于传统的物流服务、物流管理、物流技术和物流经济的物流形态称为传统物流。从时间上说，传统物流是指过去时期的物流，而现代物流是指现代时期的物流。按照这种划分，某个时间以前的物流都是传统物流，某个时间以后的物流都是现代物流，这样就没有物流主体选择的问题。但是，在传统物流和现代物流两种物流形态并存的时期，物流主体就有优化选择的问题。应该指出，物流的效益和效率并不一定和传统物流与现代物流有必然的联系，不能认为传统物流的效益和效率一定是低的，现代物流的效益和效率一定是高的，具体情况要具体分析。

显然，传统物流是由于物流非固有性质的存在而形成的，由于物流主体所处的自然、经济和社会发展环境阶段不同，在物流服务、物流管理、物流技术和物流经济4个方面的优化选择也会不同，因此我国传统物流概念与我国物流历史发展阶段和实际物流特征密切相关，它是相对于现代国际物流发达水平而言的。

自20世纪80年代后，物流服务、物流管理、物流技术和物流经济较之以往产生了质的革新与发展，物流的非固有属性由量变到质变，物流实际运作呈现出许多新特点，由此便出现了所谓的传统物流与现代物流的概念，例如，物流服务由单项物流服务发展到综合性物流服务，由一般化物流服务发展到个性化物流服务；物流管理体制由条块分割、相对独立分散，发展为要素集成及产业联动机制；物流组织由商流网与物流网合一、以物流自理为主，发展成为商流网与物流网分离，更多的是委托第三方并采取物流联盟的组织形式；物流技术由手工作业或以半机械、半手工作业、技术形式单一为主，发展成为规模化、机械化、技术化和信息化的综合化形式。例如，将物流自身的功能技术与现代电子信息技术、智能控制技术、系统管理技术综合集成起来，形成高效的物流运作系统，如JIT、立体自动仓库、搬运机器人、电子数据交换系统(EDI)、地理信息系统(GIS)、卫星定位系统(GPS)和射频标识技术(RF)等。

综上所述，传统物流与现代物流的区别实际上是由于物流服务、物流管理、物流技术和物流经济4个物流非固有属性变革所引起的区别，或者说，物流在其服务、管理、技术和经济上的变革表现出传统物流与现代物流的区别。因此，一般认为，传统物流是指具有传统物流服务、管理、技术和经济特性的一种物流服务工程模式；而现代物流则是指具有现代物流服务、管理、技术和经济特性的一种物流服务工程模式。

1.2 物流管理概述

管理是人类社会共同劳动的产物,在现代社会化大生产条件下,管理已成为现代社会极为重要的社会机能。物流活动作为一种共同劳动,不论是宏观物流还是微观物流,自然也需要管理。物流管理旨在探讨物流企业现代经济活动的基本规律,运用科学的经营管理理论和方法,实现资源的有效配置、结合和运转,以便满足市场需求,充分发挥资源的效能,创造更多更好的经济和社会效益。本节着重介绍物流管理的概念及物流管理的必要性与重要性。

1.2.1 物流管理的概念

我国于 2006 年 12 月 4 日颁布的《中华人民共和国国家标准物流术语》(GB/T 18345—2006)对物流管理的定义是:"为了达到既定目标,对物流的全过程进行计划、组织、协调与控制。"可以看出这个概念主要针对的对象是微观角度的物流活动,并未将宏观的物流考虑进去。因此一般认为,对于物流管理更合适的定义应该是:"所谓物流管理,就是在社会再生产过程中,根据物质资料实体流动的规律,应用管理的基本原理和科学方法,对物流活动进行计划、组织、指挥、协调、控制和监督,使各项物流活动实现最佳的协调与配合,以降低物流成本,提高物流效率和经济效益。"

物流管理的本质要求就是求实效,即以最少的消耗实现最优的服务,达到最佳的经济效益。物流管理的"管",是指物流活动要受到一定的限制和约束;"理"则是指物流的各项活动要符合物资实体流动的规律。因此,物流管理就是通过一定的手段和方法,使得物流活动与客观规律的要求相适应,从而求得实效。

1.2.2 物流管理的必要性与重要性

1. 物流管理的必要性

管理的二重性说明了物流管理的必要性。物流管理既包括生产力方面的问题,也包括生产关系方面的问题,物流管理与上层建筑有着密切的联系。

从生产力的范畴来看,物流管理是非常必要的。物流的出现是社会化生产发展到一定程度的结果。物流活动包括运输、储存、装卸搬运、包装、配送、流通加工等环节,涉及人、财、物等诸多要素,要解决物质资料在供需之间的时间矛盾、空间矛盾和品种、规格、数量及质量之间的诸多矛盾。因此,要使这样复杂的系统运转正常,物流畅通无阻,就需要加强管理,使其中的每个环节和诸多要素相互协调与配合。因此,对物流活动的管理是一项非常复杂的系统工程。

从生产关系范畴来看,物流管理也是非常必要的。物流活动的主体是物流企业,物流活动是要由人去完成的。在社会主义社会,生产劳动者与生产资料所有者对立的生产关系虽然已消失,但在生产过程中,必然会产生生产资料公有制为主体、多种经济成分共存的各种经济关系,存在着国家、集体、个人之间不同的经济利益关系。同时在物流活动中,也必然会产生错综复杂的人与物、人与人的关系等,也需要通过管理来进行协调。

2. 物流管理的重要性

(1) 加强物流管理是提高物流效率的必然途径。加强物流管理，科学、合理地组织物流，可以缩短运输距离、加速货物周转、减少库存、准确配送等，从而提高物流效率，更好地满足顾客服务要求。

随着信息技术的飞速发展，互联网、JIT 运作模式和连续补货方法导致客户期望企业能尽快处理自己的订单，快速交货，提高产品的现货供应水平。顾客的这种快速交货的期望正在成正比地加强。有调查表明，世界一流企业的平均订单周期(从下订单到收到所订货物的时间)为 7～8 天，订单满足率为 90%～94%。日本的日经 BP 社曾发表长篇连载，题为《战胜中国制造——日本企业的五张王牌》。该文提出，日本制造企业要在和中国制造的对抗中东山再起，可以在先进生产方式、及时响应客户、专利技术、质量品牌、产品设计开发等方面提升潜力。零售商伊藤洋华堂认为，日本的买家不应仅把目光盯在国外市场上，忽略了日本制造的优势。虽然日本生产的服装比中国货要贵得多，但中国服装产品从下订单到摆上柜台的供货周期长达 3 周，而日本产品的供货周期则只需 1 周，这一优势对伊藤洋华堂来说极富吸引力。

上述例子说明，在市场瞬息万变、产品生命周期缩短、需求个性化日趋明显的环境下，供应商的供货周期长短，直接关系到作为下游企业零售商经营效益的高低。零售商期望制造商能够对订单做出快速反应，以便在最终消费者最需要的时候提供所需商品，把握每一个商机。供货周期的缩短，还有助于需求方降低库存，节约费用支出。同样，对于最终消费者来说，希望能够在零售商那里买到品种齐全的商品，并享受到良好配送等服务。供货周期和配送服务以及库存保有率正是构成企业物流服务的主要内容，物流服务是增强商品的差异性、提高商品竞争优势的重要因素，它直接影响到企业整体运作水平，已经成为企业提高市场竞争力的重要手段。

(2) 加强物流管理是降低物流成本、提高物流经济效益的关键。搞好物流管理，可以实现合理运输，使装卸搬运、储存、配送费用等降低，从而提高物流活动的经济效益。

物流活动虽然是一项基础性的活动，但同时也是非常昂贵的。企业总是尽可能地缩减一般性管理费用，但是它们却经常要面对高得惊人的物流成本。据统计，2000 年我国全社会支出的流通费用高达 17880 亿元，约占 GDP 的 20%；而同期欧、美、日等发达国家平均只有 8%～10%。及至 2008 年我国全社会支出的流通费用高达 54542 亿元，仍占 GDP 的 18%左右。试想，如果我国现在能够降低 5 个百分点，就可以节约资金 2700 多亿元人民币。这将大大改变我国目前 GDP 的增长以高能耗、高费用为代价的现状。

物流成本在不同行业的差异性很大。对企业而言，物流成本占销售额的比重从 4%到超过 30%不等。例如沙石等建筑材料相对于珠宝、药品和化妆品等物品的物流成本要高得多。2002 年美国制造业的一项物流成本调查结果显示，实物调拨费用占销售额 8%左右，这还不包括实物供给成本。如果加上这方面的成本，可能会达到 11%左右。

目前，许多企业已经意识到现代物流成为"第三利润源"。日本早稻田大学教授西泽修教授在他的著作《物流——降低成本的关键》中谈到，企业的利润源泉随着时代的发展和企业经营重点的转移而变化。日本 1950 年因朝鲜战争受到美国的经济援助和技术支持，很快实现了企业机械化、自动化生产。当时日本正处于工业化大生产时期，企业的经营重点放在了降低制造成本上，这便是日本第二次世界大战后企业经营的第一利润源。然而，依靠自动化生产手段制造出来的大量产品，引起了市场泛滥，产生了对大量销售的需求。于是，1955年从美国引进了市场营销技术，日本迎来了市场营销时代。这一时期，企业顺应日本政府经济高速增长政策，把增加销售额作为企业的经营重点。这便是日本第二次世界大战后企业经营的第二个利润源。从1965年起，日本政府开始重视物流，1970年，产业界大举向物流进军，日本又进入了物流发展时代。这一时期，降低制造成本已经有限，增加销售额也已经走到尽头，渴望寻求新的利润源，物流成本的降低使"第三利润源"的提法恰好符合当时企业经营的需要，因而"第三利润源"说一提出，就备受关注，广为流传。

这3个利润源注重于生产力的不同要素：第一个利润源的挖掘对象是生产力中的劳动对象，第二个利润源的挖掘对象是生产力中的劳动者，第三个利润源则主要挖掘生产力要素中劳动工具的潜力，与此同时又挖掘劳动对象和劳动者的潜力，因而更具全面性。

(3) 加强物流管理是提高物流安全性、增加产品价值的可靠保证。如果物流管理不善，就会造成物流事故的增加，各种损失加大；如果物流不畅，就会使处于流动中的商品受到延误、破坏或损失。从近10多年情况看，由于物流管理不到位，我国物流损失每年不下数百亿元，并且呈逐年上升趋势，因此，迅速提高物流管理水平势在必行。

通常制成品都具有某种价值和效用，一件组装好的产品远比尚未装配的部件或原材料有价值。比如对顾客来说，一辆完工汽车的价值大大超过其还未装配的配件。对顾客而言，产品不仅应该具有形式效用(使材料成为完工的可用形态的价值或效用)，而且应该在合适的地点、在适当的时间可以被买到。附加在产品上的超出制造所附加价值(形式效用)的那部分价值可以称为"地点、时间或占有效用"。物流活动就是提供地点和时间效用，而营销活动则提供占有效用。因此，管理层必须十分关注物流所附加的价值，因为地点和时间效用的改进最终会反映在企业的利润之中。而物流成本节约和因物流系统改进所带来的更强有力的营销地位，两者都会使最终的财务结果得到改善。故物流对产品价值贡献越多，物流管理的重要性就越高。

地点效用是指通过使产品在合适的地点被购买或消费而为产品创造或增加的价值。因为物流有效地将原材料、在制品库存和制成品从原产地移动到消费地。

时间效用是指使某件事物在适当的时间被得到而创造的价值。如果客户在需要的时候恰恰无法得到产品，那么产品对客户就不那么有价值了。例如，一家食品加工公司必须在生产过程开始前得到生产所需的原材料(食品)、包装材料和其他物品，否则就会导致代价很高的生产停顿，并使企业处于竞争劣势。

占有效用是通过允许顾客拥有产品而附加给产品的价值。占有效用不是物流的结果，而是提供信贷、数量折扣和延期付款而使顾客得以取得产品拥有权的结果。物流和营销过程以占有效用而告终。

(4) 加强物流管理可以促进我国经济运行方式的改善，实现质量的整体提升。我国经济运行质量不高，"粗放式"经营的问题还很严重，尤其作为支撑国民经济运行的"物流平台"问题更为突出。而物流质量对用户来说体现为物流的及时性、经济性和满意性，物流质量好就意味着以较少的消耗实现最优的服务。只有搞好物流管理，才能为社会提供方便、价廉、优质的物流服务。如果加强物流管理，使我国目前各种物流方式分立、物流基础设施不足、物流技术落后等问题能够得到全面的、系统的改善，就可以使我国国民经济的运行水平得到提高。

随着全球经济一体化的发展，企业的采购、仓储、销售、配送等协作关系日趋复杂，企业间的竞争已不单是产品性能和质量的竞争，也包含物流能力的竞争。但目前不少企业仍在沿用计划经济时期的以生产为中心的管理模式，造成一方面重复投资建设、物流混乱无序，生产企业原材料和产成品库存过大，占用资金较多，导致企业资金周转不灵；另一方面运输仓储企业有效货源不足，现有设施不能充分利用，经济运行质量不高，严重浪费社会资源。近年来，随着国民经济的快速发展，对社会物流需求显著增加，推动了物流产业持续稳定快速发展，其中社会物流总值大幅增长。据统计，2008年全国社会物流总额达89.9万亿元，比2000年增长4.2倍，年均增长23%；物流业实现增值2.0万亿元，比2000年增长1.9倍，年均增长14%，明显高于同期GDP的增长速度。物流总值高速增长，表明经济增长对物流需求越来越大，经济发展对物流的依赖程度也越来越高。由此可见，我国物流领域存有巨大的经济发展潜力。

现代物流是对流通方式的一场革命，它作为一种先进的管理技术和组织方式，对资源进行优化整合，从整体上改变了企业的一些运行方式。它要求企业以市场为导向，以需求为目标，最大限度地降低企业产品总成本，提高服务质量和经济效益。因此，加强物流管理，推进现代物流是提高经济运行质量和效益的需要。近几年来，许多企业已经意识到强化物流管理不仅是新的利润增长点，也是增强企业竞争力的重要因素。一些规模较大、管理水平较高的工商企业，或将原来分散的物流资源重新整合，专门组建了物流部或物流公司，对产、供、销各个环节的物流活动实施全过程管理，或将物流业务剥离出来，委托给专业物流企业承担。如海尔集团，为了提高企业竞争力，以低成本、高质量和快速反应为目标，自1999年起对业务流程重组，实施同步流程管理模式，成立了物流推进本部，取得了明显的经济效益，仅库存管理一项，库存时间由原来的30天减至10~12天，每年节约资金达上亿元。青岛啤酒集团以实现产品"新鲜度管理"为目标，以时间控制为标准，建成了能对市场快速反应的物流体系，提高了对市场的应变能力，近年产品销售总量平均增长20%以上。

(5) 加强物流管理是现代电子信息技术不断发展的需要。电子信息系统是将物流系统连在一起的黏合剂。20多年来，随着计算机技术的巨大进步，计算机被广泛运用到社会经济生活管理的各个层面，这也使得全面而系统地实行物流管理成为可能。事实上，在现代物流领域，利用计算机进行分析、决策和流程控制等活动已经被广泛采用。比如，利用计算机，可以把顾客的订单通过电子数据交换系统进行自动处理；利用计算机，可以把顾客所需的产品数量自动地从仓库中调出，然后运送给顾客，同时保证在流程中的每一步库存水平及时被更新，订单被启用，必要的文件也得以产生。

与此同时，全球定位系统正在全球物流中被广泛使用，美国的国际集装箱船只运营商们可以使用GPS技术来跟踪每一艘船只在世界各地的确切位置。此外，他们还能在位于美国本部的策略计划中心的大屏幕上，描绘出这些信息，并使船只在需要的时候立刻调整航向。

此外，电子商务的普及也促使企业不断提高物流管理能力。顾客现在能够在家中舒服地上网订货购物。信用卡的信息传递安全问题已被解决，于是买方可以舒适地将因特网作为一种购物工具。但是，如果关于电子商务的全部许诺得以实现，那么商品就应该迅速地抵达买方手中，因此，厂商不得不重新设计其物流系统，以确保它们的顾客能够收到以这种迅捷方式订购的货物。换句话说，物流是成功的电子商务的重要组成部分。

1.3 物流管理发展历程

物流管理起源于第二次世界大战中军队输送物资装备所发展出来的储运模式和技术。战后随着生产技术和管理技术的提高,企业之间的竞争日趋激烈,竞争的焦点开始从生产领域转向非生产领域,转向过去那些分散、孤立的,被视为辅助环节的,诸如运输、存储、包装、装卸、流通加工等物流活动领域。为此,人们开始研究如何在这些领域里降低物流成本,提高服务质量,创造"第三利润源泉"。

物流管理的发展大致经历了工作地物流管理、设施物流管理、企业物流管理和供应链物流管理 4 个发展时期,如图 1.1 所示。

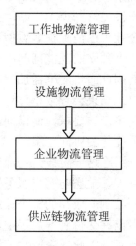

图 1.1 物流管理的发展历程

1. 工作地物流管理阶段

工作地物流是指物料在单一工作站中的流动。20 世纪 40 年代到 50 年代后期,社会商品基本处于供不应求的状态。企业十分关注生产效率以及生产的连续性,经营者和工业工程师开始研究物料在单一工作站中的流动,使物料在一台机器上、一条组装线上或一个仓库中的物料流动流线化、程序化。工业工程师研究的内容是如何使物料移动与操作者的操作相匹配,以缩短物料在工作站(或组装线)的流动时间和留滞时间,所研究的物流活动主要是物料的移动、搬运和暂存问题,其目的主要是改善和提高生产者的工作效率。这一时期,经济学家通过对库存物料随时间推移而被使用和消耗的规律进行了研究,提出了订货点的方法和理论,并将其运用于企业的库存计划管理中。应该说这些是人们最早开始的物流管理研究与实践。

2. 设施物流管理阶段

从 20 世纪 50 年代后期到 1973 年第一次石油危机之前,石油、矿石、煤炭等资源一直保持廉价稳定供给的状态,整个社会重生产、轻流通的现象普遍存在,企业仍把主要精力放在技术革新、设备改造和扩大产品数量上。为了提高生产设施的生产效率,人们开始从组织的角度关注设施物流管理问题。所谓设施物流是指设施内部(工作站内部和设施之间)的工作站之间的物料流。设施物流一直更广泛地被认为是物料处理。物流活动的内容有限,主要进行是运输、原材料仓储、物料回收等。由于当时企业还处在传统管理思维阶段,认为物料的移动和流通活动没有技术性也不值得注意;认为物流管理的任务是控制产成品的运输和仓储,对物流管理的理解偏重于操作,追求的是特定设施内(或部门内)的最优。其间,物流管理按功能分开,并处于分散管理状态,管理很薄弱,甚至忽视这方面的管理。从财务方面看,在流通过程中发生的高成本淹没在一般性支出之中,企业通常把流通事务分散到各职能部门去完成,流通成本也就归进各个不同的成本中心里,所以很难计算流通成本的实际水平。由于这一时期物流还没有整合,也没有物流管理的理念,不能对物流进行有效管理也就在情理之中。

3. 企业物流管理阶段

企业物流是指在生产经营过程中，物品从原材料供应，经过生产加工到产成品的销售，以及伴随生产消费过程中所产生的废弃物的回收及再利用的完整循环活动，包括物料在仓库与车间之间每个环节的流转、移动和储存(含停滞、等待)及有关的咨询管理活动，它由采购物流、生产物流、销售物流、回收物流等组成。企业物流管理出现于20世纪70年代～80年代的美国经济"滞胀"时期。在这个时期，人们发现利用跨职能的流程管理的方式去观察、分析和解决企业经营中的问题非常有效。通过分析物料从原材料运到企业，流经生产线上每一个工作站，到产出成品，再运送到配送中心，最后交付给客户的整个流通过程，企业可以消除很多看似高效率却实际上降低了整体效率的局部优化行为。比如运输部作为一个独立的职能部门，总是想方设法降低其运输成本，这本身是一件天经地义的事，但若其因此而将一笔需加快的订单交付海运而不是空运，虽然节省了运费，但却因此失去了客户，结果会导致整体经营活动的失利。所以传统的垂直职能管理已不适应现代大规模工业化生产的要求，而横向的物流管理却可以综合管理每一个流程上的不同职能，以取得整体最优化的协同作用。

在这一阶段，物流管理的范围扩展到除运输以外的需求预测、采购、生产计划、存货管理、配送与客户服务等。物流管理的关键是系统化管理企业的运作，实现从原材料、在制品到产成品的整个流程，以保证在最低的存货条件下，物料畅通地买进、运入、加工、运出并交付到客户手中，从而实现企业整体物流成本的降低，达到企业整体效益的最大化目标。因此，企业物流管理又可称之为企业内部"一体化物流管理"，也有的称之为"一体化后勤管理"。

4. 供应链物流管理阶段

20世纪90年代以来，随着全球经济一体化进程的加快，企业之间分工越来越细，同时要求企业之间的合作也越来越强烈。合作竞争时代的到来，使竞争无国界与企业相互渗透的趋势越来越明显。市场竞争实质上已不再是单个企业之间的较量，而是供应链与供应链之间的竞争。面对变化无常、竞争日趋激烈的市场环境以及客户需要多样化与个性化、消费水平不断提高的市场新情况，一方面，企业越来越注重利用自身的有限资源形成自己的核心能力，发挥核心优势；另一方面，充分利用信息网络寻找互补的外部优势，与供应商、分销商、客户等上下游企业构建供应链网络组织，通过供应链管理(Supply Chain Management)，共同形成合作竞争的整体优势。它们往往将自身不具备核心能力的业务通过外包或战略联盟等形式交由外部组织承担。这样既不增加成本，也不增加风险，通过与外部组织共享信息、共担风险、共享收益整合集成供应链的核心竞争力来赢得并扩大企业的竞争优势。以美国的通用、福特、戴姆勒-克莱斯勒三大汽车公司为例，一辆车上的几千个零部件可能产自几十个不同的国家或地区的企业，可能有几百个不同的供应商。这样一种新型生产模式给物流管理提出了新的课题：如何在维持最低库存量的前提下，保证所有零部件能够按时、按质、按量，以最低的成本供应给装配厂，并将成品运送到每一个分销商。

供应链管理意味着跨企业的物流管理，它包括供应商、生产商、批发商和零售商等不同企业在内的整个链的计划和运作活动的协调，意味着跨越各个企业的边界，在整个链上应用系统观念进行集成化管理。如果供应链上的所有企业都孤立地优化自己的物流活动，那么整个供应链的物流不可能达到最优化。因此，要实现更大范围、整个供应链物流的最优化，就必须从供应链整体出发来协调各成员企业的物流活动。同样，在每个组织机构如制造商内部，供应链则包括满足顾客需求的所有职能部门，这些职能部门包括新产品开发、生产经营、市场营销、融资和顾客服务等。这就是供应链管理的本质。物流管理发展到供应链管理阶段，在供应链的整条增值链中，单个公司只是其中的一个部分，而链上每一个公司都想通过降低成本和风险，有效配置链上成员的资源来提高整条活动链的效率，以获得竞争优势，没有哪个企业能真正管理和主导供应链的运作而成为供应链中的主体。此时，最好的供应链伙伴主体是合作计划供应链的运作。供应链也不再是单纯的链状，而是一个复杂的网络状。企业在构建和管理供应链时，不再只是强调自身的整体优化，而更多的是强调供应链战略和企业竞争战略之间的战略匹配。

进入 21 世纪以来，随着世界经济一体化进程的加快，电子商务的广泛运用，网络交易日渐频繁，极大地促进了全球物流的飞速发展。由于全球物流与国际业务内在关联的交易环节、交易伙伴、语言、文件、货币、时差和文化的多元化，因而更增加了供应链管理的复杂性和难度，全球化组织的物流管理也比国内物流更为复杂。同时，由于信息技术的高速发展，虚拟物流将会更加成熟，物流技术的高科技化与物流管理的综合化使得对物流管理的专业化要求更高。因此，实施物流管理专业化运作的第四方物流在未来也会有巨大的发展。

1.4 现代物流管理内容

现代物流管理涉及的内容十分广泛，对于现代物流管理的内容可从 3 个不同的角度加以划分，一是对物流活动诸要素的管理，其中包括对运输、仓储、装卸搬运、包装、配送、流通加工等环节的管理；二是对构成物流系统诸要素的管理，其中包括对人、财、物、信息等要素的管理；三是对物流管理活动中具体职能的管理，其中包括对物流组织、计划、质量、技术、经济等职能的管理。

1. 对物流活动诸要素的管理

对物流活动诸要素的管理内容主要有以下几个方面。

(1) 运输管理。主要内容包括运输方式及服务的选择，运输车辆调度与组织，运输路线的选择，运输合同管理等。

(2) 仓储管理。主要内容包括仓储管理作业流程，商品保管与养护，库存控制与储存策略等。

(3) 装卸搬运管理。主要内容包括装卸搬运系统流程的设计，机械设备的规划与配置，装卸搬运的作业组织等。

(4) 包装管理。主要内容包括包装容器和包装材料的选择，包装技术、设备的改进，包装作业流程的合理组织，包装系列化、标准化等。

(5) 流通加工管理。主要内容包括加工场所的选定，加工机械的配置，加工技术与方法的改进，加工作业流程的制定与优化等。

(6) 配送管理。主要内容包括配送中心选址及布局优化，配送机械的合理配置与调度，配送作业流程的制定与优化等。

(7) 物流信息管理。主要内容包括物流信息系统的开发与应用，物流信息的收集、处理、存储和传输，物流信息技术等。

2. 对物流系统诸要素的管理

对物流系统诸要素的管理的内容主要有以下几个方面。

(1) 对人的管理。人是物流系统和物流活动中最活跃的因素。对人的管理包括物流从业人员的选拔与录用，物流专业人才的培训与提高，物流教育和物流人才培养规划与措施的制定等。

(2) 对财的管理。主要是指物流管理中有关降低物流成本、提高经济效益等方面的内容。它是物流管理的出发点，也是物流管理的归宿。其主要内容有物流成本的核算与控制，物流管理效益指标体系的建立，提高物流经济效益的途径等。

(3) 对物的管理。"物"指的是物流活动中的劳动资料和劳动对象，即物质资料实体，它是物流活动的客体。物的管理贯穿于物流活动的始终。

(4) 对信息的管理。信息是物流系统的神经中枢，只有做到有效地处理并及时传输物流信息，才能对系统内部的人、财、物等要素进行有效的管理。

3. 对物流活动中具体职能的管理

物流管理的内容从具体职能上可分为物流组织管理、物流计划管理、物流质量管理、物流技术管理、物流服务管理和物流经济管理等。

1.5　物流管理现代化

社会发展的实践告诉人们，现代化的科学技术和现代化管理，对于现代化建设和经济发展起着决定性作用，技术和管理两者缺一不可。技术和管理犹如运载和推动未来物流发展的两只车轮，一方面物流必须进行技术革命，以现代化的科学技术取代落后的技术；另一方面，对物流进行现代化管理才能使现代化物流技术发挥出它的巨大作用。

1.5.1　物流管理现代化目标

物流管理现代化是在社会化大生产条件下采用先进科学技术的必然要求，这是不以人们主观意志为转移的客观规律。物流管理现代化的目标就是要求人们运用现代科学技术，彻底改变落后的管理方式，采用与现代化物流技术相适应的各种现代化管理方法和手段，并贯穿于生产和流通的全过程，从而达到降低物流成本，提高物流服务质量，实现全社会经济发展整体最佳效益的目的。

1.5.2　物流管理现代化标志

物流管理现代化是根据现代物流管理理念，在实现物流系统整体目标优化的基础上，采用现代物流的各种先进管理方法，准确、及时、高效率地完成各种信息的收集与处理，以便对物流活动的全局、各环节、各过程进行组织、指挥、协调和控制。

物流管理现代化的标志具有以下显著特点。

1. 系统化

现代物流管理把物流整体看成是一个系统，从系统的观点来管理各种物流活动。即总是从各个单元之间的相互联系、相互协调上去看待问题和处理问题，以系统的整体优化为目标去选择方案、制定政策。而且这些方案、政策本身，也要考虑多种资源、多种因素协调配合，组成一个有效率的管理系统。这些都说明现代物流管理具有很强的系统性。

2. 综合化

现代物流管理运用到多个学科的综合。由于物流管理牵涉的面很广，从不同的专业、到企业、到市场、到社会，从生产到流通、从经济到管理、到技术，应有尽有，而且有的还有一定的深度，所以需要讨论的问题面广，需要运用的学科要多。首先它要考虑费用、成本、经济效益等问题，因此它要应用经济学的理论与方法；其次，它要用到运筹学、管理决策、企业管理的理论和方法；再次，它要用到系统科学、计算机科学、信息技术等工程学的理论与方法。因此可以说现代物流管理是一个综合性很强的管理活动。

3. 工程化

现代物流管理的对象是由多个因素构成的系统，而且管理本身也是一个系统，也是由多个因素构成的。所以物流管理基本上都是和系统打交道，进行系统处理。而系统的处理，都要运用到系统工程的思想、观点、技术和方法，而这种方法本质上都是一种工程方法，即系统的开发、设计、调试、运行和控制等一整套工程方法。此外，在大量的生产系统、运输系统、仓储系统、搬运系统等工程系统管理中，本身就有很多工程技术问题，也需要运用一些工程学的知识来解决。比如，在现代物流管理中，经常要用到系统分析或者工程分析、建立数学模型、利用计算机进行工程计算、编写或应用计算机软件解决系统或工程问题等。所有这些都说明了现代物流管理的工程性特点。

4. 信息化

信息化是现代物流管理的显著特点和客观要求，是现代物流管理的基础。没有物流信息化，就没有真正意义上的现代物流管理。同时，随着电子商务的广泛运用，将电子商务与物流管理紧密结合所构建的物流系统管理网络，则可以准确地将产品在准确的时间送到准确的地点和准确的目标客户手中，从而大大提升企业在产品供给、价格、交货期、交易质量和服务等多方面的竞争力。因此，信息及计算机技术与物流管理的紧密融合，极大地推动了物流管理的现代化进程。

5. 自动化

自动化意味着大量繁重的手工操作被先进的机电设备所取代，物流从劳动密集型向技术密集型转变。这不仅大大节省了人力资本，使人从繁重的体力劳动中解放出来，而且扩大了物流作业领域，提高了物流作业能力和工作效率，减少了物流作业差误，保证了物流业的规范管理和运作质量。

6. 智能化

物流管理智能化是物流管理信息化、自动化的高层次延伸和重要保证。尽管大量先进的技术手段取代了人的手工管理，但并不意味着人在物流管理中重要性的降低，相反强化了人在物流管理中的决定性作用。物流智能管理，不仅是技术问题，也是管理问题，它需要一个由不同知识背景的智能人所组成的专家系统，从而高效配置资源，规避经营风险，实现技术与管理的高效整合。

7. 柔性化

柔性化是指灵活性，即在以顾客为中心、实现市场导向、顾客满意、整合营销等现代营销理念的指导下，借助信息及计算机技术手段，通过目标市场的针对性和运作管理的灵活性最大限度地适应生产、流通、分配、消费的弹性化管理。物流是价值链各个环节的集成。市场需求既是物流运作的起点，又是物流运作的终点。在卖方市场条件下，消费者成为决定厂商生死兴衰的命运之神。物流企业必须以顾客利益为重，根据市场需求的变化适时组织生产和流通，以多品种、小批量、快批次、短周期、优服务、低成本、高满意的经营特色，灵活地组织和实施物流运作，以柔性化的物流管理系统强化企业市场竞争力。

1.5.3 物流管理现代化手段

一般认为，物流管理现代化的手段主要有技术手段、经济手段、法律手段和教育手段等。

1. 技术手段

物流过程现代化管理的技术手段很多。其主要有系统管理、决策管理、质量管理、信息管理等技术手段。

(1) 系统管理技术。物流系统是一个具有多层次、多要素、多功能的大系统。系统管理技术的重点是系统分析。所谓物流系统分析是指从物流的整体出发，根据物流的目标要求，运用科学的分析工具和计算方法，对物流目标、功能、环境、费用和效益等，进行充分的调研，并收集、比较、分析、处理有关数据和资料，建立若干拟订方案，比较和评价物流结果。在物流宏观管理上运用系统管理技术制定有关物流的方针、政策、法规等重大决策。

(2) 质量管理技术。物流质量通常可以把它理解为物流过程和物流服务对用户的满足程度。近年来，物流管理运用全面质量管理的手段，强调全方位、全过程、全员的管理。全方位管理，即包括产品质量、工作质量、服务质量，就是涉及物流各方面、各环节的质量管理；全过程管理，即对物资的运输、包装、装卸搬运、仓储保管、配送、流通加工等环节过程的始终进行的管理；全员性管理，即指物流管理不单纯是由物流管理人员进行的管理，其应该是从事物流全体工作人员都参与的管理。

(3) 决策管理技术。决策是指为实现某一目标，从若干可以相互替代的可行方案中选择一个合理方案并采取行动的分析判断过程。决策是人们的一种社会行为，渗透到社会的各个领域。决策的正确与否直接影响到决策的经济效益和社会效益，关系到企业的生死存亡，来不得半点大意和马虎。同样，决策也是物流管理的核心，是执行各项物流管理的基础。物流管理中的每一个方案、计划的制订，每一个层次、环节的调整，以及每一个指标的变动、决定都可以称之为决策。现在物流决策管理技术已从定性分析进入定性和定量分析相结合的阶段。特别是在物流运输路线决策中，为了防止对流、迂回、重复、过远等不合理运输方式的出现,普遍采用了图表分析法、图上作业法、表上作业法等,同时使用计算机实现数学模型计算,来决策物资的合理流向。

(4) 信息管理技术。信息管理是现代社会任何部门进行科学管理必不可少的重要内容。信息的表现形式主要有数据、图表和各种指令等。现代物流管理中的信息具有比任何部门数量都大、动态性都强的特点。加强现代物流管理必须要建立一个全国物流信息管理网络系统,这个系统应是以基层物流企业物流管理信息系统为基础,以中心城市物流管理信息系统为依托的、覆盖范围广泛、应用功能强大的物流信息网络系统,目的是从面上加强物流信息情报的交换、预测、咨询服务,并指导宏观物流工作等。

2. 经济手段

在物流生产全过程的各个环节中应运用经济杠杆,制定各种经济指标,使物流管理纳入整个国民经济管理的体系中。经济管理手段一般包括宏观经济管理和微观经济管理两个方面。宏观经济管理是指由国家运用价格、税收、信贷等手段,管理和控制物流过程。微观经济管理是指在各级物流企业内部进行的经济管理,使企业的生产、销售以及内部职工的权利、责任和工资、奖金、福利等纳入正常的运转轨道,从而调动和发挥物流战线职工的积极性、创造性。在物流管理上对宏观经济和微观经济管理都应十分重视,应该研究和制定一系列规章及条例,作为考核各层次干部、职工等级和评定企业管理水平的重要标志。通过执行这些规定条例,把职工本身的利益和企业利益密切联系在一起,以推动企业生产的不断发展。

3. 法律手段

运用法律形式把物流管理中纵横交织的权利、义务、责任通过法律条文固定下来,从而实现以法律手段来解决物流实践中发生的各种矛盾,保护合理的物流活动、抑制不合理的物流活动,从而提高物流管理的效率,实现物流系统本身与其他系统的正常运转,进而调动物流系统本身及各方面的积极性、主动性、创造性。因为在物流现代化管理的实践中,涉及国家的宪法、经济合同法、税法、资源法以及外贸、公路、铁路、民航等相关部门法规。另外,在实际工作中,也还要涉及民法、刑法、劳动法等方面的法律。

4. 教育手段

掌握现代物流技术和实现物流管理现代化,物流人才是关键。要在物流领域内挖掘出更大的效益和财富,必须有一大批精通物流科学的专门人才。高素质的物流人才决定着物流科学的振兴和发展。现代物流管理是属于自然科学和社会科学的交叉学科,所需物流管理人才的知识面要求十分广泛,对此,应切实加强多层次、多环节物流管理人才的教育培养。对物流管理人才的教育培养,应逐步做到规范化、系统化和制度化。也就是说,对于各级物流管理人才的教育培养,不仅要求有规范化的培养要求、方向,而且要编制规范教材,做好人才需求量的预测,逐步解决物流人才质量差、数量少的现状。此外,还应建立物流科学研究机构,开办物流理论刊物,加强物流理论研究和物流基础知识的普及教育等,以促进中国物流学科体系的建立、发展与完善。

1.6 现代物流管理理论

第二次世界大战以后，特别是 20 世纪七八十年代以来，现代物流管理理论研究得到迅速发展。物流理论工作者和实践工作者从不同的角度提出了一系列相关的现代物流管理理论。这些现代物流管理理论极大地丰富了现代物流管理理论的体系。

1. 商物分流理论

商物分离是现代物流科学赖以存在的先决条件。所谓商物分离是指流通中商业流通和实物流通两个组成部分各自按照自己的规律和渠道独立运动。

第二次世界大战之后，流通过程中"实物流通"和"所有权转让"两种不同形式出现了明显的分离，逐渐变成了两个有一定独立运动能力的不同运动过程，这就是所谓的"商物分离"。"商"指"商流"，即商业性交易，其实质是商品价值运动，是通过货币实现商品所有权的转让；"物"即"物流"，是商品实体的流通。

商流和物流也有其不同的物质基础和不同的社会形态。从马克思主义政治经济学角度看，在流通这一统一体中，商流明显偏重于经济关系、分配关系、权力关系，因而属于生产关系范畴。而物流明显偏重于工具、装备、设施及技术，因而属于生产力范畴。

所以，商物分离实际是流通总体中的专业分工，职能分工，是通过这种分工实现大生产式的社会再生产的产物。这是现代物流科学中重要的新理论。

2. 黑暗大陆和物流冰山理论

1962 年美国著名管理学家彼得·德鲁克在《财富》杂志上发表了题为《经济的黑色大陆》一文，他说"流通是经济领域里的黑暗大陆"。但是，由于流通领域中物流活动的模糊性尤其突出，所以物流是流通领域中人们更认识不清的领域，他将物流比作"一块未开垦的处女地"。所以，"黑暗大陆"说现在转向主要针对物流而言。"黑暗大陆"说法主要是指尚未认识、尚未了解的领域，在黑暗大陆中，如果理论研究和实践探索照亮了这块黑大陆，那么摆在人们面前的可能是一片不毛之地，也可能是一片宝藏之地。在某种意义上来看，"黑暗大陆"说是一种未来学的研究结论，是战略分析的结论，带有很强的哲学抽象性，这一学说对于研究这一领域起到了很好的启迪作用。

"物流冰山"说是日本早稻田大学西泽修教授提出来的，他在专门研究物流成本时发现，现行的财务会计制度和会计核算方法都不可能掌握物流费用的实际情况，因而人们对物流费用的了解还是一片空白，甚至有很大的虚假性，他把这种情况比作"物流冰山"。冰山的特点是大部分沉在水面之下，而露出水面的仅是冰山的一角。物流便是一座冰山，其中沉没在水面以下的是人们看不到的黑色区域，而人们看到的不过是物流冰山的一小部分。西泽修用物流成本的具体分析论证了德鲁克的"黑暗大陆"说，事实证明，物流领域的方方面面对人们而言还是不清楚的，黑大陆和冰山的水下部分正是物流尚待开发的领域，也正是物流的潜力所在。

3. 第三利润源理论

"第三利润源"的说法主要出自日本。"第三利润源"是对物流潜力及其效益的描述。

从历史发展来看，人类历史上曾经有过两个大量提供利润的领域。第一个是资源领域，在资源领域，人们起初是依靠廉价原材料、燃料的掠夺来获得利润，后来则是依靠科技进步、节约消耗、综合利用、回收利用乃至大量人工合成资源来获取高额利润。人们通常把从这一领域获得的利润称之为"第一利润源"。第二个是人力领域。在人力领域，人们最初是依靠廉价劳动，其后则是依靠科技进步，提高劳动生产率，降低人力消耗或采用机械化、自动化降低劳动消耗来降低成本，从而增加利润。因此，人们习惯把这个领域获得的利润称作"第二利润源"。随着社会经济的发展，生产力的提高，在前两个利润源的利润开拓越来越困难情况下，物流领域的利润潜力开始逐渐被人们所重视，按时间序列将其排为"第三利润源"。

对第三利润源理论最初认识是基于两个前提条件：①物流可以完全从流通中分化出来，自成一体，独立运行，有自身目标和管理的体系，因而能对其进行独立的总体判断；②物流和其他独立的经营活动一样，它不是总体的成本构成因素，而是单独赢利因素，物流可以成为"利润中心"型的独立系统。

4. 效益悖反理论

效益悖反(Trade Off，也有称效益背反)是指物流的若干功能要素之间存在着损益的矛盾，即在某一个功能要素的优化和利益发生的同时，必然会存在另一个或另几个功能要素的利益损失。反之亦然。这是一种此涨彼消，此盈彼亏的现象。虽然在许多领域中这种现象都是存在的，但在物流领域中，这个问题显得更为突出。

效益悖反说有许多有力的实证支持。如包装问题，假定其他成本因素不变，包装越省，则获得利润就越高。但是，一旦商品进入流通之后，由于节省包装，就会降低产品的防护效果，就会造成运输、装卸、储存等功能要素的工作劣化和效益大减。很显然，包装活动的效益是以其他的损失为代价的，我国流通领域每年因包装不善出现的上百亿的商品损失，就是这种效益悖反的实证。

在认识效益悖反的规律之后，现代物流管理迈出了全面认识物流功能要素这一步，将运输、包装、储存等功能要素的有机联系寻找出来，成为一个整体来认识物流，进而寻求解决和克服各功能要素效益悖反问题。

5. 定制物流理论

我国国家标准物流术语中的定制物流(Customized Logistics)定义为：根据用户的特定要求而为其专门设计的物流服务模式。

随着市场竞争的激烈和客户消费个性化日显突出，为了快速响应客户个性化的物流需求，以客户订单驱动的定制物流应运而生。物流企业根据客户的特定需求进行物流服务的设计与提供，在不牺牲成本和效率的前提下提供客户个性化的物流服务。

欧美等发达国家的企业物流实践证明：物流企业要取得可持续发展，必须增加自身服务的柔性，根据每个潜在客户的特定要求制定相应的解决方案，做到因地制宜，量体裁衣。

6. 精益物流理论

我国国家标准物流术语中的精益物流(Lean Logistics)定义为：在物流系统优化的基础上，剔除物流过程中的无效和不增值作业，用尽量少的投入满足客户需求，实现客户的最大价值，并获得高效率、高效益的物流。

精益思想产生于日本丰田汽车公司在 20 世纪 70 年代所独创的"丰田生产系统",后经美国麻省理工学院教授的研究和总结,正式发表在 1990 年出版的《改变世界的机器》一书中。精益思想是指运用多种现代管理方法和手段,以社会需求为依据,以充分发挥人的作用为根本,有效配置和合理使用企业资源,最大限度地为企业谋求经济效益的一种新型的经营管理理念。精益物流则是精益思想在物流管理中的应用,是现代物流发展中的必然反映。其核心是追求消灭包括库存在内的一切浪费,就是以较少的人力、较少的设备、较短的时间和较小的场地创造出尽可能多的价值;同时也越来越接近客户,提供他们确实需要的东西。因此精益物流的根本目的是:以客户需求为生产源动力,以正确认识企业产生价值的所有活动过程即价值流为前提,保证价值流的顺畅流动,创造无中断、无绕流、无等待、无回流的增值活动流。不断改进和完善物流活动,不断降低物流总成本,最终形成准时、准确、快速、高质量的物流服务系统。

7. 虚拟物流理论

我国国家标准物流术语中的虚拟物流(Virtual Logistics)定义为:为实现企业间物流资源共享和优化配置,以减少实体物流方式,是基于计算机信息及网络技术所进行的物流运作与管理。

虚拟物流的提出和产生,是现代物流在信息技术和物流概念飞速发展情况下的最新成果。21 世纪是信息技术高度发达的网络经济时代,物流资源信息不再受地域的限制而为全世界广泛运用。这就需要将地理上分散的系统有效联合起来,实现更大的经济规模,用更灵活的方式进行更为有效的配置,从而形成跨企业、跨地域、跨国界的虚拟物流。虚拟物流的目的就是通过物流组织、交易、服务、管理方式的虚拟网络化,使物流商务活动能够方便快捷地进行,实现物流的运作效率大幅度提高,更好地满足客户需求,使提供更为复杂但成本更为低廉的产品和服务成为可能。

虚拟物流不仅能带来物流运作的高效率,还能减轻交通堵塞,降低环境污染和优化城市物流布局,进而使得人们能够更有效地利用能源和其他资源;同时,虚拟物流还可以促使物流管理者的角色由实物资源的管理者转向信息资源的管理者,从而为企业提供更全面的信息服务和提升企业经济利益的机会。

8. 物流一体化理论

我国国家标准物流术语中的物流一体化(The Integration of Logistics)定义为:以物流系统为核心的生产企业,经由物流企业、销售企业、直至消费者供应链的整体化和系统化。

20 世纪 80 年代,美国、法国、德国等就提出的物流一体化的现代理论,应用和指导其物流发展取得了明显的效果,使他们的生产商、供应商和销售商均获得显著的经济效益。物流一体化是物流业发展的高级和成熟阶段,其实质是一个物流管理的问题,物流系统的有效性主要取决于能否实现一体化的管理。亚太物流联盟的物流专家曾指出,物流一体化就是利用物流管理,使产品在有效的供应链内迅速移动,使参与各方的企业都能获益,使整个社会获得明显的经济效益。

物流一体化是系统化的物流,不是指单个的企业,而是涉及多个企业或者企业联盟。物流一体化要求从全局的角度,运用系统化的方法,通过彼此的内在联系,在共同目的下形成一个物流整体合理化状态,实现物流配送、生产、销售等各个环节无缝的连接,通过物流功能的最佳组合实现物流系统整体的最优化目标，从而提升企业的竞争力，获得良好的经济效益。

9. 第三方物流理论

第三方物流(Third-Party Logistics，3PL，也简称TPL)也有称之为"合同物流"，它是通过协调企业之间的物流运输和提供物流服务，把企业的物流业务外包给专门的物流管理部门来承担。第三方物流是由第三方物流提供者在特定的时间段内按照特定的价格向使用者提供的个性化的系列物流服务。第三方物流提供了一种集成物流作用模式，使供应链的小批量库存补给变得更经济，而且还创造出比供方和需方采用自我物流服务系统运作更快捷、更安全、更高服务水准、成本更低廉的物流服务。从第三方物流的运作看，它可依托下游的零售企业，成为众多零售店铺的配送、加工中心，也可依托上游的生产企业，成为生产企业(尤其是中小型企业)的物流代理。第三方物流可帮助企业减少分销成本，改善服务，发挥杠杆的作用。

与早期的物流服务相比，第三方物流服务从组织结构、资产规模、经营内容、服务项目、与客户的关系等方面都有了较大且深刻的变化。目前，第三方物流在世界范围内正处于迅速扩张之中，其主要服务方式有外部采办和合同物流等。

10. 第四方物流理论

第四方物流(Fourth Party Logistics，4PL)是1998年美国埃森哲咨询公司率先提出的，是专门为第一方、第二方和第三方提供物流规划、咨询、物流信息系统、供应链管理等活动。第四方并不实际承担具体的物流运作活动。其认为第四方物流提供者是一个供应链方案的集成商，它对企业(公司)物流能力或具有互补性的物流服务提供者所拥有的不同资源、能力和技术进行整合，提供一整套供应链解决方案。它是依靠物流业内最优秀的第三方物流供应商、技术供应商、管理咨询顾问和其他增值服务商，为客户提供独特的、广泛的供应链解决方案。这也是伴随物流业发展中所出现的优化整合技术服务形式。

第四方物流提供者具有超强的组合能力，其运作过程离不开第三方物流。由于第四方物流集成了第三方物流服务和物流咨询机构的优势力量，以客户价值最大化为宗旨，通过对供应链过程和协作的再设计来提供方案，所以使供应链方案往往具有系统协调性和完善性。同时，由于它充分利用了第三方物流的服务优势(有形服务)以及信息技术供应商、电信增值服务商及客户自身的物流能力，充分整合了供应链各环节的技术优化方案，所以具有较强的增值性。

11. 供应链管理理论

供应链管理(Supply Chain Management，SCM)是指在满足一定的客户服务水平的条件下，为了使整个供应链系统成本达到最小而把供应商、制造商、仓库、配送中心和渠道商等有效地组织在一起来进行的产品制造、转运、分销及销售的管理方法。

现代商业环境给企业带来了巨大的压力，不仅仅是销售产品，还要为客户和消费者提供满意的服务，从而提高客户的满意度，让其产生幸福感。科特勒表示："顾客就是上帝，没有他们，企业就不能生存。一切计划都必须围绕挽留顾客、满足顾客进行。"因此，要在国内和国际市场上赢得客户，必然要求供应链企业能快速、敏捷、灵活和协作地响应客户的需求。面对多变的供应链环境，构建幸福供应链成为现代企业的发展趋势。

供应链管理已经发展成为一种先进的管理模式，并成为提升企业核心竞争力的重要途径。供应链管理提供了集成和管理企业之间功能和资源的机遇，是一种新的面向整个业务流程的经营管理业务模式和供应链成员之间的联系方式。供应链构筑的是一个动态联盟，成员企业之间更加需要信息、资源和决策过程的协调，需要共同面对复杂的竞争环境，才有可能形成相对整个供应链体系的最佳决策。供应链管理意味着跨企业的物流管理，它包括供应商、生产商、批发商和零售商等不同企业在内的整个链的计划和运作活动的协调，意味着跨越各个企业的边界，在整个链上应用系统观念进行集成化管理。企业在构建和管理供应链时，不再只是强调自身的整体优化，而更多的是强调供应链战略和企业竞争战略之间的战略匹配。

本 章 小 结

物流的概念起源于 20 世纪初的美国，其经历了物流概念的孕育、分销物流、现代物流三个阶段；20 世纪 60 年代物流概念被引入日本，并将其定义为"物流"；中国关于物流的概念是 20 世纪 70 年代末从日本引入的。物流概念的演变反映了人们对物流活动逐步系统化的认识过程。

现代物流是基于现代物流服务、现代物流管理、现代物流技术和现代物流经济的一种物流形态，其与传统物流有着本质的区别。

现代物流管理的本质要求是追求实效，即以最少的消耗实现最优的服务，达到最佳的经济效益。其涉及内容十分广泛，主要分为对物流活动诸要素的管理、对构成物流系统诸要素的管理和对物流管理活动具体职能的管理 3 类。

现代物流管理与传统物流管理相比具有系统化、综合化、工程化、信息化、自动化、智能化、柔性化等显著特点。

关键术语

| 物流 | 物流管理 | 企业物流 |
| 第三方物流 | 供应链 | 供应链管理 |

课堂讨论

1. 你认为客流是否属于物流的研究范围？
2. 供应链管理环境下的物流管理体现出了哪些特点？

综合练习

1. 名词解释

物流管理；第三方物流；供应链；供应链管理；第四方物流；效益悖反；定制物流；精益物流；虚拟物流；物流一体化

2. 填空题

(1) 人们对物流的最早认识是从_____开始的。
(2) 物流概念最早起源于20世纪初的_____。
(3) 20世纪60年代物流的概念被引入日本,并将其定义为_____。
(4) 我国物流的概念是20世纪70年代末从_____引入的。
(5) 现代物流与传统物流的区别实际上就是在物流服务、_____、_____和物流经济4个物流非固有属性方面变革引起的区别。
(6) 物流管理现代化的手段有_____、_____、法律手段和教育手段等。

3. 简答题

(1) 简述现代物流和传统物流的区别。
(2) 现代物流管理的内容有哪些?
(3) 现代物流管理的特点主要表现在哪些方面?
(4) 简述物流管理现代化的目标。

4. 论述题

(1) 结合我国物流发展实际,试论物流管理的重要性。
(2) 举例说明物流管理中的效益悖反现象,并说明效益悖反对促进现代物流发展的意义。
(3) 试用精益物流理论谈我国物流管理的问题与对策。
(4) 试论物流是经济领域的"黑暗大陆"。

案例分析

可口可乐的物流包袱

盛夏季节,正是啤酒、可乐、果汁、冰淇淋等饮品销售的井喷时期,大大小小的生产企业都似乎背着一个沉重而又不容易卸下的物流包袱。现在,我国饮料市场多元化、细分化的倾向非常明显,竞争很激烈。其中,可口可乐与百事可乐的竞争由来已久。但是,似乎可口可乐占了上风。为什么呢?

1. 可口可乐的法宝

可口可乐的雪碧与百事可乐的七喜的味道差异几乎为零,但两者的全球销量却有着天壤之别。可口可乐战胜对手的法宝究竟在哪里呢?

可以看一个例子:地处广州天河棠下的"实惠多"小店是广州再典型不过的夫妻店了,店内只有可口可乐和雪碧,而没有百事和七喜,对于这一点,老店主觉得很正常,"都是一样的东西,可口可乐和雪碧拿货容易。"虽然这只是可口可乐战胜老对手的微微一小角,却折射出可口可乐公司国内市场操作成功的精髓——利用强大的销售及物流网络直接触及市场的终端。

可口可乐在中国拥有三大合作伙伴——嘉里、太古和中粮,共36家灌装厂分布在全国不同区域,而相应灌装的产品也在各自划分的区域内销售,严格禁止串货(跨区销售)。同时三大合作伙伴除了经营各厂生产,还要负责每个分厂所处地区的销售工作。可口可乐会给三大合作伙伴规定产品的最低限价,但是不参与分配每瓶饮料的利润,只收取"浓缩液"费用,因而对于各合作伙伴分厂来说,卖的越多赚的也越多。

可口可乐对销售终端把控极紧,竞争对手在饮料零售市场稍有动作,立刻可以第一时间察觉,这主要归功于严格的渠道销售管理。可口可乐在全国开发合作伙伴,把中间商一层一层地剥离掉,推行直销。虽然销售网络中,仍然存在批发,但批发商不是垄断性的大批发,而是采取肢解措施将批发商控制到很小的规模上,所有的超市全部直接送货。可口可乐对超市、大中型零售商的直销方式,大大提高了其市场感应能力。为了全面控制市场,可口可乐物流全部由自身灌装厂完成,而且秉承一个理念——决不放弃任何一个小的零售商,哪怕是最小型夫妻店。为此,可口可乐推行了GKP(金钥匙伙伴)计划,在一定区域内找一家略大的零售商,可口可乐将货直接运送给GKP,再由GKP完成最后对超小型零销商的配送工作。GKP的送货费用由可口可乐及其合作伙伴支付。GKP负责的全部是规模低于两三人的夫妻式小店,而所有的超市和大一点的零售商全部掌握在可口可乐手中。而且超市的数量,以及名单在公司内部也是限级别掌握的,一些副总裁级的员工甚至不清楚合作商的大体数字。

能看到直销优势的饮料业国际国内巨头不在少数,敢于染指的却屈指可数。目前,国内饮料巨头乐百氏、娃哈哈、康师傅、统一等,基本无人敢于效仿可口可乐的做法。

2. 物流是饮料企业的包袱

饮料业的天然特性制约着自办物流,甚至使物流成为一些饮料厂急于甩掉的包袱。这是为什么呢?可乐等饮料属于典型的快速消费品,其特点是生产集中、销售分散。生产集中是考虑到规模效应,以降低制造成本,但消费人群覆盖面积最为广泛,导致物流成本剧烈加大。在产品特点上,饮料体积庞大,单位价值较小。以一辆8吨的运输货车为例,一车可乐可能只值8000多元,与彩电、冰箱或者手机价值相比差距太远。

另外,饮料运输损耗更为严重,快速消费品对消费及时程度要求又极高。运输过程中对货龄(从生产日期到目前的时间)要求已经发展到近于苛刻的地步。一般在大型超市,如果你的货龄超过1周就不会要了,超过1个月货龄的雪碧会成为滞销品。可口可乐与大的超市销售商有一个约定,超过一定时间的货可以免费更换,这也造成了很大的损失。2001年,可口可乐一家中国灌装厂因为产品货龄超期,一次就销毁了价值80多万元的饮料。外部要求苛刻,内部要求同样严格。目前可乐使用PET瓶(塑料瓶),由于PET材料的特性,饮料瓶会跑气,里面二氧化碳压力随保存时间增加会逐渐降低,因此货龄越长品质越低,口感越次。为了保证质量,中国可口可乐总公司(以下简称中可)会到市场进行抽检,抽检到不合格的,会对灌装厂提出警告。要真正做到货龄不过1周,难度相当大。

如此一系列因素,造成做水的不愿意运水。但这些同时也为一些做水的提供了千载难逢的好机会,例如可口可乐。当它解决了全行业的包袱,并且将包袱转变为核心竞争力后,它的行业地位还有谁能撼动呢?

3. 可口可乐的成本经——物流的"利润源泉"作用非常明显

将物流树立为公司的市场竞争力,并非天才空想之举,而是在商务运作中一步步总结出来的。每瓶可乐的成本构成主要有3块:生产成本、销售广告成本和物流成本。在3块成本中,对于嘉里集团这样的合作伙伴,生产成本最高;销售广告成本与嘉里共同承担,是第二大成本;物流成本作为第三大成本存在,但依然不容忽视。根据可口可乐原高层员工估算,物流成本约能占到一瓶可乐成本的20%~30%,如果按照这个推算,目前每瓶2.25L可乐利润只有几毛钱,而销售价格接近6元,那么粗算下来物流成本超过1元,成本之高,相当惊人。

学会控制成本,首先是找好压缩成本的空间。随着饮料市场的发展,饮料业在生产环节推行柔性化生产,使得单次生产批量越来越小,规模效应优势越来越小,生产成本不降反升,但是最终灌装厂通过提高生产管理系统的柔性来抵消了这种成本上升。在生产中无法节省,在营销费用上就更加艰难,而且趋势增高更为严重。因为竞争越来越激烈,要保持市场地位,导致可口可乐的促销活动越来越频繁,这部分投资就要不断增加,而售价又不可能提升,相当于隐性降价。

算来算去,物流成为唯一可以降低的成本,但相比前两者不能不花的钱,物流的紧缩更为艰难,因为要降低物流费用,更要牢靠地控制好销售群体。于是,可口可乐开始考察第三方物流服务商,考虑将物流业务外包。在外包的问题上,同样受季节影响的啤酒业青岛——啤酒可谓业界典范。

4. 可口可乐外包物流业务

经过一系列的谈判,可口可乐与招商物流达成合作协议,由招商物流全面负责可口可乐自昆山发往全国的瓶坯分发业务及"泛中国区"饮料成品的全国物流业务。同时,可口可乐还加强了信息系统的建设。在物流发展的今天,物品在流通过程各个环节的信息比以往任何时候都更加重要,这包括每种物资到达每个地点的时间和数量、离开每个地点的时间和数量、在途时间和数量、生产量和需求量等各种信息。这些信息对整个生产过程的控制和管理将起到至关重要的作用。可口可乐公司的物流主管在这方面提出了更加具体的设想:可口可乐的经理们在美国亚特兰大总部的计算机前就可以了解法国一个可乐铝罐的运转情况。到那时,可口可乐跟百事可乐的竞争,也许就会有一个分晓。

资料来源:田源. 物流管理概论[M]. 北京:机械工业出版社,2006. 第47-50页

思考分析题:
1. 物流对于现代制造业有何重要性?
2. 制造企业内部各个部门之间应保持怎样的关系才能使得企业运作顺畅?
3. 可口可乐外包物流业务模式对我国企业有何借鉴作用?

第 2 章　物流战略管理

【本章教学要点】

知识要点	掌握程度	相关知识	应用方向
物流战略管理概述	了解	企业战略、物流战略以及物流战略管理	了解企业战略与物流战略的关系，物流战略管理的发展趋势
物流战略管理环境	掌握	企业的内外环境以及环境分析方法	掌握SWOT法、波士顿矩阵法和麦肯锡矩阵法进行物流战略管理环境的分析
物流战略制定与决策	掌握	物流战略制定的内容和物流战略决策的方法	如何制定物流战略以及如何进行物流战略的决策
物流战略实施与控制	掌握	物流战略实施与控制的内容和方式方法	掌握物流战略实施与控制的关键内容

【本章教学目标与要求】

- 了解物流战略与企业战略的关系，物流战略管理的发展趋势；
- 掌握物流战略管理的内外环境以及环境分析方法；
- 掌握物流战略制定内容和物流战略决策方法；
- 掌握物流战略实施与控制的内容与方法。

 导入案例

民生公司的物流战略

民生公司由爱国实业家卢作孚于1925年11月创立。民生公司以"服务社会、便利人群、开发产业、富国强民"为宗旨,从航行嘉陵江上的一艘70吨的"民生"小客轮开始,经过24年的快速发展,到1949年,民生公司已经拥有江、海船舶148艘;航线及业务已经遍及长江航线和中国沿海各港口,并在港、台地区、东南亚及美国、加拿大等国家设立分支机构,同时拥有造船厂、发电厂等60余项实业,成为当时中国最大和最有影响的民营企业集团,1952年,实行公私合营。1984年2月,卢作孚先生之子卢国纪和一部分民生老员工,为了富强国家、振兴中华,申请重建民生公司。重建后的民生公司,秉承卢作孚先生倡导的以爱国主义为主旨的民生精神,继承和发扬老民生公司的优良传统和先进管理经验,经历20多年的艰苦创业,公司船队规模不断扩大,业务领域不断拓展,业务网点不断增大,发展成为中国最大的民营航运企业集团。2003年初,公司由民生实业有限公司更名为民生实业集团有限公司(以下简称民生公司)。

民生公司之所以取得如此骄人的业绩,成为水运行业中的佼佼者,既凝结了几代民生人的心血和智慧,更是民生公司长期实施以集装箱水陆—江海多式联运为核心的物流战略的必然结果。重建的民生公司以江海货物运输为主。到2003年,公司重建已经近20年。梳理近20年的发展历程,公司物流发展战略的脉络清晰可见,大体上可分为以下5个方面。

(1) 国际化战略。民生公司的国际化战略可以简单地描述为:面向长江流域和东部沿海,以提高企业的核心竞争力和市场占有率为目标,围绕着完善国际物流服务功能、健全国际物流流程和提高物流服务能力等核心工作,开辟国际航线从事国际运输,发展进出口业务和建立企业出口生产基地,开发集装箱运输和国际货代船代,建立稳定客户关系,经过近15年的艰苦努力,实施国际化战略取得了显著成效和辉煌业绩。

(2) 业务网点网络化战略。民生公司根据中国的生产力布局、经济发展水平、对外贸易和江海岸线分布特点以及江海航运一体化的需要,建立公司的业务网点。到目前为止,公司在全国建立了30多家子公司和分支机构,网点覆盖了我国沿海、长江沿线主要城市和港口,现已经形成沿江沿海的"T"形网络结构,有力地支持了公司的国际化物流战略,形成了江海一体、全程一体化物流服务网络体系。作为公司业务网络建设的一部分,公司海外网点也初具规模。

(3) 多式联运战略。民生公司是长江上游最早开展多式联运的航运企业,自20世纪80年代中后期开展全程运输以来,为拓展多式联运业务,公司开展江海联运、货运代理、船舶代理、集装箱运输、公路运输等一系列业务措施。经过10多年的努力,民生公司以江海集装箱多式联运和全程代理为主的多式联运业务得到了快速发展,现在已经建立了比较健全的多式联运组织机构,拥有比较配套和匹配的多式联运船队车队,形成了比较完善的多式联运作业流程和运输网络。

(4) 多元化客户战略。良好的客户关系是企业生存和发展的基础,而良好的客户关系源自企业的客户战略。民生公司客户战略的核心是:根据客户当前和长远的市场影响力和客户需要,与客户建立有利于其长远发展的稳定的合作关系,实现双赢。

(5) 信息化战略。民生公司领导层历来十分重视信息技术在物流作业、物流组织、运输工具运行监控、公司经营管理、财务管理和行政管理中的作用,积极建立和完善物流公司内部的信息系统,适时进行系统的升级换代。20世纪80年代后期以来,公司的信息化建设获得了长足的发展。

资料来源:华人物流网(http://edu.wuliu800.com/2009/0107/11070.html),2009.01.07

过去,我国企业很少认识到物流的战略作用,物流重要的商业价值一直没有得到广泛

利用或认同。现在，物流已经受到大多数行业与市场的重视，物流已经与企业的发展战略紧密联系到一起了。事实上，对物流与供应链管理在企业的竞争力和获利性上的重要性的认识提高，使物流成为一个真正的战略问题，并把物流推向了企业战略的核心地位。面对激烈竞争的市场形势，我国的企业必须重视物流战略的规划与管理。

2.1 物流战略管理概述

2.1.1 物流战略管理的含义

企业战略是一个管理框架，所要解决的是企业生存和发展过程中的方向性、全局性和根本性的问题，目的是为了保证企业沿着正确的方向前进。

现代物流是一个企业流通组织形式和服务方式的重要组成部分。一个企业的物流发展水平反映了该企业流通和产品服务组织化、系统化的程度，是企业竞争力的重要组成部分。许多企业的经营者越来越清楚地认识到物流与经营、生产紧密相连，它已成为支撑企业竞争力的三大支柱之一。企业内部物流系统和外部物流系统成为一个企业重塑竞争力的重要手段和方式。物流在激烈竞争的市场经济中已经在企业战略中占有十分重要的一席之地。

《哈佛商业评论》的一篇文章"基于能力的竞争"中，作者分析了零售业巨人沃尔玛公司取得巨大成功的原因。在说明沃尔玛致力于通过天天低价和商品即得性来建立顾客忠诚时，作者断言沃尔玛之所以能够实现为顾客始终如一的优质服务的目标，关键是让企业补充存货的方法成为其竞争战略的核心部分。一项普通的物流策略竟然变成了世界零售巨头整个竞争战略的核心部分。沃尔玛的巨大成功就在于认识到有效的企业战略必然需要细节与整体之间的有力平衡。而物流贯穿所有关键的企业职能，自然要在维持该平衡中发挥战略作用。沃尔玛的成功证明企业的高层管理者看到了物流与企业战略有较大关联。当那些成百上千的个别部分被整合为一个完整的、管理良好的整体时，当那些活动被创造性地、及时准确而有条不紊地执行时，物流能够在任一企业的核心能力和竞争力中起到战略作用。

1. 物流战略

物流战略是指为寻求物流的可持续发展，就物流发展目标以及达到目标的途径与手段而制定的长远性、全局性的规划与谋略。

物流战略是企业为更好地开展物流活动而制定的更为具体，操作性更强的行动指南，它作为企业战略的组成部分，必须服从企业战略的要求并与之协调一致。

2. 物流战略目标

(1) 成本最小。成本最小是指降低可变成本，主要包括运输和仓储成本，例如物流网络系统的仓库选址、运输方式的选择等。面对诸多竞争者，企业应达到何种服务水平是早已确定的事情，成本最小就是在保持服务水平不变的前提下选出成本最小的方案。当然，利润最大一般是企业追求的主要目标。

(2) 投资最少。投资最少是指对物流系统的直接硬件投资最小化从而获得最大的投资回报率。在保持服务水平不变的前提下，可以采用多种方法来降低企业的投资，例如，不设库存而将产品直接送交客户,选择使用公共而非自建仓库,运用 JIT 策略来避免库存,或利用第三方物流服务等。显然,这些措施会导致可变成本的上升,但只要其上升值小于投资的减少则这些方法均是可选方案。

(3) 服务改善。服务改善是提高竞争力的有效措施。随着市场的完善和竞争的激烈,顾客在选择公司时除了考虑价格因素外,及时准确的到货也越来越成为公司的有力的筹码。当然高的服务水平要有高成本来保证,因此权衡综合利弊对企业来说是至关重要的。服务改善的指标值通常是用顾客需求的满足率来评价,但最终的评价指标是企业的年收入。

3. 物流战略内容

物流战略包括很多方面,如物流战略目标、物流战略优势、物流战略态势以及物流战略措施和物流战略步骤等。其中物流战略目标、物流战略优势和物流战略态势是物流战略设计的基本要点。

(1) 物流战略目标。物流战略目标是由整个物流系统的使命所引导的,可在一定时期内实现的量化的目标。它为整个物流系统设置了一个可见和可以达到的未来,为物流基本要点的设计和选择指明了努力方向,是物流战略规划中的各项策略制定的基本依据。

(2) 物流战略优势。物流战略优势是指某个物流系统能够在战略上形成的有利形势和地位,是其相对于其他物流系统的优势所在。物流系统战略可在很多方面形成优势:如产业优势、资源优势、地理优势、技术优势、组织优势和管理优势等。随着顾客对物流系统的要求越来越高,很多企业都在争相运用先进的技术来保证其服务水平,其中能更完美地满足顾客需求的企业将会成为优势企业。例如宝供储运就是在国内率先利用GPS定位系统,有了 GPS,顾客可以实时跟踪订单的履行情况,因此其在物流行业中就有了技术优势,逐渐又形成了其管理优势等。对于道路运输企业来说,研究物流战略优势,关键是要在物流系统成功的关键因素上形成差异优势或相对优势,这是取得物流战略优势经济有效的方式,可以取得事半功倍的效果,当然也要注意发掘潜在优势,关注未来优势的建立。

(3) 物流战略态势。物流战略态势是指物流系统的服务能力、营销能力、市场规模在当前市场上的有效方位及沿战略逻辑过程的不断演变过程和推进趋势。研究公司的物流战略态势,就应该对整个物流行业和竞争对手的策略有敏锐的观察力和洞察力,不断将自身进行合理定位,从而做到知己知彼。

4. 物流战略管理

物流战略管理是指通过物流战略设计、战略实施、战略评价与控制等环节,调节物流资源、组织结构等最终实现物流系统宗旨和战略目标的一系列动态过程的总和。明确企业的总体战略对于企业来说至关重要,而物流战略正是这个复杂有机体的重要组成部分。

2.1.2 基于供应链下的物流战略管理

美国作为较早进入工业化的国家,对于企业物流管理的研究从 20 世纪 50 年代就开始了。到今天,无论是理论还是方法,都已经形成了一整套完善的体系。美国企业物流战略管理的演化发展大致可分为分散管理、功能管理、内部一体化和外部一体化 4 个发展阶段。

1. 分散管理阶段(20世纪60年代以前)

在20世纪60年代以前,大多数的美国企业对于物流的管理很薄弱,甚至忽视这方面的管理。物流的各项职能被分散在企业的各个职能部门中,造成本来连续的物流过程被割裂开来。而各部门有限的职责使得管理者往往只追求本部门效率的提高,不可能顾及整个组织范围内成本的降低。物流业务发生的成本取决于各个不同的职能部门的成本,很难综合计算出物流成本的确实水平,企业成本居高不下。

2. 功能管理阶段(20世纪60年代到70年代)

进入20世纪60年代后,很多企业为了进行有效的成本集中管理,将物流管理分为物资管理和配送管理两个功能部分。前者包括与生产有关的原材料、半成品、零配件及废旧物料的采购、加工、仓储、搬运、回收复用等活动的计划、组织和控制。尤其要指出的是它们将生产时间表的制定也纳入了物流职能部门,物流与生产充分地结合在一起;后者的重点在于产成品从生产线到用户的实物移动过程中发生的运输、仓储、流通、加工、包装、订单处理、需求预测和用户服务等活动。可以看到,营销及销售部门的有些业务被纳入物流职能中去。为了实现这一转变,企业在组织结构上做了大量的调整,如扩展传统采购部门的职责,成立一体化的配送部门。物流管理者的职位也由此提升了,出现了"物流主管"的头衔,物流业务由副总裁级的领导来监督和控制。值得指出的是,功能阶段的形成除了成本压力外,更多的公司开始注意到用户服务也是物流管理的目标之一,如何实现在一定的用户服务水平下降低成本成为企业的重要课题。另外,计算机用于生产和数据处理,MRP软件的出现是必不可少的前提条件。

3. 内部一体化时期(20世纪80年代)

20世纪70年代末,美国对交通运输业实行了放松管制政策,这一改革促成了运输企业向全面物流服务提供商转变,尤其到了放松管制的后期,市场上存在的物流服务项目越来越多,第三方物流服务商以全方位物流服务提供者的面孔脱颖而出,社会物流力量基本形成,生产企业开始考虑与承运人建立一种长期的伙伴关系,以期降低物流成本,共同受益。同时,大量的公司开始使用电子数据交换技术、条码技术和个人计算机,企业间的交流和信息处理加速发展,JIT(准时生产方式)和 DRP(分销资源计划)技术广泛运用到企业物流管理中去。

这一时期,管理者逐渐将物资管理和物资配送看成是一个有机的整体,一体化管理在企业中出现并得到发展。至此,物流管理成为企业的战略问题之一,很多企业开始制定物流战略计划,高级物流管理者也明显增多,并且越来越多地参与到企业的计划和决策中。

4. 外部一体化进期(20世纪90年代至今)

20世纪80年代末美国出现了一些新情况。首先,企业为获得更大的竞争优势纷纷兼并重组,精减业务和机构。同样,各个公司的物流部门之间也必须合并或重组,这对企业物流来说是管理和组织上的全面变革;其次,随着国际贸易的增长,跨国业务对物流管理提出新的要求——在远距离的市场运作中保证物流成本的节约;同时,市场也不断要求企业超越成本,在时间和质量上建立竞争力。更重要的是,供应链管理的出现将一体化概念从单个公司扩展到了供应链上的所有公司。在整条增值链中，单个公司只是其中的一个部分。有效配置链上成员的资源，可以提高整条链的效率，以获得链的竞争优势。这一理念使得各个公司进行物流的外部一体化：①集体制订投资计划，共享对物流投资带来的好处；②统一的产品包装设计，便于使用共同的仓储、装卸和运输设备；③共享信息，采用 DRP 或 JIT 系统以消除库存冗余；④共享专业技术，这样，企业得以集中精力于核心业务竞争力的建立。

20 世纪 90 年代以来，随着经济全球化和市场国际化进程的加速，企业所处环境发生了很大改变，使原来单个企业之间的竞争转向了供应链之间的竞争。企业的物流战略就是为满足顾客需求，对供应链的各个环节进行合理的计划、组织、协调与控制，从而达到供应链系统整体最优的一种管理方法。物流战略管理的思想是将处于供应链上的所有企业作为合作伙伴，并将供应链当作一个系统进行管理。处于供应链中的所有企业，只有基于物流战略管理的系统考虑，制定合理的战略方针，才能提高本企业和整条供应链的竞争力，才能实现供应链的价值最大化，真正实现企业的可持续发展。

2.2 物流战略环境分析

2.2.1 物流战略环境

战略环境分析是指对企业所处的内外部竞争环境进行分析，以发现企业的核心竞争力，明确企业的发展方向、途径和手段。

战略环境分析是战略管理过程的第一个环节，也是制定战略的开端。战略环境分析的目的是展望企业的未来，是为了使企业的发展目标与环境变化和企业能力实现动态的平衡。

物流战略环境分析是企业物流战略决策的前提和依据，主要包括企业物流的外部环境和内部环境的分析。外部环境又分为宏观环境分析和行业环境分析。

1. 宏观环境分析

宏观环境又称为大环境，是指由国家政治、经济、技术以及社会文化等宏观因素构成整个社会总体发展的情况。宏观环境是物流企业无法改变的外部环境，是不可控的，但企业可以通过对宏观环境的分析，把握发展趋势，寻找物流业发展的机遇和空间，从而确定自己的物流发展战略。宏观环境分析就是通过分析宏观环境的变化对物流企业所产生的影响，以采取相应的应对策略的方法。

1) 政治、法律环境分析

一个国家的政治、法律环境直接影响到企业的管理决策和发展战略，政治稳定则经济繁荣，政治稳定是经济快速发展的基础。政治环境是指制约和影响企业经营的政治力量，包括社会制度、政治结构、政局的稳定、政府的政策倾向以及政策的连续性和稳定性、社会开放及对企业的管制程度等。政治环境是影响一国政局稳定和经济发展的最根本因素。如"改革开放"的政策对我国经济发展产生了极其重大的深远影响，带来社会经济结构的根本变革。目前我国的政局稳定，人心思进，吸引了众多的跨国公司落户中国，中国已成为世界第二大吸引外资的国家。法律环境是指国家制定的法律、法规、法令以及国家执法机关的结构等，法律的完善与执行程度直接影响社会环境的安定，进而影响社会的经济秩序和投资环境。法律对企业的影响在于法律既保护企业的正当的权利，又监督制约企业的经营行为。

政治、法律环境是保障企业进行正常生产经营活动的基本条件，但需要注意的是，政治、法律环境因素对企业来说是不可控的，带有强制性的约束力，如：行业政策、税收政策、财政政策、货币政策等。只有适应这些环境的需要，使企业的行为符合国家的政治路线、政策、法律法规，才能使企业生存和发展。

2) 经济环境分析

经济环境是指一国的经济发展状况以及国家的经济政策，包括社会经济体制和经济结构、经济增长速度、宏观经济政策、就业水平、物价及消费水平、资本市场与货币市场的发育程度、利率及汇率水平等。经济环境对企业生产经营的影响更加直接和具体。目前中国经济的持续增长，其良好的投资环境使国际产业资本流入以及国内资本的跨地区、跨行业的流动带来了大量的物流需求，对中国物流业产生重大的推动作用。所以经济环境对企业的发展产生的影响是直接和现实的。经济环境的分析主要包含以下几个方面。

(1) 经济增长速度及其周期性。一个国家或地区经济的高速增长都会不同程度刺激市场的需求，这往往给物流企业带来发展机遇；衡量一国经济发展速度的主要经济指标是国内生产总值(GDP)、国民生产总值(GNP)、国民生产净值(NDP)等宏观经济指标。经济周期循环指国民经济运行出现扩张与收缩的周期的交替。经济周期的变动直接影响物流业的繁荣与衰退。其通常变动规律是：经济扩张阶段——物流繁荣；经济衰退阶段——物流业下降；经济萧条阶段——物流业低迷。

(2) 经济比例关系分析。社会经济发展状态也取决于各产业间比例关系的协调，主要包括第一、二、三产业的比例关系，以及各部门内部的比例关系，积累与消费的关系等。如果比例协调又能保持一定的速度，说明经济运行走势良好，这也是物流业发展良好的宏观背景。

(3) 消费分析。消费是物流业发展的一个重要环节，生产为了消费，物流是实现消费的过程。把握社会消费水平和发展趋势，才能制定物流长远发展战略。对消费的分析可从两方面进行，即消费需求分析和消费供应能力分析。

(4) 货币政策和财政政策。财政政策是国家实现其职能运用政治权力对一部分社会产品进行分配和再分配而形成的分配关系。国家通过组织财政收入和安排财政支出影响企业、居民、国际收支等。通过调节财政收支总量和构成，影响社会总需求和社会需求结构，以贯彻国家的产业政策和收入分配政策。货币政策是中央银行根据经济发展走势，通过放松或抽紧银根以影响经济发展的速度与规模，并运用法定存款准备金率、再贴现率及公开市场业务等政策手段实现一定的经济目标。

此外，国际收支状况，物价变动水平等都会影响经济的走势，进而影响物流业的发展。

3) 社会文化环境分析

社会文化环境是指物流企业所处的由社会结构、社会风俗习惯、文化传统、生活方式、行为规范、价值观念、人口规模等因素形成的变动状态。尤其是人口和生活方式，是消费市场的重要基础和前提，是决定市场规模的重要因素。在我国由于土地广袤、人口众多，对商品的物流有着巨大的需求，掌握市场环境就会为物流企业的发展奠定基础。

4) 技术环境分析

技术环境是指现有的技术能力和科学技术发展水平与发展趋势，其中关键的战略因素有：国家科学技术的政策、经费支持、企业所处的技术环境、研究开发能力、新技术的保护与运用等。对物流系统最有影响力的技术因素是信息、运输、物料管理及包装技术的创新以及信息技术的应用，同时还包括管理思想和经营策略等。

5) 自然环境分析

自然环境指企业所处的自然资源与生态环境，包括土地、森林、海洋、生物、矿产、能源、环境保护等。自然环境应着重分析自然资源的丰缺程度、开发程度以及利用国外资源的可能性。还有资源的利用和环境保护情况，应重点分析利用率低的原因和提高利用率的途径，提高进行资源综合利用的可能性。

在以上的宏观背景下，应充分掌握和预测环境变化的因素和市场发展的潜力，全方位评估企业战略的适应性，正确做出决策，才能使企业获得持续发展的机会。

2. 行业环境分析

行业环境是指提供同一类型产品或服务的企业所处的经济、政策环境与竞争状态。在行业环境中存在着 5 种竞争力量：潜在的进入者、购买者讨价还价能力、供应者讨价还价能力、替代品的威胁以及竞争对手的竞争。行业环境分析就是分析行业所处的生存和发展环境。总的来说包括以下几个方面。

1) 行业与经济周期分析

经济周期的变化会对行业产生重大影响，但对不同的行业影响不同。根据经济周期与行业发展的相互关系，可将行业分为增长型、周期型、防守型 3 种类型。物流企业服务为各行业提供运输、仓储、包装、加工等，所以在考虑自身行业发展的情况下，同时也要考虑所服务行业的发展情况和环境变化，从而制定自己的业务战略。

2) 行业的生命周期分析

大多数行业从产生到衰退要经历一个相当长的过程，这一过程又可分为不同的阶段，将行业发展必然经过的阶段及其特征表现概括为行业的生命周期，行业的生命周期一般分为开拓阶段、扩张阶段、成熟阶段和衰退阶段。一般在行业的生命周期的早期阶段，即开拓、扩张阶段，增长率很高，利润较丰，风险较大，但可以率先占领和控制市场；进入中期成熟稳定阶段后，虽然销售量在增加，但增长率开始下降，竞争激烈，利润增长幅度下降，此时技术改进、成本降低成为竞争的核心方法；在经过一段成熟期后，会出现停滞和衰败的现象，虽然行业经营仍在持续，可是资源大量外流，出现全行业的不景气。但如果该行业通过产品创新或换代升级，仍然有可能会走出低谷。分析行业的生命周期，主要是把握行业的运行规律，做出正确的战略决策。我国的物流行业是一个新兴的市场，目前正处于快速的发展阶段，所以把握物流行业发展的机会，从长远的战略出发，才能将企业做强做大。

3) 竞争者分析

竞争者分析就是收集信息，确定企业的竞争对手或潜在的竞争对手，并对竞争对手运用的战略及其竞争手段可能对行业市场环境带来的影响等，进行全面的分析与评估，以制定竞争战略。根据波特的竞争模型，应从 4 个方面分析竞争对手，即：竞争者的长远目标——这是分析竞争对手的关键；竞争者的现行战略——分析竞争者战略的优缺，以及实施能力和水平，采取相应的制胜战略；竞争者假设——指竞争者对自身和其他企业进行的主观假设,这些假设将指它的行动方式和反击行为;竞争者的能力——即竞争者实现战略的能力,主要包括核心能力、增长能力、快速反应能力、应变能力、持久力等。

4) 影响行业因素的分析

影响行业的因素是多方面的,一般最主要的因素有技术进步、产品或服务的更新换代、政府的政策、社会习惯的改变等。

3. 企业内部环境分析

企业内部环境分析就是通过对企业的资本结构、财务状况、管理水平、赢利能力、竞争实力等进行系统的分析,以确定企业的经营状况以及在本行业中地位的过程,"知己知彼,百战不殆"概括了物流企业环境分析的全过程。

1) 企业竞争地位分析

企业竞争实力的强弱与企业的生存能力、赢利能力有着密切的关系,一个企业要在市场中立于不败之地,主要依靠雄厚的资金实力、规模经营优势、先进技术水平和物流服务设备、高效的经营管理等,而竞争力的强弱又集中表现在企业销售额及其增长的情况上。一般用年销售额或年营业额、销售额或营业额的增长率等指标来分析。

2) 企业赢利能力分析

上述企业销售额的增长并不代表企业利润的同步增长,所以必须进行赢利能力分析。赢利水平是企业生产经营状况的综合反映。物流服务更应注意提高企业的赢利水平,利润是企业生存的根本。在企业战略组成中,应裁减那些赢利小而占有资源多的项目或业务,而整合提高那些赢利水平高、有发展潜力的项目,并提升服务水平,使其成为"明星业务"或"金牛业务"。一般公司的赢利能力是借助一些财务指标来衡量的,如利润率、净利润、净资产收益率等。

3) 企业物流资源分析

物流资源是企业经营的基础条件,它是指贯穿于整个企业物流各环节的一切物质与非物质形态的生产要素,主要包括有形资源和无形资源两大类。有形资源主要指物流设备、设施、资金等;无形资源主要包括人力资源、组织资源、技术资源、企业文化等。对这些资源的分析就是对现有的人、财、物进行核实并进行优化配置,以提高其使用效率,形成企业的核心竞争力。

4) 企业经营管理能力分析

企业的经营效率和管理能力直接影响企业的赢利和长期发展,尤其是对企业的物流活动来说,如何优化配置资源开拓市场,调度协调各种设备、业务,是检验管理者能力的重要标准。一般企业的经营效率和管理能力可以从几个方面来分析,即公司行政管理人员的素质和能力分析、经营管理效率分析、多种经营和新产品、新业务开发能力分析、运用现代管理方法和经营扩张能力分析以及团队精神等。

综上所述,企业的宏观环境和行业环境分析是物流企业生存和发展的条件,而企业的内部环境分析是企业生存和发展的根本因素,企业如果能把握好环境因素再加上自身的经营努力,就可以获得发展或规避风险。所以环境分析是企业制定战略的基本依据。

2.2.2 物流战略管理环境分析

制定物流战略必须对企业所处的环境进行深入细致的调查研究,它是企业战略管理十分重要的一项基础性工作。物流战略管理环境分析的方法有综合分析法、波士顿矩阵分析法和麦肯锡矩阵分析法等。

1. 综合分析法

综合分析法又称 SWOT 分析法，如图 2.1 所示，是利用企业内外环境相互关系、相互制约、相互影响的原理，把企业内外环境所形成的优势(S)、劣势(W)、机会(O)、风险(T) 4 个方面的情况，结合起来进行分析，并用十字图表对比分析，以寻求制定适合本企业实际情况的经营战略和策略的思路。

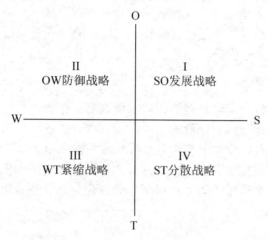

图 2.1 SWOT 矩阵分析法

1) 企业外部环境存在的机会和风险分析

企业外部环境存在的有利因素：机会。如国家产业政策的鼓励支持；银行税负的降低；国内外市场容量的扩大；企业所提供的产品或服务竞争对手少；企业所需资源有了新的更充裕的来源等。

企业外部环境存在的不利因素：风险。如企业提供的产品或服务是国家产业政策所限制的；国家限制投资规模，提高银行贷款利息率；企业所需资源逐渐枯竭等。

2) 企业内部的优势和劣势分析

企业的长处：优势。企业的优势在哪些方面；在技术、产品和服务上有何优势；在管理上有哪些特色；在营销工作上有哪些差异化优势等。

企业的短处：劣势。主要原因是产品、服务质量低，还是管理水平低；是高层管理工作落后还是中层或基层管理工作落后；企业产品滞销带来积压，是质量问题还是产品品种问题或是销售服务工作没有做到位等。

3) 企业主要经营战略

利用十字形图表进行分析的方法简便、实用和有效。主要特点是通过对照，把企业外部环境中的机会和威胁、企业内部环境中的优势和劣势联系起来进行综合分析，有利于开拓思路，正确制定经营战略。

企业主要经营战略有以下 4 种。

(1) SO 战略——发展型战略，又称进攻型战略。在Ⅰ区中的企业，环境提供了发展机会，内部又有优势，此时企业应抓住机会，采取发展型或进攻型战略：如采用扩张联合战略，即通过收购、兼并等手段壮大自己、占领市场；采用纵向一体化战略，即加大投入产出实现扩张；采用横向一体化战略，通过吞并和购买同行业竞争对手的手段达到自我增长的目的。

(2) OW 战略——防御型战略，又称防守型战略。在Ⅱ区中，虽然环境提供了发展机会，但企业内部却处于劣势。此时，企业应采取防守型战略，即采取集中优势战略、联合战略等，在克服和避开自身劣势的基础上，以进取精神抓住机会发展。

(3) WT 战略——紧缩型战略，又称退却型战略。在Ⅲ区中，企业面临较大的环境威胁，同时内部又有明显的劣势，此时应采取紧缩型战略，即采用精简压缩战略、调整巩固战略、资产重组战略等，积蓄力量，等待时机，再图发展。

(4) ST 战略——分散型战略。在Ⅳ区中，企业内部有优势，环境却受到威胁，此时企业应采取分散战略，即采取多样化经营战略、名牌战略、质量取胜战略、低成本战略等，以分散风险，继续保持企业优势。

2. 波士顿矩阵分析法

波士顿矩阵分析是将需求增长率和相对市场占有率作为衡量标准并形成矩阵图形，然后对企业的经营领域进行分析和评价的一种综合方法。需求增长率反映了市场需求对企业的吸引力，相对市场占有率反映了企业某经营领域在市场中的竞争地位。

这一方法是将需求增长率和相对市场占有率分别按一定的水平划分为高、低情况，两个指标组合就形成了 4 个象限，即 4 个区域，分别为问题业务、明星业务、金牛业务和瘦狗业务，如图 2.2 所示。

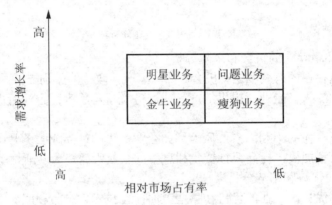

图 2.2 波士顿矩阵图

这 4 个区域的划分为企业对现有的各种经营领域进行综合分析，并对今后进行经营领域的选择指明了方向。各业务发展情况见表 2-1。

表 2-1 各业务发展情况比较

业务类型	业务特点	业务描述	业务发展说明
问题业务 QUESTION	高市场成长率、低相对市场份额	往往是一个公司的新业务，为发展问题业务	有发展前途，应加以完善和提高，促使其成为新的明星经营领域。公司必须建立工厂，增加设备和人员，以便跟上迅速发展的市场，并超过竞争对手
明星业务 STAR	高市场成长率、高相对市场份额	这是由问题业务继续投资发展起来的，可以视为高速成长市场中的领导者，它将成为公司未来的金牛业务	企业没有明星业务，就失去了希望，但群星闪烁也可能会耀花了企业高层管理者的眼睛，导致做出错误的决策。这时必须具备识别行星和恒星的能力，将企业有限的资源投入在能够发展成为金牛业务的恒星上

续表

业务类型	业务特点	业务描述	业务发展说明
金牛业务 CASHCOW	低市场成长率，高相对市场份额	成熟市场中的领导者，它是企业现金的来源	市场已经成熟，企业不必大量投资来扩展市场规模，该业务享有规模经济和高边际利润优势，能给企业带来大量财源。企业应严格控制投资，维持现有规模，设法获取尽可能多的利润，以支持处于明星和瘦狗经营领域业务的发展
瘦狗业务 DOG	低市场成长率，低相对市场份额	业务常常是微利甚至是亏损的业务	瘦狗业务存在的原因更多是由于感情上的因素，虽然一直微利经营，但恋恋不舍，不忍放弃。瘦狗业务通常要占用很多资源，如资金、管理部门的时间等，多数时候是得不偿失的，应果断放弃和淘汰

这一方法有助于企业进行经营领域的选择和资源的有效分配。但它有一定的适用条件，即企业环境动荡水平比较低，市场需求的增长比较容易预测，不容易出现难以预料的变化。

3. 麦肯锡矩阵分析法

麦肯锡矩阵分析法是以战略经营领域的吸引力和企业的竞争力地位两个综合性指标进行组合形成矩阵，进行分析的综合性方法。这种方法与波士顿矩阵分析法一样，也形成 4 个区域，只是衡量的指标有所变化，如图 2.3 所示。

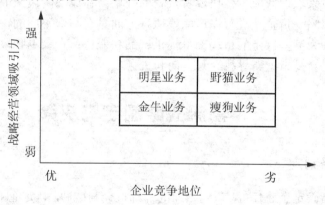

图 2.3 麦肯锡矩阵图

每个指标所覆盖的内容比波士顿矩阵方法的两个指标更丰富。例如，战略经营领域吸引力这一指标除包括未来需求增长率这一具体指标外，还包含未来的赢利率指标，并考虑环境中的相关变化和偶发事件对各个经营领域的影响，确定其机会和风险，最后根据需求增长率和赢利率的估计值确定其战略经营领域的吸引力大小。企业竞争地位这一指标是根据 3 个因素的综合而加以确定的，这 3 项因素是：企业在某一经营领域的投资达到最佳投资水平的程度；企业当前竞争战略达到最优竞争战略的程度；企业目前能力达到该经营领域一流企业所需能力的程度。把这些因素结合起来分析，即可确定企业在某一经营领域中的竞争地位。

战略经营领域吸引力这一指标根据一定的标准分为强、弱两种状况；企业竞争地位可划分为优、劣两种状况。两个指标组合形成 4 个区，然后把企业所有的经营领域根据这两个指标的水平，分别列入各区，最后进行经营领域的分析和选择。

这一方法克服了波士顿矩阵方法的某些不足，从而扩大了适用范围，即对企业处于不同竞争环境包括比较动荡的不稳定环境进行经营领域的分析和选择也是适用的。

4. 波特矩阵

波特矩阵是著名管理学家迈克尔·波特提出的战略选择方法。它主要从企业目前所处的市场地位和行业发展阶段两个方面，进行战略选择，见表2-2。

表2-2 波特矩阵战略选择

企业的战略地位	行业发展阶段		
	成长时期	成熟时期	衰退时期
市场领导者	领先于竞争对手	成本领先 制造障碍 威慑对手	重新确定经营范围 放弃外围市场 鼓励退出
市场追随者	以低成本效仿、合资	差异化 市场集中	差异化 新机会

如果企业是市场的领导者，在成长阶段采取领先于竞争对手的战略，包括技术领先、产品领先、市场领先等；在成熟阶段采取成本领先、制造障碍、威慑对手的组合战略；在衰退阶段采取重新确定经营范围、放弃外围市场、鼓励退出的战略等。如果企业是市场追随者，在成长阶段采取以低成本效仿或者合资的战略；在成熟阶段采取差异化、市场集中的战略，差异化战略是指企业经营在产品或服务方面具有与众不同的特色，市场集中战略是指将力量集中到为某些特定的市场部分提供产品和服务；在衰退阶段采取差异化或者新机会的战略，新机会是指重新寻找经营方向和机会。

2.3 物流战略制定与决策

2.3.1 物流战略制定

战略制定是指确定企业任务，认定企业的外部机会与威胁，认定企业内部优势与弱点，建立长期目标，制定多种可供选择的战略，以及选择特定的实施战略，是战略计划的形成过程。

物流战略制定程序是由5项相互关联而完整的任务组成的。主要有：明确企业物流系统的发展方向，提出物流战略展望和物流业务宗旨；设置目标；将企业物流战略展望转化为明确的绩效目标，制定物流战略，完成任务；贯彻执行物流战略，追求效益；评估绩效，进行调整。物流战略制定程序如图2.4所示。

1. 明确企业物流战略展望和业务宗旨

企业物流战略展望是企业管理者对企业物流战略发展前景和发展方向高度概括的描述。物流战略展望指明了企业未来物流业务前进的目标，从而提出企业独特的长期发展方向，制定了企业需要遵循的物流战略途径，塑造了企业物流方向的特性。物流战略展望是企业物流发展的线路图，提供实现企业物流战略目标的合理路径。

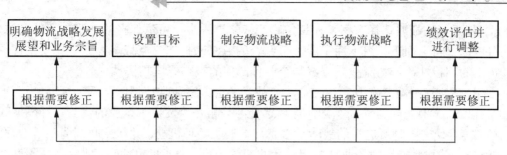

图 2.4　物流战略制定程序

企业物流战略展望的焦点是企业物流运作能力的长远性，而企业物流的业务宗旨则主要集中于企业现阶段物流战略的规划。企业物流的业务宗旨是对企业经营范围、市场目标、物流领域等的概括描述，它相比战略展望而言，更具体地表明了企业物流服务水平的方向。

企业当前的物流业务选择和供应链的结构体系构成了企业的物流业务宗旨。明确的业务宗旨应清晰地表述企业现在正在从事的业务以及需要满足的顾客需求，注重运输、仓储和原料管理。业务宗旨强调现阶段的使命，即正在从事的业务体系，相对于战略展望更注重短时间内的规划。

企业在进行物流战略描述时，要将战略展望和业务宗旨相结合，不但要清晰描述企业现阶段的业务，还要明确企业未来前进的方向和业务范围。重点要注意以下3个要素。

(1) 界定企业的当前业务。企业要尽力满足的客户需求是什么，企业定位的服务集团是哪些，以及企业在满足目标市场时所采用的物流技术和开展的活动有哪些。

(2) 确定企业短期及长期的战略展望。思考企业通过什么方式才能提高物流的客户服务水平，做好充分准备应对未来的发展。

(3) 用一种清晰明确、催人奋进、激发士气的方式传播公司的物流战略展望和业务宗旨。

2. 设置物流战略目标

物流战略目标的制定主要是确定达到物流战略展望和业务宗旨的长期目标；分解长期战略目标，建立整个企业的短期执行性战术目标；企业相关业务部门及相关员工建立自己的目标。

物流战略目标，其主要作用是将企业的物流战略展望和业务宗旨转换为明确具体的绩效目标，即企业管理者想要达到的效果和成果，从而使企业有一个可参照的对象和测量标准，跟踪企业的发展和绩效。

在总结无数企业和管理者经验的基础上，精确阐明将在何时、取得何种绩效、绩效成果如何，然后通过制定好的、目的性强的行动和激励方式去实现目标，将会极大地提高企业的整体绩效水平。

物流战略目标的具体内容包括如何扩大公司的物流市场份额，如何获得低于竞争对手的物流成本，如何在市场上获得充分的发展，如何获得供应链的优势，如何成为新产品和服务的领导者，如何抓住发展的机遇等。

3. 制定物流战略

企业制定物流战略应针对不同情况，从客户、市场、财务、内部供应链等多角度考虑制定一个能带动企业物流发展的综合性战略，其大致包括以下主要步骤。

(1) 拟定物流战略选择方案。在拟定物流战略过程中，可供选择的战略方案越多越好。企业可以选择自上而下、自下而上或上下结合的方法来拟定物流战略方案，要发挥管理人员及员工的积极性，使物流战略方案与企业各部门的战略方案相协调。

(2) 评估物流战略备选方案。评估物流战略备选方案通常使用以下两个标准。

① 以 SWOT 分析方法为基础，评估选择的战略是否发挥了企业的优势，并发展成为企业核心竞争力，同时所选择的战略是否充分把握了各种机会，并将威胁削弱到最低程度。

② 选择的战略能否同企业利益相关者的期望一致。需要指出的是，实际上并不存在最佳的选择标准，管理层和利益相关团体的价值观和期望在很大程度上影响着战略的选择。此外，对战略的评估最终需要落实到战略收益、风险和可行性分析的财务指标上。

(3) 选择满意物流战略。选择满意物流战略，即最终的战略决策，确定准备实施的物流战略。企业目标是企业使命的具体体现，因而，需选择对实现企业目标最有利的战略方案。

4. 执行物流战略

执行物流战略是一项以实施为导向，将物流战略计划变成实际行动，并转化为有效结果，完成物流战略目标的活动。执行物流战略是整个物流战略管理环节中最耗时、要求最严格的部分。

企业在执行物流战略阶段要决定所要采取的措施有以下几个方面的内容：建立具有强竞争力并能成功执行物流战略的组织；制定预算，将资金流向那些对物流战略起关键作用的活动部门；确保政策和运作程序促进物流战略的有效执行；建立健全的信息管理系统；制定相应的激励、惩罚制度；创造适合的工作环境和企业文化；对遇到的挑战或阻碍能及时进行调整。

物流战略执行是一项系统工程，保证物流战略执行的关键包括：战略发动、战略计划、战略匹配和战略调整。

5. 绩效评估和战略调整

绩效评估和战略调整既是物流战略管理周期的结尾，也是新的物流战略管理周期的开始。它是通过评价企业的经营业绩，审视物流战略的科学性和有效性，再参照企业实际的经营事实、变化的经营环境、新的思维和新的机会，及时对所制定的物流战略进行调整，以保证物流战略对企业经营管理进行有效的指导。

企业的物流战略展望、物流目标体系、物流战略的实施途径没有尽头，需要不间断地进行评价，同时为适应周围环境的变化，物流战略也需要不断进行适时的调整，以使企业的物流战略不断优化发展。

2.3.2 物流战略决策

1. 物流企业总体战略决策

企业总体战略是企业在对外环境进行深入调研的基础上，对市场需求、竞争状况、企业实力、国家政策、资源状况和社会要求等主要因素进行综合分析后，所确定的指导全局性、长远性发展的谋划和方略。

为了正确拟订总体经营战略的多样方案，便于科学地做出选择，总体战略可以从不同的角度进行分类。

1) 按企业经营范围不同划分

单一化经营战略：企业只专注某一个行业从事经营活动的谋划与方略。

多样化经营战略：专业化产品生产经营企业发展到一定程度后会受到市场容量的制约，任何一个产品都有其生命周期，其需求量不可能无限扩大，总有饱和和下降的阶段。企业要继续发展则必须开发和生产不同类型的异质产品满足不同的市场需求，实施多样化经营战略。

以上两种战略反映了企业成长过程中不同阶段所选择的不同战略，企业领导者要善于分析企业所处的成长阶段，做出正确的选择。

2) 按企业经营态势不同划分

发展型战略：在现有基础上向更高水平发展的战略。在市场需求较大，竞争不激烈的情况下企业考虑选择这一战略。

稳定型战略：维持现有水平的战略。

紧缩型战略：当市场的需求下降或资源枯竭，企业应该逐年减少或停止的战略。

3) 按企业经营的空间不同划分

本地化经营战略：在企业所处的专区、市县范围内寻求生存和发展的谋划与方略。

地区化经营战略：企业由本地区向本省、本自治区范围内拓展经营空间，寻求较大发展的谋划与方略。

区际化经营战略：企业由本省、市自治区向其他省、自治区拓展的谋划与方略。

全国化经营战略：企业在区际发展的基础上向全国范围拓展生产经营空间的谋划与方略。

国际区域化经营战略：企业跨出国门，在境外某些国家或地区开展经营活动的谋划与方略。

全球化经营战略：企业在国际区域范围内开展经营活动的基础上，逐步拓展到全球范围内，实行在全世界大范围发展的谋划与方略。

一般情况下，企业只有一个总体经营战略，即企业只能从对企业起决定性作用的某一分类中，从拟订的若干个总体战略方案中，选择其中一个满意方案。也就是说，从上述几种分类中，先选择出某一分类作为进行企业总体战略研究的重点对象，然后从这一分类中提出若干个可供选择的总体战略方案，企业再根据内外环境的综合分析，做出对其中某一战略方案的决策。

2. 企业经营单位战略决策

企业经营单位战略是指大企业或集团性公司中的第二层次的经营单位，为了贯彻总公司或集团公司总体经营战略，适应环境变化的要求，对所选择的经营事业的发展做出的长远性的谋划与方略。

经营单位战略决策有多个方面，如产品定位战略、竞争战略、投资战略等，每个战略都可以拟订多种可行方案可供决策。

1) 产品定位战略方案

产品专业化战略方案：某企业经营单位对某个行业的其中一个系列产品进行开发和生产的谋划与方略。

产品多样化战略方案：某企业经营单位在某类产品中从事多个系列产品进行开发和生产的谋划与方略。

2) 竞争战略方案

竞争战略是指企业为了获得竞争优势，在市场上处于有利的竞争地位，争取比竞争对手有较大的市场份额和更好的经济效益所做出的长远性的谋划与方略。

企业竞争战略按照竞争重点不同有成本领先战略、差异化战略、集中化战略。企业采取什么样的竞争战略方案，应对一系列影响因素，如国家产业政策要求、市场需求趋势、市场竞争态势、企业实力等方面进行深入分析后做出选择。

3) 投资战略

投资战略是指根据企业总体经营战略要求，为维持和扩大生产经营规模，对有关投资活动所做的全局性谋划。它是将有限的企业投资资金，根据企业战略目标评价、比较、选择投资方案或项目，获取最佳的投资效果所做的选择。

企业投资战略是企业总体战略中较高层次的综合性子战略，是经营战略的实用化和货币表现，并影响其他分战略。

3. 企业职能战略决策

企业职能战略是指按不同的专业职能对总体经营战略和二级经营单位战略进行落实和具体化的战略。即在总体战略指导下为总公司各个部门、二级经营单位各职能部门制定的战略。

企业职能战略有市场战略、产品战略、质量战略、科技战略、价格战略、财务战略等。现对其中几种职能战略决策做如下简单介绍。

1) 市场战略决策

企业面临的市场容量和竞争形式不同，会有多种不同的市场战略可供选择：有扩张型市场战略、维持型市场战略和撤退型市场战略。

2) 产品战略决策

企业产品品种从深度上进行决策，有两种战略方案可供选择：一是品种单一化战略，即企业只生产一两个品种的战略；二是品种多样化战略，即企业可选择生产两个以上甚至几十个品种进行开发和生产的战略。

企业产品品种从广度上进行决策，有 3 种战略方案可供选择：一是单系列产品战略，即在同类型产品的各种系列产品中只选择一两个系列产品进行开发和生产的战略；二是多系列产品战略，即选择两个以上的系列产品的战略；三是全系列产品战略，即凡是用户和消费者需要的所有系列产品都进行开发和生产的战略。

3) 产品质量战略决策

企业根据市场需要和顾客的不同质量需要，可以有 3 种质量战略供选择：一是以内在质量为主，外在质量为辅的战略；二是以外在质量为主，内在质量为辅的战略；三是以内外质量并重的战略。

4) 科技战略决策

科技战略决策可以从不同角度提出，如按照技术在竞争中所担负角色的不同可以分为领先型科技战略、紧跟型科技战略、模仿型技术战略等；按照技术进步的方式不同可以分为独立开发型战略、技术引进型战略、技术改造型战略等。

企业不论选择哪种战略，在进行战略决策时都要注意决策信息的可靠性、决策程序的完整性、决策方法的正确性、决策方案的严密性、方案实施的可行性以及决策结果的效益性。

2.4 物流战略实施与控制

2.4.1 物流战略实施

战略实施就是将公司战略付诸实施的过程。企业战略在尚未实施之前只是在纸面上的或人们头脑中的东西，战略的实施是战略管理过程的行动阶段，因此它比战略的制定更加重要。

物流战略实施是一个自上而下的动态管理过程。所谓"自上而下"主要是指，战略目标在公司高层达成一致后，再向中下层传达，并在各项工作中得以分解、落实。所谓"动态"主要是指战略实施的过程中，常常需要在"分析—决策—执行—反馈—再分析—再决策—再执行"的不断循环中达成战略目标。

在企业战略转化为战略实施过程中，包括以下4个相互联系的阶段。

(1) 战略发动阶段。该阶段主要是要调动大多数员工实现新战略的积极性和主动性，要对企业管理人员和员工进行培训，灌输新的思想、新的观念，使大多数人逐步接受一种新的战略。

(2) 战略计划阶段。将经营战略分解为几个战略实施阶段，每个战略实施阶段都有分阶段的目标，相应的有每个阶段的政策措施、部门策略以及相应的方针等。要对各分阶段目标进行统筹规划、全面安排。

(3) 战略运作阶段。企业战略的实施运作与众多影响因素有关，其中主要有各级领导人员的素质和价值观念、企业的组织机构、企业文化、资源结构与分配、信息沟通、控制及激励制度等。

(4) 战略控制与评估阶段。战略是在变化的环境中实施的，企业只有加强对战略执行过程的控制与评价，才能适应环境的变化，完成战略任务。该阶段主要任务是建立控制系统、监控绩效、评估偏差、控制及纠正偏差。

2.4.2 物流战略控制

战略控制主要是指在企业经营战略的实施过程中，检查企业为达到目标所进行的各项活动的进展情况，评价实施企业战略后的企业绩效，把它与既定的战略目标与绩效标准相比较，发现战略差距，分析产生偏差的原因并纠正偏差，以使企业战略实施更好地与当前所处的内外环境协调一致，从而最终实现企业战略目标、战略规划。物流战略控制是物流战略实施中保证物流战略实现的一个重要过程。

1. 物流战略控制的主要内容

(1) 设定绩效标准。根据企业战略目标，结合企业内部人力、物力、财力及信息等具体条件，确定企业绩效标准，作为战略控制的参照系。

(2) 绩效监控与偏差评估。通过一定的测量方式、手段和方法，监测企业的实际绩效，并将企业的实际绩效与标准绩效对比，进行偏差分析与评估。

(3) 纠正偏差。设计并采取纠正偏差的措施，以顺应变化着的条件，保证企业战略的圆满实施。

(4) 监控外部环境关键因素。外部环境的关键因素是企业战略赖以存在的基础，这些外部环境关键因素的变化意味着战略前提条件的变动，必须给予充分的注意。

(5) 激励战略控制执行主体。激励战略控制执行主体，目的是调动其自控制与自评价的积极性，以保证企业战略实施的切实有效。

2. 物流战略控制的方式

1) 从控制时间看

从控制时间看，企业战略控制可以分为事前控制、事中控制、事后控制3类。

(1) 事前控制。事前控制又称前馈控制，是在物流战略实施前，对物流战略行动的结果有可能出现的偏差进行预测，并将预测值与物流战略的控制标准进行比较，判断可能出现的偏差，从而提前采取纠正措施。

(2) 事中控制。事中控制又称实时控制，是在物流战略实施过程中，按照控制标准验证物流战略执行的情况，确定正确与错误，确定行与不行，随时采取控制措施，纠正实施中产生的偏差，引导企业沿着战略的方向前进，这种控制方式要对关键性的战略措施进行随时控制。

(3) 事后控制。事后控制又称后馈控制，这种控制方式发生在企业经营活动之后，它是将战略实施结果与期望的控制标准相比较，看是否符合控制标准，进而总结经验教训，并制定行动措施，以利于将来的行动。

应当指出，以上 3 种控制方式所起的作用不同，它们在企业经营管理中是被随时采用的。

2) 从控制主体状态看

从控制主体状态看，企业战略控制可以分为避免型控制和开关型控制两类。

(1) 避免型控制。采用适当的手段，使不适当的行为没有产生的机会，从而达到不需要控制的目的。如通过自动化使工作的稳定性得以保持，按照企业的目标正确地工作；通过与外部组织共担风险减少控制；或者转移或放弃某项活动，以此来消除有关的控制活动。

(2) 开关型控制。开关型控制又称为事中控制或行与不行的控制。在战略实施的过程中，按照既定的标准检查战略行动，确定行与不行，类似于开关的开与止。

开关控制法一般适用于实施过程标准化的战略实施控制，或某些过程标准化的战略项目的实施控制。

3) 从控制环节看

从控制环节看，企业战略控制可以分为财务控制、生产控制、销售规模控制、质量控制、成本控制5类。

(1) 财务控制。这种控制方式覆盖面广，是非常重要的控制方式，其包括预算控制和比率控制。

(2) 生产控制。对企业产品品种、数量、质量、成本、交货期及服务等方面的控制，可以分为产前控制、过程控制及产后控制等。

(3) 销售规模控制。销售规模太小会影响经济效益，太大会占用较多的资金，也影响经济效益，为此要对销售规模进行控制。

(4) 质量控制。包括对企业工作质量和产品质量的控制。工作质量不仅包括生产工作的质量，也包括领导工作、设计工作、信息工作等一系列非生产工作的质量，因此，质量控制的范围包括生产过程和非生产过程的一切控制过程，质量控制是动态的，着眼于事前和未来的质量控制，其难点在于全员质量意识的形成。

(5) 成本控制。通过对成本控制使各项费用降低到最低水平，达到提高经济效益的目的。成本控制不仅包括对生产、销售、设计、储备等有形费用的控制，而且还包括对会议、领导、时间等无形费用的控制。成本控制重点在于建立各种费用的开支范围、开支标准并严格执行，要事先进行成本预算等工作。成本控制的难点在于企业中大多数部门和单位是非独立核算的，因此缺乏成本意识。

本 章 小 结

企业战略是一个管理框架，所要解决的是企业生存和发展过程中的方向、全局性和根本性的问题，以保证企业沿着正确的方向前进。物流对市场营销、生产和财务活动具有重要影响，应在战略意义上得到企业高层管理人员的充分重视。

20 世纪 90 年代以来，随着经济全球化和市场国际化进程的加速，企业所处环境发生了重大变化，使原本单个企业之间的竞争转向了供应链之间的竞争。企业的物流战略是为了满足顾客需求，对供应链的各个环节进行合理的计划、组织、协调和控制，从而达到供应链系统整体优化的一种管理方法。

物流战略管理的思想是将处于供应链上的所有企业作为合作伙伴，并将供应链当作一个系统进行管理，处于供应链中的所有企业，只有基于物流战略管理的系统考虑，制定合理的战略方针，才能提高本企业和整条供应链的竞争力，才能实现供应链的价值最大化，真正实现企业的可持续发展。

 关键术语

| 物流战略 | 物流战略管理 | 物流战略环境 | SWOT 分析 |
| 波士顿矩阵法 | 物流战略决策 | 物流战略控制 | |

 课堂讨论

1. 企业制定物流战略应注意哪些环节的衔接？
2. 物流战略环境分析方法有哪些？针对具体的企业将如何应用？

综合练习

1. 名词解释

物流战略；物流战略管理；物流战略环境；物流战略决策；综合分析法；波士顿矩阵法

2. 填空题

(1) 物流战略的目标有_____、_____、_____。

(2) 物流战略管理是指通过物流战略设计、_____、_____与_____等环节，调节物流资源、组织结构等，最终实现物流系统宗旨和战略目标的一系列动态过程的总和。

(3) 战略环境分析是指对企业所处的_____进行分析，以发现企业的核心竞争力，明确企业的发展方向、途径和手段。

(4) 麦肯锡矩阵分析法是以_____和_____两个综合性指标进行组合，形成矩阵，进行分析的综合性方法。

(5) 物流战略制定过程由5项相互关联而完整的任务组成，分别是明确企业物流战略展望和业务宗旨、_____、_____、_____、绩效评估和战略调整。

(6) 物流战略控制从控制时间可分为_____、_____、_____3类。

3. 简答题

(1) 物流战略环境分析方法有哪些？其各有什么特点？
(2) 物流战略与企业战略有何区别？
(3) 在物流战略环境分析中，企业内外部环境分析的内容各有哪些？
(4) 简述物流战略控制内容。
(5) 物流战略控制有哪些方法？
(6) 你认为物流战略规划过程中最重要的因素是什么？

4. 论述题

(1) 试论述企业实施物流战略管理的意义和必要性。
(2) 联系实际，试论述企业如何针对内外环境选择适合本企业的物流战略。

中远集团物流战略规划

2002年1月8日中国远洋物流公司(Cosco Logistics)在北京宣告成立。组建中远物流是中远集团为迎接加入WTO的挑战，推进其"由全球承运人向全球物流经营转变"的重大举措。

1. 中远集团发展物流的战略调整

(1) 调整战略，实现两个转变。为了贯彻中远集团"由拥有船向控制船转变，由全球航运承运人向全球物流经营人转变"的发展战略,集团及时对主业结构进行调整,同时制订了集团物流发展规划。近年来,中远船队船舶载重吨位由过去的 1700 万吨增加到 2300 万吨,平均船龄由 15.1 年降低到 11 年。中远船队规模的扩大不但巩固了中远航运主业的国际地位,同时由于航运规模经营优势带来的客户群又成为发展和稳定资源,船队和物流企业形成了积极良性的互动关系,促进了中远物流的持续发展。

(2) 建立健全机构,加强中远物流管理。为了充分利用集团全球资源,发挥集团整体优势,打出品牌,集团总公司成立了物流职能机构,下设国内外各区域物流公司。区域物流公司根据经营管理需要设置若干国家(或口岸公司)公司,负责中远全球的物流业务。在总公司的统一管理下,各区域公司重点负责中远全球物流项目开发及区域内、外物流项目的运作管理等。

(3) 大力拓展现代物流服务。以强大的航运实力为依托,充分利用中远全球物流资源,以中国市场为基础,以跨国公司物流需求为基础,对客户服务由运输扩展到仓储、加工、配送,直至深入产品生产、流通、分配、消费的大部分环节,通过开展增值服务,提供开展赢利能力和市场竞争力。几年来,COSCO以客户满意为中心,以上海通用汽车、海尔电器、保伦鞋业 3 个典型项目为突破口,开发了各类物流项目 73 个,同时还走访了东风汽车、长虹、福特汽车、科龙、沃尔玛等大型客户了解需求,共同协商开发物流配送方案。为了使中远物流尽快与国际接轨,其积极与世界著名咨询公司合作,引进国外先进技术和管理经验,并通过示范项目的实施与推广,进一步加快中远物流发展进程。

2. 中远物流的企业战略

(1) 优化资源结构,发挥整体优势。为了更好地适应国际物流市场需求,进一步增强市场竞争力,中远集团 1995 年开始其对所属陆上货运公司进行了重大改组和调整。这次整合是对集团的中汽车运输总公司、外轮代理总公司以及各远洋运输公司下属货运公司的陆上货运资产进行改组,成立了中远国际货运有限公司。为了使中远船、岸资源按照市场原则进行配置,更加贴近市场,首先由中货公司组建国内 7 个口岸地区公司,从根本上解决了中远陆上货运资源布局不合理、利用不充分、重复投资、内部竞争、发展缓慢等弊病。1997 年对中远船队按照专业生产要求又进行了经营战略调整。同时,对海外的众多业务机构进行了归口管理并成立了中国香港、新加坡、美国、欧洲、日本、大洋洲、非洲、西亚、韩国九大区域公司,通过理顺新体制,形成优势,改变中远集团在计划经济下多年的企业组织结构,实现中远集团跨国经营的总体构架下的全球业务分布新格局。

新成立的中远物流公司纳入中远国际货运公司的物流资源和操作体系,在这个重组过程中,品牌、资源和优势不仅没有削弱,而且得到了加强。重组之后,中远物流作为公共物流服务商,其服务对象主要是国内外广大货主;中国外轮公司作为国际船舶的公共代理人,其服务对象主要是国内外广大船东。功能更加齐全、手段也更多样、服务范围更广。中远物流以国际化的远洋船队为依托,以科技创新和管理创新为突破口,不断加强服务体系建设,在全国 29 个省、市、自治区建立了包含 300 多个站点的物流服务网络体系,形成了功能齐全的信息系统;拥有运营车辆 1222 辆,其中集装箱卡车 850 多辆,物流车 339 辆(配备 GPS 系统的为 94 辆),大件运输车 32 组;仓储和堆场 154 万平方米;成功开行了 6 条以"中远号"命名的集装箱"五定班列"。并且培养了一支有多年实际经营和运作物流业务丰富经验的专业人才队伍。重组的中远物流公司下设大连、北京、青岛、上海、宁波、厦门、广州、武汉 8 个区域公司,并与中远海外企业有密切的协作关系,与 40 多个国家的货运机构签订了互为代理协议,能够便捷、高效地完成现代物流任务。

(2) 品牌战略。中远物流公司为上海别克、一汽捷达、神龙富康、上海桑塔纳等提供进口汽车散件服务,并且为沈阳金杯提供物流服务,与众多汽车厂商建立了良好、广泛的形象。中国物流与海尔、科龙、小天鹅、海信、澳柯玛以及长虹等企业建立了紧密的合作关系。中远与科龙和小天鹅合资成立安泰达物流有限公司,这是我国首家由生产厂家与物流服务商组建的家电物流企业。在国家重大建设项目流方面,中远在两年中先后中标,承担了秦山核电三期工程,江苏田弯核电站和长江三峡工程的物流运输项目,为国家重点工程建设作出了重要贡献。大连—长春、天津—西安、上海—重庆、上海—成都、青岛—郑州—西安、昆明—黄埔的 6 条全集装箱"五定班列"的运行初步形成了中远"两纵四横"的海铁联运通道,为内陆货物的出运提供了便利条件。同时,还利用自身的有利条件在长江水系和珠江水系构建了支线体系,有力地支持了干线班轮运输业务。

(3) 科技创新战略。现代物流实际上是依靠现代技术支撑的行业,没有科技支撑,物流业务将寸步难行。在这方面中远物流实施了两个方面的工作。一是在建立完整的网上货运服务的基础上,建立中远物流船代数据中心,强化中远物流的客户服务水平,拓展中远物流的服务范围;二是完善现代物流应用系统,包括两个方面内容:完善"5156"公共信息平台,为客户提供全面的物流服务。中远物流公司已经拥有了一套比较成熟的信息技术系统。他们将"网上仓储管理信息系统"、"网上汽运高度信息系统"、"网上结算"等功能模块进行集成,形成了"5156.com.cn"物流网站,能够为客户提供便捷的网上物流交易电子商务平台,为物流项目的开发和运作提供了强有力的技术支持。

同时,建立以北京物流总部为中心,覆盖 8 个区域公司的中远物流专网,逐步将"5156"物流平台建设成为中远物流业务操作、项目管理、客户服务及应用服务的公共信息平台。开发个性化物流信息系统,为重大客户提供物流服务。中远物流已经开始为百事可乐、本溪钢铁、上海通用汽车提供物流信息服务,并且正在为安泰达(科龙、小天鹅)物流项目实施物流信息系统。他们计划 2002 年再为 2~3 个大型物流项目配置信息系统,为客户提供个性化服务。

(4) 管理创新战略。中远物流的目标是"做中国最好的物流服务商、最好的船务代理人。中远物流全系统要以培养核心竞争力为目标,有效整合物流资源,以传统运输代理业务为基础,做大做强综合性的运输服务体系,为国内外广大船东和货主提供更优质的服务。"中远物流将加大力度,构建物流业务体系,树立中远物流品牌,增强物流项目设计和管理,重点拓展汽车、家电和展品物流市场,积极开发冷藏品、危险品等专项物流领域。近期还将开辟两条中远铁专线,依托高速公路网,逐步建立完整、全方位的国内干线配送和城际快运通道。发展国际航运代理市场,促进以北京、上海、广州为三大集散中心的中远物流空运网络建设。

(5) 人才发展战略。为了激发企业的活力,增强竞争力,公司始终坚持"以人为本"的宗旨,将以建立完善新的绩效评价体系为核心,加快培养物流骨干人才,有效促进传统业务的稳定增长和新业务的快速增长。主要做法是以下几项。

① 建立新的绩效评价体系。将进一步完善 TCSS 系统(客户满意体系)模型,形成物流公司 TCSS 业务模型组,为企业创造持久的经济效益。

② 建立中远物流顾问团。

③ 启动中远物流企业管理奖。

④ 加快人才培养。主要方式是"请进来",一是从国外招聘富有实践经验的物流经营管理专家到中远项目进行经营管理,提高其物流管理水平;二是选拔优秀年轻干部到国外物流、航运公司或高等学府学习锻炼;三是加强各个层次员工的培训工作,创建学习型组织。

资料来源:http://www.chinawuliu.com.cn/cflp/newss/content1/200805/773_27712.html

思考分析题:

1. 中远物流的企业战略有哪些?为企业的发展起到了什么样的作用?
2. 试分析适合不同企业的物流战略还有哪些。

第3章 运输管理

【本章教学要点】

知识要点	掌握程度	相关知识	应用方向
运输及其方式	掌握	运输原理、各种运输方式的特点	运输决策的理论依据
运输市场管理	了解	运输需求与供给市场	影响运输服务提供商提供服务以及确定服务成本时考虑的因素之一
运输决策管理	掌握	运输方式的选择、路线以及运量的确定、运输服务供应商的选择	能够利用具体的方法解决现实中的问题
运输组织管理	了解	各种运输方式的组织形式以及作业程序	规范企业相关环节操作流程
运输合同管理	熟悉	运输合同的订立、变更与解除以及双方责任的划分	提供运输服务时掌握其责任与权利,避免产生纠纷

【本章教学目标与要求】

- 掌握运输原理以及各种运输方式的特点;
- 了解运输需求与供给市场;
- 了解各种运输方式的组织形式及其作业程序;
- 掌握运输不合理的原因以及运输合理化措施;
- 掌握运输决策的方式和方法;
- 熟悉运输合同订立、变更与解除以及责任划分。

导入案例

LOF 公司的运输服务决策

LOF 公司是一家建筑和汽车玻璃制造商,它所面临的挑战是要搬运和运输大量棘手的产品。LOF 公司对顾客的服务承诺:既有竞争性价格,又能提供优越的运输服务。这些服务要求 LOF 公司去寻求有创新意识的承运人和势力强大的渠道伙伴关系。

过去 LOF 公司曾经使用过多达 534 位承运人进行内向运输和外向运输。玻璃运输往往需要使用专门化设备,以使玻璃损坏降到最低程度。但如果使用专门化设备,则意味着 LOF 公司无法提供回程运输的产品,因此,承运人要么以竞争性低价揽取回程运输产品,要么由 LOF 公司支付空载回程费用。

为了解决此类问题,LOF 通过与两位承运人进行联盟,所有内向和外向的零担装运货物全部安排给 ROLS 物流服务公司承担。虽然 ROLS 公司负责装运有关的所有日常事务、跟踪和支付,但是它并不需要运输所有货物,这样安排使 LOF 公司向其供应商提供免费电话号码,对所有内向的装运给予协作,这样可以为内向和外向的装运都选择最低成本的运输方式和承运人,可以大大降低运费,简化工作。另外,CS 物流公司提供第三方的付款服务,负责用电子手段处理所有账单信息。

除了技术方面外,LOF 公司在其他承诺上也确定了非常高的服务期望和要求。LOF 公司不是利用价格刺激业务,而是致力于降低成本。尽管 LOF 公司认识到它的合伙人在业务上必须要有充分的回报,但是,超额的利润反而会损害合伙人关系。LOF 公司在所有的组织层次上保持着与其合伙人之间的广泛沟通,有助于进一步了解合伙关系的价值和状况。LOF 公司认为,这样合作关系的处理将会为其顾客创造重大的价值。

资料来源:http://zhidao.baidu.com/question/52759216.html

运输是整个物流系统的主要环节,其承担了改变物品空间状态的重要任务,是社会物质生产的必要条件,是国民经济的基础和先行官。它连接着生产各个环节、生产与消费、国民经济各部门和各单位、城乡广大区域、不同国家和地区。物流运输活动环节多、时间长、情况复杂,运输成本在物流总成本中所占比重约为 1/3~2/3。因此加强运输管理,促进运输合理化,可以极大地降低企业的物流总成本,为企业创造更多的经济效益和社会效益。

3.1 运输概述

运输是实现人和物空间位置变化的活动,与人类的生产生活息息相关。可以说,运输的历史和人类的历史同样悠久。

物流运输则专指"物"的载运及输送。它是在不同地域范围间(如两个城市、两个工厂之间,或一个大企业内相距较远的两车间之间),以改变"物"的空间位置为目的的活动,是对"物"进行的空间位移。其中包括集货、分配、搬运、中转、装入、卸下、分散等一系列操作。运输和搬运的区别在于,运输是较大范围的活动,而搬运是在同一地域之内的活动。

在物流活动过程中,运输两大主要功能是物品移动功能和短时储存功能。其基本原理是批量经济和距离经济。

3.1.1 现代运输方式

现代运输方式按照不同的划分标准，可以划分为不同的种类。

1. 按运输设备及运输工具不同分类

1) 公路运输

公路运输是使用汽车或其他车辆(如人、畜力车)在公路上进行客货运输的一种方式，如图 3.1 所示。公路运输主要承担近距离、小批量的货运和水运、铁路运输难以到达地区的长途、大批量货运以及铁路、水运优势难以发挥的短途运输。由于公路运输有很强的灵活性，近年来，在有铁路、水运的地区，较长途的大批量运输也开始使用公路运输。

公路运输主要优点是：机动、灵活、适应性强；始建资金少，回收快，运输设备易更新，经营管理方便；易于因地制宜，对到站设施要求不高；可以采取"门到门"运输形式，即从发货者门口直到收货者门口，而不需转运或反复装卸搬运，因而运输速度快；公路运输可作为其他运输方式的衔接手段。

公路运输主要缺点是：装载量小，单位运输量消耗能源大，运输成本较高；运行持续性差，安全性低；运输过程中对环境的污染比较严重。公路运输一般适合货物量较小的中短途运输。

公路运输的经济半径一般在 200km 左右。

2) 铁路运输

铁路运输是利用机车、车辆等技术，沿铺设轨道运送客货的一种运输方式，如图 3.2 所示。铁路运输主要承担长距离、大批量的货运。在没有水运条件的地区，几乎所有大批量货物都是依靠铁路运输的，是在干线运输中起主力运输作用的运输形式。

图 3.1　公路运输

图 3.2　铁路运输

铁路运输的主要优点是：运输速度快，安全性好，运输不受自然条件限制；载运量大，运输成本较低。并且随着高速铁路项目的建设、集装箱和集装化运输的发展、智能铁路的研究进步，铁路运输的运送效率将会大大提高，运输成本则会进一步降低。

铁路运输的主要缺点是：灵活性差，只能在固定线路上实现运输；终端直达性不足，需要以其他运输手段配合和衔接。

铁路运输一般适合货物量大、路途远的运输。铁路运输经济里程一般在 200km 以上。

3) 水路运输

水路运输是指利用船舶、排筏和其他浮运工具，在江、河、湖泊、人工水道以及海洋上运送旅客和货物的一种运输方式，如图 3.3 所示。

图 3.3　水路运输

水路运输的主要优点是：船舶在江河湖海上航行，大部分是利用天然的航道来进行运输，水上航道建设投资较其他运输方式要少得多，且通航能力强；可实现大吨位、长距离运输，其运载量大、成本低适合大宗货物的运输。水路运输中的海洋运输是目前能提供大容量、大吨位洲际运输的唯一手段，在发展国际贸易，促进对外经济交流方面具有举足轻重的地位。

水路运输的主要缺点是：运输速度慢，远距离运输时间较长，对于一些即时产品运输并不适用；受港口、水位、季节、气候影响较大，因而一年中中断运输的时间较长。

水路运输主要承担大数量、长距离的运输，是在干线运输中起主力作用的运输形式。

4) 航空运输

航空运输是在具有航空线路和航空港的条件下，利用飞机或其他航空器进行运输的一种运输方式，如图 3.4 所示。

航空运输的主要优点是：速度快，时效性好；不受地形的限制，在火车、汽车都达不到的地区也可依靠航空运输，因而有其重要意义；货物具有较高的安全性。随着航空技术的不断发展，航空运输在运输业中所占的比重也越来越大。

航空运输的主要缺点是：运载量小，单位运输成本很高；受气候条件影响大；与其他运输方式相比，其灵活性、经济性、运载量等方面都有所不及。

航空运输主要适合运载的货物有两类：一类是价值高、运费承担能力强的货物，如贵重设备的零部件、高档产品等；另一类是紧急需要的物资，如救灾抢险物资等。

5) 管道运输

管道运输是利用管道输送气体、液体和粉状固体的一种运输方式，如图 3.5 所示。其运输主要靠物体在管道内顺着压力方向循序移动实现的，和其他运输方式的主要区别在于管道设备是静止不动的。

管道运输的主要优点是：运输量大，能够连续不断地运送物资；运输工程量小，占地少，只需铺设管线，修建泵站，土石方工程量比修建铁路小得多。而且在平原地区大多埋在底下，不占农田；安全可靠，能耗小，无污染，成本低；不受气候影响，可以全天候运输，送达货物的可靠性高；管道可以走捷径，运输距离短；可以实现封闭运输，避免货物散失、丢失等损失。

管道运输的主要缺点是：专用性强，只能运输石油、天然气及固体料浆(如煤炭等)，但是，在它占据的领域内，具有固定可靠的市场；投资成本大，回收周期长；管道运输量与最高运输量间的幅度小，因此，在油田开发初期，采用管道运输困难时，还要以公路、铁路、水路运输作为过渡。

图 3.4　航空运输　　　　　　　　图 3.5　管道运输

2. 按运营主体不同分类

1) 自营运输

自营(用)运输是指货主自己搞运输，即自备车辆，自行承担运输责任，从事货物的运输活动。自营(用)运输多限于公路运输，水路运输中也有少量部分属于这种状况，而航空、铁路这种需要巨大投资的运输方式，自营(用)运输无法开展。自营(用)运输的特点是主要以汽车为主要运输工具，其在总运量所占的比重大，且多为近距离、小批量货物运输，运输距离以单程 100km 以内为主。

2) 经营性运输

经营性运输是以运输服务作为经营对象，为他人提供货物运输服务，并收取运输费用的一种运输运营方式。经营性运输是与自营(用)运输相对应的，它可以在公路、铁路、水路、航空等运输业中广泛开展，是运输业的发展方向。

3) 公共运输

公共运输是指由政府投资或主导经营的各种运输工具(如飞机、火车等)以及相关的基础设施(如公路、铁路、港口、机场以及相关信息系统等)组成的统一体系。由于其涉及因素相当多，因此又称为综合运输体系。这种体系的构筑投资相当大，回收期长，风险大，与国民经济的发展息息相关，是一种基础性系统，在我国一般没有相应的企业投资经营。

3. 按运输的范围分类

1) 干线运输

干线运输是利用铁路、公路的干线、大型船舶的固定航线进行的长距离、大批量的运输，是进行远距离空间位置转移的重要运输形式。干线运输的一般速度较同种工具的其他运输要快，成本也较低，是运输的主体。

2) 支线运输

支线运输是与干线相接的分支线路上的运输。支线运输是干线运输与收、发货地点之间的补充性运输形式，路程较短，运输量相对较小。

3) 二次运输

二次运输是一种补充性的运输形式，指的是干线、支线运输到站后，站与用户仓库或指定地点之间的运输。由于是某个单位的需要，一般运量较小。

4) 企业内运输

企业内运输是指在工商企业范围内，直接为生产经营过程或商品流通服务的运输。一般在车间之间、车间与仓库之间、门店之间进行。但小企业内的这种运输以及大企业车间内部、仓库内部则不称为"运输",而称为搬运。

4. 按运输的作用分类

1) 集货运输

集货运输是将分散的货物汇集集中的运输形式。一般是短距离、小批量的运输,货物集中后才能利用干线运输形式进行远距离及大批量运输。因此,集货运输是干线运输的一种补充形式。

2) 配送运输

配送运输是将结点中已按用户要求配好的货物配送给各个用户的运输。一般是短距离、小批量的运输,从运输的角度讲是对干线运输的一种补充和完善。

5. 按运输的协作程度分类

1) 一般运输

一般运输是指孤立地采用不同的运输工具或同类运输工具而没有形成有机协作关系的运输,如汽车运输、火车运输等。

2) 联合运输

联合运输(Joint Transport)是一次委托,由两个或两个以上运输企业协同将一批货物运送到目的地的活动。它利用每种运输方式的优势,充分发挥各自的效率,是一种综合性的运输形式。采用联合运输,可以缩短货物的在途运输时间、加快运输速度、节省运费、提高运输工具的利用率,同时可以简化托运手续,方便用户。

3) 多式联运

多式联运(Multimodal Transport)是联运经营者受托运人、收货人或旅客的委托,为委托人实现两种或两种以上的交通工具相互衔接、转运而共同完成的运输过程。

多式联运是联合运输的一种现代形式,在国内大范围物流和国际物流领域,往往需要反复地使用多种运输手段进行运输。

6. 按运输中途是否换载分类

1) 直达运输

直达运输(Through Transportation)是物品由发运地到接收地,中途不需要中转的运输。直达运输可以避免中途换载所出现的运输速度减缓、货损增加、费用增加等一系列弊端,从而能缩短运输时间,加快车船周转,降低运输费用。

2) 中转运输

中转运输(Transfer Transportation)是物品由发运地到接收地,中途经过至少几次落地并换装的运输。中转运输可以将干线、支线运输有效地衔接,可以化整为零或集零为整,从而方便用户,提高运输效率。

3.1.2 运输合理化

1. 运输合理化概念

物流合理化是指在一定的条件下以最少的物流运作成本而获得最大的效率和效益。它是对物流设备配置和物流活动组织进行调整改进,实现物流系统整体优化的过程。物流合理化是一个动态过程,其趋势是从合理到更加合理。由于运输是物流系统最重要的功能要素之一,在现代物流的合理化中,物流运输合理化占据着非常重要的地位。

物流运输合理化是按照商品流通规律、交通运输条件、货物合理流向、市场供需情况,走最短的路程、经过最少的环节、用最少的运力、花最少的费用、以最短的时间把货物从生产地运到消费地,即用最少的劳动消耗,运输更多的货物,取得最佳的经济效益。

2. 运输合理化的影响因素

运输合理化的影响因素很多,起决定性作用的有5个因素,称作合理运输的"五要素"。

1) 运输距离

在运输时,运输时间、运输货损、运费、车辆或船舶周转等运输的若干技术经济指标,都与运输距离有一定比例关系。运距长短是运输是否合理的一个最基本因素。

2) 运输环节

每增加一次运输,不但会增加起运的运费和总运费,而且必然会增加运输的附属活动,如装卸、包装等,各项技术经济指标也会因此下降。所以,减少运输环节,尤其是同类运输工具的环节,对合理运输有促进作用。

3) 运输工具

各种运输工具都有其使用的优势领域,对运输工具进行优化选择,按运输工具特点进行装卸运输作业,最大限度地发挥所用运输工具的作用,是运输合理化的重要手段。

4) 运输时间

运输是物流过程中需要花费较多时间的环节,尤其是远程运输。在全部物流时间中,运输时间占绝大部分,所以,运输时间的缩短对整个流通时间的缩短有决定性作用。此外,缩短运输时间,有利于加速运输工具的周转,充分发挥运力的作用,有利于货主资金的周转,有利于运输线路通过能力的提高,对运输合理化有很大贡献。

5) 运输费用

运费在全部物流费用中占很大比例,运费高低在很大程度上决定着整个物流系统的竞争能力。实际上,运输费用的降低,无论对货主企业来讲,还是对物流经营企业来讲,都是运输合理化的一个重要目标,也是各种合理化措施实施是否行之有效的最终判断依据之一。

3. 不合理运输

不合理运输是在现有条件下可以达到的运输水平而未达到,从而造成了运力浪费、运输时间增加、运费超支等问题的运输形式。目前我国存在的不合理运输形式主要有以下几种。

1) 返程或起程空驶

空车无货载行驶,是不合理运输最为严重的形式。主要表现为调运不当、货源计划不周、不采用运输社会化等。但是,在实际运输组织中,有时候必须调运空车,从管理上不能将其看成不合理运输。造成空驶的不合理运输主要有以下几种原因。

(1) 能利用社会化的运输体系而不利用,却依靠自备车送货、提货,这往往出现单程重车、单程空驶的不合理运输。

(2) 由于工作失误或计划不周,造成货源不实,车辆空去空回,形成双程空驶。

(3) 由于车辆过分专用,无法搭运回程货,只能单程实车、单程空回周转。

2) 对流运输

对流运输也称"相向运输"、"交错运输",指同一种货物或彼此间可以互相代用而又不影响管理、技术及效益的货物,在同一线路上或平行线路上做相对方向的运送,而与对方运程的全部或一部分发生重叠交错的运输。

在判断对流运输时需注意的是,有的对流运输是不很明显的隐蔽对流。例如,不同时间的相向运输,从发生运输的时间看,并未出现对流,可能做出错误的判断,所以要注意隐蔽的对流运输。

3) 迂回运输

迂回运输是舍近求远的一种运输,是可以选取短距离进行运输的情况下,却选择路程较长路线进行运输的一种不合理形式。迂回运输有一定复杂性,不能简单处之。只有当计划不周、地理不熟、组织不当而发生的迂回,才属于不合理运输。而当最短距离有交通阻塞、道路情况不好,或有对噪声、排气等特殊限制而不能使用时发生的迂回,不能称为不合理运输。

4) 重复运输

本来可以直接将货物运到目的地,但是在未达目的地之外的其他场所将货卸下,再重复装运送达目的地,这是重复运输的一种形式。另一种形式是同品种货物在同一地点一边运进,同时又向外运出。重复运输的最大弊端是增加了非必要的中间环节,这就延缓了流通速度,增加了费用,增大了货损。

5) 倒流运输

倒流运输是指货物从销地或中转地向产地或起运地回流的一种运输现象。倒流运输的不合理程度要甚于对流运输,其原因在于往返两程的运输都是不必要的,形成了双程的浪费。

6) 过远运输

过远运输是指调运物资舍近求远,近处有资源不调而从远处调,造成货物运距的浪费现象。过远运输占用运力时间长,运输工具周转慢,物资占压资金时间长,又易导致货损,增加了费用支出。

7) 运力选择不当

运力选择不当是不正确地利用各种运输工具,未能发挥各种运输工具的优势而造成的不合理现象,常见的是以下几种形式。

(1) 弃水走陆。在同时可以利用水运及陆运时,不利用成本较低的水运或水陆联运,而选择成本较高的铁路运输或汽车运输,使水运优势不能发挥。

(2) 铁路、大型船舶的过近运输。不是铁路以及大型船舶的经济运行里程,却利用这些运力进行运输。

(3) 运输工具承载能力选择不当。不根据承运货物数量及其重量选择,盲目决定运输工具,造成过分超载、损坏车辆或货物不满载,浪费运力的现象。

8) 托运方式选择不当

对于货主,托运方式选择不当,造成运输成本增加的现象。例如应该选择整车运输,反而采取零担托运,应当直达而选择中转运输等,都属于这一类的不合理化运输。

4. 运输合理化的有效措施

为了克服不合理的运输现象,在物流运输管理过程中需要采取一些措施来组织合理的运输,提高运输工具的实载率。

实载率定义为：①单车或单船实际载重与运距之乘积和标定载重与行驶里程之乘积的比率，这在安排单车、单船运输时，是作为判断装载合理与否的重要指标；②车船的统计指标，即一定时期内车船实际完成的货物周转量(以吨千米计)占车船载重吨位与行驶里程之乘积的百分比。

提高实载率的意义在于：充分利用运输工具的额定能力，减少车船空驶和不满载行驶的时间，减少浪费，从而求得运输的合理化。

组织合理运输的主要形式有以下几种。

1) 减少动力投入，增加运输能力

核心思想是少投入，多产出，走高效益之路。运输的投入主要是能耗和基础设施的建设，在设施建设已定型和完成的情况下，尽量减少能源投入，是少投入的核心。主要采取"满载超轴"中的超轴措施。

(1) 铁路运输方面：在机动车能力允许情况下，采用多加挂车皮、加长列车的办法，增加运输量。

(2) 水路运输方面：运用水运拖排、拖带法和顶推法。对于竹、木等物资的运输，利用竹、木本身浮力，不用运输工具载运，采取拖带法运输，可省去运输工具本身的动力消耗，从而节省能源；将无动力驳船编成一定队形，一般是"纵列"，用拖轮拖带行驶，有比船舶载乘运输运量大的优点，求得合理化；将内河驳船编成一定队形，由机动船顶推前进的航行方法。其优点是航行阻力小，顶推量大，速度较快，运输成本很低。

(3) 公路运输方面：采用汽车挂车的方式，在充分利用动力能力的基础上，增加运输能力。

2) 发展社会化运输体系

运输社会化是打破一家一户自成运输体系的状况。一家一户的运输车辆自有、自我服务，不能形成规模，且一家一户运量需求有限，难以自我调剂，因而经常容易出现空驶、运力选择不当、不能满载等浪费现象，且配套的接货发货设施、装卸搬运设施也很难有效地运行，所以浪费颇大。实行运输社会化，可以统一安排运输工具，避免对流、倒流、空驶、运力不当等多种不合理形式，不但可以追求组织效益，而且可以追求规模效益，所以发展社会化的运输体系是运输合理化的非常重要措施。

社会化运输体系中各种联运体系是其中水平较高的方式。联运方式充分利用面向社会的各种运输系统，通过协议进行一票到底的运输，有效打破了一家一户的小生产，受到了欢迎。我国在利用联运这种社会化运输体系时，创造了"一条龙"货运方式。对产、销地及产、销量都较稳定的产品，事先通过与铁路、交通等社会运输部门签订协议，规定专门收、到站，专门航线及运输路线，专门船舶和泊位等，有效保证了许多工业产品的稳定运输，取得了很大成绩。

3) 开展直达运输

直达运输是追求运输合理化的重要形式，其对合理化的追求要点是通过减少过载、换载，从而提高运输速度，省去装卸费用，降低中转货损。直达的优势，尤其是在一次运输批量和用户一次需求量达到了一整车时表现最为突出。此外，在生产资料、生活资料运输中，通过直达，建立稳定的产销关系和运输系统，也有利于提高运输的计划水平。

特别要说明的是，直达运输的合理化也是在一定条件下才会有所表现，不能绝对认为直达一定优于中转。这要根据用户的要求，从物流总体出发做综合判断。例如，从用户需要量看，批量大到一定程度时，直达是合理的，批量较小时中转是合理的。

4) 配装配载运输

配装配载运输是充分利用运输工具的载重量和容积,合理安排装载的货物及载运方法以求得合理化的一种运输方式。配装配载运输也是提高运输工具实载率的一种有效形式。

(1) 轻重装配。轻重装配是轻重商品的混合配载,在以重质货物运输为主的情况下,同时搭载一些轻泡货物。例如,海运矿石、黄沙等重质货物,在舱面挡运木材、毛竹等,铁路运矿石、钢材等重物上面搭运轻泡农副产品等,在基本不增加运力投入、基本不减少重质货物运输的情况下,解决了轻泡货的搭运,因而效果显著。

(2) 解体运输。它是针对一些体积大且笨重、不易装卸又容易致损的货物所采用的一种装载技术。例如,大型机电产品、科学仪器、自行车等,可将其拆卸装车,分别包装,以缩小其所占用的空间位置,达到便利装卸搬运和提高运输装载效率的目标。

(3) 堆码技术。根据车船的货位情况以及不同货物的包装状态、形状,采取有效的堆码技术。例如,多层装载、骑缝装载、紧密装载技术,以达到提高运输效率的目标。与此同时,改进包装技术,逐步实行单元化、托盘化,对提高车船技术装载量也有重要意义。

5) 发展"四就"直拨运输

"四就"直拨运输是就厂、就车站(码头)、就库、就车(船)将货物直接送给用户,而无需再入库。它是减少中转运输环节,力求以最少的中转次数完成运输任务的一种形式。现实中往往出现批量到站或到港的货物,先要进分配部门或批发部门的仓库,再按程序分拨或销售给用户。这样一来,往往出现不合理运输。

"四就"直拨运输与直达运输既有区别又有联系,在运输过程中将"四就"直拨运输与直达运输结合起来会发挥更好的作用。

6) 发展特殊运输技术和运输工具

依靠科技进步是运输合理化的重要途径。例如,专用散装及罐车解决了粉状、液状物运输损耗大、安全性差等问题;大型半挂车解决了大型设备整体运输问题;滚装船解决了车载货的运输问题;集装箱船比一般船能容纳更多的箱体,集装箱高速直达车船加快了运输速度等,都是通过运用先进的科学技术来实现合理化的。

7) 通过流通加工使运输合理化

有不少产品,由于产品本身形态及特性问题,很难实现运输的合理化,如果进行适当加工,就能够有效解决合理运输问题。例如,将造纸材料在产地预先加工成干纸浆,然后压缩体积运输,就能解决造纸材料运输不满载的问题;轻泡产品预先捆紧包装成规定尺寸,装车就容易提高装载量;水产品及肉类预先冷冻,就可提高车辆装载率,并降低运输损耗。

3.2 运输决策管理

3.2.1 运输方式的选择

1. 影响运输方式选择的主要因素

1) 货物的特性

货物的价值、形状、单件的重量、容积、危险性、变质性等都是影响运输方式选择的重要因素。货物的自然属性直接影响着运输方式的选择。一般来说,原材料等大批量的货物、价格低廉或容积形状庞大的货物运输适合于铁路运输或水路运输;重量轻、容积小、价值高的货物适合于航空运输;中短距离的运输适合于公路运输。

2) 可选择的运输工具

尽管现在交通发达,可供选择的运输工具较多,但对于具体时间、地点条件下的运输,不是所有承运人都能很容易地获得所需要的运输工具的。对于运输工具的选择,不仅要考虑运输费用,还要考虑仓储费用,因为运费低的运输工具,一般运量大,而运量大会使库存量增加,库存量增大会相应增加高额的仓储费用,最后运输成本增加,因此要综合考虑。另外,运输工具的选择还要考虑不同运输方式的营运特性,包括速度、可得性、可靠性、能力和频率等。

3) 运输成本

运输总成本是指为两个地理位置间的运输所支付的费用以及与运输管理、维持运输中存货有关的总费用。如果单纯从运输方式的费用考虑,航空运输比公路运输的费用高很多,公路运输比铁路运输的费用成本高,铁路运输比水路运输的费用高,水路运输又比管道运输的费用高。但是货物的运输总成本不仅仅包括运输工具的运费用,还包括运输管理、维持运输中包装、保管、库存等费用。这就说明最低运输费用并不意味着最低的运输总成本。所以,货物的运输不能单纯地考虑运输方式的费用,还要考虑运输的速度,这样才能做到使运输总成本达到最小。

运输速度是指完成货物运输所需的时间。提高运输速度,缩短运输时间与降低运输总成本是一种此消彼长的关系。要利用快捷的运输方式,就有可能增加运输总成本;反之,运输总成本的下降有可能导致运输速度的减缓,运输时间的延长。所以,选择期望的运输方式,至关重要的问题就是有效地协调两者之间的关系,使其保持一种均衡状态,这样才是理想的选择。

4) 运输时间

运输时间是指从发货地发货到目的地接收货物之间的时间。运输时间的度量是货物如何快速地实现发货人和收货人之间"门到门"的时间,而不仅仅是运输工具如何快速移动、货物运输起点到终点的时间。一般来说,在没有交汇转运点的情况下,火车运输比汽车运输快,但是在最后的交货之前,货物在铁路货场上可能需要等待一周时间才能最后转运到收货人手中,而汽车运输能直接实现"门到门"的运输,比火车运输花费的时间短。由此看来,不同的运输方式,提供的货物运输时间是不相同的,有的运输方式能提供货物起止点的直接运输,有的则不能。不管选择哪一种运输方式,运输时间都应该用"门到门"的运送时间来进行衡量。

5) 运输安全

运输的安全性包括所运输货物的安全和运输人员的安全,以及公共安全。当货物在运动的运输工具中时,盗窃发生较少,损坏也很少发生。当然,有时运动本身可能导致货物的损坏,但更多的损坏是由于装卸、搬运或是劣质的包装造成的。所以从整个运输过程来说,同其他运输方式相比,载货卡车能够更好地保护货物的安全,因只有卡车才能够实现"门到门"的运输,而不需要中途装卸和搬运。对运输人员和公共安全的考虑也会影响到货物的安全措施,进而影响到运输方式的选择。如对于危险品运输要采取更加安全的措施,而在地面运输中采取的安全措施又远没有在空运中那样严格,这是因为航空运输安全与否造成的后果远比其他运输方式严重,对于某些货物,不健全的安全措施也会影响到公共安全,甚至影响到国家的安全。所以,不管是从货物的安全性考虑,还是从运输人员的安全或公共安全考虑，都会影响到托运人对运输方式的选择。

6) 其他影响因素

除上述列举的影响运输方式选择的因素外，经济环境或社会环境的变化也会制约着托运人对运输方式的选择。例如，随着物流量的增大，噪声、振动、大气污染、事故等问题日益增多，政府为防止这些问题发生的相关法律、法规相继出台，并日益严格；如对公路运输超载货物、超速运行的限制，对航空、水路、铁路、公路运输中特种货物运输的不同规定等，还有防止交通公害的对策、税金、使用费等规定的限制，都会影响托运人对运输方式的选择。

综上所述，选择运输方式时，通常是在保证运输安全的前提下，再衡量运输时间和运输费用，当到货时间得到满足时，再考虑费用低的运输方式。当然，计算运输费用不能单凭运输单价的高低，而应对运输过程中发生的各种费用以及对其他环节费用的影响进行综合分析。

2. 运输方式的选择方法

在各种运输方式中，如何选择适当的运输方式是物流合理化的重要问题。一般来讲，应根据物流系统要求的服务水平和可以接受的物流成本来选择运输方式，也可以选择使用联运的方式。运输方式的选择，需要根据运输环境、运输服务的目标要求，采取定性分析与定量分析的方法进行考虑。

定性分析法主要是依据完成运输任务可用的各种运输方式的运营特点、主要功能、货物的特性以及货主的要求等因素，对运输方式进行直观选择的方法。定性分析法只能在单一运输方式和多式联运方式中选择。单一运输方式选择时根据各自的优缺点进行对比分析，而多式联运是选择两种以上的运输方式联合起来提供运输服务，在不同运输方式间自由变换运输工具，以最合理、最有效的方式实现货物的运输。在实际运输中一般有铁路与公路的联运，公路、水路与铁路联运、航空与公路联运等。

定量分析法有综合评价法、成本比较法、考虑竞争因素法等多种方法。

1) 综合评价法

运输方式的选择应满足运输的基本要求，即经济性（F_1）、迅速性（F_2）、安全性（F_3）和便利性（F_4）。四要素的重要度，即权重系数分别用 b_1、b_2、b_3、b_4 来表示。

则运输方式的综合评价方法为

$$F=b_1F_1+b_2F_2+b_3F_3+b_4F_4$$

设铁路、公路、水路和航空运输方式分别以 T、G、S、H 表示，则

$$F(T)=b_1F_1(T)+b_2F_2(T)+b_3F_3(T)+b_4F_4(T)$$
$$F(G)=b_1F_1(G)+b_2F_2(G)+b_3F_3(G)+b_4F_4(G)$$
$$F(S)=b_1F_1(S)+b_2F_2(S)+b_3F_3(S)+b_4F_4(S)$$
$$F(H)=b_1F_1(H)+b_2F_2(H)+b_3F_3(H)+b_4F_4(H)$$

比较其值，数值最大者为应选运输方式。由于 F_1、F_2、F_3、F_4 的数值难以确定，所以应先分别计算出经济性、迅速性、安全性、便利性在各种运输方式中的平均值，再以某种运输方式的值与平均值比较，得到其相对值。

2) 成本比较法

如果不以运输服务作为竞争手段，那么能使该运输服务的成本与运输服务水平导致的相关间接库存成本之间达到平衡的运输方式就是最佳服务方案，即运输速度和可靠性会影响托运人和收货人的库存水平以及他们之间的在途库存水平。如果选择速度较慢、可靠性差的运输服务，物流渠道中需要更多的库存，这样要考虑库存持有成本可能升高，以此来抵消运输服务成本降低的情况。因此各种备选方案中，最合理的方案应该是既能满足客户需求，又能使总成本最低的服务。

3) 考虑竞争因素法

当买方通过供应渠道从若干个供应商处购买商品时，物流服务和价格会影响到买方对运输服务供应商的选择。反之，运输服务供应商也可以通过供应渠道运输方式的选择控制物流服务的这些要素，影响买方的惠顾。

对买方来说，良好的运输服务意味着可保持较低的存货水平和较确定的运作时间表。买方行为是将更大的购买份额转向能提供较好运输服务的供应商，运输服务供应商可以用从交易扩大而得的更多利润去支付由于特佳的运输服务增加的成本。这种运输服务方式选择成为运输服务供应商和买方共同的决策。当然当一个运输服务供应商为了争取买方而选择特佳的运输方式时，参与竞争的其他供应商也可能做出竞争反应，此时要考虑更多竞争因素。例如，对于运输费率、产品品种、库存成本的变化等环节，竞争对手都有可能采取反击措施。

3.2.2 运输路线以及运量的选择

1. 运输路线的选择

运输路线的选择实际上是一个多目标决策。运输路线的确定要考虑运输距离、运输环节、运输工具、运输时间和运输费用等多方面因素。运输路线选择问题种类繁多，可将其简单归类为以下类型。

1) 起设点不同

对分离、单个始发点和终点的网络运输路线选择问题，最简单和直观的方法是最短路线法。网络由结点和线组成，点与点之间由线连接，线代表点与点之间运行的成本。在除初始结点外，所有结点都被认为是未解的，即均未确定是否在选定的运输路线上，始发点作为已解点，计算从原点开始。

2) 多起讫点

当多个货源地可以服务多个目的地时，就要指定为各个目的地服务的供货地，同时要找到供货地和目的地之间的最佳路径。解决这类问题可以运用一类特殊的线性规划方法。

3) 起讫点重合

当始发点与终点重合时，寻求访问各点的次序，以求运行时间或距离最小化，这类问题应采用经验探试法比较有效。由经验可知，当运行路线不发生交叉时，经过各停留点的次序是合理的，应尽量使运行路线成"泪滴状"。

4) 其他限制条件

在实际运输中，一些具体的限制使得问题变得更复杂，如每一地点既有货物要送，又有货物要取，部分或全部地点的线路开放时间都有限，受车辆容量的限制，要求先送货，司机的就餐时间和休息时间等也在考虑范围内。

2. 运量的选择

按照货物的自然流向，组织货物合理运输是市场经济规律的客观要求，直接决定着物流的效率和效果。合理的物流运输不仅能节约物流成本，提高货物运输的速度，还可以有效连接生产与消费，有利于物流服务和商品附加价值的实现，为了达到既定的目标，要运用数学方法，建立数学模型，对运量进行规划。

该问题是将物品由 m 个起运站运到 n 个目的地。已知由 i 站运到 j 地的单位运费是 C_{ij}，并假设运费与两地间的运量成正比。设 a_i 表示 i 站的供应量，b_j 表示 j 地的需求量。引进变量 X_{ij}，表示从 i 站到 j 地的运量。物流运输问题的数学模型表示为

目标函数 $\quad \operatorname{Min} f(x)=\sum_{i=1}^{m}\sum_{j=1}^{n}C_{ij}X_{ij}$

约束条件 $\quad \sum_{j=1}^{n}X_{ij}=a_i(i=1,2,\cdots,m)$

$\sum_{i=1}^{m}X_{ij}=b_j(j=1,2,\cdots,n)$

$X_{ij}\geqslant 0$

如果 $\sum a_i=\sum b_j$，即总供应量等于总需求量，称为平衡运输问题，否则为不平衡运输问题。对于不平衡运输问题，可通过一定处理后，使之成为平衡运输问题。以下为具体做法。

(1) 当总供应量大于总需求量时，增加一个虚构目的地，令其需求量等于总供应量与总需求量的差值，并令各起运地到虚构地的运费为零。解出后，在最优解中，各站的供应量减去运往虚构地的数值。

(2) 当总供应量小于总需求量时，则增加一个虚构起运地，令其供应量等于总需求量和总供应量的差值，并令其起运地至各个目的地的运费为零，解出后在最优解中，各个目的地的数量应减去虚构起运地运达的数量。

3.2.3 运输服务商的选择

客户在付出同等运费的情况下总希望得到更加满意的服务，因此服务质量往往成为客户选择不同运输服务商的首要标准。在运输服务商选择时可以依据运输服务质量、运输价格以及利用综合决策模型进行决策。

1. 运输服务质量决策

运输服务质量一般从以下几个方面来衡量。

1) 可靠性

可靠的集货和配送时间可以使托运人或收货人优化存货水平使缺货成本最小。不可靠的货物送达时间导致为了防止缺货情况发生而增加库存水平，增加缺货成本。

2) 运送时间

运送时间与企业客户的订货周期相关，即在订货之后，运送货物需要花费多长时间。

运送时间直接影响存货水平和存货成本。货物运送时间越长，存货水平越高，存货持有时间越长，存货成本越高。

3) 可达性

运输提供者从特定的起点到终点运送货物的能力。如果一种运输方式在起始点到终点之间不能直接服务，将导致额外的成本和运送时间。

4) 受理能力

承运人满足特殊服务需求的运输能力。如有的运输会对运输设备、设施以及通信系统有独特的要求。要求对运输温度进行控制的产品必须使用安装冷冻设备的车辆，对时间要求严格的货物需要配备实时通信系统以准确控制货物的在途位置和到达时间等。

5) 安全性

运输中货物的安全问题主要是防止运输中货物受损或丢失，如果货物受损或丢失则会引起存货或缺货成本的上升。

6) 沟通和诚信

运输过程需要沟通，沟通的内容有货物追踪、客户询问、订货和信息管理等，目的是托运人可以随时知道货物运输过程状态，同时公司通过沟通倾听客户心声，发现他们的需要，并尽力满足。诚信是公司要信守向客户做出的承诺。

虽然各服务商运输质量不断提高，但是客户对服务的要求也越来越高，于是客户在选择不同运输服务商时还考虑其他方面的服务水平或服务理念。

由于运输技术以及运输工具的发展，目前各运输服务商之间的运输质量差异正在缩小，而为了吸引客户，服务商不断更新服务理念，以求与其他服务商有服务差异，为客户提供高附加值的服务，从而稳定自己的市场份额，增强竞争力。现代服务理念的基本准则已经不再是一味地提高服务质量，而是通过差异化服务提高客户的满意度。

2. 运输价格决策

随着运输市场竞争的日益激烈，对于某些货物来说，不同类型的运输服务商提供的服务质量已经没有差别，此时运输价格成为各服务商的竞争手段。由于不同运输服务商各自制定价格的选择基础不同，因此使用的定价方法也不同，主要有以下几种。

1) 服务合同定价法

企业的非标准产品或无市场价格资料可供参考时，只能以实际作业成本为基础协商定价，并签订合同的一种定价方法。常见的有固定价格合同、成本加成合同、成本加固定费用合同以及奖励合同等。

2) 需求导向定价法

根据市场需求强度来确定物流产品的价格，不是仅仅考虑成本，而是注意到市场需求的强度和客户的价值观，根据目标市场客户所能接受的价格水平定价。常见的有习惯定价法、理解价值定价法、区分需求定价法和比较定价法。

3) 竞争导向定价法

根据同一市场或类似市场上竞争对手的物流运输价格来制定本企业物流运输价格。常见的有随行就市定价法、低于竞争者的价格定价、高于竞争者的价格定价、投标定价法和变动成本定价法。

4) 折扣定价法

折扣是对服务承揽支付的报酬，以此来促进物流服务消费的产生，也是一种促销手段，可以鼓励提早付款或高峰以外的物流消费。常见的有数量折扣、现金折扣、季节折扣、代理折扣和回程、方向折扣。

5) 关系定价法

物流企业要制定一个有助于同客户形成持久合作关系的定价策略。首先要理解客户同本企业发展长期关系的需要和动机，其次是要分析潜在竞争者的获利举动，达到"双赢"的目的，常见的有长期合同和多购优惠等。

3.3 运输组织管理

3.3.1 物流运输组织的形式

1. 公路货物运输组织形式

公路货物运输可以按照不同标准进行分类，按货物种类分可以分普通货物运输和特种货物运输；按货物运营方式可以分整车运输、零担运输、集装箱运输和包车运输；还可以按照货物运送速度划分为一般货物运输、快件运输和特快专递；按货物是否保险或保价可以分为不保险运输、保险运输和保价运输。

货物运输组织方法直接影响到货物运输速度与运输费用。在各种运输方式竞争激烈的条件下，做好货物运输组织工作显得尤为重要。货物运输组织方法应在掌握一定货源的基础上，根据货物结构的不同，合理调配和使用车辆，做到车种适合货种，标重配合货重。

1) 普通货物运输

(1) 行车组织方法。公路货物运输行车组织方法常采用直达行驶法和分段行驶法两种。直达行驶法是指每辆汽车装运货物由起点经过全线直达终点，卸货后再装货或空车返回，即货物中间不换车。其特点是车辆在路线上运行时间较长，因此驾驶员的工作制度可以根据具体情况采取单人驾驶制、双人驾驶制、换班驾驶制等方式。分段行驶法是指将货物运输路线的全线适当分成若干段(即区段)，每一区段均有固定的车辆工作，在区段的衔接点，货物由前一个区段的车辆转交给下一个区段的车辆接运，每个区段的车辆不出本区段工作。为了缩短装卸货交接时间，在条件允许时，也可采取甩挂运输。

(2) 甩挂运输组织。甩挂运输也称为甩挂装卸，是指汽车列车(一辆牵引车与一辆或一辆以上挂车的组合)在运输过程中，根据不同的装卸和运行条件，由载货汽车或牵引车按照一定的计划，相应地更换拖带挂车继续行驶的一种运行方式。由于甩挂运输既保留了直达行驶法的优点，又克服了分段行驶法转运时装卸时间长的缺点，使得车辆载重量和时间利用均能得到充分的发挥，具有较佳的经济效益。

2) 特种货物运输

特种货物一般可以分为危险货物、超限货物和鲜活货物三大类。

(1) 危险货物运输。危险货物具有爆炸、易燃、毒害、腐蚀、放射性等性质，在受理托运、仓储保管、货物装卸、运送、交付等环节，应加强管理。托运人只能委托有危险化学品运输资质的运输企业承运，在托运时必须说明货物名称、特性、防护方法、形态、包装、单件重量等情况；还要提出资质证书以及经办人的危险货物业务培训合格证与身份证。托运剧毒化学品，还应出具目的地各级公安部门办理的通行证。

(2) 超限货物运输。公路超限货物运输是指使用非常规的超重型汽车、列车载运外形尺寸和重量超过常规车辆装载规定的大型物件(简称为大件)的公路运输。

大件是指符合下列条件之一的货物：长度在 14m 以上或宽度在 3.5m 以上或高度在 3m 以上的货物，重量在 20t 以上的单体货物，或不可解体的成组(捆)货物。

超限货物运输组织工作是依据公路超限货物的特点，其组织工作环节主要包括托运、理货、验查、制定运输方案、签订运输合同、线路运输工作组织以及运输统计与结算等项。

在办理托运时，应由大型物件托运人(单位)向已取得大型物件运输经营资格的运输业户或其代理人办理托运，托运人必须在托运单上如实填写大型物件的名称、规格、件数、件重、起运日期、收发货人详细地址及运输过程中的注意事项，应提供货物重心位置的资料并在货件上标明重心位置。凡未按上述要求办理托运或托运单填写不明确，由此发生的运输事故，由托运人承担全部责任。

(3) 鲜活货物运输。鲜活货物是指在运输过程中需要采取相应的保鲜措施，并须在规定期限内运抵目的地的货物。鲜活货物一般具有季节性较强、运输责任性较大、运送时间比较紧迫等特点。

良好的运输组织工作对保证鲜活货物的质量十分重要。汽车运输部门按鲜活货物的运输规律，提前做好各方面的准备工作，如事先做好货源摸底和核实工作，妥善安排好运力，保证及时运输。托运鲜活货物时，发货人应保证提供质量新鲜、包装容器符合要求、热状态符合规定的货物，并在托运单上注明最长的运达期限。

2. 铁路货物运输组织形式

铁路货物运输按照一批货物的重量、体积、性质或形状等因素可以分为整车运输、零担运输和集装箱运输 3 种。

1) 整车运输

一批货物的重量、体积、性质或形状需要一辆或一辆以上铁路货车装运(用集装箱装运除外)即为整车运输。整车运输应符合以下条件。

(1) 货物的重量或体积。我国现有的货车以棚车、敞车、平车和罐车为主，标记载重量(简称为标重)大多为 50t、60t 及其以上，棚车的容积在 100m^3 以上。达到这个重量或容积条件的货物，应按整车运输。有一些专为运输某种货物的专用货车，如散装水泥车、散装粮食车、长大货物车、家畜车等，按专用货车的标重、容积确定货物的重量与体积是否需要一辆货车装载。

(2) 货物的性质或形状。有些货物，虽然重量、体积不够一车，但按其性质、形状需要单独使用一辆货车时，也应按整车运输。另外，有些货物除按集装箱运输外，也应按整车运输办理(即不得按零担运输的货物)的有：需要冷藏、保温或加温运输的货物；根据规定应按整车运输的危险货物；易于污染其他货物的污秽品；蜂蜜；不易计算件数的货物；未装容器的活动物；一件货物重量超过 2t、体积超过 3m^3 或长度超过 9m 的货物(经发站确认不影响中转站和到站装卸作业的除外)。

2) 零担运输

一批货物的重量、体积、性质或形状不需要一辆铁路货车装运(用集装箱装运除外)，即属于零担运输，简称为零担。

(1) 零担运输的条件。为了便于装卸、交接和保管，有利于提高作业效率和货物安全，除应按整车办理的货物外，一件体积最小不得小于 $0.02m^3$（一件重量在 10kg 以上的除外）、每批件数不超过 300 件的货物，均可按零担运输办理。

(2) 零担货物的分类。根据零担货物的性质和作业特点，零担货物可分为以下几类。

① 普通零担货物，简称普零货物或普零，即按零担办理的普通货物。

② 危险零担货物，简称危零货物或危零，即按零担办理的危险货物。

③ 笨重零担货物，简称笨零货物或笨零，是指一件重量在 1t 以上、体积在 $2m^3$ 以上或长度在 5m 以上，需要以敞车装运的货物。货物的性质适宜敞车装运和吊装吊卸的货物。

④ 零担易腐货物，简称鲜零货物或鲜零，即按零担办理的鲜活易腐货物。

(3) 整零车种类。装运零担货物的车辆称为零担货物车，简称为零担车。零担车的到站必须是两个(普零)或 3 个(危零或笨零)以内的零担车，称为整装零担车(简称为整零车)。

整零车按车内所装货物是否需要中转分为直达整零车和中转整零车两种；按其到站个数分为一站整零车、两站整零车和三站整零车 3 种。由于上述两种方法的组合，则有一站(两站或三站)直达整零车和一站(两站或三站)中转整零车 6 种。危零货物只能直接运至到站，不得经中转站中转。

(4) 整零车组织条件。整零车组织条件有以下几项。

① 一站整零车。车内所装货物不得少于货本标重的 50% 或容积的 90%。

② 两站整零车。第一到站的货物不得少于货本标重的 20% 或容积的 30%，第二到站的货物不得少于货本标重的 40% 或容积的 60%；两个到站必须在同一径路上且距离不得超过 250km，但符合下列条件之一可以不受距离限制：第二到站的货物重量达到货本标重的 50% 或容积的 70%；两个到站为相邻中转站，即第一到站为中转站，装至第二到站的货物符合第一到站的中转范围。

③ 三站整零车。危零、笨零货物不够条件组织一站或两站整零车时可以组织同一路径上 3 个到站的整零车，但第一到站与第三到站的距离不得超过 500km。

3) 集装箱运输

集装箱运输(Container Transport)是指以集装箱这种大型容器为载体，将货物集合组装成集装单元，以便在现代流通领域内运用大型装卸机械和大型载运车辆进行装卸、搬运作业和完成运输任务，从而更好地实现货物"门到门"运输的一种新型、高效率和高效益的运输方式。集装箱适于运输精密、贵重、易损的货物，凡适合集装箱运输的货物，都应按集装箱运输要求进行。

3. 水路货物运输组织形式

水路运输按照航行区域，大致分为沿海运输、远洋运输和内河运输 3 种类型。沿海运输指在我国沿海区域港口之间的运输；远洋运输指除了沿海运输以外所有的海上运输；内河运输指在江、河、湖泊、水库以及人工水道的运输。下面主要介绍远洋货物运输方式。

远洋货物运输业务是根据外贸合同中的运输条款将进出口货物通过海运运到国内外目的港的一种货运业务。对于进出口货物数量较大的，若需要整船载运时，则要办理租船手续；若进出口货物不需要整船装运时，则要洽订班轮或租订部分舱位。

1) 班轮货物运输

班轮货物运输主要通过揽货、订舱、接受托运申请、接货、换取提单、装船、海上运输、卸船、交付货物等程序完成货物运输。其中涉及多种主要单证，有托运单、装货联单、装货清单、载货清单、装箱单、码头收据(场站收据、港站收据)、提单、货物残损单、货物溢短单、提货单等。

2) 租船货物运输

实际租船业务中采用的主要租船经营方式有航次租船、定期租船、包运租船、光船租船。

(1) 航次租船是指由船舶所有人负责提供一艘船舶，在指定的港口之间进行一个航次或几个航次运输指定货物的租船方式。

① 单航次租船。指船舶所有人与承租人双方合租一个单航次的租船方式。

② 来回程航次租船。指船舶所有人与承租人双方合租一个往返航次的租船方式。

③ 连续单航次或连续来回程航次租船。指船舶所有人与承租人双方合租连续完成几个单航次或几个连续来回程航次的租船方式。

(2) 定期租船是指船舶所有人将一艘特定的船舶出租给承租人使用一段时间的租船方式。

(3) 包运租船是指船舶所有人提供给承租人一定的运力，在确定的港口之间以事先约定的时间、航次周期和每航次较均等的货运量完成合同规定总运量的租船方式。

(4) 光船租船是指租期内船舶所有人只提供一艘空船给承运人使用，而配备船员、供应给养、船舶的营运管理以及一切固定或变动的营运费用都由承租人负担的租船方式。

4. 航空货物运输组织形式

1) 班机运输

班机运输是指在固定航线上定期航行的航班。班机运输有固定的始发站、到达站和经停站。

2) 包机运输

包机运输是由于在班机运输形式下货物舱位常常有限，因此当货物批量较大，包机运输就成为重要的方式。包机运输分为整机包机和部分包机。整机包机指航空公司或包机代理公司按照合同中双方事先约定的条件和运价将整架飞机租给租机人，从一个或几个航空港装运货物至指定目的地的运输方式。部分包机指由几家航空货运代理公司或发货人联合包租一架飞机，或者是由包机公司把一架飞机的舱位分别卖给几家航空货运代理公司的货物运输形式。

5. 管道货物运输组织形式

管道运输是指利用管道，通过一定的压力差而完成物品运输的一种运输方式。目前管道所运货物主要有原油、成品油、天然气、矿砂、煤浆以及其他化工流体等。一般分为输油管道运输、天然气管道运输、固体料浆管道运输3类。

1) 输油管道运输

输油管道是连接油田、炼厂、油库或其他用油单位的长距离输送原油或成品油的管道。原油管道的起点大多是油田，终点可能是炼油厂或转运原油的港口、铁路枢纽。成品油管道的起点是炼油厂或成品油库，沿途有很多的支线分油或集油，其终点和分油点则是转运油库或分配油库，在该处用铁路油槽车或汽车油罐车将各种型号的成品油直接送给大型城镇的加油站，或用支线将油品直接送给大型用油企业。

输油管道由输油站和管线两大部分组成。输油站包括首站、末站、中间泵站等，管线主要包括管道、沿线阀室以及一些防腐保护设备等。

2) 天然气管道运输

我国是世界上最早使用管道输送天然气的国家之一。1963年在四川建成的巴渝管线是第一条现代意义的输气管道。输气管道系统主要由矿场集气管网、干线输气管道、城市配气管网以及相关的站、场等设备组成。这些设备从气田的井口装置开始，经矿场集气、净化以及干线输送，再经配气管网送到用户，形成一个统一的、密闭的输气系统。

3) 固体料浆管道运输

固体料浆管道运输是将待运输的固体物质破碎为粉粒状，再与适量的液体配置成可泵送的浆液，通过管道输送这些浆液到目的地后再将固体与液体分离送给用户。目前浆液管道主要输送煤、铁矿石、磷矿石、铜矿石和石灰石等矿物，配置浆液的主要是水，还有少数采用燃料油或甲醇等液体作为载体。

料浆管道的基本组成部分与输气、输油管道大致相同，但是需配置一些制浆、退水干燥设备。其主要由3个组成部分，分别是浆液制备厂、输送管道、浆液后处理系统。以煤浆管道为例，包括煤水供应系统、制浆厂、干线管道、中间加压泵站、终点脱水与干燥装置。

3.3.2 物流运输组织作业流程

1. 水路货物运输作业流程

水路货物运输作业流程主要介绍班轮运输货运流程和租船运输货运流程。

1) 班轮运输货运流程

班轮运输大致流程如图3.6所示。

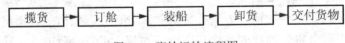

图3.6　班轮运输流程图

(1) 揽货与订舱。揽货就是揽集货载，即从货主那里争取货源的行为。订舱是指货物托运人或其代理人向承运人(即船公司或其代理)申请货物运输，承运人对这种申请给予承诺的行为。

班轮运输不同于租船运输，承运人与托运人之间不需要签订运输合同，而是以口头或传真的形式进行预约。只要承运人对这种预约给予承诺，并做出舱位安排，即表明承托双方已建立了有关货物运输的关系。

(2) 接受托运申请。货主或其代理向船公司提出订舱申请后，船公司首先考虑其航线、港口、船舶、运输条件等能否满足发货人的要求，然后再决定是否接受托运申请。

(3) 接货。传统的杂货不仅种类繁多、性质各异、形态多样，而且货物又分属不同的货主，如果每个货主都将自己的货物送到船边，势必造成装货现场的混乱。为提高装船效率，加速船舶周转，减少货损，在杂货班轮运输中，对于普通货物的交接装船，通常由船公司在各装货港指定装船代理人，由装船代理人在各装货港的指定地点(通常是码头仓库)接受托运人送来的货物，办理交接手续后，将货物集中整理，并按货物的性质、包装、目的港及卸货次序进行适当的分类后进行装船，即所谓的"仓库收货，集中装船"。对于特殊货物如危险品、冷冻货、贵重货、重大件货等，通常采取由托运人将货物直接送至船边，交接装船的方式，即采取现装或直接装船的方式。仓库管理人员在收到托运人的货物后，应注意认真检查货物的包装和质量，核对货物的数量，无误后即可签署场站收据给托运人。至此，承运人与托运人之间的货物交接结束。

(4) 换取提单。托运人可凭经过签署的场站收据，向船公司或其代理换取提单，然后去银行结汇。

(5) 装船。船舶到港前，船公司和码头计划室对本航次需要装运的货物制作装船计划，待船舶到港后，将货物从仓库运至船边，按照计划装船。

(6) 海上运输。海上承运人对装船的货物负有安全运输、保管、照料的责任，并根据货物运输提单条款划分与托运人之间的责任、权利、义务。

(7) 卸船。船公司在卸货港的代理人根据船舶发来的到港电报，一方面编制相关单证，约定装卸公司，等待船舶进港后卸货；另一方面还要把船舶预定到港的时间通知收货人，以便收货人做好接收货物的准备工作。与装船时一样，如果各个收货人都同时到船边接收货物，同样会使卸货现场十分混乱，所以卸货一般也采用"集中卸货，仓库交付"的方式。

(8) 交付货物。在实际业务中，交付货物的过程是收货人凭已经接受了船公司交付的货物并签章的提单交给船公司在卸货港的代理人，经代理人审核无误后，签发提货单交给收货人，然后收货人凭提货单前往码头仓库提取货物，并与卸货代理人办理交接手续。

通常货物交付方式有船边交付货物、选港交付货物、变更卸货港交付货物和凭保证书交付货物几种类型。

2) 租船运输业务流程

租船运输业务流程如图 3.7 所示。

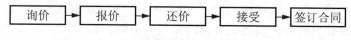

图 3.7 租船运输流程

(1) 询价又称询盘。通常是由承租人以其期望的条件通过租船经纪人在租船市场上要求租用船舶的行为，即为货求船。询价主要以电报或电传等书面形式提出。承租人询价所期望的条件一般应包括需要承运货物的种类、数量、装货港和卸货港、装运期限、租船方式或期限、期望的运价(租金)水平以及所需用船舶的明细说明等内容。

询价也可以由船舶所有人为承揽货载而先通过租船经纪人向航运交易市场发出求货载信息，即为船求货。由船舶所有人发出的询价内容包括出租船舶的船名、国籍、船型、船舶的散装和包装容积以及可供租用的时间和希望承揽的货物种类等。询盘的作用是让对方知道发盘所需要的大致情况，内容简单扼要。

(2) 报价又称报盘或发盘。它是指当船舶所有人从租船经纪人那里得到承租人的询价，经过成本估算或者比较其他的询价条件后，通过租船经纪人向承租人提出自己所能提供的船舶情况和提供的条件,是船舶出租人对承租人询价的回应。若是船舶所有人先提出询价,则报价由承租人提出。

(3) 还价又称还盘。它是指在条件报价的情况下,承租人与船舶所有人之间对报价条件的谈判、协商、讨价还价的过程。

还价意味着询价人对报价人报价的拒绝和新的询价开始。因此,报价人收到还价后还需要对是否同意还价条件做出答复,或再次做出新的报价。这种对还价条件做出答复或再次做出新的报价称为反还价(Counter offer)或称反还盘。

(4) 接受又称受盘。它是船舶所有人和承租人经过反复多次还盘后,双方对合同主要条款意见一致,即最后一次还实盘的全部内容在时限内被双方接受,就算成交。根据国际上通常的做法,接受订租后,双方当事人应签署一份"订租确认书",对商谈租船过程中双方承诺的主要条件予以确认,对于细节问题还可以进一步商讨。

(5) 签订租船合同。签订确认书只是一种意向合同,正式租船合同要按租船合同范本予以规范,进行编制,明确租船双方的权利和义务,双方当事人签署后即可生效。之后,如果哪一方提出更改或撤销等异议,造成的损失由违约方承担责任。

2. 铁路货物运输作业流程

铁路货物运输流程如图 3.8 所示。

图 3.8 铁路货物运输流程

1) 货物的托运、受理、承运

铁路实行计划运输,若发货人要求铁路运输整车货物,应向铁路提出月度要车计划,车站根据要车计划受理货物。在进行货物托运时,发货人应向车站按批提出货物运单一份,如使用机械冷藏车运输的货物,同一到站、同一收货人可数批合提一份运单。对于整车要求分卸的货物,除提出基本货运单一份外,每一分卸站应另增加分卸货物运单两份(分卸站、收货人各一份)。

对同一批托运的货物因货物种类较多,发货人不能在运单内逐一填记,或托运集装箱货物,以及同一包装内有两种以上的货物,发货人应提出物品清单一式三份,其中一份由发运站存查,一份随同运输票据递交到达站,一份退还发货人。对在货物运单和物品清单内所填事项的真实性发货人应负完全责任,如谎报货物品名,则应按有关规定核收违约罚款。

对根据中央或省(市)、自治区法令,需凭证明文件运输的货物,发货人应将证明文件与货物运单同时提出,并在货物运单由发货人记载事项一栏内注明文件名称、号码、车站,在证明文件背面注明货物托运数位,并加盖车站日期戳退还发货人或按规定留入运站存查。

对托运的货物,发货人应根据货物的性质、重量、运输要求以及装载等条件,使用便于运输、装卸并能保证货物质量的包装。对有国家包装标准或专业标准的应按其规定进行包装。对没有统一规定包装标准的货物,车站应与发货人研究制定货物运输包装暂行标准。发货人托运零担货物时,应在每件货物上标明清晰、明显的标记,在使用拴挂的标记(货签)

时，应用坚韧材料制作，在每件货物两端各拴挂、粘贴或钉固一个。不适宜用纸制作的货签的托运货物，应使用油漆在货件上书写标记，或用金属、木质、布、塑料板等材料制成的标记。

当零担和集装箱货物由发运站接收完毕或整车货物装车完结，发运站在货物运单上加盖承运日期戳时，即为承运。实行承运前保管的货物，对发货人交由车站的整车货物，铁路从接收完毕时起负有承运前的保管责任。对办理海关、检疫手续及其他特殊情况的证明文件以及有关货物数量、质量、规格的单据，发货人可委托铁路代递至到站交收货人。

2) 货物的装卸

凡在铁路车站装车的货物，发货人应在铁路指定的日期将货物运至车站，车站在接收货物时，应对货名、件数、运输包装、标记等进行检查。对整车运输的货物如发货人未能在铁路指定的日期将货物运至车站，则自指定运至车站的次日起至再次指定装车之日或将货物全部运出车站之日止由发货人负责。

铁路货物的装车和卸车的组织工作，凡在车站公共装卸场所以内由承运人负责。但是有些货物虽在车站公共装卸场所以内进行装卸作业，由于在装卸作业中需要特殊的技术或设备、工具，仍由托运人或收货人负责组织。除车站公共装卸场所以外进行的装卸作业，装车由托运人、卸车由收货人负责。

由托运人装车或收货人卸车的货车，车站应在货车到达前，将具体时间通知托运人或收货人。托运人或收货人在装卸作业完成后，应将装车或卸车结束的时间通知车站。由托运人、收货人负责组织装卸的货车，超过规定的装卸车时间标准或规定的停留时间标准时，承运人向托运人或收货人核收规定的货车使用费。

3) 铁路货物的到达、支付

凡由铁路负责卸车的货物，到达站应不迟于卸车完毕的次日内，用电话或书信向收货人发出催领通知。此外，收货人也可与到达站商定其他通知方法。收货人应于铁路发出或寄发催领通知的次日(不能实行催领通知或会同收货人卸车的货物为卸车的次日)起算，在两天内将货物提走，超过这一期限将收取货物暂存费。从铁路发出催领通知日起(不能实行催领通知时，则从卸车完毕的次日起)满 30 天仍无人领取的货物(包括收货人拒收，发货人又不提出处理意见的货物)，铁路按无法交付货物处理。

收货人在领取货物时，应出示提货凭证，并在货票上签字或盖章。在提货凭证未到或遗失的情况下，则应出示单位的证明文件。收货人在到达站办妥提货手续和支付有关费用后，铁路将货物连同运单一起交给收货人。

3. 公路货物运输作业流程

公路货物运输作业基本流程为备货、托运、派车装运、运送与交货、运输统计与计算等。以零担货运的作业流程为例，进行具体说明。零担货运的作业流程如图 3.9 所示。

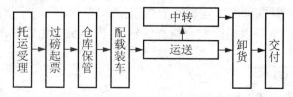

图 3.9 零担货运流程

1) 托运受理

托运受理是指零担货物承运人根据经营范围内的线路、站点、运距、中转站、各车站的装卸能力、货物性质以及运输限制等业务规则和有关规定，接受托运零担货物、办理托运手续。受理托运时必须由托运人填写托运单，承运人审核无误后方可承运。

2) 过磅起票

受理人员在收到零担货物托运单后应及时验货过磅，并认真点件交接，做好记录。零担货物过磅后，连同托运单交仓库保管员按托运单编号填写标签以及有关标志，并根据托运单和磅码单填写零担运输货票，照票收清杂费。

3) 仓库保管

零担货物仓库的货位一般分进仓待运货位、急运货位、到达待交货位和以线路划分的货位。货物进出仓库要履行交接手续，照单验收入库和出库，以票对货，票货不漏，做到票货相符。

4) 配载装车

货物装车时必须做好以下准备工作。

(1) 按车辆容载量和货物形状、性质进行合理配载，填制配载单和货物交接单。填单时按照货物先远后近、先重后轻、先大后小、先方后圆的顺序填写，按单顺序装车，对不同到达站的和中转的货物要分单填制。

(2) 将整理后的各种随货单证分别附于交接清单后面。

(3) 按单核对货物堆放位置，做好装车标记。

5) 车辆运行

零担车必须按期发车，不得误班。定期零担班车应按规定路线行驶，凡规定停靠的中途站，车辆必须进站，并由中途站值班人员在行车路单上签证。

6) 货物中转

对于需要中转的货物需要以中转零担班车或沿途零担车的形式运到规定的中转站进行中转。中转作业主要是将来自各个方向仍需继续运输的零担货物卸车后重新集结待运，继续运至终点站。

7) 到站卸货

班车到站后，仓库人员检查货物情况，如无异常，在交接单上签字并加盖业务章，如有异常情况发生，则采取相应处理。

8) 货物交付

货物入库后，通知收货人凭提单提货，或者按指定地点送货上门，并做好交货记录，逾期提取的按照相关规定办理。

4. 航空货物运输作业流程

航空货物运输主要有国际航空运输和国内航空运输。国际航空货物运输流程比国内航空货物运输流程复杂。下面以国际航空货物运输(分出口货物运输和进口货物运输)流程为例进行分析。

1) 出口货物运输流程

出口货物运输流程如图 3.10 所示。

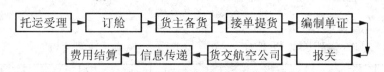

图 3.10　航空出口货物运输流程

航空货物出口程序是指航空货运公司从发货人手中接货到将货物交给航空公司承运这一过程所需通过的环节、所需办理的手续以及必备的单证，它的起点是从发货人手中接货，终点是将货交航空公司。

(1) 托运受理。托运人(或发货人)在货物出口地寻找合适的航空货运公司，为其代理空运订舱、报关、托运业务；航空货运公司根据自己的业务范围、服务项目等接受托运人委托，并要求其填制航空货物托运书，以此作为委托与接受委托的依据，同时提供相应的装箱单、发票。

(2) 订舱。航空货运公司根据发货人的要求及货物本身的特点(一般来说，非紧急的零散货物可以不预先订舱)填写民航部门要求的订舱单，注明货物的名称、体积、质量、件数、目的港、时间等，要求航空公司根据实际情况安排航班和舱位，也就是航空货运公司向航空公司申请运输并预订舱位。

(3) 货主备货。航空公司根据航空货运公司填写的订舱单安排航班和舱位，并由航空货运公司及时通知发货人备单、备货。

(4) 接单提货。航空货运公司去发货人处提货并送至机场，同时要求发货人提供相关单证，主要有报关单、合同副本、商检证明、出口许可证、出口收汇核销单、配额许可证、登记手册、正本的装箱单、发票等。对于通过空运或铁路等其他运输方式从内地运往境外的出口货物，航空货运公司可以按发货人提供的运单号、航班号及接货地点、接货日期代其提取货物。

(5) 编制单证。航空货运公司审核托运人提供的单证，编制报关单报海关初审。编制航空货运单，要注明名称、地址、联络方法、始发及目的港、货物的名称、件数、质量、体积、包装方式等，并将收货人提供的货物随行单据订在运单后面；如果是集中托运的货物，要制作集中托运清单、航空分运单，一并装入一个信袋，订在运单后面。将制作好的运单标签粘贴或拴挂在每一件货物上。

(6) 报关。持编制完的航空运单、报关单、装箱单、发票等相关单证到海关报关放行。海关将在报关单、运单正本、出口收汇核销单上盖放行章，并在出口产品退税的单据上盖验讫章。

(7) 货交航空公司。将盖有海关放行章的航空运单与货物一起交给航空公司，由其安排航空运输，随附航空运单正本、发票、装箱单、产地证明、品质鉴定书等。航空公司验收单、货无误后，在交接单上签字。

(8) 信息传递。货物发出后，航空货运公司及时通知国外代理收货。通知内容包括航班号、运单号、品名、数量、质量、收货人的有关资料等。

(9) 费用结算。费用结算主要涉及发货人、承运人和国外代理 3 个方面，即向发货人收取航空运费、地面运费及各种手续费、服务费，向承运人支付航空运费并向其收取佣金，可按协议与国外代理结算到付运费及利润分成。

2) 进口货物运输流程

进口货物运输流程如图 3.11 所示。

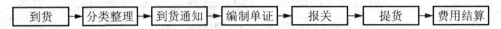

图 3.11 进口货物运输流程

(1) 到货。航空货物入境后存在海关监管仓库内，同时航空公司根据运单上的收货人发出到货通知。

(2) 分类整理。航空货运公司在取得航空运单后，根据自己的习惯进行分类整理，其中集中托运货物和单票货物、运费预付和运费到付货物应区分开来。集中托运货物需对总运单项下的货物进行分拨，对每一分运单的货物分别处理。分类整理后，航空货运公司可对每票货编上公司内部的编号，以便于用户查询和内部统计。

(3) 到货通知。航空货运公司根据收货人资料寄发到货通知，告知其货物已到港，催促其速办报关、提货手续。

(4) 编制单证。根据运单、发票及证明货物合法进口的有关批文编制报关单，并在报关单的右下角加盖报关单位的报关专用章。

(5) 报关。将制作好的报关单连同正本的货物装箱单、发票、运单等递交海关，向海关提出办理进口货物报关手续。海关在经过初审、审单、征税等环节后放行货物。只有经过海关放行后的货物才能提出海关监管场所。

(6) 提货。凭借盖有海关放行章的正本运单到海关监管场所提取货物并送货给收货人，收货人也可自行提货。

(7) 费用结算。货主或委托人在收货时应结清各种费用，如国际段到付运费、报关费、仓储费、劳务费等。

5. 管道货物运输作业流程

1) 输油管道运输

输油管道的起点是首站，主要任务是集油，经计量后加压向下一站输送，主要的设备有输油机泵和油罐；输油管道沿途设有中间泵站，其主要任务是对所输送的油加压、升温，主要设备有输油泵、加热炉、阀门等；输油管道末站接收输油管道送来的全部油品，供给用户或以其他方式转运，主要是设备油罐和计量装置。

2) 输气管道运输

输气管道系统主要由矿场集气、干线运输、城市配送等部分组成。

(1) 矿场集气。集气过程指从井口开始，经分离、计量、调压、净化和集中等一系列过程，到干线输送为止。

(2) 输气站。主要任务是对气体进行调压、计量、净化、加压和冷却，使气体按要求沿着管道向前流动。由于长距离输气需要不断供给压力能，所以沿途每隔一定距离(一般110~150km)设置一座中间压气站，首站是第一个压气站。当地层压力大到可将气体送到第二站时，首站也可以不设压缩机车间，第二站开始为压气站，最后一站即干线网的终点——城市配气站。

(3) 干线运输。主要指从矿场附近的输气首站开始到终点配气站为止。压气站与管路是一个统一的动力系统。压缩机的出站压力就是该站所属管路的起点压力。终点压力为下一个压气站的进站压力。

(4) 城市配送。城市配送指从配气站开始,通过各级配气管网和气体调压所按用户要求直接向用户供气的过程。气体在配气站内经过分离、调压、计量和添味后输入城市配送管网。不同管网上管道的设施强度不同,上一级压力的管网必须调压后才能输向下一级管网。城市一般均设有储气库,可以调节输气与供气间的不平衡。

3) 固体料浆管道运输

固体料浆管道运输主要由3个部分组成:浆液制备厂、管道输送、浆液后处理系统。

(1) 浆液制备系统。以煤为例,煤浆制备过程包括洗煤、选煤、破碎、场内运输、浆化、储存等环节。从煤堆场用皮带运输机将煤输送至煤仓后,经振动筛粗选后进入球磨机进行初步破碎,再经第二级棒磨机掺水细磨,所得粗浆液进入储浆槽,由提升泵送至安全筛筛分,最后进入稠浆储罐。

(2) 管道输送。煤浆管道首站一般与制浆厂合在一起,首站的增压泵从外输罐中抽出浆液,经加压后送入干线。输送途中有中间泵站,主要任务是为煤浆补充压力能,停运时提供清水冲洗管道的功能。

(3) 浆液后处理系统。后处理系统包括脱水、储存等部分。管输煤浆可脱水储存,也可以直接储存。脱水的关键是控制煤表面的水含量,一般应保证在7%~11%。

管道中流动的浆液是固液两相的混合物,输送过程中除了要保证稳定流动,还要考虑其沉淀的可能。如果出现沉淀,其磨阻高,输送费用大。

从整个系统来看,要保证系统的经济性需要考虑并确定合理的颗粒大小以及浆液浓度。当细颗粒含量多时可以降低管输费用,但同时制浆、脱水费用会增加。

3.4 运输合同管理

3.4.1 运输合同的订立与履行

《中华人民共和国合同法》(以下简称《合同法》)第二百八十八条规定,运输合同是承运人将旅客或者货物从起运地点运输到约定地点,旅客、托运人或者收货人支付票款或者运输费用的合同。

货物运输合同是承运人和托运人之间达成的明确货物运输权利义务关系的协议。承运人有义务将货物安全、及时、完整地运到托运人指定的目的地,并交付给托运人指定的收货人,托运人或收货人应当支付相应的运输费用。

1. 运输合同的类型

货物运输合同的种类比较多,按照货物的性质不同进行划分,分为普通货物运输合同和特种货物运输合同。特种货物运输合同又可分为危险货物运输合同、鲜活货物运输合同、长大笨重货物运输合同等。按照运输工具的不同进行划分,分为铁路货物运输合同、公路货物运输合同、水路货物运输合同、航空货物运输合同、管道货物运输合同和多式联运货物运输合同。

1) 铁路货物运输合同

铁路货物运输合同是铁路承运人将货物从起运地点通过铁路运输到约定地点,托运人或者收货人支付运输费用的合同。

铁路货物运输合同中的承运人是铁路运输企业。铁路运输企业主要是国家铁路运输企业，其主要是指各铁路局和铁路分局。铁路站段不是铁路运输企业，而是铁路运输企业的基层组织，它只能以铁路局或者铁路分局的名义进行运输生产活动。铁路货物运输合同除具有一般货物运输合同的特点外，还具有计划性很强的特点，铁路货物运输合同受国家计划的制约；大宗货物运输受年度、季度和月度运输计划的制约；其他货物运输受运力和其他条件的限制，也要有计划地进行安排。

2) 公路货物运输合同

公路货物运输合同是指明确公路货物运输的承运人与托运人之间权利义务关系的协议。根据这个协议，承运人应将承运的货物经公路从一地运至另一地，托运人应按规定支付相应的运费。

3) 水路货物运输合同

水路货物运输合同是指承运人收取运费，负责将托运人托运的货物经水路由一港(站、点)运至另一港(站、点)的合同。

4) 航空货物运输合同

航空货物运输合同是指航空承运人使用航空器，将托运人托运的货物运到指定地点并交付给收货人，托运人支付货物运输费用的合同。航空货物运输的承运人是指使用民用航空器实施货物运送的人，主要是公共航空运输企业及其代理人。公共航空运输企业是指以营利为目的，使用民用航空器运送旅客、行李、邮件或货物的企业法人。

5) 管道货物运输合同

管道货物运输合同是指从事管道运输业务的承运人和托运人签订的明确运送货物权利义务关系的协议。在管道货物运输合同中，承运人具有单一性，并且管道运输合同的货物种类也比较少，主要限于气体和液体类货物，如石油、天然气等。

6) 货物多式联运合同

货物多式联运合同是指多式联运的承运人以两种或两种以上不同的运输方式，负责将货物从接管地运至目的地交付收货人，并收取全程运费的合同。

2. 运输合同的订立

在订立运输合同时，必须坚持遵守国家法律、行政法规的原则，遵循平等、自愿、公平、诚实信用的原则，遵守社会公德，不得损害社会公共利益的原则。

1) 订立合同的过程

订立合同的过程就是当事人双方就权利与义务进行协商，达成协议的过程，是一种法律行为。订立合同的过程需要经过要约与承诺两个阶段。

(1) 要约。要约是希望和他人订立合同的意愿。要约在商业活动和对外贸易中也称为报价、发价、出价或者发盘、出盘。提出要约的一方称为要约人，相对的另一方称为受要约人。要约是合同订立所必须经过的一个阶段。

(2) 承诺。承诺是受要约人同意要约。做出这种意思表示的人称为承诺人。承诺应以明示的方式做出，缄默或者不行动不视为承诺。除了根据交易习惯或者要约表明可以通过行为做出承诺的以外，承诺的表示应以通知的方式做出。

2) 运输合同成立时间、地点和要件

运输合同成立时间。在某些货物(主要是大宗货物、长期运输的货物)的运输中，运输法允许或要求当事人签订书面合同，这些运输合同与一般合同并无显著区别。但普遍情况下，运输合同凭据，即运单和客票，取代了书面合同，经承运人签署的运单和客票取得的时间，是运输合同成立的时间。托运人填运单后，承运人签署运单的时间，是承运人承诺的表示，因而是运输合同成立的时间。客运中，旅客要求购票，承运人口头允诺或出具客票时，客运合同即告成立。

运输合同成立的地点。以承诺发生地，即承运人营业所在地为成立地点。

运输合同成立的要件。只要有双方当事人，双方以订立运输合同为目的，意思表示一致，运输合同即可成立。

3) 运输合同的生效

合同生效是指合同成立后，还需具备一定的条件才能产生法律效力，才可受到法律的保护。这些条件是法律规定的合同必须具备的条件，或者说是法律规定的合同发生法律效力的条件，换言之，成立后的合同分为合法合同和不合法合同。合法合同要件是当事人缔约时具有相应的缔结合同的行为能力，意思表示真实，合同不违反法律或社会公共利益，合同的内容必须确定和可靠。完备的合同为合法合同，受法律的保护，欠缺某种要件的合同则成为无效合同、可撤销的合同和效力未定的合同，其各有不同的法律后果。

运输合同中不区分成立要件和生效要件。一般来说，无论是客运合同还是货运合同，运输法对合同的主体、客体、内容和形式的要求均不同于其他合同，一经成立的合同，大都是有效的、合法的，无效、可撤销、效力未定的运输合同在实践中十分罕见。但是，这并不等于说一切运输合同都是合法合同，都会产生同等的法律后果。实际生活中，不法运输合同行为比比皆是，如公路客运中的强行拉客，铁路客运中的拒绝售票，公路货运中的合同欺诈，铁路货运中的违禁违限运输等。但是，运输合同法中，一般均不以此作为确认合同无效、可撤销或效力未定的依据，而是以损害赔偿和行政制裁两种方式予以处理，实质上是成立和生效的竞合。

3. 运输合同的内容

运输合同的内容由当事人约定，它规定了当事人的权利和义务，是确认合同是否合法的主要根据，也是当事人双方全面履行合同的主要依据。运输合同主要包括以下内容。

1) 当事人的名称或者姓名及其住所

当订立合同的当事人为法人或其他组织时，合同文本中应写明该法人或组织的名称、住所或经营场所、法定代表人或负责人姓名。当合同当事人为自然人时，合同文本中应写明该自然人的姓名、住址。

2) 标的

标的是指合同当事人双方的权利义务共同指向的对象，是订立合同的前提，如果没有标的或标的不明确，合同就无法履行，也不能成立。由于合同种类不同，标的也不同。它可以是某种实物，也可以是某个项目、劳务活动或智力成果。例如运输合同、仓储合同的标的是提供劳务。合同的标的，必须符合国家法律、法规的要求，并不是所有的物和行为都可以作为合同的标的。

3) 数量

数量是标的的计量，是衡量标的大小、多少、轻重的尺度。标的数量是通过计量单位和计量方法来衡量的，必须使用国家法定计量单位，统一的计量方法（国家没有规定的，由双方商定）。订立合同时，计量单位和计量方法必须合法、具体、明确。此外，某些标的物由于物理属性可能会产生自然增减的情况。因此，在合同中还应当明确记载合理磅差、正负尾差、超欠幅度、自然损耗率等。

4) 质量

标的的质量是指标的内在素质(如物理的、机械的、化学的、生物的等)和外观状况。签订合同时必须明确、详细地载明标的的名称、品种、规格、型号、等级、质地等具体内容。

标的的质量是合同的主要内容，必须明确质量标准。有国家标准或行业标准的，按国家标准或行业标准签订，没有国家标准或行业标准的，由双方协商签订。对于双方约定提交的样品，如果能够保存，双方应将相同的样品(经双方签封)各自保存一份；如果不易保存，应将样品名称、品种、规格、型号、等级、质地详细记载清楚，各存一份，以作为验收凭证。

5) 价款或者报酬

价款或者报酬是指合同当事人一方向交付标的的另一方所支付的以货币为表现形式的代价。在以物为标的的合同中，这种代价称为价款；在以劳务、智力成果为标的的合同中，这种代价称为报酬。产品的价格或报酬除国家规定必须执行国家定价的以外，由当事人协商议定。价款或者报酬除法律另有规定外，必须采用货币计量来表示。

6) 履行期限、地点和方式

履行期限是指履行合同标的和价款(或者报酬)的时间界限，分为合同的有效期限和合同的履行期限。

履行地点是指交付或提取标的的地方，合同中必须对履行地点做出明确规定。

履行方式是指当事人采用什么方式履行合同义务，主要包括标的的交付方式和价款或者报酬的结算方式。

7) 违约责任

违约责任是指因当事人一方或双方的过错，造成合同不能履行或不能完全履行时责任方必须承担的责任。对于违约责任，法律、法规有规定的，按照法律、法规的规定执行；法律、法规没有规定的，由当事人双方协商确定。当事人一方可以在合同中约定，一方当事人违反合同时，向另一方当事人支付一定数额的违约金；或者约定因违反合同而产生损失赔偿数额的计算方法。但约定的违约金、赔偿金，不得超过法律、法规规定的比例幅度或者限额。在合同中明确规定当事人双方的违约责任，有利于双方严肃认真地签订和履行合同，有利于追究责任方的违约责任。

8) 解决争议的方法

解决争议的方法是指当事人因合同发生纠纷时的处理方法。当事人在合同中约定采用解决争议的方法有：双方协商解决、交由第三方调解、交由仲裁机关仲裁、交由人民法院审理。

4. 运输合同的基本形式

货物运输合同的形式一般应当是书面的，不同的运输方式对货物运输合同的形式有不同的规定。货物运单是运输合同的基本形式。

货物运单是承运人制定的格式货运合同，也是货物的运输凭证。按照运输工具分有公路货物运单、铁路货物运单、航空货物运单和水路货物运单。其中公路货物运单主要包括整车运输、集装箱运输、零担运输的货运单，铁路货物运单主要有铁路行李票、铁路包裹票、铁路货运单、铁路货票，航空货物运单主要有航空主运单、航空分运单。

由于货物运单比较简单，当事人可以通过签订具体的书面合同来明确各自的权利和义务，在此不再详述。

5. 货运合同的履行

1) 托运人

应按合同规定的时间准备好货物，及时发货、收货，装卸地点和货场应具备正常通车条件，按规定做好货物包装和储运标志等。

2) 承运人

应按合同规定的运输期限、货物数量和起止地点组织运输，保质保量完成运输任务，在货物装卸和运输过程中，应与托运方办理货物交接手续，做到责任分明，并分别在发货单和运费结算凭证上签字。

3.4.2 运输合同的变更与解除

1. 货运合同的变更与解除的概念

(1) 变更合同是指合同部分内容和条款的修改补充。
(2) 解除合同是指解除由合同规定双方的法律关系，提前终止合同的履行。

2. 货运合同变更与解除的前提

合同尚未履行，或没有完全履行时，遇到特殊情况而使合同无法继续履行，或需要变更须经合同双方协商同意，须在合同规定的变更、解除期限内。

3. 合同变更与解除的原因

1) 协商一致变更、解除

《合同法》第七十七条和第九十三条规定了当事人可以通过协商一致变更解除合同。协商解除合同有两种。一种是事前协商解除，即约定解除权。约定解除权的合同又称之为"附解除条件的合同"，是指当事人在订立合同时约定，已发生法律效力的合同，当条件成就时该合同失效，合同须解除，当条件不成就时，合同继续有效。由于约定解除权是当事人在合同订立时约定的，因此，该种协商解除又称为事前的协商解除。另一种协商解除是事后解除，即合同成立后、履行完毕前，当事人双方通过协商的方式解除合同。

事前解除与事后解除相比的区别：①事前解除是当事人在合同中约定解除条件以及一方享有的解除权，而事后解除则是由于订立合同时所依据的主客观情况发生变化，而由当事人根据变化了的情况协商解除；②事前解除并不一定导致合同的解除，因为当事人约定的解除条件并不一定能成就，而事后解除的后果必然导致合同的解除；③事前解除往往存在当事人约定的一方违约的事实，而事后解除并不要求一方违约，即使不存在一方违约的事实，双方也可以协商解除合同；④事前解除尽管由双方约定，但解除权的行使则由一方行使，而事后解除则由双方协商一致，属双方解除合同的问题，即需双方意思表示一致方能解除合同。

2) 法定解除的情形

法定解除是指解除条件由法律直接规定的合同解除。《合同法》第九十四条规定，有下列情形之一的，当事人可以解除合同。

(1) 因不可抗力致使不能实现合同目的。

(2) 在履行期限届满之前，当事人一方明确表示或者以自己的行为表明不履行主要债务。

(3) 当事人一方迟延履行主要债务，经催后在合理期限内仍未履行。

(4) 当事人一方迟延履行债务或者有其他违约行为致使不能实现合同目的。

(5) 法律规定的其他情形。

4. 合同解除的法律后果

《合同法》第九十七条规定了合同解除的法律后果。依照该条规定，合同解除后，尚未履行的，终止履行；已经履行的，根据履行情况和合同性质，当事人可以要求恢复原状，采取其他补救措施，并有权要求赔偿损失。

合同的解除不同于合同的终止。终止不发生溯及既往的效力，即已经履行的继续有效，终止仅使未履行的合同权利义务消灭，因此，终止不发生恢复原状的问题；而合同的解除一般会发生溯及力，也就是合同解除后应将履行方的权利义务恢复至订立合同时的状态。其次是导致合同终止的原因不限于违约，债务相互抵消、债务人依法将标的物提存都可以使合同终止；而导致单方有权解除合同的原因是一方违约。

3.4.3 运输责任的划分

1. 货物运输合同当事人的权利与义务

1) 托运人的权利与义务

(1) 托运人的权利。托运人的权力有以下几项。

① 托运人有权要求承运人按规定期限将货物运送到约定地点，并交付给收货人。由于承运人的过错而超过运到期限时，托运人有权要求承运人支付违约金、赔偿金。

② 托运人有权要求承运人将货物完整无损地运送到约定地点。由于承运人的责任而造成货物灭失、短少、变质、污染、损坏时，托运人有权要求承运人赔偿货物损失。

③ 托运人有权要求变更或解除合同，承运人如无正当理由，不得拒绝。

(2) 托运人的义务。托运人的义务有以下几项。

① 托运人的基本义务是按照货物运输合同约定的时间和要求向承运人交付托运的货物和规定的运杂费。货物运输费用一般应按货物运价规则计算，托运人一般应于承运当日向发运站(港)交付，另有约定或规定的除外。

② 托运人有义务按照国家规定的标准，对货物进行符合运输要求的包装。货物包装不符合运输要求时，应由托运人改善后承运。

③ 合同约定应由托运人装卸货物时，托运人应按装卸作业过程的规定按时完成货物装卸，并应遵守有关规程中关于装卸的规定。

④ 国家规定必须保险的货物，托运人应在托运地投保货物运输险。

2) 承运人的权利和义务

(1) 承运人的权利。承运人的权利有以下几项。

① 承运人有向托运人和收货人收取运杂费的权利。
② 托运人不按规定交付运杂费，承运人有权收取迟交金或拒绝运输。
③ 托运人不按规定进行包装，在改善包装之前，承运人有权拒绝运输。
④ 承运人有权拒绝办理违反规定的运输变更。
(2) 承运人的义务。
承运人最基本的义务是按合同规定的期限，将货物完整无损地运到指定地点，交付给收货人。

3) 收货人的权利和义务
(1) 收货人的权利。收货人的权利有以下几项。
① 收货人由于特殊原因，有权请求货物运输的变更，还有权向托运人或承运人提出取消货物运输。
② 货物到达站(港)后，根据到货通知和领货凭证，收货人有权领取货物。
③ 在领取货物时，发现由于承运人的责任而使货物造成货损、货差或逾期运到时，收货人有权按规定请求赔偿金或逾期违约金。
(2) 收货人的义务。收货人的义务有以下几项。
① 收货人接到领货通知后，应按时领取货物，逾期领取货物时，应按规定交付保管费。
② 收货人有权要求退还多收的运输费用，同时有义务向承运人交付在货物发送时未经核收的一切费用，以及负责赔偿或偿付在执行运输合同中，收货人应按规定交付迟交金。

2. 承运人的免责事项

1) 公路运输承运人的免责事项
根据我国的《汽车货物运输规则》，货物在承运责任期间和站、场存放期间内发生毁损或灭失，承运人、站场经营人应负有赔偿责任。但是存在下列情况之一者，承运人、站场经营人举证后可以不负赔偿责任。
(1) 不可抵抗力。
(2) 货物本身的自然性质变化或者合理损耗。
(3) 包装内在的缺陷，造成货物受损。
(4) 包装体外表面完好而内装货物毁损或灭失。
(5) 托运人违反国家有关法令，致使货物被有关部门查扣、弃置或做其他处理。
(6) 押运人员的责任造成的货物毁损或灭失。
(7) 托运人或收货人过错造成的货物毁损或灭失。

2) 铁路运输承运人的免责事项
因下列原因造成铁路运输承运人所承运的货物发生全部或部分灭失、重量不足、毁损、腐坏或降低质量，则铁路不负责任。
(1) 铁路不能预知和不能消除的情况而造成的后果。
(2) 货物在发站承运时质量不符合要求或货物的特殊自然性质以至引起自燃、损坏、生锈等。
(3) 发货人或收货人的过失造成的后果。
(4) 发货人或收货人装车或卸车的原因造成的后果。
(5) 发送铁路规章规定使用敞车类货车造成的后果。

(6) 发货人或收货人或其委派的货物押运人未采取保证货物完整的必要措施造成的后果。

(7) 容器或包装的缺陷，在承运货物时无法从其外表发现造成的后果。

(8) 发货人用不正确或不完全的名称托运不准运送的物品造成的后果。

(9) 发货人在托运应按特定条件承运的货物时，使用不正确、不完整名称造成的后果。

(10) 货物自然减量、运输中水分减少或其他自然性质，以至货物减量超过规定标准。

3) 航空运输承运人的免责事项

我国《民用航空法》中规定，因发生在航空运输期间的事件造成货物毁灭、遗失或损坏的，承运人应当承担责任，如承运人能证明货物的毁灭、遗失或损坏完全是由下列原因之一造成的，则不承担责任。

(1) 货物本身的自然属性、质量或缺陷。

(2) 承运人或其受雇人、代理人以外的人包装的货物，造成货物包装不良的。

(3) 战争或武装冲突。

(4) 政府有关部门实施的与货物入境、出境或过境有关的行为。

4) 水路运输承运人的免责事项

我国《海商法》中规定以下情况承运人对货物在其责任期间发生的灭失或损坏可以免责的事项。

(1) 船长、船员、引航员或承运人的其他受雇人在驾驶船舶或管理船舶中的过失。

(2) 火灾，但是由于承运人本人的过失造成的除外。

(3) 不可抵抗的原因。

(4) 基于货方原因的免责，主要托运人、货物所有人或其代理人的行为，货物的自然性质或货物缺陷，货物包装不良或标志欠缺、不清。

本 章 小 结

运输是实现人和物空间位置变化的活动，与人类的生产生活息息相关。物流运输则专指"物"的载运及输送。其包括集货、分配、搬运、中转、装入、卸下、分散等一系列操作。

运输方式有多种分类标准，其中使用最多的是按照运输设备以及运输工具将其分为铁路运输、公路运输、水路运输、航空运输和管道运输 5 种。

物流运输合理化是按照商品流通规律、交通运输条件、货物合理流向、市场供需情况，走最少的路程、经过最少的环节、用最少的运力、花最少的费用、以最短的时间把货物从生产地运到消费地，即用最少的劳动消耗，运输更多的货物，取得最佳的经济效益。

影响运输合理化的影响因素很多，起决定性作用的有运输距离、运输环节、运输工具、运输时间、运输费用 5 个因素，称作合理运输的"五要素"。

企业选择正确的运输方式，可以避免不合理运输，在物流运输管理过程中应采取必要措施使物流运输合理化。

为了搞好企业物流运输，最主要的是运输决策，要对运载工具、运输路线优化、运输服务商等进行决策。

运输组织管理工作要根据具体的运输方式采取与其适应的组织方式以及作业程序。

运输合同的订立、变更、解除以及运输责任的划分，可以避免托运人、承运人和收货人在实际运作中受到巨大的损失。

关键术语

运输　　　　　　多式联运　　　　运输合理化　　　　运输组织管理
运输合同管理　　　运输决策管理

课堂讨论

1. 物流运输决策的内容有哪些？涉及的方法有哪些？
2. 各种运输方式的运费如何计算？计算时有哪些注意事项？

综合练习

1. 名词解释

物流运输；运输合理化；多式联运；集装箱运输；"四就"直拨运输；运输合同

2. 填空题

(1) 运输规模经济的特点是随着装运规模的增长，单位重量的货物_____。

(2) 自营运输以_____为主要运输工具。

(3) 运输合理化影响因素有：_____、_____、_____、_____、_____。

(4) 运输方式选择的定量分析法有_____、_____、_____等多种方法。

(5) 运输服务定价方法有_____、_____、_____、_____和_____ 5 种。

3. 简答题

(1) 运输的基本功能与原理有哪些？
(2) 简述公路运输的主要优缺点。
(3) 简述铁路运输的主要优缺点。
(4) 我国不合理运输主要形式有哪些？
(5) 组织合理运输的有效措施有哪些？
(6) 影响运输方式选择的主要因素有哪些？
(7) 衡量运输服务质量高低的因素有哪些？

4. 论述题

(1) 试论述运输合理化的途径。

(2) 各种运输方式的组织管理形式有哪些？运作程序上有向具体的区别？
(3) 试论运输过程中产生运输纠纷的处理。

韩国三星公司物流运输工作合理化

韩国三星公司从 1989—1993 年实施了物流运输工作合理化革新的第一个五年计划。这期间，为了减少成本和提高配送效率进行了"节约成本 200 亿"、"全面提高物流劳动生产率"等活动，最终降低了成本，缩短了前置时间，减少了 40%的存货量，并使三星公司获得了首届韩国物流大奖。1994—1998 年，实行第二个五年计划，将销售、配送、生产和采购有机地结合起来。三星公司扩展和强化物流网络，同时建立一个全球性的物流链使产品的供应线路最优化，并设立全球物流网络上的集成订货—交货系统，从原材料采购到交货给最终客户的整个路径上实现物流和信息流一体化，这样客户就能以最低的价格得到最高品质的服务，从而对企业更加满意。三星公司物流工作合理化革新小组在配送选址、实物运输、现场作业和信息系统 4 个方面进行了物流革新。

1. 配送选址新措施

为了提高配送中心的效率和质量，三星公司将其划分为产地配送中心和销地配送中心。前者用于原材料的补充，后者用于存货的调整。对每个职能部门都确定了最优工序，配送中心的数量被减少、规模得以最优化，便于向客户提供最佳的服务。

2. 实物运输革新措施

为了及时地交货给零售商，配送中心在考虑货物数量和运输所需时间的基础上确定出合理的运输路线。同时，一个高效率的调拨系统也被开发出来，这方面的革新加强了支持销售的能力。

3. 现场作业革新措施

为使进出工厂的货物更方便快捷地流动，公司建立了一个交货点查询管理系统，可以查询货物的进出库频率，高效地配置资源。

4. 信息系统革新措施

三星公司在局域网环境下建立了一个通信网络，并开发了一个客户服务器系统，公司集成系统的 1/3 将投入物流中使用。由于将生产配送和销售一体化，整个系统将不同的职能部门的信息共享。客户如有涉及物流的问题都可以通过实时订单跟踪系统得到答复。

资料来源：http://www.docin.com/p-34086103.html

思考分析题：

1. 三星公司的物流运输合理化的作用体现在哪些方面？
2. 影响三星公司物流运输合理化的因素主要有哪些？在物流运输合理化方面三星公司采取了哪些措施？
3. 物流运输企业(部门)提高技术装载的运输方式主要采取了哪些行动？

第4章 仓储管理

【本章教学要点】

知识要点	掌握程度	相关知识	应用方向
现代仓储保管与传统储存的区别	掌握	仓储保管的含义、种类	弄清现代仓储的含义
货物合理化保管原则	掌握	货物合理化保管目标和原则	掌握货物合理化保管原则
仓储管理的作业流程	了解	仓储管理信息系统、仓储管理作业内容和流程	了解仓储管理的作业内容和流程
商品保管与养护	熟悉	库存商品变化的形式、库存商品变化的因素、商品的保管养护措施	熟悉常见的商品保护保养措施
库存管理	重点掌握	确定性需求库存控制、随机需求库存控制、JIT存货管理、ABC分类库存管理法	掌握各种库存量的控制方法

【本章教学目标与要求】

- 掌握仓储保管的含义和种类；
- 熟悉仓储的性质及仓储在物流中的作用；
- 掌握货物合理化保管的原则；
- 了解仓储管理作业的各个作业环节；
- 熟悉商品保管养护的方法和措施；
- 掌握库存量的控制方法。

奥康：物流管理零库存

1998年以前，奥康沿用以产定销营销模式。当时整个温州企业的物流形式都是总部生产什么，营销人员就推销什么，代理商就卖什么。这种模式导致与市场需求脱离、库存加大、利润降低。

1999年，奥康开始实施产、销两分离，全面导入订单制，即生产部门生产什么，不是生产部门说了算，而是营销部门说了算。营销部门根据市场的信息、分公司的需求、代理商的订单进行信息整合，最后形成需求，向生产部门下订单。这样，奥康的以销定产物流运作模式慢慢形成。

2004年以前，奥康在深圳、重庆等地外加工生产的鞋子必须通过托运部统一托运到温州总部，经质检合格后方可分销到全国各个省级公司，再由省级公司向各个专卖店和销售网点进行销售。没有通过质检的鞋子需要重新打回生产厂家，修改合格以后再托运到温州总部。这样一来，既浪费人力、物力，又浪费了大量的时间，加上鞋子是季节性较强的产品，错过上市最佳时机，很可能导致这一季的鞋子积压。

经过不断探索与实践，奥康将别人的工厂变成自己仓库的方法解决了这一问题。具体操作方法是：假如奥康在深圳、重庆生产加工的鞋子无需托运回温州总部，只需温州总部派出质检人员前往生产厂家进行质量检验，质量合格后生产厂家就可直接从当地向奥康各省级公司进行发货，再由省级公司向各营销点进行分销。

奥康集团总裁王振滔表示，当时机成熟时，奥康完全可以撤销省级的仓库，借用别人的工厂和仓库来储存奥康的产品，甚至可以直接从生产厂家将产品发往当地直接点。这样，既节省了大量人力、物力、财力，又节省了大量时间，使鞋子紧跟市场流行趋势。同时，可以大量减少库存甚至保持零库存。按照这样的设想，奥康在30多家省级公司不需要设置任何仓库，温州总部也只需设一个中转仓库就可以了。

资料来源：http://www.airnews.cn/school/20577.shtml. 2006.10.9

奥康集团是现代众多企业物流管理的典范之一，它先进的现代仓储管理思想和方法大大降低了企业的仓储成本，从而节约了物流成本，加快了流通速度，提高了企业的竞争力。仓储管理是现代物流管理的重要内容之一，是向物品提供存放场所、物品的存取和对存放物品的保管保养、控制监督与核算等过程的统称。仓储在整个物品流通过程中具有相当重要的作用，马克思在资本论中说过："没有商品的储存就没有商品的流通。"有了商品的储存，社会再生产过程中物品的流通过程才能正常进行。

4.1 仓储管理概述

现代仓储是相对于传统仓储而言的提法，现代仓储与传统仓储是有很大区别的。传统仓储管理主要体现的是对物品的管理，体现出静态的特性，而现代仓储管理则更注重满足客户需求、高动态响应和低成本等的管理。仓储管理是一门经济管理科学，同时也涉及应用技术科学，故属于边缘性学科。仓储管理的内涵是随着其在社会经济领域中的作用不断扩大而变化的。

4.1.1 仓储管理的含义

"仓"也称仓库，是存放物品的建筑物或场所，它可以是房屋建筑物、大型容器、洞穴或其他特定的场所，具有存放和保护物品的功能，如图4.1所示。"储"表示收存以备使用，具有积蓄、保管和交付使用的意思。"仓储"则是利用仓库存放、储存未使用物品的行为。

图4.1 某货架仓库一角

仓储是伴随着社会生产的产品剩余和产品流通的需要而产生的。进入资本主义社会后，随着商品生产和物流业的快速发展，产生了具有现代意义上的仓库；作为经济领域专事于仓储的行业——仓储业也伴随着商品生产的发展而产生。现在，作为物流系统重要支柱的仓储业也发生了巨大的变革，成为追求第三利润源的重要来源。

仓储管理就是对仓库和仓库内储存的商品所进行的管理，是仓储机构为了充分利用所拥有的仓储资源来提供仓储服务所进行的计划、组织、控制和协调的过程。具体来说，仓储管理包括仓储资源的获得、仓储商务管理、仓储流程管理、仓储作业管理、保管管理、安全管理等多种管理工作及相关的操作。

仓储管理是随着储存商品品种的多样化、仓库结构、技术设备的科学化、现代化而不断发展的。其主要经历了简单仓储管理、复杂仓储管理和现代仓储管理3个发展阶段。

在仓库出现的初期，以及后来相当长时间内，由于生产力水平低和发展缓慢，库存数量和品种都很少，仓库结构简单，设备粗陋，因此，仓储管理工作也就比较简单，主要负责产品出入库的计量及看管好库存物资使之不受损失。这种情况下的仓储活动，称之为简单仓储管理。

随着生产力水平提高，特别是机器生产代替手工生产之后，社会储存产品数量增加，品种复杂，产品性质各异，对储存条件提出了各自不同的要求。同时，由于社会分工越来越细，许多生产性活动也逐渐转移到流通领域，使得仓库职能也发生了变化，仓库不仅仅是单纯地进行储存和保管商品的场所，还增添了商品的分类、挑选、整理和加工等活动，从而增加了商品的价值。由于储存商品的复杂化和仓储职能的多样化，必然引起仓储建筑结构的变化以及技术设备的变化。机械进入仓库，使得仓储活动向复杂化方向发展，所以这个时期的仓储管理也可称之为复杂仓储管理。

伴随着科学技术的进步，特别是电子计算机的出现和发展，给仓储业带来了一系列的重大变化。在整个仓储活动过程中，可以使用计算机进行控制，要求仓储工作人员专业化，仓储管理科学化，仓储手段现代化。目前，许多先进国家的仓储活动，已经不是原来意义上的仓储了，而变成了一个经济范围巨大的商品配送服务中心，并发展成为现代化的仓储企业。

4.1.2 仓储的分类

仓储的最基本功能是对商品的储存和保管，但由于运作方、仓储对象、经营方式和仓储功能的不同，使得不同的仓储活动具有不同的特征。只有加以正确划分，才能正确认识仓储任务，做好仓储管理工作。

1. 按仓储活动的运作方划分

按仓储活动的运作方划分，可分为自建仓库仓储、租赁仓库仓储和第三方仓储。这3种仓储方式各有其优缺点，见表4-1。

表4-1 自建仓库仓储、租赁仓库仓储和第三方仓储形式优缺点比较

仓储方式	优　　点	缺　　点
自建仓库仓储	①可以更大程度地控制仓储； ②储位管理更具有灵活性； ③仓储成本低； ④最大程度表现企业实力	①资金投入大，且长期占用部分资金； ②仓库位置和结构灵活性差
租赁仓库仓储	①无资本投资，财务风险低； ②能满足企业库存高峰时大量额外库存需求； ③仓储管理难度降低； ④可降低货主仓储成本； ⑤企业经营活动可以更加灵活； ⑥企业能准确掌握保管和搬运成本	①增加企业包装成本； ②增加企业控制库存难度和风险
第三方仓储	①有效利用资源； ②扩大市场； ③降低运输成本； ④新市场的测试	企业对合同仓库的运作过程和雇佣员工缺少直接控制

1) 自建仓库仓储

自建仓库仓储就是企业自己修建仓库进行仓储。其可分为工业仓库、商业仓库、政府出资经营仓库及其他形式仓库。

2) 租赁仓库仓储

租赁仓库仓储就是委托营业型仓库进行仓储。这类仓库在现代物流体制中所起的作用会越来越大。其可分为普通仓库、保温仓库、水上仓库和特种仓库等不同类型。

3) 第三方仓储

第三方仓储也称合同仓储，是指企业将仓储等物流活动转包给外部公司，由外部公司为企业提供综合物流服务。第三方仓储不同于一般的租赁仓库仓储，它能够提供专业化的高效、经济和准确的分销服务。企业若想得到高水平的服务，则可利用第三方仓储，因为这些仓库设计水平高，并且符合特殊商品的高标准、专业化的搬运要求。当然，如果企业只需要一般水平的搬运服务，则可以选择租赁仓储。从本质上看，第三方仓储是生产企业和专业仓储之间建立的伙伴关系，正是由于这种伙伴关系，第三方仓储公司与传统仓储公司相比，其能为货主提供存储、装卸、拼箱、订货分类、现货库存、在途混合、存货控制、运输安排、信息和满足货主要求的其他一整套物流服务。

总之，一个企业是自建仓库，还是租赁仓库或采用第三方仓储都需要考虑其周转总量、稳定性和市场密度等多方面因素。

2. 按仓储的功能划分

1) 储存仓储

储存仓储是指商品较长期的仓储。由于商品存放时间长，存储费用低廉和储存条件保证就很有必要；储存仓储地点一般较为偏远，储存商品较为单一，品种少，但存量较大。

2) 物流中心仓储

物流中心仓储是以物流管理为目的的仓储活动，是对物流的过程、数量、方向进行控制的环节，是为了实现物流时间价值的环节。物流中心活动一般在一个经济地区的中心、交通较为便利、储存成本较低的地区进行。其仓储对象品种较少，批量较大，整批进分批出，整体上吞吐能力强，设备比较先进。

3) 配送仓储

配送仓储也称配送中心仓储，是商品在配送交付消费者之前所进行的短期仓储，是商品在销售或者供生产使用前的最后储备，并在该环节进行销售或使用的前期处理。配送仓储一般在商品的消费经济区间内进行，能迅速地送达消费和销售，其仓储对象品种繁多，批量少，需要一定量进货、分批少量出库操作，往往需要进行拆包、分拣、组配合、贴标签等增值作业，主要目的是为了支持销售，注重对商品存量的控制。

4) 运输转换仓储

运输转换仓储是为了保证不同运输方式的高效衔接，减少运输工作的装卸和停留时间，在不同运输方式的相接处如港口、车站和空港、库场所进行的仓储。运输转换仓储需具有大进大出的特性，货物存期短，注重货物的周转作业效率和周转率。

3. 按仓储货物的处理方式划分

1) 保管式仓储

保管式仓储又称纯仓储，是以保管物原样保持不变的方式进行的仓储，即存货人将特定的商品交由保管人进行保管，到期保管人原物交还存货人，保管物除了所发生的自然损耗和自然减量外，其数量、质量不发生变化。保管式仓储又分为仓储物独立保管仓储和将同类仓储物混合在一起的混藏式仓储。

2) 加工式仓储

加工式仓储是保管人在仓储期间根据存货人的要求对保管物进行一定的加工的仓储方式。一般来说，可以是对仓储物外观、形状、成分构成及尺寸等进行加工，使仓储物发生委托人所希望的变化，以适应消费者的需要。

3) 消费式仓储

消费式仓储是保管人在接受保管物时，同时接受保管物的所有权，保管人在仓储期间有权对仓储物行使所有权，在仓储期满时，保管人将相同种类、品种和数量的替代物交还给委托人所进行的仓储。消费式仓储特别适合于保管期间较短、市场供应变化较大的商品的长期存放，具有一定的商品保值和增值功能，是仓储经营人利用仓储物开展经营的增值活动，已成为仓储经营的重要发展方向。

除了上述几种分类方式外，仓储按照它在商品流通过程中所起的作用可以分为采购供应仓储、批发仓储、零售仓储、中转仓储、加工仓储、保税仓储等；按照仓库构造可分为单层仓库仓储、多层仓库仓储、立体仓库仓储、简仓仓储和露天堆场仓储等。

4.1.3 仓储管理的内容

现代仓储管理的内容主要包括以下几个方面。

1. 仓库选址与建筑

包括仓库选址原则、仓库建筑面积的确定、仓库的规划设计、库内运输道路与作业的布置等。

2. 仓储机械作业的选择与配置

包括根据仓库作业特点和所储存货物种类以及其物理、化学特性,合理选择机械装备以及应配备的数量,如何对这些机械进行管理等。

3. 仓储业务管理

包括如何组织货物入库前的验收,如何存放入库货物,如何对在库货物进行保管养护,货物发放出库管理等。

4. 库存管理

包括如何根据企业生产的需求状况和销售状况储存合理数量的货物,既不因为储存过少引起生产或销售中断造成损失,又不因为储存过多占用过多的流动资金等。

5. 仓储组织管理

包括货源组织,仓储计划,货物包装,仓储成本核算,仓储经济效益分析,仓储货物的保税类型、保税制度和政策,保税货物的海关监管,申请保税仓库的一般程序等。

6. 仓储信息技术

包括仓储管理中信息化的应用以及仓储管理信息系统的建立和维护等问题。

此外,仓储业务考核、新技术新方法在仓储管理中的运用、仓库安全与消防等,都是仓储管理所涉及的内容。

4.1.4 仓储管理的原则

仓储管理的目标是快进、快出、多储存、保管好和费用省,因此其基本原则应该是保证质量、注重效率、确保安全、讲求效益。

1. 保证质量

仓储管理最基本的原则是保证质量。仓储管理中的一切活动,都必须以保证在库商品的质量为中心。没有质量的数量是无效的,甚至是有害的,因为这些商品依然占用资金、产生费用、占用仓库空间。因此,为了完成仓储管理的基本任务,仓储活动中的各项作业必须有质量标准,并严格按标准进行作业。

2. 注重效率

仓储成本是物流成本的重要组成部分,因而仓储效率关系到整个物流系统的效率和成本。在仓储管理过程中,要充分发挥仓储设施设备的作用,提高仓库设施和设备的利用率;

要充分调动生产人员的积极性,提高劳动生产率;要加速在库商品的周转,缩短商品在库时间,提高库存周转率。

3. 确保安全

仓储活动中不安全因素很多。有的来自仓储物,有的来自装卸搬运作业过程,还有的来自人为破坏。因此特别要加强安全教育,提高安全意识,制定安全制度,贯彻执行"安全第一,预防为主"的安全生产方针。

4. 讲求效益

仓储活动中所消耗的物化劳动和活劳动的补偿是由社会必要劳动时间决定的。为实现经济效益目标,必须力争以最少的人、财、物消耗,及时准确地完成最多的储存任务。因此,对仓储生产过程进行计划、控制和评价是仓储管理的主要内容。

4.2 仓库规划、选址与布局

4.2.1 仓库规划

1. 仓库规划的主要内容

仓库规划对合理利用仓库和发挥仓库在物流中的作用有着重要意义。它包括的内容主要有:仓库的合理布局;仓库的发展战略和规模,如仓库的扩建、改造任务,仓库吞吐、储存能力的增长等;仓库机械化发展水平和技术改造方向,如仓库的机械化、自动化水平等;仓库的主要经济指标,如仓库主要设备利用率、劳动生产率、仓库吞吐储存能力、物资周转率、储存能力利用率、储运质量指标、储运成本的降低率等。因此,仓库规划是在仓库合理布局和正确选择库址的基础上,对库区的总体设计、仓库建设规模,以及仓库储存保管技术水平的确定。

2. 库区总体设计

库区总体设计是根据库区场地条件、仓库的业务性质和规模、储存物品的特性,以及仓储技术条件等因素,对仓库的主要建筑物、辅助建筑物、构筑物、货场、站台等固定设施和库内运输路线所进行的总体安排和配置,以最大限度地提高仓库储存能力和作业能力,降低各项仓储作业费用,更有效地发挥仓库在物流过程中的作用。仓库库区的总体设计是仓储业务和仓库管理的需要,其合理与否直接影响着仓库各项工作的效率和储存物品的安全,以及仓库储存保管功能的发挥。为了保证库区物流畅通,使物品有次序地经过装卸搬运、检验、储存保管、挑选、整理、包装、加工、运输等完整的仓储过程,就必须进行库区的总体设计,即所谓的库区平面布置,这样才能为库区物流合理化奠定基础和提供条件。

对仓库的总体设计应满足以下条件。

(1) 方便仓库作业和物品的储存安全。

(2) 最大限度地利用仓库面积,减少用地。

(3) 防止重复装卸搬运、迂回运输,避免交通阻塞。

(4) 有利于充分利用仓库设施和机械设备。

(5) 符合安全保卫和消防工作的要求。

(6) 结合仓库当前需要和长远规划，要利于将来仓库的扩建等。

关于仓库规模的确定问题，主要根据储存物品的性能和数量的多少，以及物品的储存量与仓库容量之间的比例关系等来确定仓库规模。

4.2.2 仓库选址

仓库选址是指在一个具有若干供应点及若干需求点的经济区域内，选一个地址建立仓库的规划过程。合理的选址方案应该使商品通过仓库的汇集、中转、分发，达到需求点的全过程的效益最好。因为仓库的建筑物及设备投资太大，所以选址时要慎重，如果选址不当，损失不可弥补。

1. 仓库选址的原则

(1) 适应性原则。仓库的选址要与国家及地区的产业导向、产业发展战略相适应，与国家的资源分布和需求分布相适应，与国民经济及社会发展相适应。

(2) 协调性原则。仓库的选址应将国家的物流网络作为一个大系统来考虑，使仓库的设施设备在区域分布、物流作业生产力、技术水平等方面相互协调。

(3) 经济性原则。就是选址的结果要保证建设费用和物流费用最低，如选定在市区、郊区、还是靠近港口或车站等，既要考虑土地费用，又要考虑将来的运输费用。

(4) 战略性原则。就是要有大局观，一是要考虑全局，二是要考虑长远。要有战略眼光，局部利益要服从全局利益，眼前利益要服从长远利益，要用发展的眼光看问题。

(5) 可持续发展原则。主要指在环境保护上，充分考虑长远利益，维护生态环境，促进城乡一体化发展。

2. 仓库选址的影响因素

仓储选址的影响因素很多，其应考虑的主要因素有以下几个方面。

1) 自然环境因素

在考虑仓库选址影响因素时，事先了解当地自然环境有助于降低仓库建设的风险。自然环境因素主要应考虑所在地的气象条件、地质条件、水文条件和地形条件等。例如在自然环境中有湿度、盐分、降雨量、台风、地震、河川等几种自然现象，有的地方湿度比较高，有的地方湿度比较低，有的地方靠近海边盐分比较高，这些都会影响商品的储存品质，尤其是服饰产品和计算机、通信和消费类电子产品等对湿度及盐分都非常敏感，所有这些都会影响仓库的选址。

2) 经营环境因素

(1) 政策环境背景。选择建设仓库的地方是否有优惠的物流产业政策对物流产业进行扶持，这将对物流业的效益产生直接影响。政策环境条件包括政府在土地供应、税收优惠、城市规划、道路建设、地区产业政策等多方面因素。此外，当地的劳动力素质的高低也是需要考虑的重要因素之一。

(2) 商品特性。经营不同类型商品的仓库应该分别布局在不同地域，如生产型仓库的选址应与产业结构、产品结构、工业布局紧密结合进行考虑。

(3) 物流费用。仓库应该尽量选择建在接近物流服务需求地，如大型工业、商业区，以便缩短运输距离，降低运费等物流费用。

(4) 服务水平。物流服务水平是影响物流产业效益的重要指标之一，所以在选择仓库地址时，要考虑是否能及时送达，应保证客户无论在任何时候向仓库提出需求，都能获得满意的服务。

3) 基础设施状况

(1) 交通条件。仓库的位置必须交通便利，最好靠近交通枢纽，如港口、车站、交通主干道(国、省道)、铁路编组站、机场等，应该有两种以上运输方式衔接。

(2) 公共设施状况。要求城市的道路畅通，通信发达，有充足的水、电、气、热的供应能力和对污水、垃圾的处理能力等。

4) 客户和供应商的分布

仓库选址时必须要考虑所服务客户的分布，对于零售商型仓储配送中心，其主要客户是超市和零售店，这些客户大部分分布在人口密集的地方或大城市，配送中心为了提高服务水准及降低配送成本，则配送中心多建在城市边缘接近客户分布的地区。另外，仓储的商品全部是由供应商所供应的，如果物流愈接近供应商，则其商品的安全库存可以控制在较低的水平。但是，由于国内一般进货的输送成本是由供应商负担的，因此有时也可不重视此因素。

5) 土地条件

土地与地形的限制。对于土地的使用，必须符合相关法规及城市规划的限制，尽量选在物流园区或经济开发区。建设用地的形状、长宽、面积与未来扩充的可能性，都与仓储规划内容有密切的关系。因此在选址时，有必要参考规划方案中仓库的设计内容，在无法完全配合的情形下，必要时需修改规划方案内容。另外，还要考虑土地大小与地价问题，在考虑现有地价及未来增值状况下，配合未来可能扩充的需求程度，决定最合适的面积大小。

6) 人力资源条件

在仓储作业过程中，最主要的资源需求为人力资源。由于一般物流作业仍属于劳力密集的作业型态，在仓储作业过程中必须要有足够的作业人力，因此在决定仓库位置时必须考虑劳工的来源、技术水准、工作习惯、工资水准等因素。

7) 其他因素

包括国土资源利用、环境保护要求、地区周边状况等相关影响因素。

3. 仓库选址的几种方法

1) 解析方法

解析方法通常是指物流地理重心方法。这种方法通常只考虑运输成本对仓库选址的影响，而运输成本一般是运输需求量、距离以及时间的函数，所以解析方法根据距离、需求量、时间或三者的结合，通过在坐标上显示，以仓库位置为因变量，用代数方法来求解仓库的坐标。这种方法的优点在于计算简单，数据容易收集，易于理解。由于通常不需要对物流系统进行整体评估，所以在设定单一的仓库时应用解析方法非常方便。但是它的缺点在于它假设运费随距离呈线性变化，而实际生活中运费通常是递远递减的。另外，它没有考虑现实的地理条件，例如选出的最佳仓库地点可能正好坐落于一个湖的中央，所以解析方法更多的不适用于确定最佳位置，而是用于剔除一些不合适的备选方案。

2) 最优化规划方法

最优化规划方法一般是在一些特定的约束条件下，从许多可用的方案中挑选出一个最佳的方案。运用线性规划技术解决选址问题一般需具备两个条件：一是必须有两个或两个以上的活动或定位竞争同一资源对象；二是在一个问题中，所有的相关关系总是确定的。

随着 20 世纪 70 年代计算机计算能力的增强，使得以最优化规划方法求解大型仓库或配送中心选址及网点布局逐渐成为可行，最优化规划方法中的线性规划技术以及整数规划技术是目前应用最为广泛，也是最主要的选址方法。其优点在于它属于精确式算法，能获得精确最优解。不足之处主要在于对一些复杂情况很难建立合适的规划模型；或者模型太复杂，计算时间长，难以得到最优解；还有些时候得出的解虽然是最优解，但在实际中不可行。最优化规划方法主要有运输规划方法以及混合整数规划法等。

3) 启发式方法

启发式方法是一种逐次逼近最优解的方法，大部分在 20 世纪 50 年代末期以及 60 年代期间被开发出来。用启发式方法进行仓库选址首先要定义计算总费用的方法，拟定判别准则，规定改进途径，然后给出初始方案，迭代求解。

启发式方法与最优规划方法的最大不同是它不是精确式算法，不能保证给出的解决方案是最优的，但只要处理得当，获得的可行解与最优解非常接近，而且启发式算法相对最优化规划方法计算简单，求解速度快。所以在实际应用中，启发式方法是仅次于最优化规划技术的选址方法。

4) 仿真方法

仿真方法是试图通过模型重现某一系统的行为或活动，而不必实地去建造并运转一个系统，因为那样可能会造成巨大的浪费，或根本没有可能实地去进行运转实验。在选址问题中，仿真技术可以使分析者通过反复改变和组合各种参数，多次试行来评价不同的选址方案。这种方法还可进行动态模拟。

仿真方法可描述多方面的影响因素，因此具有较强的实用价值，常用来求解较大型的、无法手算的问题。其不足主要在于仿真方法不能提出初始方案，只能通过对各已存在的备选方案进行评价，从中找出最优方案，所以在运用这项技术时必须首先借助其他技术找出各初始方案，而且预定初始方案的好坏会对最终决策结果产生很大影响。

5) 遗传算法

遗传算法是一种模拟进化算法，它模拟生物界的进化过程，根据优胜劣汰、适者生存等自然进化原则，一代一代地选择适应性高的个体，重新组合后，产生新的种群以取代父辈种群，从而使种群逐渐逼近最优解。与传统的优化算法不同之处在于：遗传算法实际上是一种概率算法，它在搜索最优解时，同时考虑搜索解空间中的多个点，而不是仅考虑一个点。

这种方法是一种全局搜索优化算法，不容易陷入局部最优，容易得到全局最优解，而且比一般的数学规划方法简单，运算速度快，这点在问题比较复杂时表现更明显。最后得出的结果是一组最优解，便于决策。

6) 综合因素评价法

综合因素评价法是一种全面考虑各种影响因素，并根据各影响因素重要性的不同对方案进行评价、打分，以找出最优的选址方案。综合因素评价法主要包括分级评分法、积点法以及位置度量法等。近年出现的模糊综合评判法也很受欢迎，它是一种定性与定量相结合的方法,有良好的理论基础,特别是多层次模糊综合评判方法,它通过研究各因素之间的关系可以得到合理的仓库或物流中心位置。

4.2.3 仓库布局

1. 仓储网点布局的含义及原则

随着现代物流业的快速发展,我国物流企业的数量越来越多,运营密度也越来越大,在竞争如此激烈的环境下,要想实现服务好客户,获取赢利空间,具有竞争优势,其中最重要的一点就是物流网点或仓储网点的合理布局,仓储网点已经成为企业重要的资源,对于物流企业来说,已经上升到核心竞争力的地位。

所谓仓储网点布局,就是以物流系统的完善和经济效益为目标,用系统的理论和系统工程方法,综合考虑物资的供需状况、自身资源、运输条件、自然环境、竞争状况等因素,对仓储网点的数量、位置、规模、供货范围、直达供货和中转供货的比例等进行研究和设计,建立一个有效率的物流网络系统,以达到费用低、服务好、效益高的目的。

仓储网点布局应满足以下基本原则。

(1) 与企业市场相适应。
(2) 与企业能力相适应。
(3) 与企业物流量相适应。
(4) 充分考虑地理与交通因素。
(5) 充分考虑竞争与发展因素。
(6) 符合政府规划与政策。

2. 仓储网点布局决策的内容

仓储外部布局关乎企业的发展战略与竞争优势的发挥,布局得当不仅可以提高物流运作效率与降低运作成本,而且还有利于企业的竞争。仓储网点布局决策主要有以下内容。

1) 仓库数量决策

确定仓库的数量一般要考虑 4 个因素:销售机会损失成本、存货成本、仓库成本以及运输成本。图 4.2 表明了除销售机会损失成本外其他成本与仓库数量之间的关系。

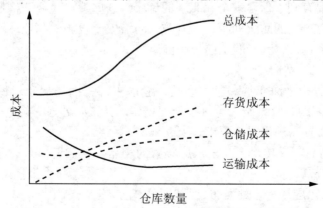

图 4.2 物流总成本与仓库数量之间的关系

从图 4.2 中可以看到,由于在每个地点都应存有安全库存的所有产品,库存成本将随着设施数目的增加而增加;更多的仓库意味着拥有、租赁或租用更多空间,仓库成本也随之增加,但仓库数达到一定数量后,其增加趋势将会减缓。但是如果仓库数太多,将会导致进出运输成本的综合增加。

另外客户的购买方式、竞争环境以及计算机和其他信息技术的使用也将影响到仓库的数目。

2) 仓储网点分布决策

仓储网点的分布是仓储网点布局的重要内容。仓储设置建立在什么地方,各个仓库之间的相对位置如何等都是仓储网点分布要解决的问题。在进行仓储网点分布决策时,要结合公司战略、客户分布、周围环境等因素。

3) 仓储网点规模决策

在仓储网点布局中,仓储网点规模是指具体每个仓储单位的大小,根据每个仓储网点在整个仓储布局系统的作用与地位等因素,仓储网点的规模可以有不同的选择。一般来说,仓储网点的规模与仓储数量成反比。

3. 仓库内部布局

1) 仓储区平面布置

仓库平面布置是指对仓库的各个部分,包括存货区、入库检验区、理货区、流通加工区、配送备货区、通道以及辅助作业区等在规定范围内进行全面合理的安排。仓库平面布置是否合理,将对仓储作业的效率、储存质量、储存成本和仓库赢利目标的实现产生很大影响。

影响仓库平面布置的因素有仓库的专业化程度、仓库的规模和功能等。

一个仓库通常由生产作业区、辅助生产区和行政生活区三大部分组成。对于总体平面布置来说,应该考虑3方面要求,一是仓库平面布置要适应仓储作业过程的要求,有利于仓储作业的顺利进行。具体说就是仓库平面布置的物品流向,应该是单一的流向;最短的搬运距离;最少的装卸环节;最大限度地利用空间。二是仓库平面布置要有利于提高仓储经济效益。要因地制宜,充分考虑地形、地质条件,利用现有资源和外部协作条件,根据设计规划和库存物品的性质能够更好的选择和配置设施设备,以便最大限度发挥其效能。三是仓库平面布置要有利于保证安全和职工的健康。仓库建设时要严格执行《建筑设计防火规范》规定,留有一定的防火间距,并有防火防盗安全设施,作业环境的安全卫生标准要符合国家的有关规定,有利于职工的身心健康。

2) 仓库内部布局与结构

仓库内部布局包括平面布局和空间布局。仓库内部平面布局是对保管场所内的货垛(架)、通道、垛(架)间距、收发货区等进行合理规划,并正确处理它们之间的相对位置。

单层仓库平面布置需满足以下要求。

(1) 重、大件物品,周转量大和出入库频繁的物品,宜靠近出入口布置,以缩短搬运距离,提高出入库效率。

(2) 易燃的物品,应尽量靠外面布置,以便管理。

(3) 要考虑充分利用面积和空间,使布置紧凑。

(4) 有吊车的仓库,汽车入库的运输通道最好布置在仓库的横向方向,以减少辅助面积,提高面积利用率。

(5) 仓库内部主要运输通道的宽度，一般采用双行道。

(6) 仓库出入口附近，一般应留有收发作业用的面积。

(7) 仓库内设置管理室及生活间时，应该用墙与库房隔开，其位置应靠近道路一侧的入口处。

多层仓库平面布置，除必须符合单层仓库布置要求外，还必须满足下列要求。

(1) 多层仓库占地面积、防火隔间面积、层数，根据储存物品类别和建筑耐火等级遵照现行建筑设计防火规范来确定。

(2) 一座多层库房占地面积小于 $300m^2$ 时，可设一个疏散楼梯，面积小于 $100m^2$ 的防火隔间，可设置一个门。

(3) 多层仓库建筑高度超过 24m 时，应按高层库房处理。

(4) 多层仓库存放物品时遵守上轻下重，周转快的物品分布在低层。

(5) 当设地下室时，地下室净空高度不宜小于 2.2m。

(6) 楼板载荷控制在 $2t/m^2$ 左右为宜。

3) 货场布局与结构

(1) 集装箱货场布局。集装箱货场是堆存和保管集装箱的场所。根据集装箱堆存量的大小，货场可分为混合型和专用型两种。专用型货场是根据集装箱货运站的生产工艺分别设置重箱货场、空箱货场、维修与修竣箱货场。进行集装箱货场布局时应满足发送箱、到达箱、中转箱、周转箱和维修箱等的生产工艺操作和不同的功能要求，并尽可能缩短运送距离，避免交叉作业，便于准确、便捷地取放所需集装箱，利于管理。同时，还应该力求达到服务精确性、单位堆放和流转速度、旺季储存能力 3 项目标。

(2) 杂货货场布局。大多数杂货的货位布置形式均采用分区、分类布置，即对存储货物在"三一致"(性能一致、养护措施一致、消防方法一致)的前提下，把货场划分为若干保管区域；根据货物大类和性能等划分为若干类别，以便分类集中堆放。

(3) 散货货场布局。散货是指直接以散装方式进行运输、装卸、仓储、保管和使用的无包装、无标志的小颗粒物。在仓储中不受风雨影响的散货一般直接堆放在散货货场上，如沙、石、矿等。

散货货场根据所堆放货物的种类不同，地面的结构也不完全相同，可以是沙土地面、混凝土地面等。由于存量巨大，散货货场往往面积较大，对地面要求有较高的强度，其一般采用铲车或者输送带进行作业。为了便于疏通，散货货场采取明沟的方式排水，并且通过明沟划分较大的面积货位。

4) 货位布置

仓库货位布置的目的，一方面是为了提高仓库平面和空间利用率，另一方面是为了提高物品保管质量，方便进出库作业，从而降低物品的仓储处置成本。

仓库货位布置基本要求有以下几项。

(1) 根据物品特性分区分类储存，将特性相近的物品集中存放。

(2) 将单位体积大、单位重量大的物品存放在货架底层，并且靠近出库区和通道。

(3) 将周转率高的物品存放在进出库装卸搬运最便捷的位置。

(4) 将同一供应商或者同一客户的物品集中存放，以便于进行分拣配货作业。

仓库货位布置基本形式有以下几种。

保管面积是库房使用面积的主体，它是货垛、货架所占面积的总和。货垛、货架的排列形式决定了库内平面布置的形式,仓库货位布置一般有横列式布局、纵列式布局和混合式布置3种类型,如图4.3所示。

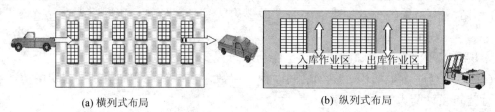

(a) 横列式布局　　　　　　　　　(b) 纵列式布局

图4.3　货位布置形式

横列式布局的主要优点是:主通道长且宽,副通道短,整齐美观,便于存取查点,如果用于库房布局,还有利于通风和采光。

纵列式布局的主要优点是:可以根据库存物品在库时间的不同和进出频繁程度安排货位,在库时间短、进出频繁的物品放置在主通道两侧;在库时间长、进库不频繁的物品放置在里侧。

混合式布置是横列式布局和纵列式布局兼而有之,可以综合利用两种布局的优点。

露天货场的货位布置,一般都与物品的主要作业通道成垂直方向排列货垛。应当注意,库房、货场布置,要注意留出合适的墙距和垛距。

4.3　商品保管与养护

储存在仓库里的物品,表面上看是静止不变的,但实际上每时每刻都在发生着变化。在一段时间内,物品发生的轻微变化,凭人的感官是察觉不到的,只有当其发展到一定程度后才会被人发现。这些变化都会影响到商品的质量,如不加以控制,就会由量变转化为质变。因此要对保管过程中的商品进行养护,减少商品质量变化带来的损失。

商品的保管养护就是根据商品在储存期间的质量变化规律,针对商品的不同特性,创造一个适宜商品储存的环境,控制外界因素的影响,达到防止或减弱商品的质量变化,降低商品的损耗,防止商品损失的目的。在保管养护的过程中,要结合仓库的具体条件,采取各种科学手段对物品进行保养,最大限度地减少货物的自然消耗,杜绝因保管不善而造成的货物损害,防止货物损失。

4.3.1　库存商品变化形式

商品在储存期间,由于商品本身的成分、结构和理化性质的特点,以及受到日光、温度、湿度、空气、微生物等客观外界条件的影响,就会发生各种各样的质量变化。商品质量变化的形式有很多,但归纳起来主要包括物理机械变化、化学变化、生理生化变化和生物学变化等。研究商品的质量变化,了解商品质量变化的规律及影响质量变化的因素,对确保商品安全,防止、减少商品损失有十分重要的作用。

1. 物理机械变化

所谓物理机械变化是指仅改变商品的外部形态(如气体、液体、固体三态之间发生的变化),不改变其本质,在变化过程中没有新物质生成,并且可能反复进行变化的现象。商品常发生的物理机械变化有挥发、溶化、熔化、渗漏、串味、沉淀、玷污、破碎与变形等。

2. 化学变化

商品的化学变化与物理变化有本质的区别,它是构成商品的物质发生变化后,不仅改变了商品本身的外观形态,也改变了商品的本质,并有新物质生成,且不能恢复成原状的变化现象。商品发生化学变化,严重时会使商品完全丧失使用价值。商品中常见的化学变化有化合、分解、水解、氧化、老化、聚合、裂解、风化、曝光、锈蚀等。

3. 商品生理生化变化及其他生物引起的变化

商品的生理生化变化是指有机体商品(有生命力商品)在生长发育过程中,为了维持其生命活动,其自身发生的一系列特有的变化。如呼吸作用、发芽、胚胎发育和后熟等。生物引起的变化是指商品在外界有害生物作用下受到破坏的现象,如虫蛀、鼠咬、霉变等。

4.3.2 库存商品变化因素

商品在储存过程中发生质量变化,是由一定的原因引起的。为了保管和养护好商品,就要弄清商品质量变化的规律,明确掌握商品变化的内因和外因。

1. 影响商品质量变化的内因

商品在储存期间发生各种变化,起决定作用的是商品本身的内在因素。如化学成分、结构形态、物理化学性质、机械及工艺性质、包装状况等。

(1) 化学成分。不同的化学成分及其不同的含量,既影响商品的基本性质,又影响商品抵抗外界自然因素侵蚀的能力。如在普通低碳素钢中加入少量的铜和磷的成分,就能有效地提高其抗腐蚀性能。

(2) 结构形态。构成商品的原材料,其材料结构分为微观结构与宏观结构。微观结构又分为晶体结构和非晶体结构。商品的形态主要分为固态、液态和气态。不同的结构形态会产生不同形式和不同程度的变化。

(3) 理化性质。商品的物理化学性质是由其化学成分和组织结构所决定的。物理性质主要是指挥发性、吸湿性、水溶性、导热性等;化学性质主要是指化学稳定性、燃烧性、爆炸性、腐蚀性等。这些都是商品发生变化的决定性因素。

(4) 机械及工艺性质。商品的机械性质是指强度、硬度、韧性、脆性、弹性等。商品的工艺性质是指其加工程度(毛坯、半毛坯、成品)和加工精度等。不同的加工程度和加工精度的产品,在同等条件下,其变化的程度是不一样的。

(5) 包装状况。包装虽然不是产品本身的构成部分,但它却是商品流通过程中产品的载体。大部分商品都有包装,其主要功能是保护商品。包装形式、包装材料、包装技法等对商品的变化会产生一定的影响。

2. 影响商品质量变化的外因

影响库存商品变化的外界因素有很多,从大的方面可分为自然因素和社会因素两大类。这里主要介绍自然因素。

(1) 温度。适当的温度是商品发生物理变化、化学变化和生物变化的必要条件。温度过高、过低或急剧变化，都会对某些商品产生不良影响，促使其发生各种变化。如易燃品、自燃品，温度过高容易引起燃烧；含有水分的物质，在低温下容易结冻而失效；精密仪器仪表在温度急剧变化的情况下会影响其准确性。

(2) 湿度。大气湿度对库存商品的变化影响最大。大部分商品怕潮湿，但也有少数商品怕干燥。过分潮湿或干燥，会促使商品发生变化。如金属受潮后锈蚀，水泥受潮后结块硬化。木材、竹材及其制品，在过于干燥的环境中，易开裂变形。

(3) 日光。日光实际上是太阳辐射的电磁波，按其波长，可分为紫外线、可见光和红外线。紫外线能量最强，对商品的影响最大，如它可促使高分子材料老化、油脂酸败、着色物质褪色等。可见光与红外线能量较弱，它被物质吸收后变为热能，加速商品发生物理化学变化。

(4) 大气。大气是由干洁空气、水汽、固体杂质所组成。空气中的氧、二氧化碳、二氧化硫等，对商品都会产生不良影响，大气中的水汽会使湿度增大；大气中的固体杂质，特别是其中的烟尘危害也很大。

(5) 生物及微生物。影响商品变化的生物，主要是指仓库害虫、白蚁、老鼠、鸟类等，其中以虫蚀鼠咬危害最大。微生物主要是霉菌、木腐菌、酵母菌、细菌等。如霉菌会使很多有机物质发霉，木腐菌使木材、木制品腐朽。

4.3.3 商品保管养护措施

对在库储存的商品管理要建立健全定期和不定期、定点和不定点、重点和一般相结合的检查制度。严格控制库内温湿度和做好卫生清洁管理。"以防为主、防治结合"是保管保养的核心，要特别重视物品损害的预防，及时发现和消除事故隐患，防止损害事故的发生。特别要预防发生爆炸、火灾、水浸、污染等恶性事故和造成大规模损害的事故。在发生、发现损害现象时，要及时采取有效措施，防止损害扩大，减少损失。

对仓库物品保管保养的措施主要有：经常对物品进行检查测试，及时发现异常情况；合理地对物品通风；控制阳光照射；防止雨雪水湿物品，及时排水除湿；除虫灭鼠，消除虫鼠害；妥善进行湿度控制、温度控制；防止货垛倒塌；防霉除霉，剔出变质物品；对特殊物品采取针对性的保管措施等。

做好商品养护的基本要求有以下几项。

(1) 严格验收入库物品。要防止物品在储存期间发生各种不应有的变化，首先在物品入库时要严格验收，弄清物品及其包装的质量状况。对吸湿性物品要检测其含水量是否超过安全水平，对其他有异常情况的物品要查清原因，针对具体情况进行处理和采取救治措施，做到防微杜渐。

(2) 适当安排储存场所。由于不同物品性能不同，对保管条件的要求也不同，分区分类、合理安排存储场所是物品养护工作的一个重要环节。如怕潮湿和易霉变、易生锈的物品，应存放在较干燥的库房里；怕热易溶化、发粘、挥发、变质或易发生燃烧、爆炸的物品，应存放在温度较低的阴凉场所；一些既怕热、又怕冻、且需要较大湿度的物品，应存放在冬暖夏凉的楼下库房或地窖里。此外，性能相互抵触或易串味的物品不能在同一库房混存，以免相互产生不良影响。尤其对于化学危险物品，要严格按照有关部门的规定分区、分类安排储存地点。

(3) 科学进行堆码苫垫。阳光、雨雪、地面潮气对物品质量影响很大，要切实做好货垛遮苫和货垛垛下苫垫隔潮工作，如利用石块、枕木、垫板、苇席、油毡或采用其他防潮措施。存放在货场的物品，货区四周要有排水沟，以防积水流入垛下，货垛周围要遮盖严密，以防雨淋日晒。货垛的垛形与高度，应根据各种物品的性能和包装材料，结合季节气候等情况妥善堆码。含水率较高的易霉物品，热天应码通风垛；容易渗漏的物品，应码间隔式的行列垛。此外，对易燃物品还应适当留出防火距离。

(4) 控制好仓库温、湿度。不同的商品，它们的性能也不一致，有的怕潮，有的怕干，有的怕热，有的怕冻。各种商品，一般都具有与大气相适应的性能，即按其各自的特性，都要求有一个适宜的温、湿度范围。而库内温、湿度的变化，直接受到库外自然气候变化的影响。因此，要搞好商品养护，不但要熟悉各种商品的特性，还必须了解自然气候变化的规律和气候对不同仓库温度和湿度的影响，以便积极采取措施，适当地控制和调节库内温度、湿度，创造一个适宜于商品储存的温度、湿度条件，以确保商品质量的完好。控制库房温湿度的方法很多，如人工吸潮、排潮、加热、降温和密封库房等，特别是利用自然通风办法调节库内温湿度，对仓库保管更具有经常和普遍的意义。

(5) 定期进行物品在库检查。由于仓库中保管的物品性质各异、品种繁多、规格型号复杂、进出库业务活动每天都在进行，而每一次物品进出库业务都要检斤计量或清点件数，加之物品受周围环境因素的影响，使物品可能发生数量或质量上的损失，因此，对库存物品的仓储工作进行定期或不定期的盘点和检查非常必要。

(6) 搞好仓库清洁卫生。储存环境不清洁，易引起微生物、虫类寄生繁殖，危害物品。因此，对仓库内外环境应经常清扫，彻底铲除仓库周围的杂草、垃圾等物，必要时使用药剂杀灭微生物和潜伏的害虫。对容易遭受虫蛀、鼠咬的物品，要根据物品性能和虫、鼠生活习性及危害途径，及时采取有效的防治措施。

4.4 库存管理

4.4.1 库存管理概述

1. 库存管理定义

库存管理也称为库存控制，是指对制造业或服务业生产、经营全过程的各种物品、产成品以及其他资源进行管理和控制，使其储备保持在经济合理的水平上，是企业根据外界对库存的要求与订购的特点，预测、计划和执行的一种库存控制管理过程。它的重点在于确定如何订货、订购多少、何时订货等问题。传统的观念认为仓库里的商品越多，表明企业兴隆，现在则认为零库存是最好的库存管理。库存过多，占用资金多，利息负担加重，会加大库存的持有成本。但是如果过分降低库存，则会导致库存不足，造成货源短缺，错过销货机会，失去销售额，甚至失去客户，商誉下降。

库存管理的目的是在满足顾客服务要求的前提下通过对企业的库存水平进行控制，尽可能降低库存水平、提高物流系统的效率，不断提高企业的竞争力。

库存管理与仓库管理的主要区别是：仓库管理主要针对仓库或库房的布置，物料运输和搬运以及存储自动化等的管理；库存管理的对象是库存项目，即企业中的所有物料，包括原材料、零部件、在制品、半成品、产成品以及辅助物料等。库存管理的主要功能是在供、需之间建立缓冲区，达到缓和用户需求与企业生产能力之间、最终装配需求与零配件之间、零件加工工序之间、生产厂家需求与原材料供应商之间的矛盾。

2. 库存管理思想

根据对待库存物资的态度不同，可以将库存管理分成先进先出、后进先出以及零库存 3 种基本方式。

1) 先进先出的库存管理思想

先进先出是在库存管理中经常使用的方法，当使用时，先入库的物品先出库，又称为吐故纳新法。这种管理思想的优点是先入库的物品先使用，剩下的物品都是新的。反之，先入库的物品不先用，剩下的物品必定都是旧的，就有可能发生变质或贬值。例如，某些饮料、酒在仓储中，会离析出纤细絮状的物质而出现浑浊沉淀的现象，引起商品的质量变化。其不足表现是，库存商品质量没有变化，而库存增加，忽视了库存管理的根本任务。

2) 后进先出的库存管理思想

为了避免在采用先进先出管理思想时，忽视对于库存数量管理的现象，可以采用后进先出法。这是一种新型管理方法，强调后入库的物品必须先发放，剩下的物品都是旧的。这就会促使有关人员设法改进工作，从而实现采用这种方法的目的。例如，当库存中旧物品增多时，管理人员就要倾听各方面意见，研究怎样改进工作，从而制定出调整库存量的好办法。这时，可以根据剩余量的具体情况，在做到物品不变质的同时，积极提出入库的适宜时间，或者提出调整库存量的意见。采用后进先出管理思想的优点是，可以督促相关人员随时跟踪库存情况，杜绝呆滞物品存在。所以，这种方式已经开始受到库存管理人员的普遍重视。

3) 零库存管理思想

零库存是一种特殊的库存概念，零库存并不是等于不要储备和没有储备。所谓的零库存，是指物料(包括原材料、半成品和产成品等)在采购、生产、销售、配送等一个或几个经营环节中，不以仓库存储的形式存在，而均是处于周转的状态。它并不是指以仓库储存形式的某种或某些物品的储存数量真正为零，而是通过实施特定的库存控制策略，实现库存量的最小化。所以零库存管理的内涵是以仓库形式储存的某些种或某些物品数量为"零"，即不保存经常性库存，它是在物资有充分社会储备保证的前提下，所采取的一种特殊供给方式。

零库存管理的主要形式有以下几种。

(1) 委托保管方式。接受用户的委托，由受托方代存代管所有权属于用户的物资，从而使用户不再保有库存，甚至可不再保有保险储备库存，从而实现零库存。受托方收取一定数量的代管费用。这种零库存形式优势在于：受委托方利用其专业的优势，可以实现较高水平和较低费用的库存管理，用户不再设仓库，同时减去了仓库及库存管理的大量事务，集中力量于生产经营。但是，这种零库存思想主要是靠库存转移实现的，并未能使库存总量降低。日本宫山售药及我国天津通讯广播器材公司就是采用这种方式实现零库存的。

(2) 协作分包方式。在许多发达国家，制造企业都是以一家规模很大的主企业和数以千百计的小型分包企业组成一个金字塔形结构。主企业主要负责装配和开拓产品市场的指导，分包企业各自分包劳务、分包零部件制造、分包供应和分包销售。分包零部件制造的企业，可采取各种生产形式和库存调节形式，以保证按主企业的生产速率，并按指定时间送货到主企业，从而使主企业不再设一级库存，达到零库存的目的。主企业的产品(如家用电器、汽车等)也分包给若干推销人或商店销售，可通过配额、随时供给等形式，以主企业集中的产品库存满足各分包者的销售，使分包者实现零库存。

(3) 轮动方式。轮动方式也称同步方式，是在对系统进行周密设计前提下，使各个环节速率完全协调，从而根本取消甚至是工位之间暂时停滞的一种零库存、零储备形式。这种方式是在传送带式生产基础上，进行更大规模延伸形成的使生产与材料供应同步进行，通过传送系统供应从而实现零库存的形式。

(4) 准时供应系统。在生产工位之间或在供应与生产之间完全做到轮动，这不仅是一件难度很大的系统工程，而且需要很大的投资，同时，有一些产业也不适合采用轮动方式。因而，更多的是采用有灵活性、较容易实现的准时方式。准时方式不是采用类似传送带的轮动系统，而是依靠有效的衔接和计划达到工位之间、供应与生产之间的协调，从而实现零库存。如果说轮动方式主要靠"硬件"，那么准时供应系统则在很大程度上依靠的是"软件"。

(5) 看板方式。看板方式是准时方式中的一种简单有效的方式，也称"传票卡制度"或"卡片"制度，是日本丰田公司首先采用的。在企业的各工序之间，或在企业之间，或在生产企业与供应者之间，采用固定格式的卡片为凭证，由某一环节根据自己的节奏，逆生产流程方向，向上一环节指定供应，从而协调关系，做到准时同步。采用看板方式，有可能使供应库存实现零库存。

(6) 水龙头方式。它是一种像拧开自来水龙头就可以取水而无需自己保有库存的零库存形式。这是日本索尼公司首先采用的一种方式。这种方式经过一定时间的演进，已发展成即时供应制度，用户可以随时提出购入要求，采取需要多少就购入多少的方式，供货者以自己的库存和有效供应系统承担即时供应的责任，从而使用户实现零库存。适于这种供应形式实现零库存的物资，主要是工具及标准件。

(7) 无库存储备。国家战略储备的物资，往往是重要物资，战略储备在关键时刻可以发挥巨大作用，所以几乎所有国家都要有各种名义的战略储备。由于战略储备的重要性，一般这种储备都保存在条件良好的仓库中，以防止其损失，延长其保存年限。因而，实现零库存几乎是不可想象的事。无库存的储备是仍然保持储备，但不采取库存形式，以此达到零库存。有些国家将不易损失的铝这种战略物资做成隔音墙、路障等储备起来，以备万一。在仓库中不再保有库存就是一例。

(8) 配送方式。这是上述若干方式采取配送制度保证供应从而实现零库存。

总之，零库存是综合管理实力的体现。在物流方面要求有充分的时空观念，以严密地计划、科学地采购，达到生产资料的最佳衔接；要求资金高效率运转，原材料、生产成本在标准时间内发挥较好的作用与效益，达到库存最少的目的。任何企业都须明白"市场是产品的最后归宿"，仓库不过是产品的"休息室"，只有通过产品投向市场的快捷反应，才会顺利跨越生产至销售的惊人一跳，达到零库存的目标。

3. 库存管理发展趋势

随着计算机技术和网络通信技术的发展，全球经济一体化的推进和企业对库存管理重视程度的加强，使库存管理呈现出向计算机化、网络化、整合化和零库存方向发展的趋势。

1) 计算机化和网络化管理

利用计算机不仅可以把复杂的数据处理简单化，而且能使库存管理系统化，从而把复杂的库存管理工作推向更高的阶段。同时，计算机的高效率能及时解决库存管理的临时变动和需要。

由于以计算机为媒介的网络发展迅速,在库存管理中,利用网络渠道,可以节省大量通信和管理费用;可以及时查询公司在各地的库存资料;可以建立整个供应链下的库存管理系统,充分发挥网络化的优势。

2) 整合化管理

库存成本是企业物流管理的主要部分,必须实行整合化,即把供应链上各个相关的供应商、零售商、批发商、厂家等库存管理设施整合起来,以实行企业库存管理的最优化,达到降低物流总成本的目的。

3) 零库存管理

实现零库存管理的目的是为了减少社会劳动占用量(主要表现为减少资金占用量)和提高物流运动的经济效益。如果把零库存仅仅看成是仓库中存储物的数量减少或数量变化趋势而忽视其他物质要素的变化,那么,上述的目的则很难实现。因为在库存结构、库存布局不尽合理的状况下,即使某些企业的库存货物数量趋于零或等于零,不存在库存货物,但是,从全社会来看,由于仓储设施重复存在,用于设置仓库和维护仓库的资金占用量并没有减少。因此,从物流运动合理化的角度来研究,零库存管理应当包含以下两层意义:一是库存货物的数量趋于零或等于零;二是库存设施、设备的数量及库存劳动耗费同时趋于零或等于零。后一层意义上的零库存,实际上是社会库存结构的合理调整和库存集中化的表现。

4.4.2 确定性需求库存控制

1. 经济订货批量法

库存控制研究的是在什么时间、以什么数量、从什么来源补充库存,使得库存和补充采购的总费用最少。早在 20 世纪初期 Harris 就建立了经济订货公式(Economic Order Quantity,EOQ),20 世纪 50 年代后期,经过数十年的发展和完善,EOQ 及其变形已形成较为完善的库存控制体系,并在实际中得到了广泛的应用。

EOQ 通过费用分析求得在库存总费用为最小时的订购批量,用以解决独立需求物品的库存控制问题。

EOQ 库存控制模型中的费用主要包括以下几项。

(1) 库存保管费用。指保管存储物资而发生的费用,包括存储设施的成本、搬运费、保险费、折旧费、税金以及货物变质损坏等支出的费用。显然,这些费用随库存量的增加而增加。

(2) 订货费。指每进行一次订货时所发生的费用,主要包括差旅费、通信费、手续费以及跟踪订单的成本等。订货费与每次订货量的多少无关,在年需求一定的情况下,订货次数越多,则每次订货量越小,而全年订货成本越大,分摊每次订货费也越大。

(3) 缺货费。指由于缺货不能为顾客服务所发生的费用,或由于紧急订货而支付的特别费用,或由于失去了对顾客的销售而没有得到预定的利益,以及由于一些难以把握的因素的影响而造成信誉损失所产生的不良后果等。增大库存量,可减少缺货,但库存保管费会随之增加。

最优的库存控制应该是既能满足生产需要,保证生产正常进行,又能做到最经济。经济订货批量即总库存成本最小时的每次订货数量。通常,年总库存成本的计算公式为

年总库存成本=年采购成本+年订货成本+年保管成本

假设：商品需求量均衡、稳定，年需求量为固定常数，价格固定，年采购成本(指所采购货物的价值，等于年需求量×价格)为固定常数，且与定购批量无关。则年度总库存成本与批量的关系如图4.4所示。

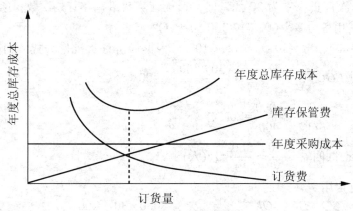

图 4.4　经济订购批量模型

从图 4.4 可知，库存保管费随订购量增大而增大，订货费用随订购量增大而减少，而当两者费用相等时，总费用曲线处于最低点，这时的订货量为 EOQ。

1) 理想的经济订货批量

理想的经济订货批量指不考虑缺货，也不考虑数量折扣以及其他问题的经济订货批量。在不允许缺货，也没有数量折扣等因素的情况下，有下式成立

年总库存成本=年采购成本+年订货成本+年保管成本

即

$$TC = DP + \frac{DC}{Q} + \frac{QK}{2} \tag{4.1}$$

式中：TC——年总库存成本；D——年需求总量；P——单位商品的购置成本；C——每次订货成本，元/次；K——单位商品年保管成本，元/年($K=PF$，F 为年仓储保管费用率)；Q——批量或订货量。

经济订货批量就是使库存总成本达到最低的订货数量，它是通过平衡订货成本和保管成本两方面得到的。要使 TC 最小，将上式对 Q 求导数，并令一阶导数为 0。得到的经济订货批量 EOQ 的计算公式为

$$EOQ = \sqrt{\frac{2CD}{K}} = \sqrt{\frac{2CD}{PF}} \tag{4.2}$$

此时的最低年总库存成本

$$TC = DP + K(EOQ)$$

年订货次数

$$N = \frac{D}{EOQ} = \sqrt{\frac{DK}{2C}}$$

平均订货间隔周期

$$T = \frac{360}{N} = \frac{360 \times EOQ}{D}$$

【例 4.1】某公司某商品年需求量为 8000 单位,单位商品的购买价格为 100 元,其年储存成本是 3 元/件,每次订货成本为 30 元。问:最优订货数量,年订购次数和预期每次订货时间间隔及年库存总费用各为多少(每年按 360 天计算)?

解:D=8000 单位,C=30 元/次,F=10%,根据经济订货批量公式(4.2)得

经济批量 $EOQ = \sqrt{\dfrac{2CD}{K}} = \sqrt{\dfrac{2 \times 30 \times 8000}{3}} = 400$ 单位

年订购次数 $= \dfrac{D}{EOQ} = \dfrac{8000}{400} = 20$(次)

每次订货时间间隔 $= \dfrac{360}{N} = \dfrac{360}{20} = 18$(天)

年库存总费用

$$TC = DP + \frac{DC}{Q} + \frac{QK}{2} = 8000 \times 100 + \frac{8000 \times 30}{400} + \frac{400 \times 3}{2} = 801200(元)$$

即每次订购批量为 400 单位时年库存总费用最小,最小费用为 801200 元。

2) 允许缺货的经济订货批量

在实际的生产活动中,订货到达时间或每日耗用量不可能稳定不变,因此有时不免会出现缺货的情况。在允许缺货情况下,经济批量是指订货费、保管费和缺货费之和最小时的订货量,其计算公式为

$$EOQ = \sqrt{\dfrac{2CD}{K}} \times \sqrt{\dfrac{K + C_0}{C_0}} \tag{4.3}$$

式中:C——每次订货费,元/次;C_0——单位缺货费,元/(单位·年);K——单位货物平均年度库存保管费,元/(单位·年);D——年需求量。

【例 4.2】在例 4.1 中,允许缺货,且年缺货损失费为 6 元/(单位·年),其他各条件不变,问允许缺货的经济批量应是多少?

解:D=8000 单位,C=30 元/次,K=3 元/(单位·年),C_0=6 元/(单位·年),根据公式(4.3),则

$$EOQ = \sqrt{\dfrac{2CD}{K}} \times \sqrt{\dfrac{K + C_0}{C_0}} = \sqrt{\dfrac{2 \times 30 \times 8000}{3}} \times \sqrt{\dfrac{3 + 6}{6}} = 490 \text{ 单位}$$

3) 有数量折扣的经济批量

为了鼓励大批量购买,供应商往往在订购数量超过一定数量时提供优惠的价格。在这种情况下,买方应进行计算和比较,以确定是否需要增加订货量去获得折扣。其判断准则是:如果接受折扣所产生的年度总费用小于经济订购批量所产生的年度总费用,则应接受折扣;反之,应按不考虑数量折扣计算的经济订购批量 EOQ 购买。

【例 4.3】在例 4.1 中,供应商给出的数量折扣条件是:若一次订购量小于 600 单位时,每单位价格是 100 元;若一次订购量大于或等于 600 单位时,每单位价格是 80 元。若其他条件不变,问每次应采购多少?

解：根据供应商给出的条件，分析如下。

(1) 计算按享受折扣价格时的批量即 600 单位采购的年度总费用。

此时，$D=8000$ 单位，$C=30$ 元/次，$K=3$ 元/(单位·年)，$P=80$ 元/单位，$Q=600$ 件，根据公式(4.1)得

$$TC = DP + \frac{DC}{Q} + \frac{QK}{2} = 8000 \times 80 + \frac{8000 \times 30}{600} + \frac{600 \times 3}{2} = 641300(元)$$

(2) 按折扣价格计算经济订货批量 EOQ。

此时，$D=8000$ 单位，$C=30$ 元/次，$K=3$ 元/(单位·年)，$P=80$ 元/单位，$Q=600$ 件，根据公式(4.2)得

$$EOQ = \sqrt{\frac{2CD}{K}} = \sqrt{\frac{2CD}{PF}} = \sqrt{2 \times 30 \times \frac{8000}{30 \times 10\%}} = 400 \text{ 单位}$$

即价格为 80 元时，经济订购批量 EOQ 仍然为 400 件。

(3) 分析判断。根据(2)计算结果可知，按价格 80 元/件计算的经济订购批量是 400 单位，它小于享受折扣条件规定的数量(一次不小于 600 单位)，这表明每次订 400 单位是不能享受折扣价格的，这时只能按价格 100 元/单位计算年度总费用。根据例 4.1 计算结果可以知道，这种情况下的年度总费用是 801200 元。再根据(1)计算结果可以判断，若按享受折扣价格时的批量即 600 单位采购，年度总费用为 641300 元，小于按不享受折扣价格时的批量即 400 单位采购的年度总费用 801200 元。因此，采购策略应为每次订购 600 单位。

4) 考虑运输数量折扣的经济批量

当运输费用由卖方支付时，一般不考虑运输费用对年度总费用的影响。但如果由买方支付，则会考虑对年度总费用的影响。此时，年度总费用需在公式(4.1)的基础上再加上运输费用，即年度总库存成本=年度采购成本+库存保管费+订货费+运输费，用公式表示为

$$TC = DP + \frac{DC}{Q} + \frac{QK}{2} + Y \tag{4.4}$$

简单的比较方法是将有无运价折扣的两种情况下的年度总费用进行对比，选择年度总费用较小的方案。

【例 4.4】 在例 4.1 中，若订购批量小于 600 单位时，运输价格为 2 元/单位，若订购批量大于 600 单位时，运输价格为 1.5 元/单位。若其他条件不变，最佳订购批量是多少？

解：

(1) 按运价无折扣计算年度库存总费用，根据公式(4.4)得

$$TC_1 = DP + \frac{DC}{Q} + \frac{QK}{2} + Y_1 = 8000 \times 100 + \frac{8000 \times 30}{400} + \frac{400 \times 3}{2} + 8000 \times 2 = 817200(元)$$

(2) 按运价折扣计算年度库存总费用，根据公式(4.4)得

$$TC_2 = DP + \frac{DC}{Q} + \frac{QK}{2} + Y_2 = 8000 \times 100 + \frac{8000 \times 30}{600} + \frac{600 \times 3}{2} + 8000 \times 1.5 = 813300(元)$$

(3) 比较。根据(1)-(2)的计算结果可以判断，按一次订购 600 单位可以节省年度库存总费用 817200 元-813300 元=3900 元。因此，应该每次订购 600 单位。

2. 定量订货法

1) 定量订货法原理

定量订货法是指当库存量下降到预定的最低库存量(订货点 R)时,按规定数量(一般以经济批量 EOQ 为标准)进行订货补充的一种库存控制方法。它主要靠控制订货点和订货批量这两个参数来控制订货进货,达到既最好地满足库存需求,又能使总费用最低的目的。库存量变化如图4.5所示。

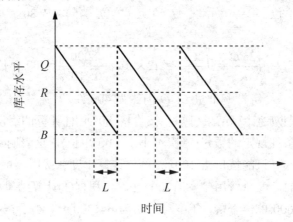

图4.5 定量订货法库存变化示意图

注:L——订货提前期;R——订货点;Q——订货批量;B——安全库存量。

2) 定量订货法控制参数确定

实施定量订货法需要确定两个控制参数:一个是订货点,即订货点库存量;另一个是订货数量,即经济批量 EOQ,可以按4.4.1节的方法确定。以下重点介绍订货点的确定。

通常订货点的确定主要取决于需要量、订货提前期和安全库存这3个因素。在需要量固定均匀、订货提前期不变的情况下,订货点的计算公式为

$$\text{订货点} = \text{平均每天需要量} \times \text{订货提前期} + \text{安全库存} \tag{4.5}$$

$$\text{安全库存} = (\text{预计每天耗用量} - \text{每天正常耗用量}) \times \text{订货提前期} \tag{4.6}$$

【例4.5】某企业甲种物资的经济订购批量为750吨,订货提前期为10天,平均每日正常需用量为25吨,预计日最大耗用量为40吨,求订货点。

解:根据公式(4.5)和(4.6)得

$$\text{订货点} = 10 \times 25 + (40-25) \times 10 = 400(\text{吨})$$

有关安全库存随机变化的问题,将在稍后专门讨论。

3) 定量订货法的优缺点

定量订货法的优点有以下几种。

(1) 控制参数一经确定,则实际操作就变得简单了。实际中经常采用"双堆法"来处理。所谓双堆法就是将某商品库存分为两堆,一堆为经常库存,另一堆为订货点库存,当

消耗完经常库存就开始订货,平时用经常库存,不断重复操作。这样可减少经常盘点库存的次数,方便可靠。

(2) 当订货量确定后,商品的验收、入库、保管和出库业务就可以利用现有规格化器具,可以有效地节约搬运、包装等方面的作业量。

(3) 充分发挥了经济批量的作用,可降低库存成本,节约费用,提高经济效益。

定量订货法的缺点有以下几种。

(1) 要随时地掌握库存动态,严格控制安全库存和订货点库存,占用了一定的人力和物力。

(2) 订货模式过于机械,不具有灵活性。

(3) 订货时间不能预先确定,对于人员、资金、工作业务的计划安排不利。

(4) 受单一订货的限制,对于多品种联合订货,采用此方法的时候还需要灵活掌握处理。

定量订货法适合以下类别货物的订购:单价便宜,而且不便于少量订购的物品,如螺栓、螺母;需求预测比较困难的维修物料;品种数量繁多、库存管理事务量大的物品;计算清点复杂的物品;需求总量比较平稳的物品。

3. 定期订货法

1) 定期订货法的原理

定期订货法是按预先确定的订货时间间隔进行订货补充的库存管理方法。它是基于时间的订货控制方法,它设定订货周期和最高库存量,从而达到控制库存量的目的。只要订货间隔期和最高库存量控制合理,就可能实现既保障需求、合理存货,又可以节省库存费用的目标。

定期订货法的原理:预先确定一个订货周期和最高库存量,周期性地检查库存,根据最高库存量、实际库存、在途订货量和待出库商品数量,计算出每次订货批量,发出订货指令,组织订货。其库存变化如图 4.6 所示。

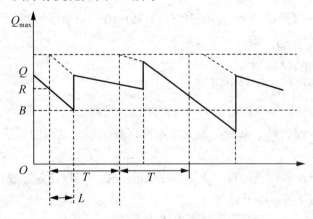

图 4.6 定期订货法库存变化示意图

注:L——订货提前期;R——订货点;Q——订货批量;B——安全库存量;Q_{max}——最高库存量;T——订货周期。

2) 定期订货法的控制参数

(1) 订货周期 T 的确定。订货周期实际上就是定期订货的订货点,其间隔时间总是一致的。订货间隔期的长短直接决定最高库存量的大小,即库存水平的高低,进而也决定了库存成本的多少。因此,订货周期不能太长,否则会使库存成本上升;也不能太短,太短会增加订货次数,使订货成本增加,进而增加订货总成本。从费用角度出发,如果要使总费用达到最低,可以采用经济订货周期的方法来确定订货周期 T,其公式为

$$T^* = \sqrt{\frac{2C}{KM}} \tag{4.7}$$

式中:C——每次订货成本,元/次;K——单位货物的年保管费用,元/(单位·年);M——单位时间内库存商品需求量(销售量);T^*——经济订货周期。

在实际的工作中,往往要结合供应商的生产周期来调整经济订货期,从而确定一个合理可行的订货周期。当然也可以结合人们比较习惯的时间单位,如周、旬、月、季、年等来确定经济订货周期,从而与企业的生产计划和工作计划相吻合。

(2) 订货量的确定。定期订货法的订货数量是不固定的,订货批量的多少都是由当时的实际库存量的大小来决定的。考虑到订货时的在途到货量和已发出出货指令尚未出货的待出货数量(称为订货余额),每次的订货量的计算公式为

订购量=平均每日需用量×(提前期+订购间隔)+安全库存-实际库存量-订货余额 (4.8)

安全库存=(预计每天耗用量-每天正常耗用量)×订货提前期 (4.9)

这种控制方式可以省去许多库存检查工作,在规定订货的时候检查库存,简化了工作。其缺点是如果某时期需求量突然增大,有时会发生缺货。所以,这种方式主要用于重要性较低的物资。

【例 4.6】某企业乙种物资的经济订购批量为 750 吨,订货间隔期为 30 天,订货提前期为 10 天,平均每日正常需用量为 25 吨,预计日最大耗用量为 40 吨,订购日的实际库存量为 600 吨,订货余额为 0,求订购数量。

解:根据公式(4.8)和公式(4.9)可得

订购量 Q=25×(10+30)+(40-25)×10-600-0=550(吨)

订货策略为:在订购日应订货 550 吨。

3) 定期订货法的优缺点

定期订货法的优点有以下几种。

(1) 可以合并出货,减少订货次数,从而减少订货费。

(2) 周期盘点比较精确、彻底,避免了定量订货法每天盘存的做法,减少了工作量,提高了工作效率。

(3) 库存管理的计划性强,有利于工作计划的安排,实行计划管理。

定期订货法的缺点有以下几种。

(1) 需要较大的安全库存量来保证库存需求。

(2) 每次订货的批量不固定,无法制定出经济订货批量,因而运营成本较高,经济性较差。

(3) 手续繁杂,每次订货都要检查储备量和储备合同,并要计算出订货量。

定期订货法适合企业严格管理的重要物品。

4.4.3 随机需求库存控制

在实际的库存管理中,由于顾客的多样性等原因,需求往往是随机的;另外,不同货物的过程也是随机的。它受到上游生产商的生产状况、运输状况的影响,很难精确确定。对这种需求及供应的随机性,主要通过设立安全库存来实现。

安全库存(Safety Stock,SS)又称保险库存,它是为了防止由于不确定性因素(如大量突发性订货、交货期突然延期等)而准备的缓冲库存。

如果某一期间的需求是固定的,不会出现变动,则没有设置安全库存的需要。但是,市场需求和生产现场的消费大多数情况下是要发生波动的,补充库存的交货期也会出现或提前或延迟的现象。另外,生产过程出现的破损,物料计算差错以及记账误差都会导致库存与需求之间发生偏差。为了避免出现库存不足或过剩,对库存进行适当的管理而设置安全库存是非常有必要的。

安全库存越大,出现缺货的可能性就会越小。但是,作为库存的一部分,安全库存与库存量的大小有直接关系。安全库存过高,会导致剩余库存的出现,而且,从经济性的角度看,保持100%的库存服务率付出的代价也越大。因此,应根据不同物品的用途以及客户的要求,将缺货率保持在适当的水平上,允许一定程度缺货现象的存在。

对于安全库存量的计算,可以根据顾客需求量发生变化、提前期固定,提前期发生变化、顾客需求量固定以及两者同时发生变化3种情况,分别求安全库存量。

(1) 需求量变化,提前期固定。假设需求的变化情况服从正态分布,由于提前期是固定的数值,因而可以根据正态分布图,直接求出在提前期内的需求分布的均值和标准差,或通过直接的期望预测,以过去提前期内的需求情况为依据,确定需求的期望均值和标准差。在这种情况下,安全库存量的计算公式为

$$S = Z\sigma_d \sqrt{L} \tag{4.10}$$

式中:σ_d——提前期内的需求量的标准差;L——提前期的长短;Z——一定顾客服务水平下需求量变化的安全系数,它可根据预定的服务水平,由正态分布表查出。

表4-2是顾客服务水平与安全系数对应关系的常用数据。

表4-2 顾客服务水平与安全系数对应关系表

服务水平 $F(z)$	0.9998	0.99	0.98	0.95	0.90	0.80	0.70
安全系数 Z	3.5	2.33	2.05	1.65	1.29	0.84	0.53

【例4.7】 一超市的某种食用油平均日需求量为1000瓶,并且食用油的需求情况服从标准差为20瓶/天的正态分布,如果提前期是固定常数5天,如要求顾客服务水平不低于95%,试确定安全库存量的大小。

解:根据题意可知:σ_d=20 瓶/天,L=5 天,且由 $F(z)$=95%,查表得 Z=1.65,代入公式(4.10)得

$$S = Z\sigma_d\sqrt{L} = 1.65 \times 20 \times \sqrt{5} = 74(瓶)$$

即在满足95%的顾客满意度的情况下,安全库存量是74瓶。

(2) 提前期变化,需求量固定。当提前期内的顾客需求情况固定不变,提前期的长短随机变化时,安全库存量的计算类似于需求量变化、提前期固定的情况,不同的是提前期

内的需求量是通过不变需求量与提前期的标准差相乘求出的。此时,安全库存量计算公式为

$$S = Zd\sigma_L \tag{4.11}$$

式中:Z——一定顾客服务水平下的安全系数;σ_L——提前期的标准差;d——提前期内的日需求量。

【例 4.8】 在例 4.7 中,如果食用油平均日需求量是固定常数 1000 瓶,但提前期是随机变化的,服从均值为 5 天,标准差为 1 天的正态分布,求在 95%的顾客满意度下的安全库存量。

解:根据题意可知:$\sigma_L=1$ 天,$d=1000$ 瓶/天,$F(z)=95\%$,查表得 $Z=1.65$,代入公式(4.11)得

$$S = Zd\sigma_L = 1.65 \times 1000 \times 1 = 1650 \text{(瓶)}$$

即在满足 95%的供货服务率的情况下,安全库存量是 1650 瓶。

(3)需求量和提前期都随机变化。在现实中,多数情况下提前期和需求量都是随机变化的,此时,问题就比较复杂了,要通过建立联合概率分布来求出需求量水平和提前期延时的不同组合的概率(联合概率分布值域为从以最小需求量和最短提前期的乘积表示的水准,到以最大需求量和最长提前期的乘积表示的水准),然后把联合概率分布同上面导出的两个公式(4.10)和(4.11)结合起来运用。因此,在这种情况下,如果假设顾客的需求和提前期是相互独立的,那么安全库存量的计算公式为

$$S = Z\sqrt{\sigma_d^2 L + d^2 \sigma_L^2} \tag{4.12}$$

式中:σ_L——提前期的标准差;σ_d——提前期内的需求量的标准差;Z——一定顾客服务水平下的安全系数;d——提前期内平均日需求量;L——平均提前期长度。

【例 4.9】 在例 4.7 中,假设日需求量和提前期是相互独立的,而且它们的变化均严格服从正态分布,日需求量满足均值为 1000 瓶,标准差为 20 瓶/天的正态分布,提前期满足均值为 5 天,标准差为 1 天的正态分布,求在 95%的顾客满意度下的安全库存量。

解:根据题意可知:$\sigma_d=20$ 瓶/天,$\sigma_L=1$ 天,$d=1000$ 瓶/天,$F(z)=95\%$,$Z=1.65$,代入公式(4.12)得

$$S = Z\sqrt{\sigma_d^2 L + d^2 \sigma_L^2} = 1.65 \times \sqrt{20^2 \times 5 + 1000^2 \times 1^2} = 1652 \text{(瓶)}$$

即在满足 95%的供货服务率的情况下,安全库存量是 1652 瓶。

4.4.4 JIT 存货管理

1. JIT 采购模式的原理

日本丰田公司的大野耐一创造 JIT 生产方式是在美国参观超级市场时受超级市场的供货方式的启发而萌生的想法。而实际上超级市场模式,本来就是一种采购供应的模式。由一个供应商、一个用户,双方形成了一个供需"结点",需方是采购方,供应商是供应方,供方按照需方的要求给需方进行准时化供货,它们之间的采购供应关系,就是一种准时化采购模式,JIT 采购的主要原理主要表现在以下几个方面。

(1)与传统采购面向库存不同,准时化采购是一种直接面向需求的采购模式,它的采购送货直接送到需求点上。

(2) 用户需要什么，就送什么，品种规格符合客户需要。
(3) 用户需要什么质量，就送什么质量，品种质量符合客户需要，拒绝次品和废品。
(4) 用户需要多少就送多少，不少送，也不多送。
(5) 用户什么时候需要，就什么时候送货，不晚送，也不早送，非常准时。
(6) 用户在什么地点需要，就送到什么地点。

以上几条，即是 JIT 采购的原理，它既做到了很好地满足企业对物资的需求，又使得企业的库存量达到最小，只要在生产线边有一点临时的存放，一天工作完，这些临时存放就消失了，库存完全为零。依据 JIT 采购的原理，一个企业中的所有活动只有当需要进行的时候接受服务，才是最合算的。

2. JIT 在库存控制中的应用

JIT 生产方式作为一种管理哲理和管理思想，在库存控制方面主要应用于订货管理，即在采购管理中，形成了一种先进的采购模式——准时化采购。它的基本思想是：在恰当的时间、恰当的地点、以恰当的数量、恰当的质量提供恰当的物品。JIT 采购不但可以减少库存，还可以加快库存周转，缩短提前期，提高进货质量，取得满意的交货效果等。

1) JIT 采购的特点
(1) 采用较少的供应商，甚至仅由一个供应商供货。
(2) 采取小批量采购策略。
(3) 对供应商选择评价标准更全面。
(4) 对交货准时性要求更加严格。
(5) 从根源上保障采购质量。
(6) 对信息交流需求加强。
(7) 可靠的送货和特定的包装要求。

2) JIT 采购的步骤
(1) 创建准时化采购班组。其具体责任是：寻找货源，商定价格，发展与供应商的协作关系。采购班组可分两个部分，一部分专门负责处理供应商事务，比如认定和评估供应商的信誉、能力；与供应商谈判签订合同；向供应商发放免检签证等。另一部分专门负责消除采购过程中的浪费。这些班组人员，对 JIT 采购的方法要有充分了解和认识，必要时要进行培训。
(2) 制订计划，确保 JIT 采购策略有计划、有步骤地实施。要制定采购策略，改进当前的采购方式，评估供应商能力，减少供应商数量，向合格供应商发放免检签证等。这一过程要与供应商保持信息交流与沟通，一起商定目标和有关措施。
(3) 精选少数供应商，建立合作伙伴关系。选择供应商要考虑产品质量、供货能力、应变能力、地理位置、企业规模、财务状况、技术、价格以及供应商的可替代性等。
(4) 进行试点工作，取得经验后再正式实施 JIT。
(5) 搞好供应商的培训，确定共同目标。JIT 采购是供需双方共同的业务活动，单靠采购部门的努力是不够的，需供应商配合和支持，只有供应商对 JIT 采购的策略和运作方法有了认识和理解，才能获得这种支持和配合。因此，搞好供应商培训是十分必要的。
(6) 向供应商发放免检合格证。JIT 采购特点之一就是买方不需对供应商进行频繁的检验，这就需要供应商能提供确保质量合格的产品，达到这一要求即可发给免检签证。

(7) 实现配合节拍进度的交货方式。JIT 采购的最终目标是实现 JIT 生产方式，因此交货方式要从预测的交货向 JIT 方式转变，最终实现当需要某物资时，该物资刚好到达并被生产所利用。

(8) 继续改进，扩大成果。JIT 采购是一个不断完善和改进的过程，需要在实施过程中不断总结经验教训，从而降低运输成本，提高交货的准时性和产品的质量，不断提高准时化采购的运作绩效。

由于实施 JIT 采购对企业的基础工作、人员素质、管理水平等要求较高，因此在我国实施 JIT 采购方法的企业数量还不太多，主要集中在诸如汽车、电子等行业，应用水平也有待进一步提高。作为一种先进的物资采购模式和管理方法，在工程建设机械行业的应用可以说也是大势所趋。因此，工程建设机械行业有必要对 JIT 采购模式的原理、特点和实施过程进行深入了解，才能结合企业实际，尽早采用，从而提高整个行业参与全球化竞争的能力，促进企业的长足发展。

4.4.5 ABC 分类库存管理法

1. ABC 分类库存管理法简述

1879 年，意大利人帕累托提出：社会财富的 80%是掌握在 20%的人手中，而余下的 80%的人只占有 20%的财富。渐渐地，这种"关键的少数和次要的多数"的理论，被广为应用在社会学和经济学中，并被称为帕累托原则，即 80/20 原则。ABC 库存管理法是在 1951 年由美国电器公司应用的。它是由 ABC 分析法转化而来，用于确定库存管理的重点，以便集中力量抓好主要矛盾，这是一种简单有效的节约资金和费用的科学管理方法。ABC 分析法源于 ABC 曲线分析，ABC 曲线又叫帕累托曲线。将 ABC 分类法引入库存管理就形成了 ABC 库存分类管理法。由此，可以将库存物资分 A、B、C 三类。一般来说，A 类物资种类数占全部库存物资种类总数的 10% 左右，而其需求量却占全部物资总需求量的 70%左右；B 类物资种类数占 20% 左右，其需求量大致也为总需求量的 20%左右；C 类物资种类数占 70%左右，而需求量只占 10% 左右。

"关键的少数和次要的多数"是普遍存在的。例如：在社会结构上，少数人领导多数人；在一个集体中，少数人起左右局势的作用；在市场上，少数人进行大量购买，几百种商品中，少数商品是大量生产的；在销售活动中，少数销售人员销售量占绝大部分，成千上万种商品中少数几种取得大部分利润；在工厂方面，少数品种占生产量的大部分；成千上万种库存物资中，少数几种库存量占大部分，少数几种占用了大部分资金；在影响质量的许多原因中，少数的几个原因带来大的损失；在成本方面，少数因素占成本的大部分；在研究机构中，少数科研人员取得大部分研究成果；在人事方面，德、智、体诸方面都拔尖的只是少数。由此可以做出这样的归纳：在一个系统中，少数事物是具有决定性影响作用的。相反，其余的绝大部分事物却不太有影响。很明显，如果将有限的力量主要用于解决具有决定性影响的少数事物上，和将有限力量平均分摊在全部事物上，将这两者比较，当然是前者可以取得较好的成效，而后者成效较差。ABC 分析便是在这一思想的指导下，通过分析，将"关键的少数"找出来，并确定与之适应的管理方法。

2. ABC 库存分类管理法的具体应用

1) ABC 分类的标准

ABC 库存分类管理的基本思想是：库存商品品种繁多、数量巨大，有的商品品种数量不多但市值很大，有的商品品种数量多但市值却不大；由于企业的各方面资源有限，不能对所有库存商品都同样的重视，因此，好钢要用在刀刃上，要将企业有限的资源用在需要重点管理的库存上；要按库存商品重要程度的不同，进行不同的分类管理和控制。一般来说，企业的库存物资种类繁多，而各个品种的价格又有所不同，且库存数量也不等。有的物资品种不多但价值很大，很多物资品种数量多但价值却不高。由于企业的资源有限，因此，对所有库存品种均给予相同程度的重视和管理不太可能，也有些脱离实际。为了使有限的时间、资金、人力、物力等企业资源能得到更有效的利用，要对库存物资进行分类，根据关键的少数和次要的多数的原理，按物资重要程度的不同，分别进行不同的管理。

ABC库存分类管理的基本原理是：将库存物品按品种和占用资金的多少分为特别重要的库存A类、一般重要的库存B类和不重要的库存C类，其核心是"抓住重点，分清主次"。一般来说，A类物资种类占全部库存物资种类总数的10%左右，而其需求量却占全部物资总需求量的70%左右；B类物资种类占20%左右，其需求量为总需求量的20%左右；C类物资种类占70%左右，而需求量只占总需求量的10%左右。

ABC三类物资重要程度各不同，其中A类物资最重要，是主要矛盾；B类物资次之；C类物资再次之。这就为物资库存管理工作抓住重点、照顾一般提供了数量上的依据，针对种类物资分别进行控制。对A类物资要重点重视，严格控制。对A类物资的采购订货，必须尽量缩短供应间隔时间，选择最优的订购批量，在库存控制中，采取重点措施加强控制。对B类物资也应引起重视，适当控制。在采购中，其订货数量可适当照顾，与供应企业确定合理的生产批量以及选择合理的运输方式。对C类物资放宽控制或一般控制。C类物资由于品种繁多，资金占用又小，如果订货次数过于频繁，不仅工作量大，而且从经济效果上来说也没有必要。一般来说，可根据供应条件，规定C类物资的最大储备量和最小储备量，当储备量降低到最小时，一次订货到最大储备量，以后订购照此办理，不必重新计算。这样就有利于采购部门和仓库部门集中精力抓好A类和B类物资的采购和控制。但这不是绝对的，若对C类物资放任不管，有时也会造成严重损失。

实行ABC重点控制模式的好处是可以对物资控制做到重点与一般相结合，有利于建立正常的物资秩序，降低库存，节约仓库管理费用，加速资金周转，提高经济效益。同时，这种方法简便易用，易于推广，有利于简化控制工作。因此，这种库存管理方法往往并不是单独使用，而是作为进行库存管理时首先要做的一件事，将物品分类后，再针对不同的类别选取不同的库存控制模式。

ABC分类的依据是库存中各物品每年消耗的金额(该品种的年消耗量乘以其平均单价)占年消耗的总金额的比例。对于怎样划分各物品在每年消耗的总金额的比例，ABC分类没有一个统一的标准，一般是遵循下面的规律，见表4-3。

表4-3 ABC库存分类比重表

类 别	品种比例/%	年消耗的金额比例/%
A类	5~15	60~80
B类	15~25	15~25
C类	60~80	5~15

A类物品，品种比例为5%~15%，平均为10%，品种比重非常小；年消耗的金额比例

为 60%~80%，平均为 70%，占用了大部分的年消耗的金额，是关键的少数，是需要重点管理的库存。

B 类物品，品种比例为 15%~25%，平均为 20%；年消耗的金额比例为 15%~25%，平均为 20%，可以发现其品种比例和金额比例大体上相近，是需要常规管理的库存。

C 类物品，品种比例为 60%~80%，平均为 70%，品种比重非常大；年消耗的金额比例为 5%~15%，平均为 10%，虽然表面上只占用了非常小的年消耗的金额，但是由于数量巨大，实际上占用了大量的管理成本，是需要精简的部分，是需要一般管理的库存。

2) ABC 分类的步骤

(1) 调出需要分析的基础信息。所有品种的年销售出库数量、平均供应单价。

(2) 将两者相乘，求出其年销售出库的金额；用 Excel 电子表格公式自动计算；并求出总销售额。

(3) 按金额的大小排序。

(4) 用电子表格公式求出各个品种占总销售额的比重。

(5) 按由大到小的顺序计算累计比重。把累计占总销售额的 70% 左右的物品划分为 A 类物品；把累计 20% 左右的物品划分为 B 类物品；余下的 10% 左右物品划分为 C 类物品。

(6) 对应分类结果，安排重点管理、一般管理和盘点。

3) ABC 分类管理的策略

(1) A 类货物的管理策略。A 类货物品种少，但占用库存资金多，是所谓的"重要的少数"，要重点管理。应采取下列策略。

① 每件商品皆作编号。
② 尽可能正确地预测需求量。
③ 少量采购，尽可能在不影响需求的情况下减少库存量。
④ 请求供货单位配合，力求出货量平稳化，以降低需求变动，减少安全库存量。
⑤ 与供应商协调，尽可能缩短订货提前期。
⑥ 采用定期订货方式，对其存货必须做定期检查。
⑦ 必须严格执行盘点，每天或每周盘点一次，以提高库存精度。
⑧ 对交货期限加强控制，在制品及发货也必须从严控制。
⑨ 货品放置于易于出库的位置。
⑩ 实施货物包装外形标准化，增加出入库的库位。
⑪ A 类货品的采购需经高层主管审核。

(2) B 类货物的管理策略。对 B 类货物的管理应采取下列策略。

① 正常的控制，采用比 A 类货物相对简单的管理办法。
② B 类货物中销售额比较高的品种要采用定期订货的方式或定期定量混合的方式。
③ 每 2~3 周盘点 1 次。
④ 中量采购。
⑤ 采购需经中级主管审核。

(3) C 类货物的管理策略。C 类货品种类多，但占库存资金少，是属于"不重要的大多数"，应采取下列管理策略。

① 将一些货物不列入日常管理的范围。如对螺钉、螺母之类的数量大、价值低的货物不作为日常盘点的货物，并可规定最少出库的批量，以减少处理次数。

② 为防止库存缺货，安全库存要多些，或减少订货次数以降低费用。
③ 减少这类物资的盘点次数。
④ 可以很快订货的货物，可以不设置库存。
⑤ 采购仅需经基层主管审核。

本 章 小 结

仓储是伴随着社会生产的产品剩余和商品流通的需要而产生的。随着商品生产和物流业的快速发展，产生了具有现代意义上的仓储；作为经济领域专事于仓储的行业——仓储业也伴随着商品生产的发展而产生。作为物流系统重要支柱的仓储业成为追求第三利润源的重要来源。仓储管理主要经历了简单仓储管理、复杂仓储管理和现代仓储管理3个发展阶段。

现代仓储与传统仓储是有很大区别的，传统仓储管理主要体现的是对物品的管理，体现出静态的特性，而现代仓储管理则更注重满足客户需求、高动态响应和低成本等的管理。

本章首先介绍了仓储保管的含义、种类和原则；其次介绍了仓库的规划、选址和布局；接着介绍了商品保管养护的概念、库存商品变化的形式、库存商品变化的因素、商品的保管养护措施；最后重点介绍了确定性需求库存控制、随机需求库存控制、JIT 存货管理和 ABC 分类库存管理法。

 关键术语

| 仓储 | 仓储管理 | 第三方仓储 | 商品保管养护 | 库存管理 |
| 零库存 | JIT 存货管理 | ABC 分类管理法 | | |

 课堂讨论

1. 谈谈仓储在物流系统中的作用。
2. 联系实际谈谈如何实现仓储的合理化。
3. 讨论怎样对库房进行温湿度控制。

 综合练习

1. 名词解释

仓储；仓储管理；第三方仓储；商品保管养护；零库存；安全库存；库存管理；JIT 采购；ABC 分类管理法。

2. 填空题

(1) 按仓储的功能划分，仓储可以分为储存仓储、_____、_____和运输转换仓储。

(2) 按仓储活动的运作方划分，可以将仓储分为自建仓库仓储、_____仓储和_____仓储。

(3) 商品质量变化的形式有很多，但归纳起来主要包括_____、化学变化、生理生化变化和_____等。

(4) 仓库选址的主要方法有：解析方法、_____、_____、仿真方法、遗传算法和综合因素评价法等。

3. 简答题

(1) 简述仓储管理的主要内容。
(2) 对仓库的总体规划设计应满足哪些基本条件？
(3) 简述仓库选址的影响因素。
(4) 仓储网点布局应满足哪些基本原则？
(5) 仓库保管保养的措施主要有哪些？
(6) 简述自建仓库、租赁仓库和第三方仓储模式各自优缺点。
(7) 简述 JIT 采购的特点。
(8) 简述 ABC 库存分类管理法的基本思想。
(9) 定期订货法和定量订货法有何不同？

4. 计算题

(1) 某公司每年需购买 A 零件 2500 件，单价是 10 元/件，年保管费率是单价的 20%，每次订货成本是 400 元。求经济订购批量 EOQ。

(2) 甲产品年需求量为 10000 件，每次订货费用 8 元，单价 10 元/件，单件年均库存保管费用为 1 元，订货提前期 5 天，年工作 300 天，求：①经济订购批量及此时的总费用各为多少？②订货周期及年订货次数分别为多少？

(3) 某企业每年需要购买某物资 1200 个，单价是 10 元/个，年保管费率是单价的 20%，每次订货成本是 300 元。求经济订购批量 EOQ。

(4) 在第 3 题中，允许缺货，且年缺货损失是 0.3 元/个。若其他条件不变，则允许缺货的经济批量是多少？

(5) 在第 3 题中，供应商给出这样的数量折扣：若订货量小于 650 个，每个单价是 10 元/个，订货量大于或等于 650 个时，单价是 9 元/件。若其他条件不变，最佳订购批量是多少？

(6) 在第 3 题中，若订购批量小于 800 个时，运输费率为 1 元/个；当订购批量大于或等于 800 个时，运输费率为 0.75 元/个。若其他条件不变，最佳订购量是多少？

(7) 某超市的某种食用油平均日需求量为 1000 瓶，并且食用油的需求情况服从标准差为 20 瓶/天的正态分布，如果提前期是固定常数 5 天，如要求顾客服务水平不低于 95%，试确定安全库存量的大小。

(8) 某零售商销售时装，平均每天需求量为 100 件，订货提前期为 4 天，假设需求呈正态分布，且需求相互独立，方差为 30 件。如希望达到 95% 的顾客满意水平，求安全库存。

(9) 某零售商销售时装，平均每天需求量为 100 件，假设销量呈正态分布，方差为 30 件；订货提前期为 4 天，订货提前期的方差为 4 天。如希望达到 95% 的顾客满意水平，求安全库存。

(10) 某企业保持有 10 种商品的库存，相关资料见表 4-4。为了对这些库存商品进行有效的控制和管理，该企业打算根据商品的投资大小进行分类。请用 ABC 分类法将这些商品分为 A、B、C 三类。

表 4-4　10 种商品的相关资料

产品代码	年需求量/件	单价/元	产品代码	年需求量/件	单价/元
X—30	50000	0.08	N—15	280000	0.09
G—11	200000	0.12	Z—83	15000	0.07
K—9	6000	0.10	U—6	70000	0.08
X—23	120000	0.06	V—90	15000	0.09
H—40	7000	0.12	W—2	2000	0.11

案例分析

一汽大众仓储管理

一汽大众汽车有限公司成立于 1991 年，共有职工 3800 名，年生产能力达到 15 万辆轿车，27 万台发动机和 18 万个变速箱。一汽大众汽车有限公司拥有亚洲最大的整车车库，占地 9 万多平方米，可同时生产 3 种不同品牌的轿车。但是这样大规模的整车车库，却没有配套仓库。公司零部件基本处于"零库存"状态。

一汽大众的零部件的送货形式有 3 种：第一种是电子看板，即公司每月把生产信息用扫描的方式通过计算机网络传递到各供货厂，对方根据这一信息安排自己的生产，然后公司按照生产情况提供供货信息，对方则马上用自备车辆将零部件送到公司各车间的入口处、再由入口处分配到车间的工位上；第二种是 JIT 系统，即公司按过车顺序把配货单传送到供货厂，对方也按顺序装货直接把零部件送到工位上，从而取消了中间仓库环节；第三种是批量进货，供货厂每月对于那些不影响大局又没有变化的小零部件分批量地送一到两次。

1998 年年初，公司开发的物流控制系统获得成功并正式投入使用，这个用了不足 300 万元人民币的系统承受住了十几万辆车的考验。过去整车车间的一条生产线只生产一种车型，其生产现场尚且拥挤不堪，而如今在一条生产线同时组装 2～3 种车型的混流生产方式下，不仅做到了及时、准确，而且生产现场比原先节约了近 10%。此外，零部件的存储减少了，公司每年因此节约的成本达六七亿元人民币。同时，供货厂也减少了 30%～50% 的在制品及成品储备。

资料来源：http://www.faw-vw.com

思考分析题：

1. 什么是 JIT 系统？
2. JIT 系统的工作原理和目的是什么？
3. JIT 管理对仓储管理有哪些要求？

第 5 章 装卸搬运管理

【本章教学要点】

知识要点	掌握程度	相关知识	应用方向
装卸搬运含义	了解	地位、作用、分类	弄清装卸搬运概念及其在物流系统中的地位
装卸搬运机械	掌握	分类、作用	了解分类情况、掌握常见装卸搬运机械及其作用
装卸搬运的流程	重点掌握	3个基本阶段	掌握各阶段任务及实施前的规划
装卸搬运合理化	重点掌握	不合理表现、装卸搬运原则、活性理论	掌握活性理论、避免不合理作业

【本章教学目标与要求】

- 了解装卸搬运含义、分类、地位、作用;
- 了解装卸搬运机械概念,掌握装卸搬运机械作用;
- 掌握装卸搬运流程、不合理表现、合理化原则,掌握搬运活性理论并学会运用;
- 了解装卸搬运作业构成、作用,掌握装卸搬运组织的原则与条件。

导入案例

青岛港集装箱装卸作业率刷新世界纪录

青岛港始建于 1892 年，具有约 120 年历史，是我国重点国有企业，中国第二个外贸亿吨吞吐大港，是太平洋西海岸重要的国际贸易口岸和海上运输枢纽。它由青岛老港区、黄岛油港区和前湾新港区三大港区组成。现有职工 1.6 万人，拥有码头 15 座，泊位 72 个。它主要从事集装箱、煤炭、原油、铁矿和粮食等进出口货物的装卸服务和国际国内客运服务，与世界上 130 多个国家和地区的 450 多个港口有贸易往来。2003 年港口完成货物吞吐量达到 1.4 亿吨，集装箱吞吐量突破 400 万标准箱，居世界集装箱大港第 14 位，中国第 3 位，拥有全国最大的集装箱码头、原油码头、铁矿码头和国际一流的煤炭码头、散粮接卸码头。有近 20 家合资企业，其中有 6 家世界 500 强企业与青岛港合资。

作为拥有目前国内最长海岸线、吃水最深、陆域纵深最大、装卸设备最先进的青岛港前湾集装箱码头，自 2003 年试投产以来，就提出要在世界一流、中国最好的集装箱码头上创出世界最高作业效率的目标。他们以码头桥吊队队长许振超的名字命名了集装箱作业服务品牌"振超效率"，在中国沿海港口中第一个推出了集装箱服务品牌。来看看"振超效率"是如何创造的。

2002 年 3 月 4 日，以许振超为队长的桥吊队，在对英国铁行公司"托米斯轮"的货物装卸作业中，以每小时装卸 299.7 自然箱的单船效率，刷新了中国集装箱装卸的最高纪录。

2003 年 4 月 27 日夜里，许振超团队在接卸"地中海法米娅"轮的装卸作业中，以每小时 339 自然箱的单船效率，首次刷新了世界集装箱装卸的最高记录。上一个纪录是由香港现代货柜码头于 2001 年 2 月 1 日创造的，单船效率为每小时装卸 336 自然箱。

2003 年 9 月 30 日，许振超桥吊队在接卸"地中海阿莱西亚"轮的作业中，创造了每小时作业 381 自然箱的船时效率，一举刷新了世界最高集装箱作业船时效率，同时以靠泊 30 分钟即通关的速度，创出了国内通关最快的效率。2003 年 10 月，世界航运业权威杂志《港口与港湾》专门刊发了许振超团队创造的 381 箱的世界纪录。世界著名船公司地中海航运公司专门写信到青岛港致贺。

青岛港（集团）有限责任公司以桥吊队队长许振超的名字，命名这一世界效率为"振超效率"。"振超效率"一举震惊世界航运界。世界许多知名航运公司闻讯，主动寻求与青岛港合作，仅 8 个月时间，青岛港就新增了 13 条国际航线。

青岛港以自己的装卸效率向国际航运市场展示了其以"振超效率"为服务品牌的雄厚实力。

资料来源：莫柏预，秦龙有. 物流与供应链管理[M]. 北京：中国商业出版社，2007. 第 55 页

青岛港集装箱装卸作业率在全世界同行业中处于领先地位，究其原因是有一个非常好的团队，加上其科学的装卸作业，才会取得如此骄人的成绩。由此可见，科学的装卸搬运非常重要，它是物流活动中不可缺少的重要组成部分，关系到物流总体作业效率的好坏。

5.1 装卸搬运概述

装卸搬运是物流功能活动中非常重要的环节，例如在停车场、物流中心、港口码头均常见到装卸搬运活动；在工厂生产过程中始终伴随着物料的装卸搬运活动；在产品与半成品的仓储、运输、配送中，也伴随着各式各样的装卸搬运活动。可以这样说，如果没有装卸搬运活动，物流就无法运行。在实际操作中，装卸与搬运是密不可分的，两者经常是伴随在一起发生的。

5.1.1 装卸搬运的含义、地位与作用

1. 装卸搬运的含义

我国于 2006 年发布实施的《物流术语》国家标准(GB/T 18354—2006) 中对装卸的定义为：根据物品在指定地点以人力或机械装入运输设备或卸下。对搬运的定义为：在同一场所内，对物品进行水平移动为主的物流作业。

装卸搬运是指在同一地域范围内(如车站范围、工厂范围、仓库内部等)以改变"物"的存放、支承状态的活动称为装卸，以改变"物"的空间位置的活动称为搬运，两者全称装卸搬运。

2. 装卸搬运的地位与作用

在物流活动的全过程中，装卸搬运活动是频繁发生的，同时也产生相应的装卸费与搬运费。如何进行有效地装卸搬运活动，这就要求物流工作者在进行装卸搬运活动时，应该更合理地对装卸搬运进行管理，包括对装卸搬运机械、装卸搬运流程和装卸搬运作业环节等。通过对装卸搬运的管理，做到尽可能减少装卸搬运次数，促进装卸搬运合理化，以节约物流费用，获得较好的经济效益。

在物流过程中，装卸与搬运活动是不断出现和反复进行的，从实践中可以知道，它出现的频率可能要高于其他各项物流活动。一次运输过程，至少涉及两次以上的装卸搬运活动。

在装卸搬运活动中，如果每次装卸搬运活动都要花费很长时间，则会引起整体物流效率的下降。如果在装卸搬运活动中所消耗的人力也很多，则装卸搬运费用在物流成本中所占的比重也较高。因此，装卸搬运的合理化是提高物流效率的重要手段。装卸搬运合理化的实施，既可以降低装卸搬运成本，又可以提高装卸搬运效率，从而从整体上提升物流整体效率与效益。

据相关资料统计，装卸搬运在物流活动中占据着很重要的地位。

(1) 据我国统计，当铁路运输低于 500 千米时，装卸搬运的时间则超过实际运输的时间。

(2) 据我国对生产物流的统计，机械工厂每生产 1 吨成品，需进行 252 吨次的装卸搬运，其成本为加工成本的 15.5%。

(3) 美国和日本之间的远洋船运，一个往返周期的 25 天中，在途时间为 13 天，而装卸搬运则需要 12 天。

(4) 美国工业产品生产过程中装卸搬运费用占成本的 20%～30%，德国企业物料搬运费用占营业额的 1/3，日本物料搬运费用占国民生产总值的 10.73%。我国铁路运输的始发和到达的装卸作业费大致占运费的 20% 左右，船运占 40% 左右。

5.1.2 装卸搬运的分类

装卸搬运的分类方式有很多，常见的分类方式有以下几种。

1. 按装卸搬运施行的物流设施、设备对象分类

(1) 仓库装卸。配合出库、入库、维护保养等活动进行，并且以堆垛、上架、取货等操作为主。

(2) 铁路装卸。对火车车皮的装进及卸出，并且一次作业实现一车皮的装进或卸出。

(3) 港口装卸。码头前沿的装船，也包括后方的支持性装卸搬运，有的港口装卸甚至采用小船在码头与大船之间"过驳"的办法，实现船与陆地之间货物过渡的目的。

(4) 汽车装卸。一般一次装卸批量不大，由于汽车的灵活性，可以减少或根本减去搬运活动，而直接、单纯利用装卸作业达到车与物流设施之间货物过渡的目的。

2. 按装卸搬运的机械及机械作业方式分类

(1) 吊上吊下方式。采用各种起重机械从货物上部起吊，依靠起吊装置的垂直移动实现装卸，并在吊车运行或回转的范围内实现搬运或依靠搬运车辆实现小搬运。由于吊起及放下属于垂直运动，这种装卸方式属垂直装卸。

(2) 叉上叉下方式。采用叉车从货物底部托起货物，并依靠叉车的运动进行货物位移，搬运完全靠叉车本身，货物可不经中途落地直接放置到目的处。这种方式垂直运动不大而主要是水平运动，属水平装卸方式。

(3) 滚上滚下方式。主要指港口装卸的一种水平装卸方式。利用叉车或半挂车、汽车承载货物，连同车辆一起开上船，到达目的地后再从船上开下，称"滚上滚下"方式。利用叉车的滚上滚下方式，在船上卸货后，叉车必须离船，利用半挂车、平车或汽车，则托车将半挂车、平车拖拉至船上后，托车开下离船而载货车辆连同货物一起运到目的地，再原车开下或拖车上船拖拉半挂车、平车开下。

(4) 移上移下方式。它是在两车之间(如火车及汽车)进行靠接，然后利用各种方式，不使货物垂直运动，而靠水平移动从一个车辆上推移到另一车辆上，称移上移下方式。移上移下方式需要使两种车辆水平靠接，因此，对站台或车辆货台需进行改变，并配合移动工具实现这种装卸。

(5) 散装散卸方式。对散装物进行装卸。一般从装点直到卸点，中间不再落地，这是集装卸和搬运于一体的装卸方式。

3. 按被装物的主要运动形式分类

(1) 垂直装卸。采取提升或降落的方式进行装卸。它是一种采用比较多的装卸形式，所用的机具通用性较强，应用领域较广，如吊车、叉车等。

(2) 水平装卸。采取平移的方式实现装卸的目的。例如，利用一些平移工具对与汽车水平接靠的高站台、汽车与火车车皮之间的装卸等。

4. 按装卸搬运的作业特点分类

(1) 连续装卸。同种大批量散装或小件杂货通过连续输送机械，连续不断地进行作业，中间无停顿，货间无间隔。在装卸量较大、装卸对象固定、货物对象不易形成大包装的情况下适于采取这一方式。

(2) 间歇装卸。它具有较强的机动性，装卸地点可在较大范围内变动，主要适用于货流不固定的各种货物，尤其适于包装货物、大件货物，散粒货物也可采取此种方式。

此外，按装卸搬运对象分类还可分成散装货物装卸、单件货物装卸、集装货物装卸等。

5.2　装卸搬运机械管理

在装卸搬运过程中，手工作业方式现已逐渐被机械作业方式所取代。在现代社会的发展过程中，装卸运输机械已形成了一个专门的行业，某些零部件到成品已形成一套较完整的技术标准。

目前，据不完全统计，目前世界上有许多种不同结构形式和不同用途的装卸机械。例如，起重机就有桥式类型起重机、门式类型起重机、臂式类型起重机、梁式类型起重机等。起重机的起重量从几十吨到上千吨不等。

1949年，中国第一台桥式起重机在大连起重机械厂诞生。现在，中国装卸搬运机械的制造从无到有，从小到大，已形成了具有600多种产品、1300多种规格的装卸搬运综合生产体系。不仅能够生产大到500吨的桥式起重机、600吨的门式起重机，还能够自己生产现代集装箱装卸搬运的岸边集装箱起重机、轮胎集装箱门式起重机等高技术起重设备。中国装卸搬运机械生产的高速度、高质量的发展，为我国物流事业的进步创造了很好的物质条件。

装卸搬运机械有非常重要的作用，一次装卸搬运作业能否顺利进行，一次物流作业的优良很大程度上取决于装卸搬运机械的优劣。

装卸搬运机械是装卸搬运作业的重要技术设备。现在，融合大量高科技的装卸搬运机械得到了长足的发展。因此，大力推广和应用装卸搬运机械，不断更新装卸搬运设备和实现现代化管理，对于加快现代化物流进程，促进国民经济发展，均有着十分重要的作用。

5.2.1　装卸搬运机械的类型

装卸搬运机械一般是指用来搬移、升降、装卸和短距离输送物料或货物的机械，它是物流机械设备中重要的机械设备，不仅用于生产企业内部物料或工件的起重输送和搬运，还可以用于完成船舶与车辆货物的装卸，也可以完成库场货物的堆码、拆垛、运输，以及舱内、车内、库内货物的起重输送和搬运。

装卸搬运机械是实现装卸搬运作业机械化的基础，良好的装卸搬运机械是提升装卸搬运效率的有效举措。对装卸搬运机械的利用程度越高，越能提升装卸搬运的作业能力，进而影响到物流的效率和效益。在装卸搬运作业中，力图不重复进行装、搬、卸操作，这些都靠装卸搬运机械有效地衔接。可见，合理配置和应用装卸搬运机械，安全、迅速、优质地完成货物装卸、搬运、码垛等作业任务，是实现装卸搬运机械化、提高物流现代化的一项重要内容。

1. 装卸搬运机械的分类

1) 按装卸搬运机械的用途分类

按装卸搬运机械的用途，可分为单件作业机械、集装作业机械、散装作业机械三大类。

用于单件作业的装卸搬运机械有：桥式类型起重机、门式类型起重机、臂式类型起重机、梁式类型起重机、悬挂输送机、辊子输送机、带式输送机、板式提升机、电梯、升降台、升降机、大型叉车、跨车、件货装(卸)船机、件货装(卸)车机以及各种类型的分拣设备、盘式输送机、链式输送机等。

用于集装作业的装卸搬运机械有：集装箱龙门起重机、岸臂集装箱起重机、集装箱叉车、集装箱跨车、侧面类型集装箱装卸车、水平类型集装箱装卸车、滚袋类型集装箱装卸车、挂车和底盘车、牵引车、叉车、托盘搬运车、移动器、堆垛机、码盘机、卸盘机、汽车尾板装卸装置等。

用于散装作业的装卸搬运机械有：斗式类型装卸机、斗轮类型装卸机、侧翻类型装卸机、抓斗类型装卸机、连续输送机、气力输送装置等。

2) 按装卸搬运机械的结构特点分类

按装卸搬运机械的结构特点，可分为起重机械、运输机械、工业车辆、专用机械四大类。

起重机械包括轻小起重机械、升降机、起重机等。轻小起重机械包括葫芦、绞车等；升降机包括电梯、升降机等；起重机包括桥式类型起重机、门式类型起重机、臂式类型起重机、梁式类型起重机等。

运输机械包括有牵引构件的运输机、无牵引构件的运输机、气力输送装置等。有牵引构件的运输机包括带式输送机、板式输送机、悬挂式输送机、斗式提升机、板式提升机、链式输送机、自动扶梯等；无牵引构件的运输机包括螺旋输送机、振动输送机、辊子输送机等；气力输送装置包括悬浮式气力输送装置、推送式气力输送装置等。

工业车辆主要包括前移式叉车、插腿式叉车、平衡重式叉车、跨车、侧叉、单斗装载机、牵引车、挂车、底盘车等。

专用机械主要包括翻车机、堆取料机、堆垛机、拆跺机、分拣专用机械设备、集装箱专用装卸机械、托盘专用装卸机械、船航专用装卸机械、车辆专用装卸机械等。

3) 按装卸搬运机械使用条件和工作制度分类

按装卸搬运机械使用条件和工作制度，可分为轻型、中型、重型、超重型、连续超重型5类。起重机械的工作制度指起重机的工作时间和温度、超载等条件。起重机按工作制度分为5种运用类型，轻型的有加工用的起重机、中型的有铁路货场用的起重机、重型的有大批量生产车间用的起重机、超重型的有港口使用的起重机、连续超重型的有大型冶金企业用的起重机。

4) 按装卸搬运机械工作原理分类

按装卸搬运机械工作原理，可分为叉车类、吊车类、输送机类、作业车类和管道输送机械类等。

5) 按装卸搬运机械作业性质分类

按装卸搬运机械作业性质，可分为装卸机械、搬运机械和装卸搬运机械3类。

6) 按装卸搬运机械有无动力分类

按装卸搬运机械有无动力，可分为重力式装卸输送机、动力式装卸输送机、人力式装卸输送机。

此外，还可以按装卸搬运机械作业方向分为水平方向作业装卸搬运机械、垂直方向作业的装卸搬运机械以及混合方向作业的装卸搬运机械；按动力类型分为电动式装卸搬运机械和内燃动力式装卸搬运机械；按传动类型分为电传动装卸搬运机械、机械传动装卸搬运机械和液压传动装卸搬运机械；等等。

2. 常用装卸搬运机械

1) 起重机

起重机是指一种以间歇作业方式对物料进行起升、下降和水平移动的搬运机械。上文提到将它分为轻型、中型、重型、超重型、连续超重型 5 类，在此不再复述。

2) 输送机

输送机是指按照规定路线连续地或间歇地运送散装物料和成件物品的搬运机械。输送机包括带式输送机、悬挂输送机、链式输送机、斗式提升机、螺旋输送机、振动输送机等。各种输送机的用途和功能有一定的差异。例如，带式输送机的皮带用以输送成件、散装物料或供总装的零部件；而悬挂式输送机运送的物品悬挂在输送机的各种附件上，如钩盘、斗、桶，适于运送各种尺寸的货物。

3) 叉车

叉车是指具有各种叉具，能够对货物进行升降和移动以及装卸作业的搬运车辆。它应用范围相当广泛并且操作机动灵活，在仓库、码头、车站、配送中心、物流中心、工厂车间等使用非常普遍。在使用过程中，通过叉车的运动和货叉的升降，可以将货物的水平移动和垂直升降有效地结合起来，如图 5.1 所示。

4) 自动导引车

自动导引车装有自动导引装置，能够沿规定的路径行驶，在车体上具有编程和停车选择装置、安全保护装置以及各种物料移载功能的搬运车辆。自动导引车通过采用无线通信的方式与主控计算机交换信息，接受主控计算机的集中控制。由于装有自动导向系统，该车能够沿预定的路线自动行驶，将货物从起始点运送到目的地，如图 5.2 所示。

图 5.1　液压叉车

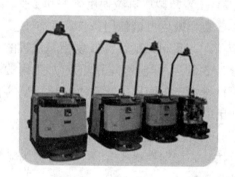

图 5.2　自动导引车

5) 自动分拣机

自动分拣机指的是按照预先设定的计算机指令对物品进行分拣，并将分拣出的物品送达指定位置的机械。随着激光扫描、条码及计算机控制技术等的发展，自动分拣机在物流中的使用日益普遍。在我国许多地方城市的邮政部门，例如湖北武汉、江西南昌等城市，这些城市使用自动信函分拣机以及自动包裹分拣机已经多年。

6) 牵引车

牵引车是指具有牵引一组无动力台车能力的搬运车辆。牵引车本身没有承载能力，而是用于提供动力。牵引车与挂车通常组合起来使用，而挂车本身没有动力装置，仅仅用于装载货物，需要由牵引车拖带才能移动。甩挂运输中，货物用牵引车拖带挂车至目的地，将挂车甩下后，换上新的挂车运往另一个目的地的运输。牵引车与挂车组合使用方式的特点是机动灵活，挂车数量可以自由决定，任意组合。在货物周转量较大的场合，如车站、码头、大型配送中心，牵引车和挂车使用较为普遍。

7) 码垛机器人

码垛机器人是能自动识别货物，将其整齐地、自动地码(或拆)在托盘上的机器人。设计一个码垛机器人的首要任务是根据机器人所要完成的工作，先确定机器人的结构组成，再按工作要求所给出各轴的运动行程、负载、运动速度、加速度、动作周期来选每个运动轴直线运动单元的型号，所配驱动电动机及所配精密行星减速机的型号。码垛机器人近年来在我国的物流行业中得到了一定的应用。

8) 箱式车

除具备普通车的一切机械性能外，还具备全封闭的箱式车身，便于装卸作业的车门。

当然，常用装卸搬运机械还远远不止这些，还包括各种活动货架、人工装卸搬运机械，以及专用的装卸搬运机械等，在此不一一介绍。

5.2.2 装卸搬运机械的选择与配套

1. 装卸搬运机械的选择

根据前面所提到的许多种装卸搬运机械，针对某一项装卸搬运任务，如何选择合适的装卸搬运机械就是一个非常值得思考的问题。一般来讲，装卸搬运机械的选择主要依据以下5个条件。

(1) 货物的特性。根据货物是否散装、包装等特性，选择适宜的装卸机械。

(2) 作业特性。根据是否为单纯的装卸或搬运，选择不同功能的机械。

(3) 环境特性。根据作业场地是专用还是公用、建筑物的构造、设备的配置、地面的承受力等选择相应的搬运机械。

(4) 作业速率。按物料及物流速度、进出量要求确定是高速作业还是平速作业，是连续作业还是间歇作业，据此选择合适的机械。

(5) 经济特性。考虑以上各因素后，还要从经济性角度加以分析，在多个方案中优中选优。

2. 装卸搬运机械的配套

对于装卸搬运机械，不仅涉及装卸搬运机械的选择，还涉及装卸搬运机械的配套使用。例如，大型的货场、货运中心、货物集散中心、港口、码头等，每年吞吐量多达上亿吨货物，少则几十万吨货物，装卸作业往往靠一两台机械设备是不能胜任的。这样，在采用多台相同设备或数台不同类型的设备协同作业时，机械设备如何做到有效配套、流畅使用，是一个非常科学的问题。

1) 装卸搬运机械在生产作业区的衔接

在生产作业区，为了能使物流顺畅地通过，各种装卸搬运机械就必须要相互联系，相互补充，相互衔接。例如，叉车、手推车、箱式车以及各种装卸搬运机械等，在许多仓库、货站、物流中心等被广泛采用。

2) 装卸搬运机械在吨位上的配套

装卸搬运机械在作业吨位上的配套，可以使每台机械设备的能力都得到充分的发挥。

这样，在单位时间里可以使装卸搬运作业量达到最大值。例如，在沿海一些大型保税仓库内，有些保税仓库配备了各类装卸搬运机械 200 台以上，最大起重能力为 50 吨。在装卸搬运过程中，通过对各类装卸搬运机械在吨位的使用上进行有效地配套，从而提升装卸搬运的效率。

3) 装卸搬运机械在作业时间上的紧凑

要使装卸搬运机械设备在作业时间上配套，首先应合理安排装卸搬运机械的运行流程、距离，以及对机械的型号、大小都有相应的要求。在装卸搬运过程中，前一个装卸作业过程与下一个装卸作业过程在时间的安排次序上应该合理。

以某仓库改进后的布置图为例进行说明，如图 5.3 所示。

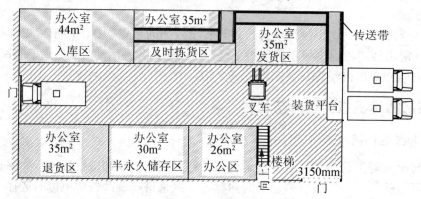

图 5.3　某仓库布置图

在图 5.3 中，箱式货车从左边的门入库后立即在入库区和退货区对货物进行入库退货处理，卸完货物后到装货平台进行装货配送。

拣选完成之后的货物可以直接把货物进行装箱处理，然后放上传送带到达装货平台由专门的装货工人进行整车配送，这一部分工作是在及时拣货区完成的，发货区主要进行货物的整箱搬运，通过叉车把货物搬运到发货区，发货区工人把货物搬到传送带上即可。装货平台主要进行货物的装车配送。整个流程考虑了作业区的衔接、吨位上的配套以及在作业时间上的紧凑。

5.2.3　装卸搬运机械的管理措施

随着物流现代化的不断发展，装卸搬运机械将会得到更为广泛的应用。从装卸搬运机械的发展趋势来看，现代物流装卸搬运机械正朝着自动化、集成化和智能化方向发展，既减轻了工人的劳动强度，又极大地提高了工作效率。

在企业实施物流活动中，由于涉及装卸搬运机械的购买与投入使用，如何有效地投入而取得更好的效果等问题，因此，就有必要研究在装卸搬运方面需要采取的一些管理措施、方法等，以使企业更好、更科学地使用好、管理好装卸搬运机械。

进行装卸搬运机械管理的措施主要有以下几项。

(1) 全面规划，合理布局，按需配置装卸搬运机械设备。

(2) 建立一套行之有效的装卸搬运机械运用、维修和管理制度，并通过采用新技术、新材料、新设备，逐步实现装卸搬运机械的系列化、标准化、通用化。

(3) 建立装卸搬运技术人员队伍，配备维修力量。

(4) 积极发展集装化，扩大装卸搬运机械作业范围，提高物流作业过程中机械化作业比重。

(5) 做好各种装卸搬运机械的配套工作，实现一机多能。

当然，上述措施只是一些比较初步的设想，在企业进行实际的装卸搬运过程中，要根据具体的情况制定相应的措施，从而使得企业的装卸搬运活动更加有效率、更能节约企业的物流成本。

5.3 装卸搬运合理化概述

装卸搬运必然要消耗物化劳动和活劳动，这种劳动消耗量要以价值形态追加到装卸搬运对象的价值中去，从而增加了产品的物流成本。因此，应该科学、合理地组织装卸搬运流程，尽量减少用于装卸搬运的劳动消耗。

5.3.1 不合理的装卸搬运

在装卸搬运作业过程中，必须避免由于不合理的装卸搬运而造成的损失。不合理的装卸搬运，具体表现在以下几个方面。

(1) 装卸搬运次数过多。在整个物流过程中，装卸搬运是反复进行、发生频率最多的活动，又是易发生货损的主要环节。因此，过多的不必要的装卸搬运必然导致费用、损失的增加。

例如，如果将仓库设在二楼，将生产线设在一楼，这样装货、卸货都必须使用电梯，从而增加了装卸搬运的距离和难度，也增加了装卸搬运次数。同时，每增加一次装卸搬运，费用也就会有较大比例的增加，不利于物流成本的节省。

(2) 包装不合理的装卸搬运。在装卸搬运作业中，如果在包装上消耗过多不必要的劳动，也会形成无效装卸，造成损失，如在包装材质上的过大、过重或者过轻。过大、过重的包装会造成装卸搬运任务的加重，而包装材质过轻，可能不利于装卸搬运，这些都会造成一些无效率的装卸搬运。

例如，日本索尼公司有的产品使用泡沫塑料材料，有的产品使用瓦楞纸板材料，并在外包装采用特殊形状的瓦楞纸板箱。由于这些材料相对有利于包装，从而更有利于节约资源，而且这些材料体积不大、重量轻，也有利于物流中的装卸搬运活动。

(3) 存在无效物质的装卸搬运。在装卸搬运过程中，要尽可能提高装卸搬运物料的纯度。所谓物料的纯度就是指物料中含有水分、杂质与物料本身使用无关的物质的多少。物料的纯度越高则装卸作业的有效程度越高。反之，则无效作业就会增多。

对于一些无效物质的装卸搬运，有必要对其进行优化处理。例如，一些货运站在对某些物品进行保鲜处理时加入适量的水，而在装卸搬运过程中，放掉水而使用冰块进行保鲜，这样就可以减少无效装卸搬运。

可见，不合理的无效装卸搬运，增加了装卸搬运成本和货物损耗，降低了物流速度。如能防止和减少无效装卸搬运，则可节省装卸劳动，提高装卸效率，从而使装卸搬运更加趋于合理化。

5.3.2 装卸搬运基本原则

为了使装卸搬运合理化,首先要了解装卸搬运的基本原则。在社会再生产过程中,人们逐渐意识到装卸搬运在社会再生产过程中的重要性。通过长期的生产实践和不断总结经验,探索装卸搬运活动规律,总结出了装卸搬运的基本原则。装卸搬运的基本原则也是实现装卸搬运合理化的基本途径,这对于提高物流系统整体效用具有十分重要的作用。

在物流活动中,组织装卸搬运工作,应遵循以下原则。

(1) 减少环节,简化流程。在装卸搬运的过程中,应从研究装卸搬运的功能出发,分析各项装卸搬运作业环节的必要性,尽可能地取消、合并装卸搬运作业的环节和次数,消灭重复、无效、可有可无的装卸搬运作业。如一些物流公司在不同的地方经常存在许多中转站、卸货点,如何有效地对这些中转站、卸货点进行规划,使其优化,不仅可以使其装卸搬运作业的环节减少,而且也可以降低物流成本。

(2) 科学管理,规范运营。由于大多数企业的装卸搬运员工的素质相对较低,在装卸过程中可能会出现不文明的现象。在装卸搬运作业中,要采取措施保证货物完好无损,保障作业人员人身安全,坚持文明装卸,不要因装卸搬运作业而损坏装卸搬运设备和设施、损坏运载与储存设备和设施等。

对于装卸搬运活动,要从企业战略层面认识到装卸搬运是物流活动中的一个重要组成部分,要改变装卸搬运只是一种简单的体力劳动的过时观念,积极推行全面质量管理等现代化管理方法,使装卸搬运作业的运营组织工作从经验上升到科学管理。不光是装卸搬运员工要以身作则,做到文明装卸、规范装载,企业也要从大局角度出发,将装卸搬运作业进行科学运营。

(3) 集散为整,集装作业。集散为整就是为实现装卸搬运作业机械化、自动化,要对综合运输网的接口进行合理规划和布局,优化作业路线和装卸搬运距离,使装载点或卸载点尽量集中,使装卸搬运货物尽量规整。同时,各种成件包装货物应尽可能集装成集装箱、托盘、货捆、网袋等集装件再进行装卸搬运,各种粉、粒状货物应尽可能采用专用的汽车、火车、船舶以及连续输送机械装运。

(4) 逐步活化,省力节能。在装卸搬运作业过程中,被装卸搬运物料的放置状态,关系着装卸搬运作业效率。为了便于装卸搬运,总是期望物料处于最容易被移动的状态。物料放置被移动的难易程度称为活性或活载性。一般情况下,物料活性指数越高,物料就越容易被移动。例如,散放在地上的货物的活性指数低于集装之后的活性指数。把装卸搬运作业中的某一步作业比它的前一步作业更便于装卸搬运的状况或情形,称之为活化。因此,对装卸搬运工艺的设计,应使货物的活性指数逐步增加,这样更有利于节省劳动力,节约能源,提高装卸搬运效率。有关装卸搬运活性化问题见下文叙述。

(5) 满载装运,安全作业。目前,在很多企业中,由于对运输工具的调度存在不当,很多情况下很难做到满载装运。但满载装运可以极大提高运输的效率,所以,在装卸搬运时,要根据货物的轻重、大小、形状、物理化学性质,以及货物的去向、存放期限、车船库的形式等,采用恰当的装卸方式,巧妙配装,使运载工具满载,库容得到充分利用。同时,为了保证运输储存安全,在装载时要采取一定的方法保持货物稳固,以确保运输过程中货物的稳牢和作业安全。

5.3.3 装卸搬运合理化

1. 装卸搬运合理化的内容

装卸搬运合理化的内容包括以下几个方面。

(1) 提高货物装卸搬运的灵活性与可运性。装卸搬运的灵活性是要求装卸搬运作业必须为下一环节的物流活动提供方便。装卸搬运的可运性是指装卸搬运的难易程度。影响装卸搬运难易程度的因素主要有：物品的外形尺寸，物品的密度或笨重程度，物品形状，损伤物品、设备或人员的可能性，物品所处的状态，物品的价值和使用价值等。

(2) 利用重力作用，减少能量消耗。在装卸搬运时，应尽可能消除货物重力的不利影响，尽可能利用货物本身的重量，将重力转变为促使物品移动的动力，以减轻劳动力和其他能量的消耗。

(3) 合理选择装卸搬运机械。装卸搬运机械化是提高装卸效率的重要因素。合理选择装卸搬运机械，不仅要从经济合理角度来考虑，而且还要从加快物流速度、减轻劳动强度和保证人与物的安全等方面来考虑。

例如，当货车行驶平面与货场站台平面有一高度差时，为使手推车辆、叉车等快速、顺畅地驶入车厢内，提高装卸效率，就应该选择使用站台登车桥。在某些仓库、货场，经常要将货物升高或降低，这时就应该选择使用合适的升降台、起重机等设备。

(4) 合理选择装卸搬运方式。在装卸搬运过程中，必须根据货物的种类、性质、形状、重量来确定装卸搬运方式。

(5) 改进装卸搬运作业方法。不同的装卸搬运作业方法，对于装卸搬运作业的效果会有较大的影响，例如，使用码垛机器人对货物进行码垛、拆垛，它的效率比人工方式要高得多。

在改进作业方法上，尽量采用科学化的原理、现代化管理方法和手段，实现装卸搬运的连贯、顺畅、均衡。

(6) 创建"复合终端"。"复合终端"是指对不同运输方式的终端装卸场所，集中建设不同的装卸设施，以实现合理配置装卸搬运机械，有效联结各种运输方式的目的。例如，在复合终端内集中设置水运港、铁路站场、汽车站场等。

2. 装卸搬运作业"六不法"

装卸搬运合理化是装卸与搬运的理想状态。现代物流装卸与搬运十分强调其合理化，日本物流界曾总结出的物流装卸搬运作业"六不法"是现代物流装卸搬运合理化的典范。其具体内容见表 5-1。

表 5-1 物流装卸搬运作业"六不法"

序号	作业情形	说明	备注
1	不用等	没有闲置时间	在正常安排作业流程中，作业人员和作业设备连续工作，没有闲置时间
2	不用碰	不与物品接触	在装卸搬运作业中，作业人员不接触物品，以减轻作业强度，主要依靠机械化设备、半自动化设备和自动化设备完成

序 号	作业情形	说 明	备 注
3	不用动	缩短人员的移动距离和次数	通过优化仓库物品存放位置,采用半自动化设备和自动化设备,尽量缩短物品和人员的移动距离和次数,使移动距离和次数达到最优化
4	不用想	操作简便	不用动脑筋,操作简单化,一学就会,一触就行
5	不用找	一目了然	仓库装卸与搬运作业现场的物品、设备放置有序,一目了然
6	不用写	实现无纸化作业	依靠现代信息技术、条码技术使作业记录自动化、信息化,不用人工记录和有纸记录

3. 装卸搬运活性化

1) 装卸搬运活性化的含义

装卸搬运活性化的含义是指从物的静止状态转变为装卸搬运运动状态的难易程度。上文提到的逐步活化,相当于将装卸搬运活性的级别升高。具体来讲,如果很容易转变为下一步的装卸搬运而不需要过多装卸搬运前的准备工作,则活性就高;如果难于转变为下一步的装运,则活性就低。

从操作上和经济上看,搬运活性高的搬运方法是一种好方法。例如,物料或货物平时存放的状态是各式各样的,可以是散放在地上,也可以是集装之后放在地上,或放在托盘上,或放在无动力车中,或放在运输车辆或传送带上等。由于存放的状态不同,物料的搬运难易程度也不一样。因此,它们的搬运活性也是不一样的。

在企业的装卸搬运过程中,如使用叉车、牵引车、升降台、传送带、机器人等就可以减轻装卸的劳动强度,改善装卸搬运的活性。

在企业的装卸搬运过程中,对于不同的货物放置状态,其活性有不同的规定。如何对其规定,则活性指数就是标定活性的一种方法。

2) 装卸搬运活性指数

装卸搬运活性指数是用来表示各种状态下的物品的搬运活性的。在装卸搬运整个过程中,往往需要进行几次物品的搬运,下一步比前一步的活性指数高,说明下一步的搬运方法更好更有效。

运用活性指数的概念来表示搬运活性水平的高低。如散放在地的物品,要经过集中(装箱)、搬起(支垫)、升起(装车)、运走(移动)4次作业才能运走,其活性指数最低,定为0,然后,对此状态每增加一次必要的操作后,就会使物料装卸搬运方便一些,其装卸搬运活性指数就加上1,而处于运行状态的物品,因为不需要再进行其他作业就能运走,其活性指数最高,定为4。表5-2是物品处于不同状态的活性指数关系表。

表 5-2 活性的区分和活性指数

物品状态	作业说明	作业种类				还需作业数目	不需作业数目	搬运活性指数
		集中	搬起	升起	运走			
散放在地上	集中、搬起、升起、运走	要	要	要	要	4	0	0
集装箱中	搬起、升起、运走(已集中)	否	要	要	要	3	1	1
托盘上	升起、运走(已搬起)	否	否	要	要	2	2	2

续表

物品状态	作业说明	作业种类				还需作业数目	不需作业数目	搬运活性指数
		集中	搬起	升起	运走			
车中	运走(不用升起)	否	否	否	要	1	3	3
运动着的输送机	不要(保持运动)	否	否	否	否	0	4	4
运动着的物体	不要(保持运动)	否	否	否	否	0	4	4

5.4 装卸搬运作业管理

从经济学的角度来看，企业应该充分利用机械，实现规模装卸搬运。在装卸搬运时也存在着规模效益问题，主要表现在一次装卸量或连续装卸量要达到充分发挥机械最优效率的水准。

在欧、美、日等经济发达国家或地区，装卸搬运实现机械化的程度比较早，它们的规模装卸的程度相对较高，而且一些高科技已经广泛运用于装卸搬运中，如自动定位、自动识别、自动分拣、远程操作等。我国的装卸搬运技术与发达国家间还存在着较大的差距，已成为物流过程中的薄弱环节。但如果能对装卸搬运作业实施有效的管理，则是现阶段缩小与发达国家物流水平差距的有效手段。

5.4.1 装卸搬运作业特点

装卸搬运作业有很多，最常见的装卸搬运作业主要是对货物的装入、装上和取出、卸下作业，也有对货物的出库、入库作业。

与其他物流环节相比，装卸搬运作业的特点主要有以下几个方面。

1. 装卸搬运作业量大

在我国，目前工农业总产值巨大，在这些生产结果的背后和生产过程当中，装卸搬运的作业量也是非常巨大的。在远距离的供应与需求过程中，装卸搬运作业量会随运输方法的变更、仓库的中转、货物的集疏、物流的调整等大幅度提高。

2. 装卸搬运对象复杂

在物流市场上，货物一般分为重货、泡货两种。重货一般是指重量相对较重而比重较大的货物，而泡货是指重量相对较轻而体积较大的货物。在航空、水路、公路、铁路运输中，针对不同种类的货物，对重货与泡货的收费标准是不一样的。在对不同货物进行装卸搬运时，要视不同的货物对象采取不同的搬运工具、方法。特别对于危险品一类货物，在装卸搬运过程中还要特别小心谨慎，不能出一点差错，以免出现严重后果。

3. 装卸搬运作业不均衡

在物流过程中的商品品种繁多，其形态、形状、体积、重量、性质、包装等各不相同，而且车辆的类型、托运方式也各不相同，从而决定了装卸多样性的特点。此外，商品运输的到发时间不定，且批量大小不等，也会造成装卸搬运作业的不均衡。各种运输方式由于运量上的差别，运速的不同，使得港口、码头、车站等不同物流结点也会出现集中到货或停滞等待的不均衡装卸搬运。只有准确地估计不平衡性，在经常的物流装卸搬运活动中，才能减少各种因素对物流装卸搬运活动的负面影响。

4. 装卸搬运对安全性要求高

装卸搬运作业需要人与机械、货物、其他劳动工具的相互结合，工作量大，情况变化多，很多作业环境复杂，这些都导致了装卸搬运作业中存在着不安全的因素和隐患。同时，在物流行业中，由于许多装卸搬运作业人员素质各不相同，某些作业人员对操作规范掌握较差，在劳动强度较大的情况下，容易造成装卸搬运安全事故。因此，应对装卸搬运提高警惕，加强科学管理和运营，要求员工严格按照装卸搬运的作业流程办事，以消除安全隐患。

5.4.2 装卸搬运作业流程

1. 装卸搬运的一般流程

在实际装卸搬运作业中，不同的仓库、货场、港口、码头、物流中心等，它们的装卸搬运作业各不相同，因而其具体流程也不相同。一般来讲，无论对于哪一次装卸搬运作业，都需要经过作业前准备、作业实施和作业绩效评价 3 个基本阶段。

1) 装卸搬运作业准备阶段

装卸搬运作业准备是进行具体的装卸搬运作业操作前的规划和组织工作。在这一阶段，通常要明确装卸搬运作业任务，确定装卸搬运作业方式，规划装卸搬运作业过程，选择装卸搬运工具和设备，组织安排装卸搬运作业人员等。装卸搬运作业前的准备会直接影响到后面的作业实施与作业绩效评价，不能马虎或忽视。

2) 装卸搬运作业实施阶段

当作业前准备阶段完成后，各级人员根据装卸搬运作业程序准备就绪，接下来就是作业实施过程了。在装卸搬运作业的实施过程中，管理人员要及时地把握作业进度，合理地衔接好作业中的各项环节，以使装卸搬运作业能够按时、按质顺利完成。

3) 装卸搬运作业绩效评价阶段

当装卸搬运作业完成之后，必然会涉及一个绩效评价问题。装卸搬运作业的绩效评价是对装卸搬运作业的事前计划、事中实施，以及事后的分析与评估，以衡量其作业活动的投入产出状况。这其中主要涉及人力、机械设备的投入情况、装卸搬运作业的效果或效益等。对作业绩效的评价将有助于发现装卸搬运作业过程中存在的问题，并进一步寻找解决方案，从而提高装卸搬运作业的能力和效率。

2. 装卸搬运作业的具体流程

在具体实施装卸搬运作业之前，需要对作业方式、作业过程、作业设备以及作业人员进行一定的组织规划，以确保高效率地完成装卸搬运活动。其具体流程主要有以下几项。

1) 明确装卸搬运作业的任务

在通常情况下，可以根据物流计划、经济合同、装卸作业的不均衡程度，装卸车的时限等因素来确定作业现场的装卸搬运任务量。

2) 确定装卸搬运作业的方式

在明确作业任务和作业对象的特点之后，进而确定装卸搬运作业的方式。例如，对于散装货物的装卸搬运就要采用散装作业方式。同时,对于不同的作业方式而言,与其相适应的作业过程、作业设备也不相同。确定作业方式有助于进一步规划装卸搬运的作业过程,选择合适的作业工具和设备。

3) 规划装卸搬运作业路线

规划装卸搬运作业路线,即对装卸搬运作业整个过程各个环节的连续性进行合理安排,以缩短搬运距离,减少搬运次数。

4) 选择装卸搬运的工具和设备

不同的装卸搬运工具有不同的功能,适用于不同的作业方式、作业对象和作业场所。因此,在组织装卸搬运作业时,要根据作业对象的特点、作业场所的条件,结合不同工具和设备的性能来选择适用的作业工具和作业设备。

5) 组织安排装卸搬运作业的人员

装卸搬运作业的最终完成必须依靠作业人员对作业设备的操作和控制,以及对作业规划的贯彻实施。所以,按照一定原则将作业人员与作业设备以一定方式组合起来,是完成装卸搬运任务的保证。

5.4.3 装卸搬运作业组织

1. 装卸搬运组织条件

在物流活动中,只有精心进行装卸搬运过程的流程设计,减少不必要的装卸搬运环节,认真组织装卸搬运,科学合理地进行装卸搬运作业,才能提高装卸搬运的有效性。在许多场合下,多一次装卸搬运就多一次人力、物力损耗,而且还可能影响到货物的质量,所以尽可能通过集中作业方式,避免设计不周的重复性、往复性的装卸搬运作业。

决定装卸搬运方法的条件可以分为两大类:一类是由运输(配送)、保管、装卸三者相互关系决定的外部条件;一类是由装卸本身所决定的内在条件。此外,在装卸搬运组织工作中还要考虑货车装卸的一般条件。

1) 决定装卸方法的外在条件

(1) 货物特征。货物经由包装、集装、散装等形成的形态、质量、尺寸等,直接影响装卸搬运方法的选择。

(2) 作业内容。装卸搬运作业中的重点是堆码、装车、拆垛、分拣、配载、搬运等作业,作业内容影响到装卸搬运作业方法及设备的选择。

(3) 运输设备。不同运输设备(汽车、轮船、火车、飞机等)的装载与运输能力、装运设备尺寸都影响到装卸搬运方法及设备的选择。

(4) 运输及仓储设施。运输、仓储设施的配置情况、规模、尺寸大小影响到作业场地、作业设备以及作业方法的选择。

2) 决定装卸方法的内在条件

(1) 货物状态。主要指货物在装卸搬运前后的状态。

(2) 装卸动作。指在货物装卸搬运各项具体作业中的单个动作及组合。

(3) 装卸机械。装卸机械所能实现的动作方式、能力大小、状态尺寸、使用条件、配套工具等,以及与其他机械的组合也成为影响装卸方法选择的因素。

(4) 作业组织。参加装卸搬运作业的人员素质、工作负荷、时间要求、技能要求,对装卸搬运方法的选择有重要的影响。

3) 货车装卸的一般条件

就运输车辆的货物装卸而言，货车装卸的固定设施主要有：货物装卸场、货物仓库、货物通道、货物装卸线等。这些形式还取决于装卸货物的对象：零担货物、整车货物还是集装箱货物。这些货物的装卸场所因其存放货物的货棚、站台(货台)高低不同，装卸设备也不同，装卸方法也有很大差异。

4) 货运车辆装卸时间构成

物流活动中，车辆因完成货物装卸作业所占用的时间，称为车辆装卸作业停歇时间，它主要由以下几部分时间组成。

(1) 车辆到达作业地点后，等待货物装卸作业的时间。

(2) 车辆在装卸货物前后，完成调车、摘挂作业的时间。

(3) 直接装卸货物的作业时间。

(4) 与运输有关的商务作业时间。

2. 装卸搬运设备运用组织

物资装卸搬运设备运用组织是以完成装卸任务为目的，并以提高装卸设备的生产率、装卸质量和降低装卸搬运作业成本为中心的技术组织活动。它通常包括下列内容。

(1) 确定装卸搬运任务量。根据物流计划、经济合同、装卸作业不均衡程度、装卸次数、装卸车时限等，来确定作业现场年度、季度、月、旬、日平均装卸任务量。

(2) 根据装卸任务和装卸设备生产率，确定装卸搬运设备需用台数和技术特征。

(3) 根据装卸任务、装卸设备生产率和需用台数，编制装卸作业进度计划。通常包括装卸搬运设备的作业时间表、作业顺序、负荷情况等详细内容。

(4) 下达装卸搬运进度计划，安排劳动力和作业班次。

(5) 统计和分析装卸作业成果，评价装卸搬运作业的经济效益。

本 章 小 结

装卸搬运是物流功能活动中非常重要的环节，可以说，如果没有装卸搬运活动，物流就无法运行。在装卸搬运过程中，手工作业方式现已逐渐被机械作业方式所取代。装卸搬运机械是装卸搬运作业的重要技术设备。从装卸搬运机械发展趋势来看，现代物流装卸搬运机械正朝着自动化、集成化和智能化方向发展。大力推广和应用装卸搬运机械，不断更新装卸搬运设备和实现现代化管理，对于加快现代化物流进程，促进国民经济发展，均有着十分重要的作用。

装卸搬运必然要消耗物化劳动和活劳动，这种劳动消耗量要以价值形态追加到装卸搬运对象的价值中去，从而增加产品的物流成本。因此，应该科学、合理地组织装卸搬运流程，尽量减少用于装卸搬运的劳动消耗，杜绝不合理的装卸搬运，促进装卸搬运的合理化。

实行装卸搬运合理化，首先必须坚持装卸搬运的基本原则；其次是按照装卸搬运合理化的要求，进行装卸搬运作业；再次是要防止无效装卸搬运，应用活性理论来改善装卸搬运作业等。

与其他物流环节相比，装卸搬运作业具有装卸搬运作业量大，装卸搬运对象复杂，装卸搬运作业不均衡，装卸搬运对安全性要求高等特点，涉及的内容具体、繁杂。不同的装卸搬运作业，其流程也不尽相同，但无论哪一种都要经过作业前的准备、作业的实施和作业绩效的评价3个基本阶段。

总之，在物流活动中，如何科学有效地组织装卸搬运作业活动既是一门科学，也是一门管理艺术。

关键术语

装卸搬运　　装卸搬运活性化　　装卸搬运机械
装卸搬运流程　装卸搬运合理化　　装卸搬运系统

课堂讨论

1. 联系实际，谈谈你身边不合理装卸搬运的具体表现及社会影响。
2. 结合具体物流活动，谈谈如何实现物流装卸搬运活动合理化。

综合练习

1. 名词解释

装卸搬运；装卸搬运机械；装卸搬运合理化；装卸搬运活性化

2. 填空题

(1) 在装卸搬运活动中，按被装物的主要运动形式可分为_____、_____。

(2) 按装卸搬运机械及机械作业方式可分为吊上吊下、_____、_____、移上移下方式和散装散卸5种装卸搬运方式。

(3) 装卸搬运机械按用途可分为_____、_____、_____3类。

(4) 不同的装卸搬运作业，其具体流程也不尽相同，但无论哪一种都要经过_____、_____和_____3个基本阶段。

3. 简答题

(1) 简述装卸搬运的基本原则。
(2) 简述装卸搬运机械选择应考虑的主要因素。
(3) 简述装卸搬运机械管理的主要措施。
(4) 简述装卸搬运合理化的主要内容。

4. 论述题

(1) 论述如何实现装卸搬运合理化。
(2) 应用活性理论，试论如何改善物流装卸搬运作业。

 **案例分析**

联华便利物流中心装卸搬运系统

联华公司创建于 1991 年 5 月，是上海首家发展连锁经营的商业公司。经过 11 年的发展，已成为中国最大的连锁商业企业。2001 年销售额突破 140 亿元，连续 3 年位居全国零售业第一。联华公司的快速发展，离不开高效便捷的物流配送中心的大力支持。目前，联华共有 4 个配送中心，分别是 2 个常温配送中心、1 个便利物流中心、1 个生鲜加工配送中心，总面积 7 万余平方米。

联华便利物流中心总面积 8000 平方米，由 4 层楼的复式结构组成。为了实现货物的装卸搬运，配置的主要装卸搬运机械设备主要为：电动叉车 8 辆、手动托盘搬运车 20 辆、垂直升降机 2 台、笼车 1000 辆、辊道输送机 5 条、数字拣选设备 2400 套。在装卸搬运时，操作过程如下：对来货卸下后，把其装在托盘上，由手动叉车将货物搬运至入库运载处，入库运载装置上升，将货物送上入库输送带。当接到向第一层搬送指示的托盘在经过升降机平台时，不再需要上下搬运，将直接从当前位置经过一层的入库输送带自动分配到一层入库区等待入库；接到向二至四层搬送指示的托盘，将由托盘垂直升降机自动传输到所需楼层。当升降机到达指定楼层时，由各层的入库输送带自动搬送货物至入库区。货物下平台时，由叉车从输送带上取下托盘入库。出库时，根据订单进行拣选配货，拣选后的出库货物用笼车装载，由各层平台通过笼车垂直输送机送至一层的出货区，装入相应的运输车上。

先进实用的装卸搬运系统，为联华便利店的发展提供了强大的支持，使联华便利物流运作能力和效率大大提高。

资料来源：刘万韬．现代物流管理概论[M]．北京：中国传媒大学出版社，2008．第 77 页

思考分析题：

1. 试分析该物流中心装卸搬运系统装卸搬运作业的具体内容，并说明如何实现装卸搬运作业。
2. 调查某物流中心或生产企业，分析其装卸搬运系统是否有改进的余地，假如有，请帮助这家物流中心或生产企业提出改进的具体方案。

第6章 配送管理

【本章教学要点】

知识要点	掌握程度	相关知识	应用方向
配送概述	了解、掌握	配送的含义、类型、流程、路线确定	了解配送概念、类型，掌握配送流程及路线确定
配送合理化	了解、掌握	不合理表现，合理的标志、措施及三要素	了解并避免不合理配送，掌握配送合理化的要素和手段
配送中心功能与流程	重点掌握	配送中心功能、流程、类型等	配送中心的功能的规划
配送中心规划与设计	重点掌握	配送中心规划与设计的内容与程序	配送中心的规划与设计

【本章教学目标与要求】

- 了解配送含义、特点、类型；
- 掌握配送流程、配送路线的确定；
- 了解配送不合理的表现，掌握配送合理化的要素和手段；
- 掌握配送中心概念、功能、类型、作业流程；
- 重点掌握配送中心规划与设计的内容与程序。

沃尔玛配送中心运作

1. 背景介绍

沃尔玛公司的总部在阿肯色州的一个小城市本顿维尔。沃尔玛的最早创始人山姆·沃尔顿在1962年开设了第一家沃尔玛商场，而配送中心一直到1970年才成立。现在沃尔玛的配送中心已经有了近40年的历史，第一家配送中心供货给4个州32个商场。沃尔玛的总部就设在这个配送中心之中，沃尔玛公司的总部也就是沃尔玛第一配送中心，在不断增长扩大的过程当中，沃尔玛虽然也建立了许多新的配送中心，但是沃尔玛的总部仍然是在阿肯色州本顿维尔市的配送中心附近。

经过多年的发展，到现在为止，沃尔玛拥有200多个配送中心覆盖全球，在全球16个国家和地区开设了6500多家分店，雇员总数超过160万人。同时它还拥有装有GPS全球定位系统的运输车队，能够每隔15分钟向总部汇报货物的运送位置，使得公司能够准确地控制货物的运送时间。

2. 配送中心运作

20世纪80年代初，沃尔玛配送中心的电子数据交换系统已经逐渐成熟。到了20世纪90年代初，它购买了专用卫星，用来传送公司的数据及其信息。

在订单管理方面，沃尔玛配送中心要求供应商将其商品的价格标签和UPS条形码(统一产品码)贴好，运到沃尔玛的配送中心。配送中心根据每个商店的需要，对商品就地组配，按照门店而不是产品种类进行归类集中。同时通过以卫星技术为基础的数据交换系统，将自己与供应商及各个店面实现了有效连接，沃尔玛的供应商也可以利用这个系统直接了解自己昨天、今天、上周、上个月和去年的销售情况，并根据这些信息来安排组织生产，保证产品的市场供应，同时使库存降到最低。20世纪80年代后期，沃尔玛从下订单到货物到达各个店面需要30天，现在由于采用了这项先进技术，这个时间只需要2～3天，大大提高了物流的速度和效益。

在库存管理方面，沃尔玛总部及配送中心任何时间都可以知道，每一个商店现有多少存货，有多少货物正在运输过程当中，有多少货物存放在配送中心等；同时还可以了解某种货品上周卖了多少，去年卖了多少，并能够预测将来能卖多少。在沃尔玛的配送中心，大多数商品停留的时间不会超过48小时，但某些产品也有一定数量的库存，这些产品包括化妆品、软饮料、尿布等各种日用品，配送中心根据这些商品库存量的多少进行自动补货。如今的沃尔玛能够在1小时之内完成分布在世界各地的6500多家分店的库存盘点，实践也证明沃尔玛的配送中心运作有效地提高了库存周转率，这说明沃尔玛的库存管理堪称零售业界中的典范。

在运输装货方面，配送中心的运输装货效率非常之高。沃尔玛配送中心的一端是装货月台，可供30辆卡车同时装货，另一端是卸货月台，可同时停放135辆大卡车。每个配送中心有600～800名员工，24小时连续作业；每天有160辆货车开来卸货，150辆车装好货物开出。配送中心的运输装货效率非常之高的原因是因为沃尔玛的配送中心面积很大，从配送中心的设计上看，沃尔玛的每个配送中心都非常大，平均占地面积大约有11万平方米，相当于23个足球场。沃尔玛的配送中心虽然面积很大，但它只有一层，之所以这样设计，主要是考虑到货物流通的顺畅性。一个配送中心负责一定区域内多家商场的送货，从配送中心到各家商场的路程一般不会太远，以保证送货的及时性。

在成本方面，由于沃尔玛采用了以卫星技术为基础的数据交换系统，配送成本只占其销售额的3%，其竞争对手的配送成本则占到销售额的5%，仅此一项，沃尔玛每年就可以比竞争对手节省下近8亿美元的商品配送成本。而且，沃尔玛的配送中心一般不设在城市里，而是在郊区，这样有利于降低用地成本。

资料来源：佚名. 沃尔玛的物流配送运作模式[EB/OL]. 2008.9.24
http://www.modern56.com/webpage/solutions/200809/2008092410485900001.htm

沃尔玛现已发展成为世界上最大的商业零售企业,在配送中心的运作过程中,它就是一个标杆。我国企业在发展过程中,要认清与沃尔玛的差距,坚持学习与借鉴沃尔玛的配送中心运作思想,结合中国特色的市场环境,走一条适合自身发展的道路。

6.1 配送概述

配送在物流中占有十分重要的地位。有专家认为,配送是区别于传统物流与现代物流的显著标志之一。

6.1.1 配送的含义与特点

1. 配送的含义

我国于 2006 年发布实施的《物流术语》国家标准(GB/T 18354—2006) 中对配送的表述为:在经济合理区域范围内,根据客户要求,对物品进行拣选、加工、包装、分割、组配等作业,并按时送达指定地点的物流活动。

配送有别于一般意义上的送货。配送的含义包括以下几层意思。

(1) 按客户提出的要求,包括货物的品种、质量、规格、数量、送达时间要求等进行备货、送货。

(2) 配送既包括货物运输,同时还融合着集货、存储、分货、拣选、配货等活动。有些货物的配送活动还常常附带着加工活动。

(3) 配送活动情况复杂,需要进行系统管理才能取得较好的经济效果。除需进行集货、存储、分货、拣选、配货等活动外,还需要科学制订运输规划,合理配置运输车辆,确定最佳配送线路,合理组织货物装载等系列活动,特别是对那些多品种、小批量、多批次、多用户的配送,更需加强专业配送管理。

2. 配送的特点

配送是一种现代化的物流服务方式,这种服务方式具有以下特点。

1) 配送是一种特殊的送货形式

一般的送货,着重于送的过程,它是指从起始地到终点地的一般性运送货物的过程。而配送则着重于配,当然也涉及送,因而配送具体涉及对各类商品的价值、时间、地点的分类管理以及配送成本等的核算。配送是一种专业化的物流分工方式,在配送过程中,涉及许多指标,如订单准时完成率、回单及时完整率、完好交货率、配送时效(以日、小时为单位)等。

2) 配送是一项难度较大的工作

配送是分货、配货、送货等一系列活动的有机结合体,是商品生产高度发展的要求。在商品经济尚不发达的时期,真正按用户的需求开展配送业务是很难办到的。在现今社会中,要做到配送的效率非常高,配送的各项指标都能完成得很好也是不容易的。

3) 配送活动应有现代化的技术装备做保证

在配送过程中,由于存在着大量的分货、配货、配装等工作,这就需要大量采用各种传输设备及条码、拣选等机电装备。现代化的技术装备的应用,给了配送活动一个强有力的支撑，很多企业在配送时效方面，对于全国范围内的配送业务只需要 3～5 天，地区性的配送活动也只需要 1～2 天，而同城配送只需要几个小时就可以了。

6.1.2 配送的类型

为了满足不同产品、不同企业、不同流通环境的要求，配送活动经过几十年的发展，国内外已创造出了许多种不同形式的配送。

配送的类型的划分方式比较多，可以按照配送商品种类及数量进行划分，可以按照配送时间及数量进行划分，也可以按照配送地点进行划分，还可以按照其他的方式进行划分，下面主要介绍前面 3 种划分方式。

1. 按配送商品种类及数量划分

配送按配送商品的种类及数量划分，主要有以下几种。

(1) 多品种、少批量配送。多品种、少批量配送是按照用户的需要，将所需的各种货物配备整齐后，由配送地送达目的地的一种配送方式。目前，西方许多发达国家都在推崇这一方式。随着社会生产能力的提高，商品种类的不断增加，以及用户需要的多样化、个性化，多品种、少批量配送将是现代社会的发展趋势。这种配送方式对配送的作业水平和管理水平有较高的要求，配货配送计划难度大，是一种高水平、高技术的方式。在实际配送运作过程中，很多公司或企业借鉴日本丰田公司创立的 JIT 方式，以达到较好的配送效率。在日常配送活动中，像网上商城、连锁店、百货店、便利店开展此类配送活动比较常见。

(2) 少品种、大批量配送。一般来说，当用户所需货物的品种较少、需求量较大且相对稳定时，可采取这种配送方式。现代大型工业企业需求量较大的商品，单独一个或几个品种就可实行整车大量运输，其往往不需要与其他商品搭配，可由专业性较强的配送中心实行配送。由于是整车大量运输，配送计划、组织等工作比较简单，可有效降低配送成本，给企业带来更好的经济效益。

(3) 配套成套配送。当用户尤其是装配型企业需要多种零配件和配套成套设备时，可采用配套成套配送形式，按其生产节奏定时定量将企业所需要的货物送到生产装配线。这种配送形式，配送企业承担了生产企业大部分供应工作，使生产企业专注于生产，有利于生产企业实现库存的最小化，方便生产企业的生产作业，其效果与多品种、少批量配送相似。

2. 按配送时间及数量划分

按配送时间及数量划分，主要有以下几种。

(1) 定时配送。定时配送是按规定时间间隔所进行的配送，比如以日、数小时为单位配送一次等，而且每次配送的品种及数量可以根据计划执行，也可以在配送之前以商定的联络方式(如电话、计算机终端输入等)通知配送的品种及数量。

这种配送方式时间固定，易于安排工作计划，易于计划使用车辆，也易于用户安排接货力量。但如果备货的要求到达较晚，则配货、配装法人难度会较大。目前，国内很多商店以一天为单位要求商家配送，每晚停止营业之前要进行盘点，计算出各种商品第二天需要补货的数量，通过传真或其他的电子信息技术将补货清单传递给商家，第二天清早商家就会将货物配送到位。

(2) 定量配送。定量配送是按规定的批量在一个指定的时间范围内进行的配送。

这种配送方式数量固定，备货工作也较为简单，可以根据托盘、集装箱及车辆的装载能力规定配送的定量，能够有效利用托盘、集装箱等集装方式，也可做到整车配送，配送效率较高。由于时间不严格限定，因此可以将不同用户所需的物品凑成整车后配送，运力利用较好。对用户来讲，每次接货时都处理同等数量的货物，有利于人力、物力的准备工作。

(3) 定时定量配送。定时定量配送是按规定的时间、规定的货物品种和数量进行的配送。

这种配送兼有定时配送和定量配送的特点，一般作业的要求高，难度大，成本较高。信息技术的应用将会使其作业的难度和配送成本得到较大的降低。

(4) 定时、定路线配送。定时、定路线配送是指在规定的运行路线上，制定到达时间表，按运行时间表进行配送，用户则可以按规定的路线站点及规定的时间接货及提出配送要求。

采用这种方式有利于计划安排车辆及驾驶人员。在配送用户较多的地区，也可以免去过分复杂的配送要求所造成的配送组织工作及车辆安排的困难。对于用户来讲，既可以在一定路线、一定时间内进行选择，又可以有计划地安排接货力量。

(5) 即时配送。即时配送是指完全按照用户即时提出的时间、数量方面的配送要求，随即进行配送的方式。

这是一种比较特殊的配送，用户对配送的需求具有临时性、突发性，是要求配送方完全按照其所要求的时间、品种和数量随即进行配送的一种方式。这也是一种有很高灵活性的应急的配送方式，在实际的配送活动当中偶尔存在。

3. 按配送地点划分

按配送地点划分，主要有以下几种。

(1) 配送中心配送。其组织者是专职从事配送业务的配送中心，一般来说，其规模较大，功能齐备，配送能力较强，配送距离也较长，大都和用户有固定的配送关系。

(2) 配送点配送。配送点是在某一特定区域设置的专门从事该区域配送业务的网点。一般来说，配送点是配送中心的分支机构或下属机构，不独立对外进行商业活动，配送业务主要通过网络接受上级的指令，进行配送。业务的地理区域也较小，距离也较近，配送的品种、数量较少，一般为小件商品，配送设备主要为运输设备和必要的仓储设施。

(3) 仓库配送。即以仓库为地点而进行的配送。它是在保持仓库原有功能的前提下，增加配送功能。

(4) 商店配送。其组织者是通过企业的经营网点，一般与零售相结合，配送规模和半径都较小，大都是卖出即配送。这种情况在很多的超市、便利店经常存在。

(5) 生产企业配送。组织者是生产企业，一般来说，配送的产品往往都是自身生产的产品。例如，海尔集团旗下就有许多不同的电器专营店，它通过旗下的物流企业将不同的电器配送给不同的电器专营店。

此外，配送按专业化程度划分，有综合配送与专业配送；按经营形式划分，有销售配送、供应配送、代存代供配送和销售供应一体化配送；按加工程度划分，有加工配送和非加工配送；按配送模式分，有自营配送、共同配送、共用配送和第三方配送等。

6.1.3 配送作业流程

通常情况下，配送作业一般包括从备货→存储→分拣及配货→配装→配送运输→送达服务的作业流程。

1. 备货

是配送的准备工作或基础工作，备货工作包括筹集货源、订货或购货、集货、进货及有关的质量检查、结算、交接等。配送的优势之一，就是可以集中用户的需求进行一定规模的备货。

2. 储存

配送中的储存有储备及暂存两种形态。一种储存形态是储备，是按一定时期的配送经营要求，形成的对配送的资源保证，这种类型的储备数量较大。另一种储存形态是暂存，是具体执行配送时，按分拣配货要求，在理货场地所做的少量储存准备。

3. 分拣及配货

分拣及配货是完善送货、支持送货的准备性工作。有了分拣及配货就会大大提高送货服务水平，所以，分拣及配货是决定整个配送系统水平的关键要素。

4. 配装

如果多车辆对多个用户进行配送时，就存在如何集中不同用户的配送货物，进行搭配装载以充分利用运能、运力的问题，这就需要配装。和一般送货不同，通过配装送货可以大大提高送货水平及降低送货成本。所以，配装是现代配送不同于普通送货的重要之处。

5. 配送运输

配送运输属于运输中的末端运输、支线运输，和一般运输形态的主要区别在于：配送运输是较短距离、较小规模、频度较高的运输形式，一般以汽车为运输工具。配送运输由于配送的用户众多，而城市交通路线又较复杂，如何组合成最佳路线，如何使配装和路线有效搭配等，是配送运输的特点，也是难度较大的工作。因为配送运输考虑到时间、地点、距离、路线、货物、成本等诸多因素，它也是现代配送不同于普通送货的重要之处。

6. 送达服务

配好的货送达用户还不算配送工作的完结，这是因为送货和用户接货往往还会出现不协调，会使配送工作前功尽弃。因此，要圆满地实现运到之货的移交，并有效、方便地处理相关手续并完成结算，还应讲究卸货地点、卸货方式、签回单等。送达服务也是配送独具的特殊性，在送达服务中，也包括对回单及时完整率、完好交货率这些服务指标的考量。

当然，在实际配送活动中，也可能存在配送加工这一环节，尽管配送加工这一功能要素不具有普遍性，但往往也是有重要作用的功能要素。主要原因是通过配送加工，可以大大提高用户的满意程度。

在实际配送活动中，依据配送货物的性质、形式、包装的不同，经营的产品种类不同，配送的作业流程也不尽相同，可能有其独特之处。同时，某些有特殊性质、形状的货物会对配送存在特殊要求，例如对燃料油配送就不存在配货、配装的作业流程问题。

根据实践中某些有特殊性质、形状的货物的特征及对配送的要求，在配送的一般流程的基础上，又产生了配送的特殊流程。其作业程序有以下几种情形。

(1) 进货→储存→分拣→送货。
(2) 进货→储存→送货。
(3) 进货→加工→储存→分拣→配货→配装→送货。
(4) 进货→储存→加工→储存→装配→送货。

上面所提到的特殊配送流程中，(1)多为各类食品的配送流程，(2)多为煤炭等散货的配送流程，(3)多为木材、钢材等原材料的配送作业流程，(4)多为机电产品中的散件、配件的配送流程。

6.1.4 配送路线的确定

在配送路线的确定方面，至少存在两大经典问题：一个是 TSP 问题；另一个是 VRP 问题。

1. TSP 问题

TSP(Traveling Salesman Problem，旅行商问题)，也称为旅行推销员问题、货郎担问题、邮递员问题。TSP 问题在物流中的描述是对应一个物流配送公司，欲将 n 个客户的订货沿最短路线全部送到，如何确定最短路线？

TSP 问题最简单的求解方法是枚举法，但还包括精确算法、启发式算法、智能算法和图解法。精确算法是指运用运筹学中的分枝定界法、割平面法、网络流算法和运输规划算法；启发式算法主要包括最近的邻居法、最近的插入法和节约法等；智能算法主要包括遗传算法和神经网络算法等；图解法是在启发式算法基础上，基于地图或 GIS 的一种特殊的启发式算法。

2. VRP 问题

VRP(Vehicle Routing Problem，车辆路径问题)，该问题可以定义为：运输车辆从一个或多个设施到多个地理上分散的客户点，在满足一系列的约束条件下，优化设计一套货物流动的运输路线。该问题考虑了车辆的装载能力(如重量、体积等)、车辆的行程安排、用户的交货时间等条件。VRP 问题比 TSP 问题更加复杂，求解方法也包括上述提到的精确算法、启发式算法、智能算法和图解法。

当然，与 VRP 问题相对应的还有 VSP(Vehicle Scheduling Problem，车辆调度问题)问题。该问题可以描述为：通过组织的行车路线，能否使车辆在满足一定的约束条件(如需求量、发送量、车载装载能力限制、行程限制、用户交货时间限制等)下，有序地通过一系列供应点或需求点，达到诸如路程最短、费用最小以及耗费时间尽量少等目的。

由上面的 TSP 和 VRP 问题可以看出，配送不同于一般的运输。因此，在物流企业可接受的利润率和客户服务水平限制下开发最合理的物流配送路线非常重要。激烈的竞争以及其他经济因素(汽油、人工、设备等)也使得物流配送路线制定更加重要。

制定合理的配送路线，可使企业获益良多。比如，提前计划某一市场的配送并做合理安排，可以减少承运人的成本。再比如，如果托运人可以接受不在高峰期配送，承运人受到的限制就比较少，从而可以提高车辆的利用率并且减少设备成本。一般而言，承运人从合理的配送路线计划中得到的好处有：更高的车辆利用率、更高的服务水平、更低的运输成本、减少设备资金投入、更好的决策管理。对托运人而言，配送路线计划可以降低他们的成本并提高其所接受的服务水平。

确定配送路线的方法很多，总的原则是要实现效益最高、成本最低、路程最短、准时性高、运力运用合理等。

对于现实中各种各样的路线计划问题，可以把它们分为以下 3 种不同的类型：单一出发地和单一目的地，且出发地和目的地不同；多起点、多终点问题；起点与终点为同一地。

下面就现实中各种各样的配送路线计划问题分别讨论。

(1) 单一出发地和单一目的地。出发地和目的地都单一的配送路线计划问题可以看做一类网络规划问题，可以用运筹学的方法解决，其中最简单直接的解法是最短路线方法。

(2) 多起点、多终点问题。实际配送中常碰到有多个供应商供应给多个工厂的问题，或者把不同工厂生产的同一产品分配到不同客户处的问题，在这些问题中，起点和终点都不是单一的。在这类问题中，各供应点的供应量往往也有限制。

(3) 起点与终点为同一地。自有车辆配送时，车辆往往要回到起点。比较常见的情况是，车辆从一座仓库出发到不同的零售点送货并回到仓库，这一问题实际是出发地和目的地不同的问题的延伸，但相对而言更为复杂一些。它的目标是找到一个可以走过所有地点的最佳顺序使得总配送时间最少或距离最短。如果是由一辆车来完成所有点送货任务的这类问题，则它属于前面所讲到的 TSP 问题；如果是由多辆车来完成所有点送货任务的问题，则是属于多个旅行商问题(Multiple TSP)。

在实际配送中，一些具体的限制使得配送路线计划问题变得更为复杂，如：①有多辆配送车辆可以使用，每一配送车辆都有自己的容量和承载量限制；②部分或全部地点的开放时间都限制。

有了这些限制，配送路线计划和进度计划问题就很难找到最佳方案。实际操作中，通常是求助于简单易行的方法以得到问题的可行方案。

6.2 配送合理化

对于配送合理与否，不能简单判定，也很难有一个绝对的标准。无论是从物流企业角度还是从顾客角度看，它们的标准均是不一样的。有些配送站在局部角度看，其配送行为是合理的，但若站在更大的范围看，可能就是不合理的。目前，在物流活动中，配送不合理表现主要体现在经营观念、资源筹措、配送价格、送达方式、库存决策等多方面，并且不合理配送最终会反应到物流领域中的安全、成本、服务、效率等多方面。因此，在进行配送决策时要全面、综合考虑多方面因素，要尽量避免由于不合理配送出现所造成的经济损失。

6.2.1 配送合理化标志

关于配送合理化，目前国内外尚无一定的技术经济指标体系和判断方法，按一般认识，主要考虑以下标志。

(1) 库存标志。库存标志是判断配送合理与否的重要标志。一般以库存储备占用资金计算，而不以实际物资数量计算。库存标志的具体指标主要有两个：一是库存总量是否下降；二是库存周转速度与原来相比是否加快。

(2) 资金标志。实行配送合理化应有利于资金占用降低及资金运用的科学化。其具体判断标志主要表现：一是用于资源筹措所占用的流动资金总量，随储备总量下降及供应方式的改变而降低；二是资金周转是否加快；三是资金投向的改变，实行合理化配送后，资金必然应当从分散投入改为集中投入，以能增加调控作用。

(3) 成本和效益标志。总效益、宏观效益、微观效益、资源筹措成本都是判断配送合理化的重要标志。由于总效益及宏观效益难以计量，在实际判断时，常以按国家政策进行经营，完成国家税收及配送企业、用户的微观效益来判断。

(4) 供应保证标志。合理化配送的重要标志必须是提高而不是降低对用户的供应保证能力。供应保证能力表现在缺货次数必须下降、配送企业集中库存量有保证、即时配送的能力及速度有保证。但也要注意一点，如果供应保障能力过高，超过了实际的需要，也属于不合理。所以追求供应保障能力的合理化也是有限度的。

(5) 社会运力节约标志。社会运力使用的合理化是依靠送货运力的规划和整个配送系统的合理流程及与社会运输系统合理衔接实现的。

(6) 客户物流合理化标志。实行合理配送后，客户企业资源得以调整利用，其内部物流应更趋于合理。具体表现在：一是客户库存量、仓库面积、从事物流作业人员在减少，物流费用得以降低；二是物流技术手段不断提高，反应速度不断加快；三是物流方式更加有效，能有效衔接干线运输和末端运输，物流中转次数减少，物流损失减少，物流一致性得以加强。

6.2.2 配送合理化措施

借鉴国内外企业推行配送合理化的经验，推进配送合理化主要包括以下措施。

(1) 推行专业化配送。通过采用专业设备、设施及操作程序，降低配送过分综合化的复杂程度及难度，进而取得较好的配送效果。

(2) 推行加工配送。通过流通加工与配送有机结合，发挥流通加工与配送两方面优势，实现配送增值，产生更大的效益。同时，也可以加强与下游市场的紧密联系。

(3) 推行共同配送。通过共同配送，可以整合物流资源，以最近的路程、最低的配送成本完成配送，从而追求合理化，提高配送效率。

(4) 实行送取结合。配送企业与用户建立稳定、密切的协作关系。配送企业不仅成了用户的供应代理人，而且承担用户储存据点，甚至成为产品代销人。

(5) 推行准时配送系统。配送做到了准时，用户才有资源把握，可以放心地实施低库存或零库存，可以有效地安排接货的人力、物力，以追求最高效率的工作。从国外的经验看，准时供应配送系统是现在许多配送企业追求配送合理化的重要手段。

(6) 推行即时配送。即时配送是配送企业快速反应能力的具体化，是配送企业能力的真实体现。即时配送虽然成本较高，但它是整个配送合理化的重要保证手段。此外，如果用户实行零库存，即时配送也是重要保证手段。

6.3　配送中心功能及流程

6.3.1　配送中心含义与特点

1. 配送中心的含义

我国于2006年发布实施的《物流术语》国家标准(GB/T 18354—2006)中对配送中心的表述为：配送中心指从事配送业务的物流场所或组织。配送中心应基本符合下列要求。

(1) 主要为特定的用户服务。
(2) 配送功能健全。
(3) 辐射范围小。
(4) 多品种、小批量、多批次、短周期。
(5) 主要为末端顾客提供配送服务。

对配送中心的定义，国内外有不同的说法。如日本《物流手册》对配送中心的定义为："配送中心是从供应者手中接受多种大量货物，进行倒装、分类、保管、流通加工和情报处理等作业，然后按照众多需要者的订货要求备齐货物，以令人满意的服务水平进行配送的设施。"

日本《市场用语辞典》对配送中心的解释是："配送中心是一种物流结点，它不以储藏仓库这种单一形式出现，而是发挥配送职能的流通仓库，也称作基地、据点或流通中心。配送中心的目的是降低运输成本、减少销售机会的损失，为此建立设施、设备并开展经营、管理工作。"

学者王之泰在《物流学》一书中对配送中心的定义为："配送中心是从事货物配备(集货、加工、分货、拣选、配货)和组织对用户的送货，以高水平实现销售或供应的现代流通设施。"

总之，不管对配送中心的定义解释如何，配送中心是物流领域中社会分工、专业分工进一步细化的产物。现代配送中心与普通的仓库和传统的批发、储运企业相比，已经存在质的不同。传统仓库仅仅是储存商品，而配送中心绝不是被动地接受委托存放商品，它还起到集配作用，具有多样化的功能。和传统的批发、储运企业相比，配送中心在服务内容上由商流、物流的分离已经发展到商流、物流、信息流的有机结合。

2. 配送中心的特点

配送中心在运作上具有以下特点。

(1) 配送中心不仅仅是完成送货作业。在配送中心的配送业务中，除了送货作业外，还有拣选、分货、包装、分割、组配、配货等多项工作。

(2) 配送中心的配送作业依赖现代信息技术。现在配送中心离不开现代信息技术的支持，特别是订单管理系统、信息管理系统的支持。所以，建立和完善配送中心的信息系统对完成配送是十分重要的。配送中心的信息系统作为物流系统中的一种现代化的作业系统，它所起的作用是以往的送货系统无法比拟的。

(3) 配送中心的配送全过程有现代化技术和装备作保证。由于现代化技术和装备的采用,使配送中心的配送在规模、水平、效率、速度、质量等方面远远超过了以往的送货形式。值得一提的是,国外有些先进的配送中心,开始在配货方面使用语音技术,在配送中心的应用方面实现了更好的配货准确度和配货效率。

(4) 配送中心具有专业化的分工作业模式。配送中心的配送是一种专业化的分工作业,是大生产、专业化分工在流通领域的体现。例如,叉车工作、分拣工作与配货工作虽然是不同的分工作业,但却可以实现专业化协作。

6.3.2 配送中心的功能

配送中心不仅是从事配送业务的物流场所或组织,它又是集加工、理货、送货等多种职能于一体的物流结点。它的主要功能有:存储功能、分拣功能、集散功能、衔接功能、配送加工功能、信息处理功能等。

1. 存储功能

配送中心的服务对象是为数众多的生产企业和商业网点,如超市和连锁店,其主要职能是按照用户的要求及时将各种配装好的货物送交到用户手中,满足生产需要和消费需要。为了顺利而有序地完成任务及更好地发挥保障生产和消费需要的作用,通常,配送中心都要兴建现代化的仓库并配备一定数量的仓储设备,存储一定数量的商品。某些区域性大型配送中心和开展代理交货配送业务的配送中心,不但要在配送货物的过程中存储货物,而且它所存储的货物数量更大、品种更多。

2. 分拣功能

作为物流结点的配送中心,其服务对象是为数众多的企业或零售商。在这些为数众多的客户中,彼此之间存在着很多差别,不仅各自的经营性质、产品性质不尽相同,而且其经营规模和经营管理水平也不一样。在订货或进货的时候,不同的客户对于货物的种类、规格、数量等会提出不同的要求。面对这种情况,为了有效地进行配送,配送中心必须采取适当的方式对组织进来的货物进行拣选,按照配送计划分装和配装货物。这样,在商品流通实践中,配送中心除了能够存储货物,具有存储功能以外,它还有分拣货物的功能,能发挥分拣中心的作用。

3. 集散功能

在一个大的物流系统中,配送中心凭借其特殊的地位和以其拥有的各种先进的设施和设备,能够将分散在各个生产企业的产品集中到一起,经过分拣、配装,向多家用户发运。配送中心也可以把各个用户所需要的多种货物有效地组合(或配装)在一起,形成经济、合理的货载批量。配送中心在流通实践中所表现出的这种功能亦即(货物)集散功能,也有人把它称为配货、分放功能。

4. 衔接功能

通过开展货物配送活动,配送中心能把各种工业品和农产品直接运送到用户手中,客观上可以起到媒介生产和消费的作用。这是配送中心衔接功能的一种重要表现。此外,通过集货和存储货物,配送中心又有平衡供求的作用,由此,能有效地解决季节性货物的产需衔接问题。这是配送中心衔接功能的另一种表现。

5. 流通加工功能

为了扩大经营范围和提高配送水平，目前，国内外许多配送中心都配备了各种加工设备，由此而形成了一定的流通加工能力。这些配送组织能够按照用户提出的要求和根据合理配送商品的原则，将组织进来的货物加工成一定的规格、尺寸和形状，由此而形成了加工功能。

6. 信息处理功能

配送中心连接着物流干线和配送，直接面对产品的供需双方，因而不仅是实物的连接，更重要的是信息的传递和处理，包括在配送中心的信息生成和交换。配送中心只有具备完善的信息功能，才能把内部的各种作业环节有效地衔接、协调起来，才能和客户进行更好的信息沟通和交流。

6.3.3 配送中心的类型

配送中心是基于拓展市场和促进物流合理化的需要而发展起来的，是物流领域社会分工的进一步细化的产物。在实践中，形成了各种各样的物流配送中心，其主要类型有以下几类。

1. 专业配送中心

专业配送中心主要有两层含义：一是配送对象、配送技术属于某一专业范畴，在某一专业范畴有一定的综合性，综合这一专业的多种物资进行配送；二是配送中心具有专业化职能，基本属于专业从事配送业务的服务型配送中心。

2. 柔性配送中心

这种配送中心不向固定化、专业化方向发展，而向能随时变化、对用户要求有很强适应性、不固定供需关系、不断发展配送用户和改变配送用户的方向发展。

3. 供应配送中心

供应配送中心指专门为某个或几个大型生产企业、大型连锁超市等提供组织供应的配送中心。

4. 销售配送中心

它是以销售经营为目的，以配送为手段的配送中心。销售配送中心主要有以下 3 种类型。

(1) 生产企业为销售本企业产品而建立的配送中心。

(2) 流通企业作为本身经营的一种方式，建立配送中心以扩大销售。

(3) 流通企业和生产企业的联合协作型配送中心。

5. 城市配送中心

它是以城市作为配送区域范围的配送中心。由于城市范围一般处于汽车运输的经济里程，这种配送中心可直接配送到最终用户。城市配送中心往往和零售经营相结合，由于运距短，反应能力强，因而，从事多品种、少批量、多用户的配送较有优势。

6. 区域配送中心

它是具有较强的辐射能力和库存准备，向省(州)际、全国乃至国际范围的用户配送货物的配送中心。这种配送中心配送规模较大，用户较多，配送批量也较大，经营不一，既可以配送给下一级的城市配送中心，也可以配送给营业所、商店、批发商和企业用户。虽然从事零星的配送，但不是主体形式。

7. 储存型配送中心

它是一种具有很强储存功能的配送中心。这种类型的配送中心主要是为了确保用户和下游配送中心的货源而建立的，可以起到较强的蓄水池作用。

8. 流通型配送中心

这种配送中心基本上没有长期储存功能，是一种仅以暂存或随进随出方式进行配货、送货的配送中心。这种配送中心的典型方式是：大量货物整进并按一定批量零出，采用大型分货机，进货时直接进入分货机传送带，分送到各用户货位或直接分送到配送汽车上，货物在配送中心里仅做少许停留。

6.3.4 配送中心作业流程及管理

上文提到了许多不同类型的配送中心，它们的作业流程是不一样的。一般来说，一个综合型的配送中心的作业流程是：接受订单—从供应商进货—接货—验收入库—分拣—存储—加工—包装—装盘—配装—送货。与配送中心的作业流程相对应，配送中心的作业管理主要有订单管理、进货管理、储存管理、理货管理、配装管理和送货管理等内容。

1. 订单管理

无论从事何种货物配送活动，配送中心都有明确的服务对象。换言之，无论何种类型的配送中心，其经营活动都是有目的的经济活动。按照惯例，接受配送服务的各个客户一般都要在规定的时间以前将订货单通知给配送中心，以此来确定所要配送货物的种类、规格、数量和配送时间等。收取和汇总客户的订单是配送中心组织和调度诸如进货、理货、送货等活动的重要依据，是配送中心作业流程的开端。

2. 进货管理

根据配送中心的进货流程，其主要侧重于以下作业环节管理。

1) 订货

配送中心收到和汇总客户的订货单后，首先要确定配送货物的种类和数量，然后要查询本系统现有库存商品中有无所需的现货。如有现货，则转入拣选流程；如果没有，或虽有现货但数量不足，则要及时向供应商发出订单，进行订货。有时，配送中心也根据各客户需求情况、商品销售情况以及与供货商签订的协议，提前订货，以备接货、发货。通常，在商品资源宽裕的条件下，配送中心向供应商发出订单之后，后者会根据订单的要求很快组织供货，配送中心的有关人员接到货物以后，需要在送货单上签收，继而对货物进行检验。

2) 验收

即采取一定的手段对接收的货物进行检验。若接收的货物与订货合同要求相符，则很快转入下一道工序;若不符合订货合同要求,配送中心将详细记载差错情况,并且拒收不合格货物。按照规定,质量不合格的商品将由供应商负责处理。

3) 分拣

即对于供应商送交来的商品,经过有关部门验收之后,配送中心的工作人员按照类别、品种将其分门别类地存放到指定的场地,或直接进行下一步操作——分工和选拣。分拣工作是科学进行库存管理和确保理货顺利进行的必要条件。

3. 储存管理

储存管理的主要目的是加强商品养护,确保商品质量安全,同时还要加强储位合理化工作和储存商品的数量管理工作。商品储位可根据商品属性、周转率、理货单位等因素来确定。储存商品的数量则需依靠健全的商品账务制度和盘点制度来进行管理。商品储位是否合理、储存商品的数量是否精确将直接影响商品配送作业效率。

4. 理货管理

理货作业是配货作业最主要的前置工作。配送中心接到配送指示后,应及时组织人员,按照顾客要求、储位区域、出货先后顺序、配送车辆、送货单位等,把配送货物整理出来,经复核人员确认无误后,放置到暂存区,以准备装车发运。理货作业的主要方式:一是"摘果方式",即搬运车辆巡回于保管场所,按照配送要求从每个货位或货架上挑选出货物,然后将配好的货物放置到发货场所所指定的位置或直接向客户发货;二是"播种方式",即将需要配送的数量较多的同种物资集中搬运到发货场所,然后按每一货位所需货物数量放置,直至配货完毕。

5. 配装管理

为了充分利用载货车辆的容积和提高运输效率,配送中心常常把同一条送货路线上不同客户的货物组织起来,配装在同一辆载货车上,这就是配装作业。和一般送货不同之处在于:通过配装送货,可以充分利用车辆的容积和载重量,做到满载满装,从而大大提高送货水平及降低送货成本。简单的配装可以用手工计算,但在配送货物、车辆种类较多的情况下,可以借助计算机软件程序进行配装数据处理。在装车时,要做到:①按送货点的先后顺序组织装车,先到的要放在混载货体的上面或外面,后到的要放在其下边或里面;②要做到重不压轻,"重者在下,轻者在上"。

6. 送货管理

送货管理是指根据制订的配送计划,按照客户的需要,现时的交通条件等,选择合理的配送时间、最佳的配送线路、配送频率,将货物安全、准确地送到客户指定的地点。

6.4 配送中心规划与设计

6.4.1 配送中心规划与设计概述

一般来讲,"配送中心规划"与"配送中心设计"是两个不同但容易混淆的概念,两者有密切的联系,但是也存在着很大的差别。在配送中心建设的过程中,如果将规划工作与设计工作相混淆，必然给实际工作带来许多不应有的困难。

配送中心规划属于配送中心建设项目的总体规划，是可行性研究的一部分，是关于配送中心建设的全面长远发展计划，强调宏观指导性；而配送中心设计则属于项目初步设计的一部分内容，是在一定的技术与经济条件下，对配送中心的建设预先制定详细方案，是项目施工图设计的依据，主要强调方案的微观可操作性。

在实践中，配送中心规划与设计通常是结合在一起进行的。

配送中心规划与设计应遵循以下基本原则。

(1) 根据系统理论，运用系统分析的方法求得规划与设计的整体优化。进行系统分析时要把定性分析、定量分析和个人经验分析等结合起来。

(2) 以流动的观点作为设施规划的出发点，并贯穿在设施规划的始终。因为企业的有效运行依赖于人流、物流、信息流的合理化。

(3) 从宏观(总体方案)到微观(每个部门、库房、车间)，又从微观到宏观的过程。例如布局设计，要先进行总体布局，再进行详细布局。而详细布局方案又要反馈到总体布局方案中去评价，再加以修正甚至从头做起。

(4) 减少或消除不必要的作业流程。这是提高企业生产率和减少消耗最有效的方法之一。只有在时间上缩短作业周期，空间上少占有面积，物料上减少停留、搬运和库存，才能保证投入的资金最少、生产成本最低。

(5) 重视人的积极因素。作业地点的设计，实际是人、机、环境等的综合设计。要考虑为组织员工创造一个良好、舒适的工作环境。

6.4.2 配送中心规划与设计的内容

配送中心是一个系统工程，其规划与设计应从物流系统规划与设计、信息系统规划与设计、运营系统规划与设计 3 个方面进行，如图 6.1 所示。物流系统规划与设计包括设施布置规划与设计、物流设备规划与设计和作业方法规划与设计；信息系统规划与设计也就是对配送中心信息管理与决策支持系统的规划与设计；运营系统规划与设计包括组织机构、人员配备、作业标准和规范等的规划与设计。通过系统规划与设计，配送中心可实现高效化、信息化、标准化和制度化运作。

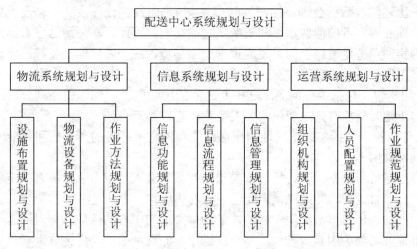

图 6.1 配送中心规划与设计的基本内容

6.4.3 配送中心选址

1. 配送中心选址条件

无论何种配送中心,其建设和发展都是受一定条件约束的,明确这些条件,可大大缩小配送中心选址的范围。影响配送中心选址的主要条件有以下几类。

(1) 自然环境。配送中心的建设选址首先要考虑气象、地质、水文和地形等自然条件,因为这些因素对配送中心的建设和运营会产生重要影响,如选址要避开风口,因为风会加速露天商品的老化。

(2) 经营环境。配送中心所在地区有无物流产业发展优惠政策,是否拥有数量充足的、素质又较高的劳动力等。

(3) 商品条件。配送中心配送的对象,即商品来源和去向的分布情况,历史、现在以及将来的预测和发展等。

(4) 运输条件。原则上配送中心的选址应尽可能接近交通运输枢纽,从而使配送中心成为物流过程中一个恰当的结点。

(5) 用地条件。主要考虑配送中心的占地是利用现有的土地,还是重新征地,现时土地征用价格如何,是否符合政府规划要求等。

(6) 功能要求。不同功能的配送中心,有着不同的选址要求。如仓储型的配送中心选址要有较充裕的土地空间;转运型的配送中心选址要求交通便利等。

(7) 环保要求。随着经济的发展,人们越来越注重环境的保护。配送中心的选址,要注意有关环境保护问题,以免日后因环保问题而陷入被动。

2. 配送中心选址论证

根据上述条件提出的各种候选地址,在最终确定之前,还必须对业务量、成本等进行大量的计算,通过对比以及实地考察论证提高决策的正确性,避免决策失误。一般而言,一个精确的论证必备以下资料。

(1) 业务量资料。包括供应商到配送中心之间的运输量;向分店或客户配送的商品量;配送中心保管的商品量;配送中心作业过程中需拣选、流通加工、包装等的业务量。应该说明的是,上述这些数据会因不同时期(季、月、周)而发生种种波动,也会受到商品生产者的生产周期和消费者的消费水平和消费形式的影响。因此,在使用这些数据时,既要分析和研究现实的业务量数据,同时还应根据流通环境、生产发展的变化等确定这些数据的预测值,以保证配送中心的运作有一定的"弹性"空间。

(2) 费用资料。包括供应商到配送中心之间的运输费用;配送中心到分店或客户的发货费用;与土地、设施有关的费用,如人工费、管理费等。

(3) 其他资料。包括各候选地址的配送路线和距离;必备的车辆数和作业人员数;装卸方式、装卸费用等。

在掌握上述资料的基础上,接下来要组织有关专业人员或专家采取有关定性和定量分析的方法进行项目论证,并最终确定配送中心的选址。

配送中心的选址有单一配送中心的选址和多个配送中心的选址。相对而言,单一配送中心的选址需要考虑的因素少一些;多个配送中心的选址除了考虑区位因素以外,还要考虑配送中心之间的网点布局关系。

6.4.4 配送网点布局

配送网点布局是指以企业的物流系统建设和经济效益为目标，用系统学的理论和系统工程的方法，综合考虑商品的供需状况、运输条件、自然环境等因素，对配送网点的设置、规模、供货范围等进行研究和设计。可见，这个定义是站在企业经营的角度来描述的，事实上，也可以站在宏观的角度来看待配送的网点布局问题，如发展社会化的共同配送体系等，只不过站在企业的视角上，主体更能明确一些。配送网点布局是企业物流系统建设中具有战略意义的投资决策问题，配送网点布局是否合理，不仅对企业的整个物流系统合理化意义重大，而且对整个社会的物流系统优化也发挥着积极作用。

一般来讲，企业配送网点布局主要应考虑以下问题。

1. 直达供货和中转供货的比例

在现实中，有的企业利用直销的方式进行直达供货，有的企业则直达供货和中转供货兼而有之。如果企业考虑面向分销市场自主建设企业的物流配送体系，则在配送网点布局中首先要考虑上述比例或者在规划中确定这一比例。

2. 目标区域内应设置配送网点的数目

根据历史上各种销售数据及科学的市场预测数据，并比照同行业中的企业或参考相关行业的发展经验，研究目标区域内配送网点建设的数目问题。数目要求既能满足现有的和潜在的销售需求，又能在一定的成本可控范围之内。

3. 配送网点的选址及渐次开发方案

配送网点布局建设是一个统筹规划、渐次开发的过程，除了配送中心的选址以外，还要考虑配送网点的建设规模(吞吐能力)及各网点的进货与供货关系等问题，甚至包括二级网点的建设等问题。

4. 配送网点的建设与维护费用

确定网点布局的模型时，通常是以系统总成本最低为目标函数，在建立模型时主要应考虑以下几项费用：网点建设投资，包括建筑物、设备和土地征用等费用；网点内部的固定费用，即网点设置以后的人员工资、固定资产折旧以及行政支出等；网点经营费用，即网点在经营过程中发生的费用，如进出库费、保管维护费等；运杂费，物资运输过程中所发生的费用，主要包括运价、途中换乘转装以及支垫物资等发生的费用。

在配送网点布局规划中研究和解决这些问题，一般先通过详细的系统调查，收集资料并进行系统分析，确定一些可能设置网点的备选地址，建立模型，然后对模型优化求解，最后进行方案评价并确定最佳布局方案。

概括而言，进行网点布局的常用方法可归纳为以下 3 类。

1) 解析方法

解析方法是通过数学模型进行物流网点布局的方法。采用这种方法，首先应根据问题的特征、外部条件和内在联系建立数学模型或图解模型，然后对模型求解，获得最佳布局方案。解析方法的特点是能获得精确的最优解。但是，这种方法对某些复杂问题难以建立起恰当的模型，或者由于模型太复杂，往往求解困难，或要付出相当高的代价。因而这种方法在实际应用中会受到一定的限制。采用解析方法建立的模型通常有微积分模型、线性规划模型和整数规划模型等。对某个问题究竟建立什么样的模型，要根据具体情况而定。

2) 模拟方法

网点布局的模拟方法是将实际问题用数学方程和逻辑关系的模型表示出来，然后通过模拟计算和逻辑推理确定最佳布局方案。这种方法比用数学模型寻找解析解简单。采用这种方法进行网点布局时，分析者必须提供预定的各种网点组合方案以供分析评价，从中找出最佳组合。因此，决策的效果依赖于分析者预定的组合方案是否接近最佳方案，这也是该方法的不足之处。

3) 启发式方法

启发式方法是针对模型的求解方法而言的，是一种逐次逼近最优解的方法。这种方法对所求得的解进行反复判断、实践修正，直至满意为止。启发式方法的特点是模型简单，需要进行方案组合的个数少，因此便于寻求最终答案。此方法虽不能保证得到最优解，但只要处理得当，可获得决策者满意的近似最优解。用启发式方法进行网点布局时，一般应包括以下几个步骤：定义一个计算总费用的方法；拟定判别准则；规定方案改选的途径；建立相应的模型；迭代求解。

6.4.5 配送中心功能布局设计

配送中心的功能布局设计是指根据预计的物流作业量和物流路线，确定配送中心各功能区域的面积和相对位置，最后得到配送中心总平面布局图的过程。一般来讲，配送中心的功能布局设计要经过以下程序，如图 6.2 所示。

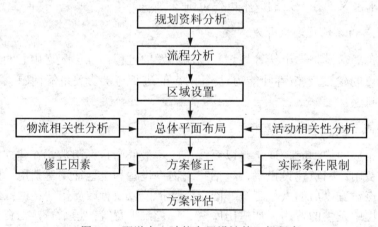

图 6.2　配送中心功能布局设计的一般程序

1. 规划资料分析

这里所说的规划资料分析，指的就是对配送中心规划中各项要素的分析。一般来讲，在配送中心筹建之初，就要围绕各项要素进行资料收集和分析，目的是为配送中心的后续规划提供依据。在配送中心规划要素中，配送对象或客户、配送货品种类、货品配送数量或库存量等要素的分析是最为重要的，通过分析能够得以确认配送的需求特性和出货特性。此外，还要进行物品特性分析，如保管特性、储存温度特性、价值特性等。这一分析往往决定了配送中心储存和作业区域的划分。最后，还要进行物品储运单位分析，也就是配送中心主要作业环节的基本储运单位分析，如托盘、箱子、单品。这一分析往往决定了配送中心的储存和搬运设备的配备。

2. 流程分析

流程分析主要针对拟将成立的配送中心的作业流程加以分析。流程分析的主要目的，一是要明确配送中心的主要作业流程；二是依照流程将货物加以归类，从而决定主要大类物品的储存区域和作业区域及进出的先后顺序。可见，流程分析是十分关键的，直接决定了物品的安置区域、流通加工的作业顺序以及配送中心内物流的流畅性。

3. 区域设置

配送中心的区域设置包括作业区域和辅助区域两个类别。作业区域主要是指进行有关物流作业的功能区域，如进货区域、理货区域、流通加工区域、保管区域等；辅助区域是指办公区、计算机房、维修间等起辅助支持性的区域。经过流程分析后，便可以针对配送中心的运行特性进行区域设置规划。

4. 物流相关性分析

完成配送中心的区域设置后，还要对配送中心各功能区域间的物流量进行分析，即汇总各项物流作业活动从某区域至另一区域的物料流量，进而分析各功能区域间的物流强度和物流相关性。如果各功能区域之间的物料搬运单位不同，则最好将其转化为相同单位，然后合并计算总的物流流量。最后，根据各功能区域间物流量的大小，在分析图表上用特定字母对其加以分级标识。

5. 活动相关性分析

这一分析是指对所有区域(包括辅助功能区域)业务活动的相关性加以分析，如功能上的关系、程序性关系、组织与管理上的关系、环境上的关系等。如果说上面的物流相关性分析是从"定量"角度入手分析各功能区域之间关系的，那么活动相关性分析可以说是从"定性"的角度入手的，其目的是要确定各功能区域之间的协调性和密切性。

6. 总体平面布局

在完成上述资料分析后，便可以进入总体平面布局阶段了。依据前面的流程分析及相关性分析，进行功能区域的合理化布局设计，包括作业区域的布局、行政活动区域的布局及相应的各种组合布局，并可以用绘图方法直接绘成总体平面布局图。对平面布局图可以做出几种方案，最后通过综合比较和评价选择一个最佳方案。

7. 方案修正

得到总体平面布局图以后，还要根据一些实际限制条件进行必要的修正与调整。可能的修正或调整因素有：基于建筑比例、容积率、绿化率及环保要求等限制因素的面积调整；配送中心厂房建筑的一些限制条件，如造型、跨距、梁高等限制；相关法规限制，如环卫、消防、建筑等法规限制；交通出入限制及所在区域的特殊限制等；其他因素，如资金预算限制、政策配合因素等。

8. 方案评估

如前所述，在布局规划设计阶段，通常需要针对不同的物流设备选择，分别制定功能区域布局方案，最后通过对各个方案进行比较评估，从中选择一个最优方案。并且，即使方案确定了，在实施中也可能会根据实际情况的变化进行必要的修正和调整，应该说，方案评估是穿插于反复修正过程之中的。

本 章 小 结

配送是物流的核心功能，也是现代物流与传统储运的区别标志之一。由于配送、配送中心的形成与发展，才使得物流中"流"的思想真正突出出来。

在配送过程中，配送的形式、种类很多。对于配送合理与否的判断，按一般认识，主要考虑的标志有：库存标志、资金标志、成本和效益标志、供应保证标志、社会运力节约标志、客户物流合理化标志。

配送中心不仅是从事配送业务的物流场所或组织，它又是集加工、理货、送货等多种职能于一体的物流结点。它的主要功能有：存储功能、分拣功能、集散功能、衔接功能、配送加工功能、信息处理功能等。

与配送中心的作业流程相对应，配送中心的作业管理主要有：订单管理、进货管理、储存管理、理货管理、配装管理和送货管理等。

配送中心规划属于配送中心建设项目的总体规划，是可行性研究的一部分，是关于配送中心建设的全面长远发展计划，强调宏观指导性；而配送中心设计则属于项目初步设计的一部分内容，是在一定的技术与经济条件下，对配送中心的建设预先制定详细方案，是项目施工图设计的依据，主要强调方案的微观可操作性。

配送中心规划与设计应从物流系统规划与设计、信息系统规划与设计、运营系统规划与设计 3 个方面进行。重点应做好配送中心选址、配送网点布局、配送中心的功能布局设计等工作。

关键术语

配送	配送流程	配送路线
配送合理化	配送中心	配送中心作业流程
配送中心管理	配送中心规划设计	

课堂讨论

1. 联系实际，请列举现实生活中不合理配送的例子。
2. 结合某一具体的配送中心，说明该配送中心的功能、所属的类型、作业流程等。

综合练习

1. 名词解释

配送；TSP 问题；VRP 问题；配送中心；柔性配送中心；销售配送中心；配送合理化；配送网点布局

2. 填空题

（1）配送按配送商品的种类及数量划分，主要有_____、_____、_____。按配送时间及数量划分，主要有_____、_____、_____、定时、定路线配送和即时配送 5 种。

（2）通常情况下，配送作业一般包括从备货→_____→_____→配装→配送运输→_____的作业流程。

（3）配送合理化标志主要包括_____、资金标志、_____、供应保证标志、_____和客户物流合理化标志等。

3. 简答题

（1）简述配送中心的一般作业流程。
（2）简述配送中心的功能。
（3）实施配送合理化的措施有哪些？
（4）影响配送中心选址的条件有哪些？
（5）企业配送网点布局应考虑哪些主要问题？

4. 论述题

（1）论述配送中心规划与设计的原则。
（2）结合实例论述配送中心的作业流程。
（3）论述配送中心规划与设计的程序。

案例分析

苏宁电器的物流配送

1. 背景介绍

苏宁电器成立于 1990 年 12 月，以"做百年苏宁"、"永不言败"的决心和精神，以"制度重于权力"、"合作共赢"的管理与经营理念，在激烈的市场竞争中不断拼搏进取、创新标准、超越竞争，现如今已经发展成为了中国家用电器流通领域的领军企业，是中国企业 500 强、中国上市公司竞争力 10 强、中国民营 500 强、民营企业上市公司 100 强、中国企业信息化 50 强以及中国商业科技 100 强，是国家商务部重点培育的"全国 15 家大型商业企业集团"之一。

截至目前，苏宁电器连锁网络覆盖中国内地 30 个省、300 多个城市、中国香港和日本连锁店，80 多个物流配送中心，3000 家售后网点，经营面积 500 万平方米，员工 13 万多人，年销售规模 1200 亿元，品牌价值 508.31 亿元。

自 2004 年以来，苏宁投入了总计约 10 亿资金自建物流体系，并基本上实现了自营物流配送。

当第三方物流已是大势所趋的时候，在目前家电业及零售业竞争压力巨大的情况下，苏宁没有选择第三方物流，而是选择耗巨资自建物流配送体系。目前国内大型连锁企业完全自营物流的现象并不多见，大多数的零售企业选择将配送业务廉价地外包给多家物流公司，而且希望通过与第三方物流公司的合作来提升自己的物流水平。例如百安居中国与新科安达、和黄天百、华宇等第三方物流公司合作，麦德龙中国在与新科安达合作的同时也兼顾了与大众新天天的合作。虽然目前零售企业与物流公司的合作并不能令人满意，很多零售企业出现了通过监控第三方物流公司与自营物流配送相结合的模式，但价格竞争的激烈还是让越来越多的零售企业选择将业务廉价地外包给第三方物流公司。

"自己做物流,服务更放心",对于很多人质疑苏宁的做法是"背道而驰"。苏宁则认为:"自己做物流更能提高服务质量,自营物流将成为苏宁在服务上的一大特色。目前家电业的价格竞争已经到达极限,单纯的价格竞争已经不具有优势,企业要继续发展只能靠服务领先。"

从成本方面来看,苏宁的内部人士曾透露:苏宁现在的物流成本不比第三方物流高,物流成本占销售额的1%左右。

2. 配送作业

苏宁电器致力于为消费者提供多品种、高品质、合理价格的产品和良好的售前、售中与售后服务,强调"品牌、价格、服务一步到位"。苏宁电器目前经营的商品包括空调、冰箱、彩电、音像、生活电器、通信、计算机、数码8个品类,近千个品牌,20多万个规格型号。

苏宁电器作为国内家电渠道率先上线Call Center的企业,全国50万次/天的电话沟通量,实现了直接面向用户为其提供从销售、安装、维修、保养到咨询、投诉和事后监督、回访等"一条龙"的服务。

苏宁电器的配送作业还是比较高效的。以杭州苏宁电器为例,它基本上对杭州地区终端顾客提供一天内送货上门服务,就连夏天高峰时间购买空调也是如此。针对空调类和其他一些大电器类,苏宁是存放在下沙的仓库中。以空调服务为例,顾客购买空调后,它的顾客服务过程如图6.3所示。

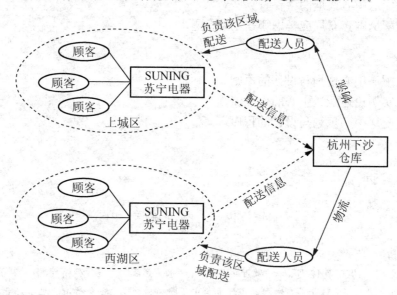

图6.3 杭州市苏宁电器配送作业过程

如果顾客的商品有什么维修方面的问题,则顾客直接与维修中心联系(顾客购买空调的存根单据上有维修中心的电话),维修中心会立即派人过来进行维修,其服务效率比较高效。

苏宁除了先后投资兴建了专业的服务中心和物流中心,苏宁还投资数千万元实施了ERP系统,通过计算机网络系统随时监控、管理库存和物流状态,以保证连锁网络内企业间主干流及连锁店最后1km配送任务的顺利完成。

如今,苏宁的服务已经实现了五大飞跃,从小企业到专业化分工、标准化作业,从单方管理到模块化管理,从单一的空调服务内容到多层次服务领域的渗透,从手工记录到信息的数据库管理,从分散的监督到全方位的监控,使得物流成为苏宁企业核心竞争力的一个重要体现。

资料来源:刘云霞,王富忠,彭鸿广.现代物流配送管理[M].北京:清华大学出版社,北京交通大学出版社,2009

思考分析题:
1. 苏宁电器的配送作业具有什么特点?
2. 通过查询相关资料,并结合本案例,试比较苏宁电器和国美电器是如何做到高效配送的。

第 7 章 物流信息管理

【本章教学要点】

知识要点	掌握程度	相关知识	应用方向
物流信息概述	掌握	物流信息含义、物流信息管理	弄清物流信息含义
物流信息技术	掌握	EDI、条形码与 POS 系统、RFID 技术、GIS 与 GPS 技术	掌握信息技术原理
物流信息系统的开发与设计	了解	信息系统的含义、结构、开发与设计	了解信息系统结构与开发设计步骤
物流信息系统的应用	熟悉	运输管理、仓储管理、配送管理信息系统	熟悉信息系统的实际应用

【本章教学目标与要求】

- 掌握物流信息含义；
- 了解物流信息管理方法与手段；
- 掌握 EDI、条形码与 POS 系统、RFID 技术、GIS 与 GPS 技术；
- 了解信息系统的含义与结构；
- 了解信息系统的开发与设计；
- 熟悉物流信息系统在运输管理、仓储管理与配送管理业务中的应用。

 导入案例

海尔的"过站式物流"

海尔自创的"一流三网","一流"即订单信息流;"三网"分别是:计算机信息网络、全球供应链网络和全球用户资源网络。"三网"同步运动,为订单信息流的增值提供支持。海尔物流通过它的"一流三网"实现了零库存、零距离、零运营资本的目标。

海尔打破了过去仓库的概念,把仓库变成一个只为下一站配送而暂停的站,所以也把它称作是"过站式物流"。海尔现在实施信息化管理,通过3个JIT(JIT采购、JIT原材料配送、JIT成品分拨物流),打通这些"水库",把它变成一条不断流动的河。

按照订单生产是解决库存问题的根本,同时利用完备的网络资源实现"三个零"的目标。没有订单的生产,其结果只能是生产库存,库存积压直接导致企业资金周转不灵。为解决没有市场的库存,其结果只能是降价,最终耗费掉企业宝贵的资源。现在的海尔,经销商下完订货单后,海尔的工作人员就将信息从商流工贸公司的信息系统终端输进海尔信息系统,完成对订单的上传。订单信息同时在相关部门的电脑终端上同时响应,并在推进本部的计算机终端上立即转化为生产订单。海尔物流立体仓库的中央控制中心随即将产品分解成配件需求,自动统计并排查配件库存,将海尔国际物流中心配件立体仓库已有和待采购的配件分类进行操作。

对库存紧缺的配件,系统自动生成采购订单,并显示在采购JIT工作人员的计算机终端上,根据采购订单实施网上JIT采购。这个信息同时将出现在原材料分供方的计算机终端上,分供方依托海尔的BBP系统(原材料网上采购系统),确认供货需求信息,并按要求配送到海尔物流立体仓库。立体仓库关于配件备齐的信息随即转化为生产申请,得到获准之后,信息即刻在海尔国际物流中心,即海尔物流中心的配件立体仓库的计算机终端上显现出来。通过JIT原材料配送操作,分别将配件送到预定的生产线工位上,柔性化的生产线在运转中根据系统指令实现生产自动切换,即可生产出满足客户订单需求的产品,产成品一下生产线,随即转运进入海尔国际物流中心成品立体仓库。全国主干线JIT成品分拨配送系统,在平均两天时间内将产品发运到42个遍布全国的海尔物流配送中心,各地配送中心再将经销商需求的产品配送到客户指定地点。这些配送操作在物流中心城市8小时到位,区域配送24小时到位。

信息系统消灭库存通过BBP系统交易平台来实现,海尔每个月平均接到8000多个销售订单,这些订单的品种达9000多个,需要采购的物料品种达26万余种。在这种复杂的情况下,海尔物流自整合以来,呆滞物资降低了73.8%,仓库面积减少50%,库存资金减少67%。海尔国际物流中心(海尔配件立体仓库)货区面积7200平方米,但它的吞吐量却相当于普通平面仓库的30万平方米。同样的工作,海尔物流中心只有10个叉车司机,而一般仓库完成这样的工作量至少需要上百人。因此,海尔仓库不再是储存物资的水库,而是一条流动的河。海尔物流从根本上消除了呆滞物资、消灭了库存。

资料来源:赵丽丽. 中外物流周刊[J]. 2005.12

当然上述过程的实现基于海尔完善的计算机网络,在这个网络中应用最彻底的是海尔的物流信息管理系统。这个系统采用了SAP公司提供的ERP系统和BBP系统。在企业外部,海尔的CRM(客户关系管理)和BBP电子商务平台的应用架起了与全球用户资源网、全球供应链网络沟通的桥梁,实现了与用户的零距离。从上述案例可以看到物流信息系统的应用对物流行业所带来的变革。

7.1 物流信息概述

现代物流是涉及社会经济生活各个方面错综复杂的社会大系统。由于受到外界环境众多因素的影响，如有关上级管理者的意见、供需状况的变化、运输能力等，物流系统应与系统外进行广泛信息交换，而研究物流信息成为物流系统中除商流、资金流外的重要内容。

1. 物流信息的含义

物流信息(Logistics Information)是指在物流活动进行中产生及使用的各种知识、资料、图像、数据和文件的总称，是物流活动内容、形式、过程以及发展变化的反映。具体分为物流内部信息和物流外部信息两大部分。物流内部信息是在物流活动内部发生的信息，包括物流作业层信息、物流控制层信息和物流管理层信息等。物流外部信息是在物流活动以外发生的，但能提供给物流活动内部使用的信息，包括供应商信息、客户信息、订货合同信息、运输信息、市场信息、政策信息，以及来自其他关联部门与物流有关的信息。因此，物流信息不仅作用于物流，也作用于商流，是流通过程中不可缺少的管理及决策依据。

由于物流信息是现代物流系统的重要支撑要素，因此物流信息技术就成了物流不可替代的基本功能之一，因为它与物流的其他功能有很大的差异，是物流其他功能实现最大价值所必须依赖的基础性功能，所以，物流的每一个基本功能都与物流信息技术有着紧密联系。

物流信息在物流活动中具有十分重要的作用，物流基本功能的顺利实现，整个物流系统的组织程度和有序程度，物流系统与外界相联系并与外界互动，都要靠物流信息来保障和支持。同时，物流的信息功能也是提升整个物流活动效率的关键因素。

2. 物流信息管理概述

1) 物流信息管理概念

物流信息管理(LIM)是指对物流信息资源进行统一规划与组织，并完成物流活动过程中信息的采集、处理、存储、传输和交换，实现物流信息资源共享和互动，从而使物流供应链各环节协调一致。物流信息管理包括信息处理技术、信息系统开发、信息系统分析和信息系统应用等。

2) 物流信息管理的特征

物流信息管理的特征主要包括以下几项。

(1) 把物流信息管理提升到组织战略高度，把信息视为企业战略资源。
(2) 强调物流信息管理不能单靠技术因素，还必须重视人文因素。
(3) 在企业管理中突出发挥信息资源的作用。
(4) 在管理组织上设立重要的岗位和独立的部门。

3) 物流信息管理层次

根据企业对物流信息系统应用程度的不同，物流信息管理可以划分为以下3个层次。

(1) 单一管理层次。即针对个别的信息处理活动，引入各种软件工具，实施针对性的信息系统管理。如全球定位系统(GPS)、地理信息系统(GIS)、电子标签(RFID)、自动识别软件、物流仿真软件以及各种通用的办公软件工具，如Office、企业邮箱及网站等。

(2) 部门管理层次。即针对物流企业的个别业务流程或管理职能,实施部门级的信息系统管理来优化和改善各业务流程或管理职能的运行。如运输管理系统(TMS)、仓储管理系统(WMS)、配送管理系统(DMS)、电子报关系统、网上跟踪查询系统、货主企业与第三方物流企业之间的数据对接平台等。

(3) 综合管理层次。即是针对整个物流企业的综合管理,实施企业级的信息系统管理。如物流企业专用的生产管理系统、管理信息系统、客户关系管理系统等。此外,物流企业需要跨越部门的界限,实现各个部门的数据和信息的互联互通,并在此基础上,实现信息的集中查询和集中交换。

图 7.1 所示为物流信息管理流程。

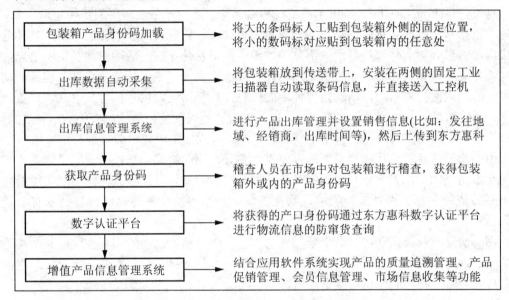

图 7.1 物流信息管理流程

7.2 物流信息技术

物流信息技术作为现代信息技术的重要组成部分,从构成要素上看可以分为以下 4 个方面。

1. 物流信息基础技术

即有关元件、器件的制造技术,它是整个信息技术的基础。包括微电子技术、光子技术、光电子技术、分子电子技术等。

2. 物流信息系统技术

即有关物流信息的采集、处理、储存、传输和交换的设备与系统,它是整个信息技术的核心。包括物流信息采集技术、物流处理传输技术、物流信息储存技术、物流信息传输技术及物流信息交换技术等。

3. 物流信息应用技术

即基于管理信息系统(MIS)技术、优化技术和计算机集成制造系统(CIMS)技术而设计出的各种物流自动化设备和物流信息管理系统,它是信息技术在应用领域的重要体现。如自动化分拣与传输设备、自动导引车(AGV)、集装箱自动装卸设备、仓储管理系统、运输管理系统、配送优化系统、全球定位系统、地理信息系统等。

4. 物流信息安全技术

即确保物流信息安全的技术,它是整个信息技术顺利实施的保障。包括密码技术、防火墙技术、病毒防治技术、身份鉴别技术、访问控制技术、备份与恢复技术和数据库安全技术等。

下面主要从物流信息系统技术方面进行阐述。

7.2.1 EDI 电子数据交换技术

1. EDI 的概念

EDI(Electronic Data Interchange)中文为"电子数据交换",港、澳及海外华人地区又称作"电子资料联通"。它是指通过计算机通信网络将贸易、物流、保险、银行和海关等行业信息,用一种国际公认的标准格式,实现有关部门或公司与企业之间的数据交换与处理,并完成贸易过程的电子化手段。国际标准化组织(ISO)将 EDI 描述成"将贸易(商业)或行政事务处理按照一个公认的标准变成结构化的事务处理或信息数据格式,从计算机到计算机的电子传输。"又由于使用 EDI 可以减少甚至消除贸易过程中的纸质文件,因此 EDI 又被通俗地称为"无纸贸易"。EOI 的结构图如图 7.2 所示。

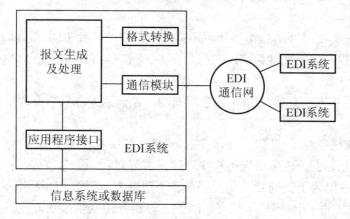

图 7.2 EDI 结构图

2. EDI 的分类

根据功能,EDI 可分为以下 4 类。

(1) 订货信息系统。最基本的 EDI 系统,又可称为贸易数据互换系统(Trade Data Interchange,TDI),即用电子数据文件来传输订单、发货票和各类通知。

(2) 电子金融汇兑系统(Electronic Fund Transfer,EFT)。最常用的 EDI 系统,即在银行和其他组织之间实行电子费用汇兑。

(3) 交互式应答系统(Interactive Query Response)。最常见的 EDI 系统,即在旅行社或航空公司中作为机票预定系统,通过询问旅客到达某一目的地的航班名称、时间、票价或其他信息,从而确定其所要的航班,打印机票。

(4) EDI 系统自带的图形资料自动传输功能。最常见的是计算机辅助设计(Computer Aided Design，CAD)图形的自动传输。

3. EDI 的应用

一个传统企业简单的购货贸易过程可以描述为：买方向卖方提出订单；卖方得到订单后，就进行它内部的纸张文字票据(包括发货票等)处理，准备发货；买方在收到货和发货票之后，开出支票，寄给卖方；卖方持支票到银行兑现；银行再开出一个票据，确认这笔款项的汇兑。

而一个现代企业采用 EDI 系统的目的就是要把上述买卖双方在贸易处理过程中产生的纸质单证由 EDI 通信网来传送，并由计算机自动完成全部或大部分处理过程。如该企业收到一份 EDI 订单，则系统自动处理该订单，检查订单是否符合要求；然后通知企业内部管理系统安排生产；向零配件供销商订购零配件等；有关部门申请进出口许可证；通知银行并给订货方开出 EDI 发票；向保险公司申请保险单等。总之，一个真正意义上的 EDI 系统是将订单、发货、报关、商检和银行结算合成一体，从而大大加快了贸易的全过程。

4. EDI 的有关标准

标准化工作是 EDI 顺利实施的前提和基础。EDI 标准包括 EDI 网络通信标准、EDI 处理标准、EDI 联系标准和 EDI 语义语法标准等。

(1) EDI 网络通信标准是要解决 EDI 网络建立的通信网络协议问题，以保证各类 EDI 用户系统之间的互联。目前国际上主要采用 MHX(X.400)作为 EDI 通信网络协议，以产生 EDI 通信支撑环境。

(2) EDI 处理标准是要解决不同地域不同行业存在的各种 EDI 报文问题，研究相互共有的"公共元素报文"的处理标准。它与数据库、管理信息系统(如 MPRII)等接口的相互关联。

(3) EDI 联系标准是要解决 EDI 用户所属的其他信息管理系统或数据库与 EDI 系统之间的接口互通问题。

(4) EDI 语义语法标准(又称 EDI 报文标准)是要解决各种报文类型格式、数据元编码、字符集和语法规则以及报表生成应用程序设计语言等问题。因此，它又是 EDI 技术的核心。

目前，世界各国为了促进 EDI 的发展都在不遗余力地促进 EDI 标准的国际化，以求最大限度地发挥 EDI 的作用。国际上最有名的 EDI 标准是由联合国欧洲经济委员会(UN/ECE)下属第四工作组(WP4)于 1986 年制定的《用于行政管理、商业和运输的电子数据互换》标准——EDIFACT(Electronic Data Interchange For Administration, Commerce and Trans－Port)标准，已被国际标准化组织 ISO 接收为国际标准，编号为 ISO9735。此外，广泛应用于北美地区的 EDI 标准是由美国国家标准化协会(ANSI)X.12 鉴定委员会(AXCS.12)于 1985 年制定的 ANSI X.12 标准。

7.2.2 条形码与 POS 系统

1. 条形码

1) 条形码的概念

条形码或条码(Barcode)通常是指将宽度不等的多个黑条和空白，按照一定的编码规则排列，用以表达一组信息的图形标识符。条形码可以标出所标识物品的生产国、制造厂家、商品名称、生产日期、图书分类号、邮件起止地点、类别、日期等许多信息，因而在商品流通、图书管理、邮政管理和银行系统等许多领域都得到了广泛的应用，如图 7.3 所示。

图 7.3　条形码

2) 条形码的识别原理

条形码的识别就是将按照一定规则编译出来的条形码转换成有意义的信息，条形码的识别需要经过扫描和译码两个过程。首先，物体的颜色是由其反射光的类型决定的，白色物体能反射各种波长的可见光，黑色物体则吸收各种波长的可见光，所以当条形码扫描器光源发出的光在条形码上反射后，反射光照射到条码扫描器内部的光电转换器上，光电转换器根据强弱不同的反射光信号，将其转换成相应的电信号。电信号输出到条码扫描器的放大电路得到增强后，再送到整形电路将模拟信号转换成数字信号。由于白条和黑条的宽度不同，相应的电信号持续时间的长短也不同。然后译码器通过测量脉冲数字电信号 0，1 的数目来判别条和空的数目，与测量 0，1 信号持续的时间来判别条和空的宽度，然而此时得到的数据是杂乱无章的。接着需根据对应的编码规则(如 EAN-13 码)，将条形符号换成相应的数字、字符信息。最后，经过计算机系统的数据处理与管理后，便能识别物品的详细信息了。

3) 条形码的优越性

(1) 可靠性强。条形码的读取准确率远远超过人工记录，平均每 15000 个字符才会出现一个错误。

(2) 效率高。条形码的读取速度很快，相当于每秒 40 个字符。

(3) 成本低。与其他自动化识别技术相比，条形码技术仅仅需要一小张贴纸和相对构造简单的光学扫描仪，成本相当低廉。

(4) 易于制作。条形码的编写很简单，制作也仅仅需要印刷，被称作为"可印刷的计算机语言"。

(5) 易于操作。条形码识别设备的构造简单，使用方便。

(6) 灵活实用。条形码符号可以手工键盘输入，也可以和有关设备组成识别系统实现自动化识别，还可和其他控制设备联系起来实现整个系统的自动化管理。

4) 条形码的构成

条形码一般是由静区、起始字符、数据字符与终止字符构成，特殊条码在数据字符与终止字符之间还有校验字符。以下为其具体概念。

(1) 静区是不携带任何信息的区域，起提示作用。

(2) 起始字符是第一位字符，具有特殊结构，当扫描器读取到该字符时，便开始正式读取条形码了。

(3) 数据字符是条形码的主要内容。

(4) 校验字符是检验读取到的数据是否正确。不同编码规则对应不同的校验规则。

(5) 终止字符是最后一位字符，具有特殊结构，用于告知条形码扫描完毕，同时还起到校验计算的作用。

5) 常用的商品条码介绍

目前世界上常用的码制有 ENA 条形码、UPC 条形码、二五条形码、交叉二五条形码、库德巴条形码、三九条形码和 128 条形码等，而商品上最常使用的就是 EAN 商品条形码。

EAN 商品条形码亦称通用商品条形码，由国际物品编码协会制定，通用于世界各地，是目前国际上使用最广泛的一种商品条形码。我国目前推广使用的正是这种商品条形码。EAN 商品条形码分为 EAN-13(标准版)和 EAN-8(缩短版)两种。

EAN-13 商品条形码的构成一般包括前缀码、厂商代码、商品代码和校验码。商品条形码中的前缀码是用来标识国家或地区的代码，由国际物品编码协会统一制定。如 00~09 代表美国、加拿大，45~49 代表日本，690~695 代表中国，471 代表我国台湾地区，489 代表我国香港特区，见表 7-1。

表 7-1 各国家或地区商品条形码中的前缀码

前缀码	国家或地区	前缀码	国家或地区
690~695	中华人民共和国	500~509	英国
489	中国香港特别行政区	880	韩国
958	中国澳门特别行政区	471	中国台湾
000~019；030~039；060~139	美国	754~755	加拿大
300~379	法国	888	新加坡
400~440	德国	978、979	图书
450~459；490~499	日本	020~029；040~049；200~299	店内码
460~469	俄罗斯	990~999 优惠券	优惠券

EAN-8 商品条形码是指用于标识的数字代码为 8 位的商品条形码，由 7 位数字表示的商品项目代码和 1 位数字表示的校验码组成。

6) 印刷制作条形码的要求

通常情况下，商品条形码的标准尺寸是 37.29mm×26.26mm，放大倍率是 0.8~2.0，但为满足识读要求应选择 1.0 倍率以上的条形码。

此外，条形码的识读与条形码的条、空的颜色对比度相关。通常采用白色、橙色、黄色等浅色作空的颜色，采用黑色、暗绿色、深棕色等深色作条的颜色。最佳的颜色搭配是白空黑条。根据条形码识读的实践经验，不宜采用透明色、金色作空的颜色，红色、浅黄色作条的颜色。

2. POS 系统

1) POS 系统的概念

POS 系统(Point of Sales)即销售时点信息系统。它是指通过自动读取设备(如收银机)在销售商品时直接读取商品销售信息(包括品名、单价、数量、时间、店铺等)，并通过通信网络和计算机系统传送至有关部门进行分析加工以提高经营管理效率的系统。POS 系统最早应用于零售业，以后逐渐扩展至其他服务行业，如金融、宾馆等。相应的，POS 系统的使用范围也从企业内部扩展到整个供应链。

2) POS 系统的结算步骤

POS 系统结算时通过以下步骤。

(1) 地方易货代理或特约客户的易货出纳系统，将买方会员的购买或消费金额输入到 POS 终端。

(2) 读卡器(POS 机)读取会员易货卡上磁条的认证数据、买方会员号码(密码)。

(3) 结算系统将所输入的数据送往中心的监管账户。

(4) 易货出纳系统对处理的结算数据确认后，由买方会员签字。买卖会员及易货代理或特约商户各留一份收据存根，易货代理或特约商户将其收据存根邮寄到易货公司。

(5) 易货公司确认买方已收到商品或相关服务后，结算中心划拨易换额度，完成结算过程。

3) POS 系统的功能

POS 系统的功能包括以下几点。

(1) 完善的各种前台销售功能。

(2) 便捷的各部门间货物的调拨。

(3) 强大的自动订货系统。

(4) 先进的出租柜台管理理念。

(5) 严格的系统权限管理。

4) POS 系统的优点

POS 系统具有传统作业方式不具备的优点，主要体现在以下几个方面。

(1) 节约了原来用于手写、保管各种单据的人工成本和时间成本。

(2) 简化了操作流程，提高了基层员工的工作效率和积极性。

(3) 提高了工作人员的正确性，省略了手工核对的工作量。

(4) 各级主管从繁重的传统式经营管理中解脱出来，并且有更多的时间从事于管理工作，工作重心逐渐转到管理上来，进一步提高了工作效率。

(5) 采购人员利用查询和报表，更直接、有效地获得商品情况，了解到商品是否畅销和滞销。

总之，管理者通过 POS 系统把握住了商品的进销存动态，可以对企业各种资源的流转进行更好的控制和发展。

3. 条形码和 POS 系统应用与经营管理模式

几年来，经过中国物品编码中心和全国各地分中心、系统集成商等有关方面的大力宣传、推广和实践，条形码和 POS 系统技术的应用已被越来越多的企业与个人所认识和接受，特别是条形码技术在商品流通管理中的应用取得了十分可喜的成绩，尤以食品、饮料、日化用品等商品的条形码普及率日益提高。为促进条形码和 POS 系统技术在商品流通管理中的应用，越来越多的商场、超市、连锁店、专卖店等正部分或全面地使用条形码管理商品。一些全面使用条码管理的大型商场和超市已在上海等大城市出现，成为条形码和 POS 系统技术在商品流通管理中应用的典范。

条形码技术在商品流通管理中的应用不仅可避免差错和提高工作效率，而且可提高经营管理水平；不仅可用于商品销售，而且可用于柜存管理和库存管理。利用便携式数据采集器，通过条码阅读器扫描，可快速、准确地进行柜存和库存盘点，然后送入 POS 系统，与 POS 系统中的数据进行比较后产生盘盈、盘亏表，因此，使用条形码和 POS 系统技术进行柜存和库存管理是实现仓库现代化管理模式的重要手段。

图 7.4 POS 系统终端

此外，条形码技术在商品扫描销售中的应用还促进了销售管理模式的改变。如上海的美美百货、时代广场等中外合资的商厦，摒弃了由顾客到收款台付款的传统管理模式，改由营业员代顾客到收款台付款，营业员或凭商品、或凭条码标签到收款台去扫描条码，收款员同时扫描营业员的工号条码，这样就废除了营业员开小票、收款员需输入营业员工号等烦琐做法，极大地提高了工作和服务效率。

POS 系统终端如图 7.4 所示。

7.2.3 RFID 射频技术

1. 射频识别技术的概念

射频识别技术(RFID)是从 20 世纪 80 年代起走向成熟的一项自动识别技术。它是利用射频信号通过空间耦合(交变磁场或电磁场)实现无接触信息传递并通过所传递的信息达到识别目的的技术，俗称电子标签。

据 Sanford C.Bernstein 公司的零售业分析师估计，通过采用 RFID 技术，沃尔玛(WALMART)每年可以节省 83.5 亿美元，其中大部分是因为不需要人工查看进货的条形码而节省的劳动力成本。尽管另外一些分析师认为 80 亿美元这个数字过于乐观，但毫无疑问，RFID 有助于解决零售业两个最大的难题，即商品断货和损耗(因盗窃和供应链被搅乱而损失的产品)，而现在单是盗窃这一项，沃尔玛一年的损失就差不多有 20 亿美元，如果一家合法企业的营业额能达到这个数字，就可在美国 1000 家最大企业的排行榜中名列第 694 位。研究机构估计，RFID 技术能够帮助把失窃和存货水平降低 25%。

2. RFID 的组成

RFID 是一种简单的无线系统，实际上是自动识别技术(Automatic Equipment Identification，AEI)在无线电技术方面的具体应用与发展。它只有两个基本器件，由一个询问器(或阅读器)和很多应答器(或标签)组成。

(1) 阅读器(Reader)。读取或写入标签信息的设备，可设计为手持式或固定式。

(2) 标签(Tag)。又称为应答器。由耦合元件及芯片组成，每个标签具有唯一的电子编码，附着在物体上标识目标对象。

(3) 天线(Antenna)：在阅读器和标签间传递射频信号。

3. RFID 技术的基本工作原理

RFID 技术的基本思想是通过采用一些先进的技术手段，实现人们对设备、人员及其他各类物体在移动、静止或恶劣环境下的自动识别和管理。RFID 技术的基本工作原理是标签进入磁场后，接收阅读器发出的射频信号，凭借感应电流所获得的能量发送出存储在芯片中的产品信息(Passive Tag，无源标签或被动标签)，或者主动发送某一频率的信号(Active Tag，有源标签或主动标签)，阅读器读取信息并解码后，送至中央信息系统进行有关数据处理。

从 RFID 卡片阅读器及电子标签之间的通信及能量感应方式来看，RFID 技术大致上可以分成感应偶合(IC)及后向散射偶合(BC)两种。一般低频的 RFID 大都采用第一种方式，而较高频大多采用第二种方式。

4. RFID 技术的典型应用

国外 RFID 技术已被广泛应用于工业和商业自动化等众多领域,其应用范围主要在以下几个典型环节。

(1) 物流和供应链的管理。
(2) 生产制造和装配。
(3) 航空包班管理和行李处理。
(4) 邮件/快运包裹处理。
(5) 文档追踪/图书馆管理。
(6) 运动计时。
(7) 门禁控制/电子门票。
(8) 路自动收费。
(9) 商品、证件的防伪和贵重物品的防盗。
(10) 其他,如动物身份标识等。

总之,RFID 技术的应用不仅给生产、零售等产业带来了革命性的变化,也对物流流程的运营管理产生了重大影响,并将对未来世界的经济和贸易产生巨大的影响。

图 7.5 所示为 PFID 与电子商务流程。

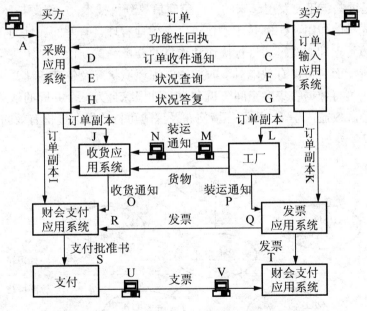

图 7.5 RFID 与电子商务流程

7.2.4 GIS 技术

1. GIS 的概念

GIS(Geographic Information Systems,地理信息系统)是多种学科交叉的产物,它以地理空间为基础,采用地理模型分析方法,实施提供多种空间和动态的地理信息,是一种为地理研究和地理决策服务的计算机技术系统。其基本功能是将表格型数据(无论它来自数据库,电子表格文件或直接在程序中输入)转换为地理图形显示,然后对显示结果进行浏览、操作和分析。其显示范围可以从洲际地图到非常详细的街区地图,现实对象包括人口、销售情况、运输线路以及其他相关内容,如图7.6所示。

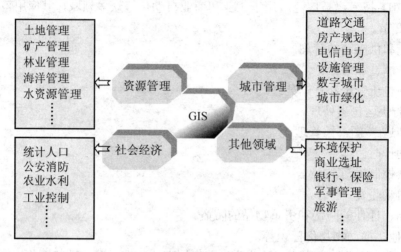

图7.6　GIS应用领域

2. GIS技术的应用

GIS技术是近些年迅速发展起来的一门空间信息分析技术,在资源与环境应用领域中,它发挥着技术先导的作用。GIS技术不仅可以有效地管理具有空间属性的各种资源环境信息,对资源环境管理和实践模式进行快速和重复的分析测试,便于制定决策、进行科学和政策的标准评价,而且可以有效地对多时期的资源环境状况及生产活动变化进行动态监测和分析比较,也可将数据收集、空间分析和决策过程综合为一个共同的信息流,明显地提高工作效率和经济效益,为解决资源环境问题及保障可持续发展提供有效的技术支持。GIS应用模式如图7.7所示。

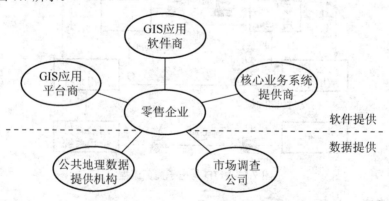

图7.7　GIS应用模式

GIS技术在资源环境领域的应用十分广泛,包括国土资源决策管理,农业生态环境监测,区域农业可持续发展研究,林地使用状况,植被分布特征,森林资源监测,土地利用规划,土地覆盖动态监测,生态环境调查、监测、评价,资源环境状况动态变化、开发利用及监督、治理、跟踪等众多方面。目前,我国GIS在一些资源环境管理领域已得到了应用,如林业领域已经建立了森林资源地理信息系统、荒漠化监测地理信息系统、湿地保护地理信息系统等;农业领域已经建立了我国土壤地理信息系统、草地生态监测地理信息系统等;水利领域的流域水资源管理信息系统、各种灌区地理信息系统、全国水资源地理信息系统等;海洋领域的海洋渔业资源地理信息系统、海洋矿产地理信息系统等;土地领域建立了土地资源地理信息系统、矿产资源地理信息系统等。这些地理信息系统在资源环境管理方面发挥了一定的作用。

在物流信息管理中,GIS 主要应用于数字物流的建立、物流分析与模拟、交通指挥与控制、道路路况管理等方面。

3. GIS 应用的主要问题

GIS 技术在环境资源领域取得进展的同时,不可否认 GIS 的应用还存在诸多问题,主要表现在以下方面。

(1) 数据来源与数据质量难以保证。资源与环境问题涉及土壤学、环境学与地理学等各个学科领域,其影响因素复杂,需要数据量大且要求质量高。但是,现有数据由于数据来源不一、数据格式各异、年代不同等原因造成土地资源与生态环境数据质量难以保证,特别是数据格式不一使各地区的数据难以共享,严重影响了 GIS 的应用。此外,地理信息系统最基本的特点是每个数据项都有空间坐标,而传统的人工采集与野外调查数据空间定位能力差,并往往以点带面,不可避免地带来了各种误差。因此,数据来源与数据精度一直是 GIS 技术真正解决资源与环境问题的一个"瓶颈"。

(2) 应用水平低。目前的资源环境管理型地理信息系统,还停留在简单的资源浏览查询、制图及简单的分析水平上,而真正意义上以资源环境合理配置、决策支持方面的专业应用系统仍十分缺少。

(3) 功能没有充分发挥。管理者的认识水平、基础数据、模型方法欠缺等方面的限制,使 GIS 的空间分析功能在资源环境管理方面没有发挥出最大效益。

(4) 标准规范不统一、数据共享程度低。由于资源环境管理的专业性比较强,在相应 GIS 建立的过程中技术标准、数据交换标准、元数据标准等方面存在着很大的差别,使不同的信息系统之间难以共享。

(5) 集成化程度低。目前的许多资源环境管理 GIS 功能相对单一,系统结构开发性差,没有实现与全球定位系统、遥感信息的集成应用,难以满足现代资源环境管理向集成化、综合化方向发展的需要。

4. GIS 技术的发展趋势与建议

GIS 在资源环境领域的应用方兴未艾,现对其从技术、地理信息、经济社会的需求等方面进行分析,提出以下趋势及建议。

(1) 结合国家信息化推进工作,以电子政务相关工程为基础,推动 GIS 在资源环境管理中的推广应用。信息化建设已成为我国各级政府及企业的重要任务,GIS 在以资源、能力、生产、资金等空间综合配置、优化组合为目的的信息化建设中,可以发挥应有的作用,结合相关的应用工程,推动 GIS 的发展。

(2) 应用往专业化方向发展,功能由通用管理功能转向资源评估、监督、跟踪分析等专业功能方向发展。随着经济社会的发展,经济社会与资源环境之间的各方面的矛盾及问题逐渐暴露出来,这些问题在时间和空间上具有诸多的关联性,分析这些问题、提出合理的解决方案建议，需要功能更专业化的 GIS 软件系统的支持。

（3）支持多源、多尺度、多类型集成应用的软件平台工具的开发应用。信息获取技术的快速发展和多源化趋势，要求资源环境方面的 GIS 应能够接收、处理及分析多种来源、多尺度的地理信息。

（4）促进 3S 技术集成应用，推动专业技术及软件的发展。全球定位系统、遥感技术与 GIS 的集成应用已成为 GIS 软件发展的趋势之一，而这种应用的发展是在应用推动的基础上建立的，针对特定应用领域的集成化的 GIS 将成为资源环境领域 GIS 的发展方向，也是系统与业务结合的需要。

（5）开展专业应用系统开发建设，结合资源环境各领域的需求，开发多种专业化的 GIS。如针对生态保护区、生态功能区、地下水和生物资源等领域的专业性 GIS 软件与管理系统。

总之，GIS 技术在很多行业都有着广泛的应用，能支持与辅助专业人员在相关领域发展出更多的科学与社会成果。

7.2.5 GPS 技术

1. GPS 的概念

GPS(Global Positioning System)称为全球定位系统，是美国从 20 世纪 70 年代开始研制，于 1994 年全面建成，具有海、陆、空全方位实时三维导航与定位能力的新一代卫星导航与定位系统。现在，GPS 与现代通信技术相结合不仅使得测定地球表面三维坐标的方法从静态发展到动态，而且从数据后处理发展到实时的定位与导航，极大地扩展了应用广度和深度。

GPS 的基本定位原理是卫星不间断地发送自身的星历参数和时间信息，用户接收到这些信息后，经过计算求出接收机的三维位置、三维方向以及运动速度和时间信息，如图 7.8 所示。

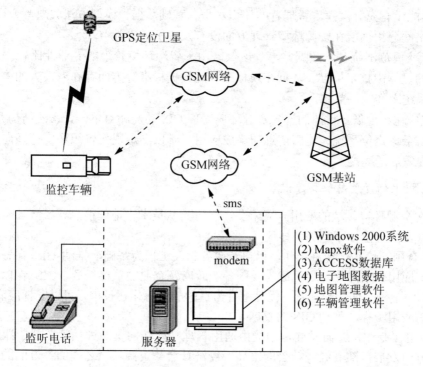

图 7.8　GPS 定位原理

2. GPS 系统的组成部分

GPS 是由空间部分、地面控制和用户设备等 3 个分构成的。

1) 空间部分

空间部分又称为 GPS 卫星星座,由 21 颗工作卫星和 3 颗在轨备用卫星组成。24 颗卫星均匀分布在 6 个轨道平面内,轨道倾角为 55°,各个轨道平面之间相距 60°,即轨道的升交点赤经各相差 60°。每个轨道平面内各颗卫星之间的升交角距相差 90°,一轨道平面上的卫星比西边相邻轨道平面上的相应卫星超前 30°。

2) 地面控制部分

地面控制部分又称为地面监控系统。对于导航定位来说,GPS 卫星是一动态已知点,卫星的位置是依据卫星发射的星历——描述卫星运动及其轨道的参数算得的,因此每颗 GPS 卫星所播发的星历是由地面监控系统提供的。地面监控系统除了监测和控制卫星上的各种设备的工作以及卫星运行的状态外,还须保持各颗卫星处于同一时间标准——GPS 时间系统,这就需要地面站监测各颗卫星的时间求出钟差,然后由地面注入站发给卫星,卫星再由导航电文发给用户设备。GPS 地面监控系统包括 1 个主控站、3 个注入站和 5 个监测站。

3) 用户设备部分

用户设备部分又称为 GPS 信号接收机。一个完整的 GPS 用户设备由接收机硬件和机内软件以及 GPS 数据的后处理软件包构成。GPS 接收机的结构分为天线单元和接收单元两大部分。对于测地型接收机来说,两个单元一般分成两个独立的部件,观测时将天线单元安置在测站上。接收单元置于测站附近的适当地方,用电缆线将两者连接成一个整体。也有的将天线单元和接收单元制作成一个整体,观测时将其安置在测站点上。

3. GPS 系统的特点

GPS 系统具有高精度、全天候、高效率、多功能、操作简便和应用广泛等特点。

(1) 定位精度高。应用实践已经证明 GPS 相对定位精度在 50km 以内可达 10~6;100~500km 可达 10~7;1000km 可达 10~9。

(2) 观测时间短。随着 GPS 系统的不断完善与软件的不断更新,目前相对静态定位在 20km 以内仅需 15~20 分钟;快速静态相对定位在 15km 以内仅需 1~2 分钟;可随时定位观测只需几秒钟。

(3) 测站间无需通视。GPS 测量不要求测站之间互相通视,只需测站上空开阔即可,因此可节省大量的造标费用。由于无需点间通视,点位置可根据需要可稀可密,使选点工作更为灵活,也可省去经典大地网中的传输点、过渡点的测量工作。

(4) 可提供三维坐标。经典大地测量将平面与高层采用不同的方法分别施测,GPS 可同时精确测定测站点的三维坐标。目前 GPS 水准可满足四等水准测量的精度。

(5) 操作简便。随着 GPS 接收机的不断改进,自动化程度越来越高,有的已达"傻瓜化"的程度。接收机的体积越来越小、重量越来越轻,极大地减轻了测量工作者的工作紧张程度和劳动强度,使野外工作变得轻松愉快。

(6) 全天候作业。目前 GPS 观测可在一天 24 小时内的任何时间进行,不受阴天黑夜、起雾刮风、下雨下雪等气候的影响。

(7) 功能多、应用广。GPS 系统不仅可用于测量、导航，还可用于测速、测时。测速的精度可达 0.1m/s，测时的精度可达几十 mμs。其应用领域不断扩大。

4. GPS 的用途

GPS 最初就是为军方提供精确定位而建立的，至今它仍然由美国军方控制。军用 GPS 产品主要用来确定并跟踪在野外行进中的士兵和装备的坐标，给海中的军舰导航，为军用飞机提供位置和导航信息等。

目前 GPS 系统的应用已经十分广泛，应用 GPS 信号可以进行海、空和陆地的导航、导弹的制导、地面车辆跟踪、城市智能交通管理、大地测量和工程测量的精密定位、时间的传递和速度的测量等。对于测绘领域，GPS 卫星定位技术已经用于建立高精度的全国性的大地测量控制网测定全球性的地球动态参数；用于建立陆地海洋大地测量基准进行高精度的海岛陆地联测以及海洋测绘；用于监测地球板块运动状态和地壳形变；用于工程测量，成为建立城市与工程控制网的主要手段。

目前，在物流领域，GPS 广泛应用于海空导航、实时监控、动态调度、货物跟踪、线路优化和智能运输等众多方面。一些 GPS 接收器还集成了收音机、无线电话和移动数据终端来适应现代物流管理发展的需要。

7.3 物流信息系统

物流信息系统是企业信息化的基础。它利用信息技术对物流中的各种信息进行实时、集中、统一的管理，使物流、资金流和信息流三者同步，及时反馈市场、客户和物流的动态管理，为客户提供实时的信息服务。

7.3.1 物流信息系统的含义

物流信息系统(Logistics Information System，LIS)是以系统为原则，以人为主导，以计算机和网络通信设施及其他相关设备为基础，进行物流信息的收集、传输、加工、储存、更新与维护，以物流企业战略竞优、提高效益与效率为目的，支持物流企业高层决策、中层控制、基层运作的集成化的人机系统。

根据《国家标准物流术语》的定义，物流信息系统是由人员、计算机硬件、软件、网络通信设备及其他办公设备组成的人机交互系统，其主要功能是进行物流信息的收集、存储、传输、加工整理、维护和输出，为物流管理者及其他组织管理人员提供战略、战术及运作决策的支持，以达到组织的战略竞优，提高物流运作的效率与效益。

物流信息系统就是将企业现有的 ERP 等系统或其他信息系统所产生的物流信息，通过互联网、局域网等与物流服务的对象进行完整的链接，以事实的、双向的数据传递方式，进行信息甚至作业的整合，从而提升物流效率与数据的准确性，创造新的附加值。物流信息系统的优势是人们可以把大量的事务性的工作交由计算机来完成，而从烦琐重复的工作中解放出来，有利于管理效率的提高。

从物流流程角度来看，物流系统包括运输系统、储存保管系统、装卸搬运系统、流通加工系统、物流信息系统等方面，其中物流信息系统是高层次的活动，是物流系统中最重要的方面之一，涉及运作体制、标准化、电子化及自动化等方面的问题。由于现代计算机及计算机网络的广泛应用，物流信息系统的发展有了一个坚实的基础，计算机技术、网络技术及相关的关系型数据库、条码技术、EDI 等技术的应用使得物流活动中的人工、重复劳动及错误发生率减少、效率增加、信息流转加速，使物流管理发生了巨大的变化。

7.3.2 物流信息系统结构

1. 物流信息系统基本结构

物流信息系统基本结构主要有以下几个组成部分。

1) 业务中心管理子系统

业务中心管理子系统实现物流业务的宏观控制与业务处理，在 Internet 上实现接单、发运、到站、签收等功能。并且各个业务部分可以在不同的地方以不同的用户身份通过互联网进入系统，然后进行业务数据的输入及上传订单。业务中心根据各级仓库、车队的现实情况，对仓库及车辆进行优化，发出合理调度指令进行宏观调度。

2) 运输管理子系统

运输管理子系统实现对运输业务进行的专业管理，提供短途运输、长途运输、火车运输、汽车运输、轮船运输和飞机运输等模式的管理。条码的应用使得物流与信息流始终一致，达到减少差错、全程管理及控制资源的目的。

3) 仓储管理子系统

仓储管理子系统实现针对多级仓库和异地分布仓库的全方位管理。条码技术与信息技术的结合可以帮助企业合理有效地利用仓库空间，高效地完成各种日常操作和管理工作。

4) GPS 跟踪及查询子系统

通过接口设定，GPS 跟踪及查询子系统的跟踪模块可以跟市面上大多数的 GPS 服务商进行数据导入而获取车辆运输位置信息。此外，通过 GSM 短消息等手段还可以获取运输状态信息。因为采用条码，在每通过一次扫描时，系统都会记录说明货物已通过了这一结点，可使用户知道货物的大概位置。用户还可以通过 Internet 随时了解自己的物品是否发运、在途、到站、签收以及货品的达标率、破损率等信息。

5) 办公管理子系统

办公管理子系统实现对企业的人力资源、固定资产、运输车辆、仓库、办公设备、质量管理、员工培训、公司动态、公共信息等的无纸化管理，可降低办公成本、提高办公效率，使企业资源得到合理利用。

6) 财务管理子系统

财务管理子系统实现应收、应付、已收、已付等业务的财务管理，可根据需要提供针对其他财务软件的接口。

7) 决策支持子系统

通过各种报表和曲线图，决策支持子系统对客户、车辆、仓库、司机、地区、商品类别及其组合为主体对象进行统计分析，对企业的业务发展提供决策支持，使领导层能及时调整销售和服务策略。

8) 客户管理子系统

客户管理子系统对客户资源实行统一管理，优化业务代表与销售内勤之间的工作流程。建立客户反馈渠道、规范销售资料、提升客户的忠诚度与企业的信誉度。

9) ERP 接口子系统

ERP 接口子系统利用最新的 XDI 技术(物流数据交换技术)实现物流系统与客户的 ERP 或其他系统的连接。

2. 物流信息系统的总体结构

物流信息系统从总体上看应该是实现国内统一大市场、大贸易、大流通的信息系统，并且它还应与国际市场进行很好的连接，从而为国内、国际贸易和为正确引导商品生产和消费服务。

1) 销售物流子网

销售物流子网将现货信息、库存信息、未来需求信息集于一身，组织起产品的合理采购、运输、储存和销售。通过网络化信息，将生产企业连接起来，高效率地传递生产信息(生产合同、协议、取向)给生产企业，正确引导生产，向生产企业进行网上采购、电子付款。通过网络与消费子网相连，定期或不定期的主动给消费者发布产品信息，协助消费者选择产品，进行网上销售和售后服务。总之，销售物流子网是整个物流信息系统的核心。

2) 生产物流子网

生产物流子网通过网络实现对现货市场的了解，以销定产，签订电子合同，制订生产计划。通过网络了解原材料市场，"货比三家"，权衡利弊，制定原材料、能源、技术等的采购方案。当产品生产出来后，通知销售物流子网进行提货、电子付款和结算。

3) 消费物流子网

消费物流子网通过网络方便地进行产品查询、比较和购买。通过网络获得售后服务，并提出对未来产品的需求建议。

4) 调控物流子网

调控物流子网通过对销售子网的直接作用，将相关信息传递给消费物流子网，能对消费物流子网起到保证作用。在这里，调控对消费的作用是指调控通过销售实施监测、控制和调节，最终使消费物流畅通。

通过上述内容剖析当今社会再生产主动权的变化，认为物流信息系统应是以产品销售信息系统为核心的连接产品生产信息系统、产品消费信息系统和调控信息系统的 Internet 网络结构。并对物流信息系统中的传递关系作了初步的分析，强调了消费物流通过销售物流最终决定生产物流的关系。

图 7.9 所示为物流信息系统。

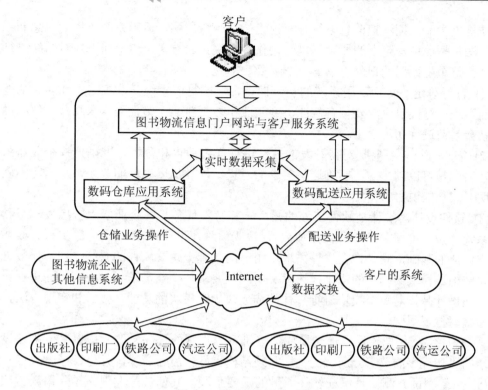

图 7.9 图书物流信息系统

7.3.3 物流信息系统开发

1. 物流信息系统开发原则

物流信息系统的开发应注重系统化分析、定量化模型与协调性等方面。由此，可以将系统开发原则归纳为以下几点。

(1) 系统性和逻辑性。运用系统思维方法，以确定开发目标和具体方案。

(2) 全面性和个性化。综合考虑系统的内、外环境与企业资源等条件，满足企业的个性化、定制化要求。

(3) 协调性和整体性。保证系统与环境间、子系统间及系统总体的协调性与整体性。

(4) 先进性和参与性。系统开发要立足原系统，高于原系统，并要充分考虑业务人员的积极参与。

2. 物流信息系统开发方法

物流信息系统的效率、质量、成本及用户的满意程度，除了受到管理、技术等方面的影响外，很大程度上还取决于系统开发方法的选择。目前常用的开发方法有结构化生命周期法、原形法、面向对象法、计算机辅助软件工程法和综合开发法等。下面以结构生命周期法为例，阐述系统开发方法的具体步骤。

1) 结构化生命周期法

任何系统都会经历一个发生、发展和消亡的过程。一个系统经过若干年的使用后，由于环境变化，新问题的出现，从而要求更新现有的系统，这种周而复始、循环不息的过程被称作系统的生命周期。

结构化生命周期法把信息系统开发视为一个生命周期,运用系统工程的思想和系统工程的方法,按照用户至上的原则,以结构化、模块化的方式,自上而下地对系统进行分析和设计。整个生命周期划分为以下6个阶段。

(1) 目标确定。包括现用系统的初步调查,新的物流系统开发策略、性能、功能的确定和新系统可行性研究,要从有益性、可能性和必要性3个方面对未来物流系统的经济效益和社会效益进行初步分析。

(2) 需求分析。主要是对待开发的软件进行详细调查和分析,准确把握企业需求,确定哪些需求是可以满足的,明确这些需求的逻辑结构并加以确切的描述,从而写出软件需求说明书或功能说明书。

(3) 软件设计。设计是软件工程的核心,其基本任务是将企业要求转换成一个具体的软件系统的设计方案。该阶段包括概要设计(或称总体设计)和详细设计等步骤。概要设计是详细设计的基础,它是指在软件需求说明书的基础上建立软件的系统结构,如数据结构和模块结构。模块结构中的每个模块意义明确且要求与企业需求相对应,进而进行详细设计。详细设计是指对每个模块进行具体的描述,确定模块的功能、接口和实现方法,以便为程序编写打下基础。

(4) 程序编写。把软件设计转换成计算机可以识别的程序,即写成以某一程序设计语言表示的"源程序清单"。所编的程序必须结构良好、清晰易读,且与设计原则相一致。

(5) 系统测试。测试是保证软件质量的重要手段,其任务是发现并排除错误。测试根据测试对象与内容的不同又分为模块测试、集成测试、确认测试和系统测试。

(6) 系统的运行与维护。已交付的软件正式投入使用便进入运行阶段。在运行阶段,假如运行中发现了错误,为了适应变化的软件工作环境或为了增强软件功能,需要对软件系统进行修改,每一项维护活动都应准确记录下来,作为正式的文件加以归档保存。

2) 系统开发方法分类

物流信息系统的开发方式需要综合考虑企业的技术力量、资金情况、外部环境等各种因素,因此存在以下几种方式可供选择。

(1) 独立开发。独立开发适合具有较强的信息技术队伍的企业,又称最终用户开发。优点是开发费用少、适应性强且满意度较高、便于维护等;缺点是系统优化不够、且开发时间长和维护工作困难等。

(2) 委托开发。委托开发方式适合资金较为充足但物流信息系统的开发队伍力量较弱的单位。优点是省时、省事、系统技术水平较高;缺点是开发费用高、系统维护成本高及双方沟通频率较高。

业务外包的流行,是因为有些企业发现业务外包方式建立信息比企业维持内部计算机中心和信息系统工作人员更能控制成本,因为负责系统开发服务的外部开发商能从规模经济中(相同的知识、技能和能力由许多不同的用户共享)降低成本,从而获得收益,并能以富有竞争力的价格收费。所以,企业可以借助业务外包进行开发。

(3) 联合开发。联合开发适合有一定信息技术的人员,但不太了解信息系统开发规律,或者是整体优化能力较弱,希望借助信息系统的开发完善和提高自己的技术队伍的企业。优点是相对于委托开发方式比较节约资金,可以培养、增强企业的技术力量,便于系统的维护。缺点是双方在合作中易出现扯皮现象。

(4) 购买软件包与二次开发。为了避免重复劳动,提高系统开发的经济效益,也可以购买信息系统的成套软件或开发平台。此方式优点是节省时间和费用,技术水平较高。缺点是通用软件的专用性较差,根据企业的发展变化需要有一定的技术力量做软件改善和接口工作等二次开发工作。

综上所述,物流信息系统的开发需要考虑诸多因素,从而达到开发目标与项目成本的均衡与优化。

7.3.4 物流信息系统分析

信息系统分析是在总体规划的指导下,对某个或若干个子系统进行深入仔细的调查研究,确定新系统逻辑功能的过程。信息系统分析在信息系统开发过程中处于重要的地位。

1. 物流信息系统分析的任务

物流信息系统分析阶段的任务是定义或制订将来新的系统应该"做什么",这一阶段的任务主要由系统分析员来完成。具体地说,物流信息系统分析阶段要求系统分析员详细了解每一个物流业务过程和业务活动的工作流程及信息处理流程,理解企业对物流信息系统的需求,然后运用各类信息系统开发理论、开发方法和开发技术确定出系统应具有的逻辑功能,再用适当的方法表达出来,形成这个系统的逻辑方案。这个方案不但要能够充分反映企业的信息需求,和企业取得一致的意见,而且要能够使系统设计员和程序员据此设计开发出一个计算机化的信息系统。

但是在这些企业中,由于个人的经历不同、知识不同,对客观事物的看法也不尽相同,因此系统分析员和企业之间缺乏共同语言,缺乏良好的"通信手段",是系统分析工作的主要难点。可以从以下几个方面来考虑对策。

(1) 做好企业的组织与培训工作。对企业进行计算机知识、信息系统知识的培训,使他们能够正确理解未来新系统给他们的具体工作带来的变化,积极配合信息系统的开发。

(2) 做好系统分析员的培训工作。系统分析员通过业务知识的学习,使他们能够懂得并正确理解企业的工作,从而理解企业对信息的需求,并能提出自己的见解。

(3) 选择正确的开发方法和良好的表达工具。系统分析员要在统一、正确的方法指导下,从事系统分析工作,同时用适当的工具作为企业和系统分析员之间的通信媒介。

2. 物流信息系统分析的特点

(1) 图示方法使分析工作直观且容易理解。现行系统的业务流程和数据流程进行描述时通过画图的方式能简单明确地表达这个系统的现行状态,使企业能直观地了解系统的概貌,如此可以避免用语言描述所带来的理解上的偏差,保证系统分析员能够正确理解现行系统。同时系统分析员在理解的基础上所产生的新系统的逻辑结构仍然可用图形工具来描述,也使企业能够充分理解新系统的概况及其逻辑功能,提出修正意见。

(2) "自上向下"的工作原则。"自上向下"的工作原则可以把一个复杂的系统由粗到细、由表及里地进行分析和认识。信息系统分析过程中一直倡导的工作原则是符合人类的认识规律。运用这一原则,企业和系统分析员不但对系统有一个总的概念性印象,而且随着逐级向下的扩展,对那些具体的、局部的组成部分也有深刻地理解。系统程序员还可以运用这一原则进行系统设计工作。

(3) 强调逻辑结构。系统分析阶段的主要任务是确定新系统能够实现企业提出的哪些需求，能够达到什么目标。但至于用哪种计算机、用什么技术、怎么去实现的问题不是系统分析阶段所要解决的。强调逻辑结构的优点在于系统分析员在分析阶段可以不用过多地考虑具体的实现细节，而把精力放在逻辑功能的确定上，因为只有确保设计基础是正确的，才能保证未来系统的正确性。

7.4 物流信息管理系统的应用

采用先进的信息技术手段，实现对物流活动各环节的实时控制、有效管理，满足客户服务的信息需求，是物流企业进行正确决策，从而达到利润和服务的最优化不得不经历的过程。下面主要阐述物流信息管理系统在物流运输、仓储与配送环节中的应用。

7.4.1 运输管理信息系统的应用

1. 运输管理信息系统的概念

运输管理信息系统(Transportation Management Information System，TMIS)是指实时地将列车、机车、车辆、集装箱及所用货物的动态信息通过分布全路的公用数据网报告中央实时数据库，中央实时数据库将收集的实用信息加工处理后供给各相关部门的运输管理人员及货主，作为运输调度、了解货物状态的重要信息，从而实现对运输工具及所运货物的实时动态的追踪管理。

该系统从微观上处理运输管理中各个环节的业务，可随时随地查询任一车辆、任一集装箱以及它们所运货物的位置及设备的技术状态，并预报它们未来 3 天的动态变化；从宏观上可预见各条线路、主要编组站、分界口、限制口的车流变化，防止车流堵塞，提高运输效率，加速机车车辆周转，加速物资流通。

2. 运输管理信息系统的总体构成

以火车运输管理信息系统为例，其总体上由 3 个部分组成，如图 7.10 所示。

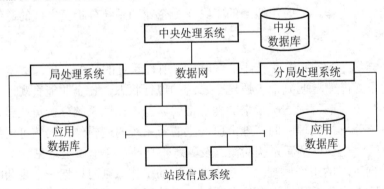

图 7.10　运输管理信息系统的构成

1) 中央处理系统

其核心是中央实时信息库，它实时收集与处理全路信息源点的实时信息，为每列车、每辆车、每个集装箱、每个车站建立起动态信息文件以及货票信息库等。收集的实时信息，经处理后为部、分局、站段运输组织指挥人员提供信息，实现列车、货车、集装箱的实时追踪管理,并将实时信息积累存储形成批处理信息,为旬、月、年报提供资料和积累历史信息。

2) 站段信息系统

从全路6000多个站段中选报2200个站段作为联网信息报告点,包括编组站、区段站、主要货运站、分界站、车务段、机务段、车辆段等。在较大的站段采用小型机或微机局域网建立起站段信息处理系统,并承担向中央系统报告信息的任务,其他非联网车站,需报告信息时,通过联网报告站报告信息。

3) 部、局、分局应用系统

铁道部、铁路局、铁路分局计算中心从站段和中央实时信息库获得有关列车、机车、车辆、集装箱和货物的动态信息,将其加工成各种所需的信息格式供运输组织指挥之用。

铁路数据通信网建立在铁路专用通信网上,由帧中继和X.25两部分组成,连接各个信息源点和各级计算中心,服务于铁路的各个信息系统,是铁路内部的公用数据通信网,与国内、国际数据网按CCITT X.25网间协议联网。

7.4.2 仓储管理信息系统的应用

1. 仓储管理信息系统的概念

仓储管理信息系统(Warehouse Management Information System,WMIS)是一个实时的计算机软件系统,它通过进、出库业务、仓储调拨、库存调拨和虚仓管理等功能,综合批次管理、物料对应、库存盘点、质检管理和即时库存管理等功能,能有效控制并跟踪仓储业务的物流和成本管理全过程,实现完善的企业仓储信息管理。该系统可以独立执行库存操作,与其他系统的单据和凭证等结合使用,可提供更为完整全面的企业业务流程和财务管理信息。

2. 仓储管理信息系统的构成

仓储管理信息系统基本模块主要有收货处理、上架管理、拣货作业、月台管理、补货管理、库内作业、越库操作、循环盘点、RF操作、加工管理和矩阵式收费等,如图7.11所示。

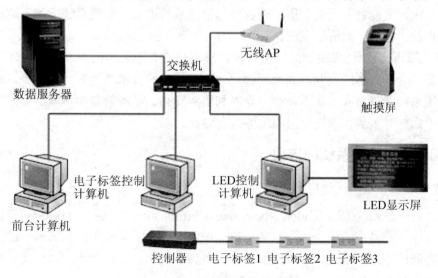

图7.11 仓储管理信息系统

3. 仓储管理信息系统的优点

(1) 基础资料管理更加完善，文档利用率高。
(2) 数据及时，成本降低，库存准确。
(3) 操作效率高，现有的操作规程执行难度小。
(4) 库存低，物料资产使用率高。
(5) 易于制订合理的维护计划。
(6) 提供历史的记录分析。
(7) 规程文件变更后的及时传递和正确使用。
(8) 仓库与财务的对账工作量减小，效率提高。
(9) 预算控制严格，退库业务减少。

4. 仓储管理信息系统在我国的应用

仓储管理信息系统是仓储管理信息化的具体形式，它在我国的应用还处于起步阶段。目前在我国市场上呈现出二元结构。一是以跨国公司或国内少数先进企业为代表的高端市场，其应用仓储管理信息系统的比例较高，比较集中在国外基本成熟的主流品牌；另外是以国内企业为代表的中低端市场，主要应用国内开发的仓储管理信息系统产品。

下面从应用角度对国内企业的仓储管理信息系统概况做一个分析。

(1) 是优化配送中心业务的应用系统。北京医药股份有限公司的现代物流中心就是这样的一个典型。该系统的目标，一是落实国家有关医药物流的管理和控制标准 GSP 等；二是优化流程，提高效率。此类系统适用于制造业或分销业的供应链管理，也是仓储管理信息系统应用中最常见的一类。

(2) 是整合仓储作业技术的应用系统。武钢第二热轧厂的生产物流信息系统主要解决钢坯、粗轧中厚板与精轧薄板之间的协调问题，该系统的难点在于物流系统与轧钢流水线的各自的自动化设备系统要无缝连接，使库存成为流水线的一个流动环节，也使流水线成为库存操作的一个组成部分。这就要求仓储管理信息系统不仅能整合设备系统，也能整合工艺流程系统，还能融入更大范围的企业整体信息系统中去。此类系统适用于流程相对规范、专业化的大型生产制造型企业。

(3) 是辅助仓储业经营决策的应用系统。华润物流有限公司的润发仓库管理系统用于一些提供公共仓储服务的企业，其流程管理、仓储作业的技术共性多、特性少，所以要求不高。应用系统能带来人工成本减少、仓库利用率提高、经济效益明显增加等好处。此类系统适用于那些对多数客户提供通用服务的仓储业。

7.4.3 配送管理信息系统的应用

1. 配送管理信息系统的概念

配送管理信息系统(Distribution Management Information System，DMIS)可管理大型配送企业分布在各个城市的配送中心业务，通过控制中心统一调度车辆和司机资源，实现多个配送中心间的单点到单点、单点到多点、多点到单点和沿途接货的配送模式，极大地帮助企业实现了配送业务准时、快速、科学、准确的要求。

2. 配送管理信息系统的工作流程

通过配送管理信息系统统一、集中的中央数据库支持，配合车辆调度和车辆跟踪功能，企业能够轻松地实现控制中心实时的控制、调度、定位的要求，随时掌握和调整各个配送中心之间的货物调拨，帮助企业充分利用配送资源，达到最大程度地降低营运成本的目的。首先配送管理信息系统为生产企业设计专业的网上配送电子商务网站，配送网站实时与配送系统相连。然后，通过 Internet，生产企业可在网上直接向配送系统下达配送指令、配送商品、配送数量、到达地点、到达时间等信息，管理自己的库存以及配送计划，并可以通过网站随时了解每个配送单的当前状态和历史状态，跟踪货物的当前位置。此外，客户也可以查询到自己货物的当前状态，实现工厂和物流供应商之间的 B2B 电子商务操作，物流企业和客户之间的 B2C 电子商务操作，同时通过信息系统网上库存查询功能随时掌握自己的库存信息。最后，配送管理信息系统与电子商务网站、海运、空运、拖车、仓储系统在业务数据上相互协同，实现了物流供应链中的生产和各个物流环节的无缝集成，极大地帮助客户提高了效率，降低了生产成本。配送管理信息系统流程如图 7.12 所示。

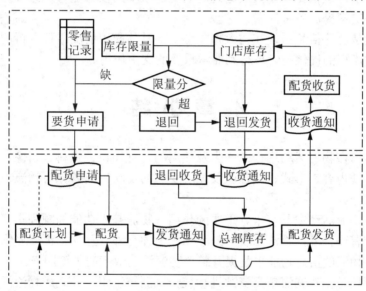

图 7.12　配送管理信息系统流程

3. 配送管理信息系统的特点

1) 完善的配送业务管理

系统可实现客户配送委托单的接收、分配、调度、跟踪，承运资源的调度、跟踪，以及配送系统与仓储系统之间的相互协同工作。

2) 丰富的扩展接口

系统可实现与配送相关的电子商务网站的无缝连接，客户可以通过对应网站下达相应的配送任务以及进出仓任务，并可以通过电子商务网站管理自己的库存，以及配送计划，实现了物流链在配送环节的电子商务。

3) 增强的资源调度功能

系统可实现承运资源调度中相应的承运资源明细列表，在列表中可以体现出现有车辆的相关动态信息(车辆当前位置、承载量、可用空间、预计出发时间、预计到达时间、预计返回时间等),方便用户进行调度。

4) 强大的业务控制功能

系统的业务控制功能主要体现在:一是调度控制,包括委托单的调度、承运资源的调度以及与仓储系统的协同作业;二是配送库存的控制,根据需要,系统要求特定客户在下达配送委托单之前必须有相应的移入委托单,且配送的量不能操作移入的库存量,只有这样,客户才能更好地掌握自己的库存状况,并能够根据以上数据做出相应的业务运作调整。

5) 快捷的费用计算

系统提供多种多样的费用计算方法来进行计算,满足配送费用计算的复杂多样性和业务的不同扩展性。

6) 精确的成本核算模型

系统可实现对委托单成本在两个业务部门之间的结算以及需要了解的单车成本、单票成本的信息的要求,该精算模型大大地提高了配送成本的核算能力,为节约配送成本以及做出相应的业务决策提供参考依据。

以上内容是从物流信息系统在物流相关环节的具体应用情况进行分析的,可以了解到物流信息系统对流程的优化与管理起到非常重要的支撑作用。

本 章 小 结

物流信息是指在物流活动进行中产生及使用的各种知识、资料、图像、数据和文件的总称,是物流活动内容、形式、过程以及发展变化的反映。具体分为物流内部信息和物流外部信息两大部分。

物流信息在物流活动中具有十分重要的作用,物流基本功能的顺利实现,整个物流系统的组织程度和有序程度,物流系统与外界相联系并与外界互动,都要靠物流信息来保障和支持。同时,物流的信息功能也是提升整个物流活动效率的关键因素。

物流信息管理是指对物流信息资源进行统一规划与组织,并完成物流活动过程中信息的采集、处理、存储、传输和交换,实现物流信息资源共享和互动,从而使物流供应链各环节协调一致。

物流信息技术作为现代信息技术的重要组成部分,从构成要素上主要包括物流信息基础技术、物流信息系统技术、物流信息应用技术和物流信息安全技术 4 个方面。目前,物流信息系统技术应用最为广泛的是 EDI 技术、条形码与 POS 系统技术、RFID 技术、GIS 与 GPS 技术等。

物流信息系统是以系统为原则,以人为主导,以计算机和网络通信设施及其他相关设备为基础,进行物流信息的收集、传输、加工、储存、更新与维护,以物流企业战略竞优、提高效益与效率为目的,支持物流企业高层决策、中层控制、基层运作的集成化的人机系统。

物流信息系统是企业信息化的基础。它利用信息技术对物流中的各种信息进行实时、集中、统一管理,使物流、资金流和信息流三者同步,及时反馈市场、客户和物流的动态管理,为客户提供实时的信息服务。

 **关键术语**

物流信息　　　　　　　物流信息管理　　　　　物流信息技术
EDI　　　　　　　　　RFID　　　　　　　　GIS、GPS
物流管理信息系统　　　物流信息系统开发

 课堂讨论

1. 目前，我国银行卡为什么不应用 RFID 技术？
2. 物流管理信息系统应用中应注意哪些事项？

 综合练习

1. 名词解释

物流信息；物流信息管理；物流信息技术；EDI；RFID；GIS；GPS

2. 填空题

(1) 物流内部信息是在物流活动内部发生的信息，包括_____、_____和物流管理层信息等。

(2) 物流信息管理包括信息处理技术、_____、信息系统分析和_____等。

(3) EAN-13 商品条形码的构成一般包括_____、_____、_____和校验码。

(4) 从 RFID 卡片阅读器及电子标签之间的通信及能量感应方式来看，RFID 技术大致上可以分成_____及_____两种。

(5) GPS 是由_____、_____和_____3 部分构成的。

(6) 物流信息系统开发方法主要有_____、_____、_____、购买软件包与二次开发等。

3. 简答题

(1) 简述物流信息技术构成要素。
(2) 什么是条形码？条形码有何优越性？
(3) 简述 POS 系统的主要功能。
(4) RFID 技术主要应用在哪些方面？
(5) 什么是 GIS？简述 GIS 技术的应用。
(6) GPS 技术有哪些优点？简述 GPS 的用途。
(7) 物流信息系统的基本结构是怎样的？
(8) 简述仓储管理信息系统的构成。

4. 论述题

(1) 结合我国物流发展实际，试论物流信息系统开发需要注意的问题。
(2) 举例说明物流配送管理信息系统在"饭店客人点菜上桌"过程中的应用。
(3) 试论述物流信息技术的发展趋势。

 案例分析

华润物流的信息变革之路

华润物流有限公司(CRC Logistics)是华润(集团)有限公司全资附属专业化的第三方物流供应商，其前身是华夏企业有限公司，于1949年在中国香港建基立业。其从海运业务开始，逐渐扩展至物流内各个领域。华夏企业(集团)有限公司自2001年1月1日起更名为华润物流有限公司。

杜邦集团(DuPont Group)是世界上历史最悠久、业务最多元化的跨国企业集团,分布在全球的制造厂多达180余家，遍布全球70多个国家和地区，市场遍布世界150多个国家和地区。杜邦公司有6个SBU(部门)将货物委托给华润物流进行物流服务。华润物流有限公司为杜邦服务的仓库面积约为5000平方米，分A、B、C、D4个库区，约400个库位。杜邦的产品没有特殊的存储条件要求，各类产品可以一起存放，平均每天的业务量为3~4个集装箱。

1. 现存问题

华润物流公司在为杜邦公司提供物流服务时，由于自身物流信息化的工作还需要进一步完善，在实施信息化之前存在下面的问题。

(1) 现存数据不准确，准确率只能达到90%左右。杜邦的产品要求满足先进先出原则，由于库存数据不准，致使有些货物达不到客户的要求，而在库存报表中没有体现。

(2) 货物经过严密包装，不同的货物从外观上很难区分，经常出现发错货物的情况；业务人员的工作强度大，人工操作易出现人为错误，经常出现货物和批次号不对应的错误。

(3) 库存数据提供不及时，每次出库或入库后，人工修改报表，速度慢，错误率高；且不能实现报表的Web查询。

(4) 没有应用条码技术，对于入库的货物还没有有效的检验核对的手段，不能及时发现到达的货物的准确性。

(5) 在文件报告和配送管理方面也还存在着缺陷。

2. 信息化解决方案简介

作为华润物流的战略合作伙伴，中软冠群公司的顾问在充分了解了其仓库业务流程后，针对物流业务特点，提供了一整套基于ES/1 Logistic的从仓库管理到最终货物配送管理的系统解决方案。

1) 网络技术方案

ES/1服务器在中国香港，操作系统为IBM AIX，数据库为Oracle 8i。深圳杜邦仓库的工作人员通过NetTerm远程登录到服务器上操作ES/1系统。杜邦集团在全球的公司的网络对外只开放80端口，因此杜邦公司如果要查询库存，必须通过Internet网上查询。Web服务器使用ES/1的数据库，使用Java语言，直接编写库存查询程序，网上公布。

2) 主要功能

主要功能包括入库过程、出库过程、货物移仓、退货管理、计费管理、在途管理和文件报表生成等。

3) 困难与解决措施

(1) EDI数据传输方案与对接。两个应用系统分别拥有自己的FTP服务器，两个应用系统分别将文件

上传到自己的服务器，并分别从自己的服务器读取需导入的文件。这时要处理两个中转服务器之间的文件传递，并保证实现定时传递或是触发传递，以及进行文件传递的完整性验证。

(2) 条码方案。条形码打印机、盘点数据采集器和条码扫描枪在与系统连接时的技术问题的解决。

(3) Web方式下的网上客户操作的问题。设计了简洁的界面风格，并配有详细的帮助说明。

(4) 上线后系统的运行速度问题。尽量保证服务器的最优配置，同时选择了最佳的网络拓扑结构。

3. 系统实施后的效益分析

1) 信息化实施前后的效益指标对比分析

两者的对比分析见表7-2。

表7-2　信息化实施前后效益指标对比分析

实施 ES/1 系统前	实施 ES/1 系统后
库存账物的准确性较差	库存账物的准确性明显提高
仓库管理水平差、劳动量大、错误率较高	仓库管理科技水平提升、劳动量减轻、错误率减少
客户无法通过网络对货物进行库存查询	实现网上客户对货物库存查询
无法对在途货物进行跟踪管理	提高对在途货物的跟踪管理
业务操作流程不规范	规范化的业务操作流程
集团整体无专业物流系统管理	建立集团整体专业物流形象
库存账日统计，不能随时查询库存量	实时的库存账，随时方便地自行查询库存量
物流服务管理体系落后	提供e化服务，转型为专业国际物流服务体系
对客户的服务水平能力较低	提高对客户的服务水平

2) 信息化实施对仓库管理水平的提高

(1) 位管理。通过严格的库位管理，使每一件货物都对应一个或多个精确的库位，计算机提供精确的出库建议和入库建议、功能强大的各种库存查询功能和循环盘点的依据，提高了拣货和理货的工作效率。

(2) 批次控制。提供了先进先出和指定批次出货的功能，这对化妆品的库存管理帮助很大。通过批次管理，可以严格按照先进先出法，大幅提高库存管理水平。

(3) 无线条码采集器的使用。取消了高速打印机的工作，优化了仓库操作的业务流程，降低了拣货的出错率。

(4) 通过ES/1系统的实施，固化了日后仓库的作业流程，完成了和杜邦系统的数据交换接口。为日后的物流独立运作提供了强有力的保障。

3) 信息化实施对提高企业竞争力的作用

(1) 保证库存账物准确性；建立实时库存账，可依各货主账号，随时自行查询库存量。

(2) 应用条码扫描，提升仓库管理技术的科技含量、减轻劳动量、减少错误率。

(3) 实现网上客户对货物库存的查询。

(4) 提高对在途货物的跟踪管理。

(5) 规范业务操作的流程，提高对客户的服务水平。

(6) 建立集团整体专业物流形象；提供e化服务，转型为专业国际物流服务体系。

4. 启示

物流管理信息系统的成功移植需要两个基本条件，一是管理信息系统本身具有良好的技术结构和强壮而又易组合的功能模块，二是应用企业具备规范的业务流程与之对应。本项目依托从美国CA公司引进的ES/1物流软件产品，既有丰富而易组合的功能模块，又蕴涵了先进的物流管理思想，所以要求项目开发和应用企业在业务流程的规范方面打好基础。

中软冠群公司和华润物流公司对业务涉及的处于不同地点的信息体——杜邦公司、华润物流公司、物流仓库和数据中心之间设计了一套清晰的实物流和信息流的流程规范，使数据传递迅速，信息共享容易，为实现异地的、立体化的仓库管理和与国际上先进的物流管理信息系统很好地吻合构建了良好的基础。

本系统条码技术的使用，大大方便了业务操作，减轻了工作强度和降低了出错的风险。在精细化管理方面，本系统提供了各类库存的查询，有力地支持了杜邦公司按单生产的经营策略，还有可视化的库存管理手段，方便了客户的应用。

在技术集成方面，硬件和网络系统结构合理，所以运行效率高。自己用 Java 开发的软件查询系统功能强、安全性好，并且可以跨平台运行，系统保值性高。

该项目的特点是跨国公司的在华投资服务既与国际接轨，又符合国内的实际，主要集中在仓储的现代化管理和配送服务上，这也是当前国内企业参与物流高端市场竞争的主要领域，因此具有示范意义。本项目十分注重流程的分析与规范，信息系统是体现管理思想的工具，这样的定位是项目取得成功的基础。

资料来源：http://www.tiaomabao.com

思考分析题：
1. 信息技术对华润物流的贡献有哪些？
2. 华润物流面临的问题有哪些？
3. 华润物流的信息变革获得成功的因素有哪些？
4. 华润物流的信息化之路对我国物流企业的启示是什么？

第8章 物流组织管理

【本章教学要点】

知识要点	掌握程度	相关知识	应用方向
物流组织概述	了解	物流组织产生与发展、物流组织的分类	了解物流组织发展现状
物流组织结构	熟悉	传统物流组织、现代物流组织	熟悉现代物流组织结构形态
物流组织设计	掌握	物流组织设计的原则、内容、物流组织设计影响因素	学会一般物流组织结构设计
物流组织人力资源管理	掌握	物流组织人员选聘的方法与程序、物流组织人员培训与考核	树立以人为本的管理思想,重视人的全面发展,充分调动人的积极性
物流组织变革	熟悉	物流组织创新、物流战略联盟	不断推进物流组织创新

【本章教学目标与要求】

- 了解物流组织的产生与发展过程,包括物流组织的分类;
- 熟悉物流组织结构的主要类型,包括直线职能型、事业部型、矩阵型、网络型、委员会和任务小组型组织结构等;
- 掌握物流组织设计的原则、内容和影响因素;
- 掌握物流组织人员选聘方法与程序;
- 掌握物流组织人员培训的内容、方法;
- 掌握物流组织人员考核的内容、方法;
- 熟悉物流战略联盟的含义及其主要方式。

导入案例

通用公司的组织结构变革

当杜邦公司刚取得对通用汽车公司控制权的时候，通用公司只不过是一个由生产小轿车、卡车、零部件和附件的众多厂商组成的"大杂烩"。这时的通用汽车公司由于不能达到投资人的期望而濒临困境，为了使这一处于上升时期的产业为它的投资人带来应有的利益，公司在当时的董事长和总经理皮埃尔·杜邦以及他的继任者艾尔弗雷德·斯隆的主持下进行了组织结构的重组，形成了后来为大多数美国公司和世界上著名的跨国公司所采用的多部门组织结构。

在通用公司新形式的组织结构中，原来独自经营的各工厂，依然保持各自独立的地位，总公司根据它们服务的市场来确定其各自的活动。这些部门均由企业的领导，即中层经理们来管理，它们通过下设的职能部门来协调从供应者到生产者的流动，即继续担负着生产和分配产品的任务。这些公司的中低管理层执行总公司的经营方针、价格政策和命令，遵守统一的会计和统计制度，并且掌握这个生产部门的生产经营管理权。最主要的变化表现在公司高层上，公司设立了执行委员会，并把高层管理的决策权集中在公司总裁一个人身上。执行委员会的时间完全用于研究公司的总方针和制定公司的总政策，而把管理和执行命令的负担留给生产部门、职能部门和财务部门。同时在总裁和执行委员会之下设立了财务部和咨询部两大职能部门，分别由一位副总裁负责。财务部担负着统计、会计、成本分析、审计、税务等与公司财务有关的各项职能；咨询部负责管理和安排除生产和销售之外的公司其他事务，如技术、开发、广告、人事、法律、公共关系等。职能部门根据各生产部门提供的旬报表、月报表、季报表和年报表等，与下属各企业的中层经理一起，为该生产部门制定出"部门指标"，并负责协调和评估各部门的日常生产和经营活动。同时，根据国民经济和市场需求的变化，不时地对全公司的投入—产出做出预测，并及时调整公司的各项资源分配。

公司高层管理职能部门的设立，不仅使高层决策机构——执行委员会的成员们摆脱了日常经营管理工作的沉重负担，而且也使得执行委员会可以通过这些职能部门对整个公司及其下属各工厂的生产和经营活动进行有效的控制，保证公司战略得到彻底和正确的实施。这些庞大的高层管理职能机构构成了总公司的办事机构，也成为现代大公司的基本特征。

另外，在实践过程中，为了协调职能机构、生产部门及高级主管三者之间的关系和联系，艾尔弗雷德·斯隆在生产部门间建立了一些由三者中的有关人员组成的关系委员会，加强了高层管理机构与负责经营的生产部门之间广泛而有效的接触。实际上这些措施进一步加强了公司高层管理人员对企业整体活动的控制。

资料来源：http://www.100guanli.com/Detail.aspx?id=304092

通用公司的例子说明：在组织演进过程中选择合适的组织结构对组织的发展是至关重要的。

现代组织理论认为：组织是相互协作的关系，是人与人之间相互作用的系统。组织的目的是使人们在为实现组织的目标所进行的共同劳动中更有效地工作。因此，建立健全合理的物流管理组织是实现现代物流合理化的前提和保证。

物流组织管理是现代物流管理的重要组成部分。物流组织管理的职能就是通过建立一定的物流管理机构，确定其相应的职位、职责和职权，通过合理传递信息等一系列活动，将物流各个要素联结成一个有机的有序的总体。

8.1 物流组织概述

组织是由两个人以上的群体组成的有机体,是一个为了共同目标,内部成员形成一定的关系结构和共同规范力量的协调系统。从最一般的意义上来说,组织包括两层涵义:其一是指由若干要素构成的有序的结构系统;其二是指根据一定的目的、按照一定的程序,对一些事物进行安排和处理的活动或行为过程。前者既包括社会组织,也包括自然组织,后者则是专指人们的活动。

物流组织是指专门从事物流经营和管理活动的组织机构。从广义上讲,既包括企业内部的物流管理和运作部门、企业间的物流联盟组织,也包括从事物流及其中介服务的部门、物流行业组织以及政府物流管理机构;从狭义上讲,物流组织是指从事物流经营活动的企业。物流组织要解决的主要问题就是合理安排企业里负责物流活动的人员,以鼓励他们更好地相互协调、相互合作,以完成物流组织的目标和任务。

8.1.1 物流组织产生与发展

物流组织的产生和发展是人们对物流认识不断提高和深化的结果。从企业物流组织的发展历程来看,随着人们对企业建立物流组织的重要性的认识不断提高,以及企业管理技术和信息技术的发展对物流活动的支持和推动,企业开始致力于物流组织机构的建立和重组,以进一步加强物流功能。根据西方国家的物流实践,企业物流组织的演变经历了物流职能分离、职能整合和过程整合3个发展阶段,如图8.1所示。

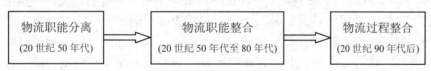

图 8.1 企业物流组织的演变过程

1. 物流职能分离阶段(20世纪50年代)

20世纪50年代,社会开始盛行垂直一体化、命令和控制的企业管理模式。在当时的企业中,物流组织呈现出完全分散的状态,企业的物流活动分散在各个管理职能中,分别从属于生产制造、市场营销、财务等传统的职能部门。

在这一阶段,物流没有实现专业化,物流业务处于从属地位,各部门都有物流人员,他们同时兼顾着包括物流在内的多种职责,由于没有专门的组织统一指挥,缺乏跨职能部门的协调,业务水平较差,重复和浪费现象严重,因而物流效率较低。

2. 物流职能整合阶段(20世纪50年代至80年代)

20世纪50年代中期至60年代初期,物流职能分离的种种弊端逐渐显现,企业开始通过物流重组对总成本进行控制,把具有物流职能的机构整合为单独的管理组织,即将传统的由生产、市场营销和财务部门负责的物流工作整合在一起,并成立了专门的与财务、营销等其他部门地位相当的物流部门对其进行管理。从此,企业物流组织作为专业化的分工组织开始从企业其他组织部门中分离出来。在物流职能整合过程中,企业物流组织发展同样经历了3个阶段。

1) 第一阶段

整合的初级阶段(20世纪50年代至60年代初期)。在这一阶段,企业物流职能整合围绕着两个方面展开:一方面发生在生产部门,其整合围绕着物料的组织供应,将物料需求、采购、仓储等物流功能设置在物料管理职能下,对组织生产起支持作用,另一方面发生在市场营销领域,其整合是围绕着如何高效、优质地为客户服务所展开的一系列业务活动,如运输、订单处理、成品库存控制与仓储等,这些活动被设置在物资配送职能下,目的是突出销售物流,更好地为市场服务。但是,由于对物流重要性认识的局限性,这一阶段的整合还只是初级的,大多数的传统部门并没有改变,组织层次也没有做大的调整,物流组织的专业化只是在企业内部的较低层次得到实现。

2) 第二阶段

整合的中级阶段(20世纪60年代末至70年代初)。随着物流整合管理带来的好处渐渐被企业所认识,物流组织的变革便开始向更高级的方向发展。在这一阶段,物资配送职能被独立出来,它的地位有了突破性的提高,即由总经理负责,与财务、生产和市场营销等传统组织职能并列起来。很明显,这种组织形式的优势在于负责物资配送的部门经理可以直接参与公司的决策,这有利于高效、优质、低成本地为顾客服务。在这个阶段,物流职能开始具备更高的组织权力和责任,逐渐拥有了独立的地位,并开始被作为一种核心能力来处理。为了建立这一阶段的组织,企业的组织结构必须重构,必须重新分派功能,并从高层次上给予物流新的组织定位。

3) 第三阶段

整合的高级阶段(20世纪80年代)。在这一阶段,企业将所有的物流功能集中在物流经理的管辖之下,物流经理与负责财务、生产、营销等部门的经理作为总经理的直接下属协同开展工作,同时又拥有独立开展工作的空间。这时,物流部门将所有的原材料、元件、配件以及产成品的运输、仓储、装卸、库存控制、包装以及配送等物流功能进行战略性管理,这不仅可以使企业在整体上获得物流成本节约所带来的效益,而且为实现企业物流过程整合打下了良好的基础。这一阶段的物流经理作为一个完整职能的部门经理比前一阶段的权力和责任更为完整,企业的各项物流功能也从最初的分散化演变为完整统一的一体化职能。物流一体化运作方式成为企业管理领域的主流,其主旨是用系统的观点,整合物流的各项功能,通过所有功能之间的平衡来降低企业整个物流系统的总成本,或者在一定的服务水平上使物流成本更趋合理化。

3. 物流过程整合阶段(20世纪90年代以后)

过程整合的思想来源于3个方面:①开发一个全员参与的工作环境,在这个环境中,以自我指导工作小组的方式激发雇员,使其发挥最大潜能;②通过过程管理而非职能管理提高生产力;③信息、技术代替组织层次成为新企业的承载结构,并能在成员之间获得准确快速的共享。

20世纪90年代以来,在彼得·圣吉的学习型组织理论以及迈克·哈默、詹姆斯·钱皮的企业流程再造理论的影响下,流程再造、扁平化、团队和授权的管理思想被越来越多的企业所接受,这使得企业组织的发展进入了一个由重视职能转向重视过程的重构时期。而作为企业管理重要组成部分的物流管理也开始由重视功能向重视过程转变,通过管理物流过程而不是物流功能提高物流效率成为企业物流整合的核心，物流组织也由此进入过程一体化阶段。在这一阶段，物流组织不再局限于功能集合或分割的影响，而开始由功能一体化的垂直结构向以过程为导向的水平结构转变，由纵向一体化结构向横向一体化结构转换，由内部一体化结构向内外部一体化结构转变。

8.1.2 物流组织的分类

对物流组织的分类，目前有多种不同的看法。根据不同的划分方法，可以将物流组织划分为以下类型。

1. 根据物流组织层次与管理权限不同分

可将物流组织划分为：中央物流管理组织、地方物流管理组织和企业物流管理组织。

中央物流管理组织是指由中央政府直接掌控的物流管理组织。它享有物流管理的最高权限，负责制定全国性的物流政策、下达全国性的物流计划、指导国民经济发展所需的物流任务的完成。

地方物流管理组织是指各省、自治区、直辖市以及各区、县等地方政府的物流管理组织。这类物流管理组织的管理权限主要局限在地方政府的职权范围内，只需负责其管辖范围内的物流组织活动，有权制定地方性的物流政策和法规。同时，地方物流管理组织还必须执行中央物流管理组织下达的物流任务，有权向中央提出物流合理化的建议。

企业物流管理组织是指企业内部专门从事物流管理工作的组织机构。对于一般的工商企业，物流管理组织只是其整个企业管理组织的一部分，也简称为企业物流管理组织。但对于专业性物流企业而言，其整个企业的管理组织都是物流管理组织，企业部门或机构的设置完全都是以服务市场和提高物流效率为出发点的。

2. 根据物流组织所处的领域不同分

可将物流组织划分为：生产领域物流组织和流通领域物流组织。

生产领域物流组织是指各生产企业的物流管理机构。它的主要职责是组织生产所需的各种生产资料的进货物流、产品的出厂物流以及生产工序间的物流等。

流通领域的物流组织是指专门从事产品空间位移的组织机构，因此也可称之为专业性的物流组织。专业性物流组织内各项机构的设置，完全是以实现物流各项活动为目的的。

3. 根据物流组织在物流管理中的任务不同分

可将物流组织划分为：物流管理行政组织和物流管理业务组织。

物流管理行政组织是指专门负责制定物流管理的制度和办法，对物流计划进行编制、管理并组织实施的组织。

物流管理业务组织是指负责执行物流计划，具体进行各项物流活动的组织，如运输管理组织、仓储管理组织等。

8.2 物流组织结构

组织结构是组织的骨架，包括纵向、横向两大系统，纵向是组织上下垂直机构或人员之间的联系,这是一种领导与隶属的关系;横向是平行机构或人员之间的联系,这是一种分工与协作的关系。

物流组织结构是指物流企业及有关物流分支机构为了实现组织目标,使组织内部有效运作和与环境相互适应,通过分工协作而设置的职能部门和管理层级。它的建立和形成是社会分工和生产发展的必然结果。科学合理的组织结构,对于企业内各职能部门明确职责、强化管理、提高效率具有十分重要的意义。它可以把物流过程中各经营环节之间以及各个员工之间的分工协作关系,通过划分职权和建立相互关系的形式确定下来,使分工协作取得一种固定的组织形式,以保证分工协作关系的稳定性和连续性,使企业的活动有节奏地进行。

纵观物流组织的发展历史,随着企业的发展和科学技术的进步,尤其是IT技术的发展,物流组织结构形式也在不断革新,从没有明确而集中的物流部门到专业物流部门的出现,从纵向一体化的物流组织到横向一体化的物流组织,物流组织正在呈现出越来越多的类型。为了将物流组织的基本类型更好地加以区分,将物流组织划分为传统物流组织和现代物流组织两大类,其中传统物流组织主要指以业务职能管理为核心的纵向一体化组织,主要包括直线职能型组织结构和事业部型组织结构等;现代物流组织主要指以过程管理为核心的横向一体化组织,主要包括矩阵型组织结构、网络型组织结构、委员会和任务小组型组织结构等。

8.2.1 传统物流组织

1. 直线型物流组织结构

直线型物流组织结构是最简单的一种组织结构形式,其从最高层到最低层采取垂直、集权的管理模式。在这种结构形式中,物流经理既负责组织总体规划、设计和统一指挥,又负责管理下属各部门的日常业务工作,其对物流经理的综合管理水平要求较高。

直线型物流组织结构的优点:物流组织结构设置简单,责任明确,减少工作扯皮;组织权力集中,命令统一,物流活动效率高;物流管理人员少,管理费用少。

直线型物流组织结构的缺点:权力过分集中,物流经理决策的风险较大;组织成员只关心自身或本部门的工作,缺乏横向间协调。

直线型物流组织结构适用于业务量少、规模小的物流企业。

2. 直线职能型物流组织结构

直线职能型物流组织结构是企业发展到一定阶段,企业将生产、营销、财务和物流等活动划分为企业的不同职能部门,由物流部门经理具体负责企业相应的物流活动。

直线职能型物流组织结构的优点:既保持统一指挥,又能发挥专业管理职能部门的作用,决策迅速,容易贯彻到底;按各种业务功能进行管理,能够发挥专业优势;分工细密,职责分明,可以从劳动分工中取得效率性;可减轻直线管理人员的负担,充分调动各物流部门积极性。

直线职能型物流组织结构的缺点:组织中各部门目标不易统一,容易产生本位主义,会增加组织高层管理人员的协调工作量;难以实现各经营阶段成本计算与控制,无法使组织获得物流系统化带来的经济效益;组织分工细,规章多,反应速度较慢,不易迅速适应组织外部新情况;组织中职能管理人员只重视与其有关的专业领域,不利于从组织内部培养熟悉全面情况的管理人才。

直线职能型物流组织结构适用于业务量和规模中等的物流企业。

3. 事业部型物流组织结构

事业部型组织结构是1924年由美国通用汽车公司副总裁小阿尔弗雷德·P·斯隆所创造，也叫"斯隆模型"。现在，美国、日本等国的大企业多采用这种组织结构形式。

事业部型物流组织结构的主要特点是"集中政策，分散经营"。在这种组织结构中，事业部一般按产品、服务或地区划分，具有独立的产品或市场，拥有足够的权力，能自主经营，并实行独立核算、自负盈亏。这种结构把政策制定与行政管理相分离，政策制定集权化、业务营运分权化。企业的最高管理层是企业的最高决策机构，它的主要职责是研究和制定公司的总目标、总方针、总计划以及各项政策。各事业部在不违背总目标、总方针和公司政策的前提下可自行处理其经营活动，并对绩效全面负责。

事业部型物流组织结构的优点：有利于组织最高管理者摆脱日常行政事务，专心致力于组织重大问题的研究和决策；各事业部经理对管辖的范围负完全责任，管理责任明确并容易实施成本控制；可充分调动各事业部经理的积极性，提高组织经营灵活性和适应能力；有利于各事业部开展公平竞争，克服组织僵化和官僚作风，能为组织培养独当一面的高层管理人才。

事业部型物流组织结构的缺点：各事业部只重视本部门利益，本位主义严重；调度和反应不够灵活，不能有效地利用组织的全部资源；管理部门重叠设置，管理费用增加，难以实现组织整体物流成本最低化；各事业部具有相对独立性，对事业部一级管理人员水平要求较高；集权与分权关系敏感，一旦处理不当，会削弱整个组织的协调一致。

事业部型物流组织结构主要适用于物流组织规模较大、实行分权管理的大企业或集团公司。

8.2.2 现代物流组织

1. 矩阵型物流组织结构

矩阵型物流组织结构是为了适应在一个组织内同时有几个项目需要完成，而每一个项目又需要具有不同专长的人在一起工作才能完成这一特殊需求而形成的。矩阵型组织结构兼具直线职能型和事业部型组织结构两者优点并避免了其各自缺陷的一种二维组织结构。

随着市场竞争的加剧，消费者需求的多样化、个性化以及产品生命周期缩短等外部环境的变化，对物流运行提出了更高的要求。为了加快企业对市场变化的反应速度，企业就必须使物流与生产、营销等其他职能相结合，将运输、仓储、新产品开发、柔性生产以及客户服务等有机整合起来，一些企业就采用了可以实现上述目的的矩阵型物流组织结构。在这种组织结构中，物流管理人员参与包括物流与其他相关职能部门相交叉的合作项目，物流经理仍然负责物流系统的运作，但对各个项目组的活动没有直接的管辖权。在矩阵型物流组织结构中，企业的传统职能结构虽然没有改变，但物流经理却能够分享各职能部门的决策权，决策信息能够更好地在部门间横向流动，使各个职能部门能够协调合作以完成特定的物流项目。

矩阵型物流组织结构的优点：上下左右集权分权实现了有效结合；有利于加强各部门间配合和信息交流；便于集中各专门知识和技能，加速完成某一特定项目；可避免各部门重复劳动,加强组织的整体性;可随项目起止而组成和撤销项目组,增加了组织的机动性和灵活性。

矩阵型物流组织结构的缺点:各成员隶属于不同部门,项目负责人对他们工作的好坏,没有足够的奖励与惩罚手段,项目负责人的责任大于权力;项目负责人和原部门负责人对参加项目的人员都有指挥权,需双方管理人员密切配合才能顺利开展工作;破坏了统一指挥原则,对权力和责任界定含糊不清,有可能造成管理混乱。

矩阵型物流组织结构适用于物流服务需求多样化且个性化要求较高的企业。

2. 网络型物流组织结构

这种组织结构是日本学者山田荣作在《全球方略》一书中通过对多国籍企业结构的研究而提出来的一种组织形式。在知识经济时代,传统的多层次组织结构正向着减少中间层次的方向发展,组织中原有的大单位划分成小单位,形成相互联结的网络型组织。

网络型组织结构是计算机网络技术发展的产物,它是依靠其他组织以合同为基础进行制造、营销、物流或其他关键业务经营活动的组织结构。这种组织结构可以使企业之间发挥独创精神,开展研究开发、共同营销、互补生产等,以避免重复投资,加快资金回收,分散经营风险。日本的日本电气、富士通等公司,都以组织单纯化和单层化为目标,采用了网络组织结构形式。

网络型物流组织结构的优点:可以利用网络组织与外界合作,迅速获取所需资源;组织可将有关物流服务职能外包,集中资源做自己最擅长的事;组织能以高度的灵活性来适应不断变化的市场环境。

网络型物流组织结构的缺点:管理者无法对外包活动实行紧密控制;对管理部门需要有更加有效的协调与沟通能力。

网络型物流组织结构既适用于将非核心业务外包的大型物流企业,也适用于中小物流企业。

3. 委员会型和任务小组型组织结构

相对于前面的正式组织结构而言,委员会组织结构和任务小组组织结构是一种非正式的组织结构,也可以把它们看成是传统组织结构的附加部分。

委员会型组织结构是可以将多个人的经验和背景结合起来,跨职能、跨界限处理一些复杂问题的一种设计选择。委员会组织结构可以是临时性的,也可以是永久性的。

委员会型物流组织结构的优点:可以充分发挥集体智慧,避免个别领导人的判断失误;少数服从多数,可防止个人滥用权力;地位平等,有利于从多层次、多角度考虑问题,并反映各方面人员的利益,有助于沟通和协调;可在一定程度上满足下属参与感,有助于激发组织成员的积极性和主动性。

委员会型物流组织结构的缺点:做出决定需要较长时间;集体负责,个人责任不清;有委曲求全、折中调和的危险;有可能为某一特殊成员所把持,使委员会形同虚设。

任务小组型组织结构是一种临时性的结构,用来达成某种特定的、明确规定的复杂任务。它涉及许多组织单位人员的介入,可以被看做是临时性矩阵结构的一种简版。

委员会和任务小组都可以解决特定情况下出现的问题,如新的物流设施的规划、选址问题等。这两种组织形式的共同点在于其成员都来自不同的职能部门,有着不同的背景和经验知识,他们之间协作所产生的成果显然要比组织成员各自的技能简单相加要更加有效。但在工作过程中,各成员之间的权力和责任分配难以清晰界定,同时由于成员的知识、背景不同,协调和沟通也是管理上的难题。

综上所述,现代物流企业组织结构应具有许多全新的特点。首先,它是符合物流业务发展需要和物流企业经营特点的;其次,各部门职权与责任的划分以及相互协作是以现代企业分工为基础的;再次,管理是分层次进行的,各管理部门既要在统一协调中实施管理职能,又要拥有一定的自主权以实行自动调节;最后,物流企业的组织要具有一定的弹性,要随着市场环境的变化而调整。也就是说,它既要具有一定的稳定性,又必须与经营条件的变化相适应,保持一定的灵活性。

8.3　物流组织设计

一般情况下,在组织目标明确之后,就必须考虑进行有效的组织设计以保证组织目标的实现。所谓组织设计,就是为了有效地实现组织目的对组织的结构和活动进行创构、变革和再设计,其任务是综合考虑组织所处的宏观和微观经济环境、组织发展战略、技术水平、组织规模以及生命周期等各种因素,设计清晰的组织结构,规划和设计组织中各个部门的职能和职权,确定组织中的职能职权、直线职权、参谋职权的活动范围并编制职务说明书。组织设计的目的就是要通过创构柔性灵活的组织,动态地反映组织环境变化的要求,并且能够在组织演化成长的过程中,有效积聚新的组织资源要素,同时协调好组织中部门与部门之间、人员与任务之间的关系,使员工明确自己在组织中应有的权利和应承担的责任,从而有效地保证组织活动的开展,最终保证组织目标的实现。

物流组织设计,就是通过对物流组织的结构和活动进行创构、变革和再设计,有效地规划和设计物流组织中各个部门的职能和职权,确定组织中的职能职权、直线职权、参谋职权的活动范围并编制职务说明书。它不仅包括进行社会物流高层次决策组织体系、生产企业物流组织体系、专业物流职能管理组织体系的设计,还要根据设定的物流组织体系的目标和企业物流业务分工,规定物流部门的职位、职权和职责,规定它与其他部门之间的关系、协调原则和方法,建立责任制度以及指令和反馈信息的渠道和程序等。

物流组织形成的基本条件在于如何明确业务范围,如何进行业务分工以及如何实施物流管理的一体化。基于这一条件,设计物流组织必须要有系统的观念,要立足于物流任务的整体,综合考虑各要素、各部门的关系,围绕共同的目的建立组织机构,对组织机构中的全体成员指定职位、明确职责、交流信息,并协调其工作,以达到物流组织的合理化,使该组织在实现既定目标中获得最大效率。在物流组织设计过程中,应从具体情况出发,根据物流系统管理的总体需要,遵循战略性、精干高效、客户服务、统一指挥、分工协作、合理管理幅度、权责对等、人本管理等基本原则。

8.3.1　物流组织设计的内容

物流组织设计的内容包括物流结构设计、物流组织职能设计和物流职务设计等方面。

1. 物流组织结构选择

这是物流组织根据自身的战略导向、物流运营规模以及所处的物流环境来选择适合自身的物流组织结构。一般而言，当外部环境相对较为稳定，组织可以选择直线职能型、事业部型等稳定性较强的物流组织结构；当组织所处的外部环境处于动态变化中时，企业宜选择灵活性较强的矩阵型、委员会结构与任务小组结构等有机式组织结构。

2. 物流组织职能设计

物流组织职能设计就是对物流组织管理业务进行总体设计，确定物流管理活动的各项经营管理职能及其结构，并将其分解为各个管理层次、管理部门、管理职务和岗位的业务工作。职能设计的主要作用是使企业的物流战略任务和经营目标在物流管理组织上得到落实，同时为物流组织框架的设计提供依据。物流组织职能设计通常包括以下 4 个方面。

(1) 物流基本职能设计。这是将组织中的全部物流作业归并为由若干个不同的管理岗位承担的工作项目，再将若干工作项目归并为若干基本的职能。物流组织的基本职能一般包括采购、输入运输、仓储、库存控制、输出运输、订单处理、生产进度日程安排和客户服务等。

(2) 关键职能设计。这是根据物流组织的战略和任务，在众多的物流基本职能中确定对实现组织物流战略至关重要的关键职能，以便在职能结构设计中突出关键职能的作用，将其置于物流组织框架的中心，以保证关键职能对实现组织物流战略目标强有力的促进作用。

(3) 物流职能分解。这是将确定的基本职能和关键职能逐步地细化为二级职能、三级职能等，从而为各个管理层次、部门、职务以及岗位规定相应的管理职能。组织的各项物流职能都可以通过职能分解，列出各项职能的具体业务内容。

(4) 落实各个职能的职责。这是对各个不同职能应负的职责做出详细的规定，进行全面的落实，以便指导物流组织结构设计中的其他操作。

3. 物流组织职务设计

组织是由成千上万的任务构成的，这些任务的组合便构成了职务工作。组织设计者应当对组织中的职务进行设计安排，以反映物流组织技术的要求以及物流工作人员的技巧、能力和偏好。物流职务设计涉及职务的专业化、职务轮换、职务的扩大化以及职务的丰富化等内容。与此同时，物流组织职务设计还要明确各个职务的职权，使职权的配备要与该职务所承担的责任相匹配。

8.3.2 物流组织设计的影响因素

组织是一个开放的社会系统，与外界环境紧密联系。随着科学技术的发展和人们素质的提高，组织的环境变得更加动荡，所以组织必须根据环境特点增加环境适应性。同样，物流组织设计不再是以前固定不变的模式了，而是应该根据物流组织特点提高其针对性、灵活性和适应性，找出最适合具体情况的组织设计和管理行为模式。为此，物流组织设计不仅要受到物流技术、物流环境等外部因素的影响，同时还受到组织物流战略体系、物流经营规模等内部因素的影响。物流组织设计者必须明确这些影响因素与物流组织结构之间的关系，从而合理地设计组织结构。

1. 物流外部环境

大量的研究表明，环境是影响组织结构的一个重要力量。汤姆·伯恩斯和斯托克首先提出了外界环境与组织结构的密切关系，他们在《管理之革新》一书中认为，环境可以分为相对稳定的环境和不稳定的环境，而处于不同环境中的组织结构是不同的。处于相对稳定环境中的组织一般采用机械式的组织结构，以保持组织的长期稳定；而处于不稳定环境中的组织一般采用有机式的组织结构，以保持组织对环境的灵活适应性。物流组织也要根据组织所处的环境的稳定性特点而采用不同的组织结构。

物流组织面临的环境相对比较复杂，其通常包括一般宏观环境和行业具体环境。一般宏观环境主要包括政治法律环境、社会经济环境、社会文化环境、科学技术环境和自然环境等因素。行业具体环境主要包括物流服务对象、行业竞争者以及政府管理机构、金融、保险、社会团体、民间组织、新闻媒体等社会公众等因素。

2. 物流组织战略体系

一个组织的战略，可以被定义为对组织基本的长期目标的确定和实现这些目标的途径及方法。为了实现组织的基本而长期的目标，必须设计和规划组织新的行动流程，对资源进行合理配置，以使组织适应变化中的需求、动荡的环境、新技术的发展和竞争者的行为等，从而保证为实现基本目标的各种活动的正常开展。国内外许多组织学家和管理学家的研究以及组织管理的实践告诉人们，组织的战略是影响组织结构的一个重要因素。美国哈佛大学历史学家钱德勒在 1962 年出版的《战略与结构》中指出，企业战略的变化先于并导致组织结构的变化。因此，物流组织的设计必须服从物流组织整体战略的需要，与组织总体战略相适应。如果一个物流组织的战略发生了重大调整，毫无疑问，该管理组织的结构也就需要做相应的调整以适应和支持新的战略。通常情况下，物流组织的设计一般要遵循组织的生产战略、市场战略和信息战略等。

3. 物流发展规模

物流规模对物流组织结构的影响主要表现为 3 个方面：首先，对组织结构差异的影响，通常情况下，物流规模越大，参与物流运作的人员就越多，各成员在专业方向、文化程度和技能以及个人目标、价值观等方面均存在差异，这种差异必然会对组织物流专业化水平和部门机构的设置以及它们之间的协调产生影响；其次，对组织空间布局的影响，物流规模越大，物流空间就越广，组织中的横向和纵向沟通与协调就越困难，从而导致组织结构的差异也较大；再次，对组织权力分布差异的影响，物流规模的大小对物流部门是采用集权式管理还是分权式管理有着直接的影响。一般而言，物流规模小，集权管理较为合适；反之，物流规模大，分权管理能够使组织物流活动更为合理化。

4. 科学新技术

21 世纪是科学新技术全面发展和科学理性充分发展的世纪，世界科技革命开始向更高的阶段迈进，新的科技浪潮正蓄势待发。新的科学发现和技术发明，特别是高技术的不断创新及其产业化，将对全球化的竞争和综合国力的提高、对世界的发展和人类文明的进步产生更加巨大而深刻的影响。社会产业结构、生产工具、劳动者素质等生产力要素和人们的生产方式、生活方式、思想观念都将发生新的革命性变化。科学新技术对物流组织设计的影响主要是两方面：一是生产组织技术，生产组织技术是组织面对消费需求个性化而合理有效地利用资源、适应市场环境变化的技术措施，现代企业从精益生产、成组化技术、柔性制造系统到计算机集成制造系统，从基于虚拟企业的敏捷制造模式到供应链管理，生产组织技术的发展对企业的内外物流活动的组织不断提出新的要求,导致企业的物流组织结构也必须做出相应的调整;二是物流技术,物流技术是与物流活动的全过程紧密相关的必需的技术工具、设施与手段,既包括物品流动过程中所需要的各种工具、设施等"硬技术",也包括为实现物流活动所需要进行的管理、计划与组织等"软技术"。随着社会的发展,科技进步的加快,物流技术的发展将成为影响物流组织结构变迁的主导因素之一。

8.4 物流组织人力资源管理

一个组织的能力大小,在很大程度上取决于组织所聘用与拥有的人员素质,得到并拥有合适的员工,是一个组织能够得以成功的关键之一。组织结构的设计为贯彻落实组织目标所必须开展的工作奠定了基础,但若不能根据各岗位的要求选配到合适的人员,则再好的组织结构也无法有效地发挥作用。因此,在设计合理的组织结构的同时,还需为所设计的各岗位选配合适的组织人员。

人员配备是指组织通过对工作要求和人员素质的分析,为每一个岗位配备合适的人员以完成实现组织目标所需开展的各项工作的过程。人员配备是组织设计的逻辑延续,其主要内容和任务是:通过对工作要求与人员素质的分析,谋求人员素质与工作要求的最佳组合,实现员工的不断成长和组织的持续发展。人员配备的目的是谋求人与事的最佳组合,因此,人员配备要求既能满足组织的需要,又能考虑到组织成员的需要。

人员配备是在组织设计的基础上进行的,人员需要量的确定是以组织设计中的岗位类型和岗位定编数为依据的。岗位类型说明了需要什么样的人,岗位定编数说明了每种岗位各需要多少人。

8.4.1 物流组织人员选聘

物流组织能否根据组织发展需要和岗位任职要求招聘到所需数量的合格人才,直接决定了一个组织人力资源的整体质量,并因此影响物流组织发展战略目标的实现程度。物流组织人员招聘过程由若干个先后衔接的环节所组成,可以把招聘过程所涉及的诸环节归结为以下 3 个阶段。

1. 招聘计划的制订

招聘计划的制订主要包括做好 3 项准备性工作。

1) 确定招聘机构

对于小型物流组织而言,由于所需招聘的人员数量少、工作量小,招聘任务一般由组织人事部门或负责人事工作的人员负责,不需要另设专门机构。对于大型物流组织而言,由于招聘人员数量比较多,且类别各异,招聘过程较为复杂,往往需要成立临时性的专门招聘小组负责招聘工作。招聘小组通常由分管人事工作的领导、人事部门专门负责招聘工作的人员以及人员需求部门代表组成。

2) 分析招聘信息

招聘责任部门或人员明确以后,招聘人员要着手根据组织人力资源补充计划,分析组织现有人力资源状况和外部劳动力市场的供求状况,了解组织所需人员是从组织内部调配,还是从外部招聘，同时要了解招聘所需要的成本开支等，以便为以后制定招聘方案、明确招聘途径奠定基础。

3）制定招聘方案

招聘方案是指导各实施阶段和环节的依据，需精心设计。一般而言，招聘方案的各项内容应包括招聘的岗位、数量，各岗位人员的录用条件，招聘区域范围、起止时间，招聘程序安排及各阶段时间安排，招聘促进措施，招聘测试方法及内容，各项工作的责任人，招聘费用开支预算等。

2. 招聘途径的选择

一般来讲，组织人员招聘的途径包括两种：内部提升和外部招聘。

1）内部提升

内部提升是指组织内部成员的能力和素质得到充分确认之后，被委以比原来责任更大、职位更高的职务，以填补组织中由于发展或其他原因而空缺的管理职务。其通常做法是由通过任命或动员符合条件的本单位人员应聘产生。内部提升方式的主要优缺点见表8-1。

表8-1 内部提升方式优缺点比较

优　点	缺　点
(1) 能为组织现有人员提供变换工作或晋升机会； (2) 有助于提高组织现有人员士气，维持组织成员对组织的忠诚； (3) 组织对应聘人员了解和考察相对容易，有助于降低招聘成本和提高选聘正确性； (4) 被聘者对组织文化理念、组织结构及其运行特点比较熟悉，有利于迅速开展工作	(1) 容易导致近亲繁殖，不利于引进新思想、新方法，不利于组织开拓创新； (2) 未被提升的人会产生不满情绪，易挫伤工作热情，甚至引起同事之间矛盾，不利于被选拔者开展工作； (3) 选择范围较小，不一定能招聘到最优秀人才，会影响组织的绩效

内部提升一般适用于招聘少量空缺岗位人员且组织中存在较多的冗员或组织成员希望获得换岗机会时采用。在进行内部招聘时，为了防止不公，可采取事先公开申请资格、事中公平公开竞争、事后公示征求意见的方式。

2）外部招聘

外部招聘就是组织根据制定的标准和程序，从组织外部选拔符合空缺职位要求的员工。

外部招聘是现代物流组织吸引人才，进行物流人才战略储备的重要手段，也是促进现代物流企业发展的核心动力。外部招聘方式的主要优缺点见表8-2。

表8-2 外部招聘方式优缺点比较

优　点	缺　点
(1) 能为组织带来新鲜空气和新的管理思想、方法或专业技能； (2) 外来人员具备外部竞争优势，人际关系简单，没有太多的框框和顾虑，可放手开展工作； (3) 人选来源广泛，选择余地大，可以招聘到优秀一流的人才； (4) 有利于平息并缓和内部竞争的关系	(1) 组织对应聘人员的情况难以通过有限的几次面试或测试深入了解，有可能选错人； (2) 外来人员不熟悉组织内部情况，缺乏一定的人事基础，需要一段时间适应才能进入角色； (3) 不能为组织现有人员提供变换工作或晋升的机会，会对组织现有人员士气造成影响； (4) 外出调研、考察以及落实招聘人员的相关待遇等会使招聘成本较高

正是由于外部招聘的这些局限性，所以许多组织往往先采取内部提升的办法选聘人才，在内部提升不能获得合适人员的情况下，再从组织外部进行招聘。当然，组织采取何种方式招聘人员，应根据组织的具体情况决定。

3. 甄选方法与程序

甄选就是依据岗位上岗素质要求对应聘者进行评价和选择，从中选出能够胜任该岗位的人员。所以从本质上而言，甄选是一种预测行为，它要求设法预见到聘用哪一位申请者能够胜任该岗位。甄选活动的着眼点在于减少做出错误拒绝和错误录用的可能性，提高做出正确决策的概率。

1) 甄选手段与方法

常用的手段与方法包括应聘者申请表分析、资格审查、笔试与面试、体格检查等。

(1) 申请表分析。通过对申请表中与经历相关的、客观可证实的资料进行分析，评价应聘者符合上岗要求的程度。在具体操作时，首先确定岗位任职资格条件，如工作经历、文化程度、知识结构、能力水平、思想品质等方面要求；然后分析各项要求与实际工作绩效的相关度，由此确定每一项因素及其子因素的权重，形成相应的评分量表；最后制定出包含各项任职要求的申请书，由应聘者填写完毕并交回后，招聘单位即可根据评分标准计算出每一位申请者的总分数，以此作为评判应聘者情况的重要依据。

(2) 资格审查。进行资格审查时，主要是从两方面对应聘者做出判断：一是判断应聘者是否符合所招聘岗位的基本任职条件，如年龄、学历、专业要求等；二是通过分析和调查，确定应聘者在申请资料中所提供的个人信息是否真实。

(3) 测试考核。借助各种技术手段，通过回答书面问题、情景模拟或案例分析、面对面接触、问答式交谈等方式评价应聘者的知识面、智力水平、能力结构、个性特征、兴趣爱好等。常用的测试方法有笔试、面谈、角色模拟、无领导群体讨论等。

(4) 体格检查。对应聘者的健康状况做常规性检查，以确定应聘者是否具备相应工作的身体条件。体格检查有助于组织事先了解应聘者的健康状况，减少录用后不能胜任的失误，并有助于有效控制组织的健康保险支出。

无论采用何种甄选手段和方法，都必须事先对所采用的甄选手段与方法进行效度与信度评价，以保证甄选工作的科学性和有效性。

2) 甄选程序

甄选的一般程序通常分为以下 6 个步骤。

(1) 初选。在获得应聘者的申请资料以后，出于成本等方面的考虑，组织不可能对每一个应聘者进行详细的研究和认识，招聘小组要先进行初步筛选。初步筛选一般采用申请表分析和资格审查方法，必要时也可通过与应聘者的简短会面、交谈，以淘汰那些不能达到岗位任职基本条件的应聘者。

(2) 笔试。在初选的基础上，对相对有限的应聘者进行包括智力、知识、个性和兴趣等书面测试。通过测试主要是考察应聘者的记忆能力、思维能力、观察分析问题能力、掌握和运用知识的程度以及其个性特征、兴趣爱好与岗位工作的相关程度，从而对应聘者是否适合岗位要求做进一步的客观评价。

(3) 面试。是通过面对面的接触进一步了解应聘者各方面的情况。面试按参加面试人数多少可分为个别面试和集体面试。按提问的技术方法不同可分为问题序列式面试、问题非序列式面试和混合式面试。面试中也常采用竞聘演讲与公开答辩、案例分析等方式。

(4) 初录。根据上述评价结果,由用人部门、人力资源管理部门、分管领导一起确定最符合招聘岗位上岗素质要求者为初步录用人员。对于未录用人员,应以书面或电话形式告知结果,并对应聘者的支持表示谢意。

(5) 体检。对于初步录用人员,发出体检通知书,组织体检。

(6) 试用。根据体检结果最终确定录用人员名单,明确试用期,并与录用人员签订聘用合同。试用期满,若录用者在试用期中的表现不符合录用条件,聘用单位可解除聘用合同,辞退录用者;对于合格者,则应予以转正,正式上岗。

8.4.2 物流组织人员培训

培训是组织为了实现组织目标和员工个人的发展目标而有计划地对全体员工进行训练和辅导,使之提高与工作相关的知识、技能、态度等素质,以适应并胜任岗位工作的活动。培训是组织开发现有人力资源和提高员工素质以适应组织发展要求的基本途径。培训的最终目的是为了实现组织和员工的共同发展。

1. 物流管理人员的培训

1) 物流管理人员培训的内容

在现代市场竞争条件下,物流管理人员除了需要掌握过硬的物流专业知识和技能外,还应该具备专业的经济和管理知识,以及战略性的思维方式和卓越的创新精神。对物流管理人员培训的重点应该是充分发挥其自身的才能,帮助其发现和理解组织内外部环境的变化,以及根据个人情况补充其欠缺的相关专门技能。通常物流管理人员培训的内容主要侧重于战略思维与创新精神培训、经济管理知识培训、物流专业知识与技能培训3个方面。

(1) 战略思维与创新精神培训。物流组织系统涉及众多部门和行业,具有广泛的联系性和复杂性,牵一发而动全身,因此,作为物流管理人员必须具有全局观念和战略性思维,用战略眼光去规划发展组织的物流系统,使物流系统的运作适应或领先于社会发展的需要。此外,创新是现代物流组织管理的灵魂和生命,对物流管理人员的培训应该注重其心智模式不断创新的培养,要在他们心目中树立牢固的创新观念,将物流管理创新当作组织立业的根本。

(2) 经济管理知识培训。现代物流运营系统是一个完全开放的系统,物流运作不仅受组织经营管理情况的影响,而且也受各种宏观经济因素的影响。因此,物流管理人员,尤其是高层管理人员,除了需要懂得现代物流运作的规律和程序,以及必备的经营管理知识外,还应该了解宏观经济的运行状况和运行规律,尤其是相关产业经济的运行状况与运行规律。只有这样才能做到未雨绸缪,紧扣时代脉搏,保证组织物流系统运作的稳定性和先进性。当然,组织中层和基层物流管理人员也应当注重对经济和管理知识的学习,以保证物流管理团队的高素质和管理队伍的连续性。

(3) 物流专业知识与技能培训。作为专业物流管理人员,物流专业知识和技能是其工作必备的基本知识和技能。对于中高层物流管理人员而言,除了需要具备最基本的物流专业知识外,还应该对物流组织系统的构造与运行,物流战略规划的设计、执行、控制等高级物流专业知识有所掌握,同时还应该具有全局观念,能够站在组织全局的角度来审视物流部门的位置和其在物流运营过程中的作用和意义。对于基层物流管理人员而言,由于他们是一线的指挥官和联系上下的纽带，因此，对他们的培训应着重强调两个方面：一是加强对他们专业技能的培训，提高他们的实际操作能力；二是提高他们的领导和指挥能力以及协调人际关系、处理冲突的能力，使他们能够卓有成效地完成基层的作业管理工作。

2) 物流管理人员培训的方法

物流管理人员是物流组织运作计划的制订者，同时也是计划实施情况的控制者，其培训方法主要有讨论法、案例研究法、职位扮演法和管理游戏法等。

(1) 讨论法。讨论法是对某一专题进行深入探讨的培训方法，其目的是为了解决某些复杂的问题，或者通过讨论的形式使众多的受训者就某个主题进行沟通，谋求观念和看法的一致性。采用讨论法进行培训，必须由一名或数名指导训练的人员担任讨论会的主持人，对讨论会的全过程实施策划与控制。讨论会的主持人要善于激发受训者参与讨论的热情，引导他们的想象和自由发挥，增加群体培训的参与性；要控制好讨论会的气氛，不要使讨论偏离主题；要通过分阶段对讨论意见的归纳，逐步引导受训者对讨论结果有较统一的认识。讨论法适用于以研究问题为主的内容，能够培养物流管理人员分析、研究、解决问题的能力和团队协作精神。

(2) 案例研究法。案例研究法也是一种用集体讨论方式进行培训的方法，它与讨论法的不同点在于，研究案例不单是为了解决问题，而是侧重于培养受训人员对问题的分析判断和解决能力。在对特定物流案例的分析和辩论中，接受培训的物流管理人员可以集思广益，共享集体的经验和智慧，这有助于他们将受训的受益在未来的实际业务中加以思考与运用，以建立一个系统的思维模式。同时，在对特定物流管理案例的分析研究过程中，物流管理人员还可以学到有关管理方面的新知识和新规则。为使培训更加有效，培训人员事先要对受训群体的情况做比较深入的了解，确定培训的目的，针对具体的培训目标选择有针对性的案例，并对案例做充分的准备。案例研究法适用的对象是中层以上的物流管理人员，目的是训练他们具有良好的决策能力，帮助他们学习如何在紧急情况下处理各类事件。

(3) 职位扮演法。职位扮演法又称角色扮演法，是一种模拟训练的方法。前面所述的案例研究法适用于管理人员在静态下模拟决策与解决问题，而职位扮演法则是由受训人员扮演某种训练任务角色，使他们真正体验所扮演的角色的感受与行为，以发现及改进自己原先职位上的工作态度和行为表现。这种培训方法多用于改善人际关系的训练中。通过职位扮演的训练方法，可以使管理人员换位思考，更好地改善管理人员之间或管理人员与下属之间的人际关系，提高工作效率。

(4) 管理游戏法。与上述培训方法相比，管理游戏法具有更加生动、具体的特征。管理游戏法会因为游戏的设计使受训人员在决策过程中面临更多切合实际的管理矛盾，它需要受训人员积极地参与训练，运用有关的管理理论、决策力与判断力对游戏中所设置的种种问题进行分析研究，采取必要的办法去解决问题，以争取游戏的胜利。管理游戏法是一种模拟仿真性更强的培训方法，能够全面训练管理人员的决策能力和应变能力，对提高他们的管理决策水平有较大的帮助作用。但这种培训方法要求较高，尤其是对游戏的设计，关系到整个培训的效果，因此，需要做充分的准备方能实施。

2. 物流作业人员的培训

物流作业人员处于物流运作活动的第一线，他们所具有的素质和能力直接影响着物流运作的效率和质量。组织要得到能胜任岗位工作的员工，必须对他们进行工作技能等方面的培训，从而为物流活动的效率和质量提供坚强保证。

1) 物流作业人员培训的内容

物流作业人员培训的内容与物流管理人员培训的内容应有所区别，通常物流作业人员培训的内容主要应侧重于物流基本知识、物流操作技能及组织文化等方面。

(1) 物流作业必备的基本知识。通过培训，使物流作业人员具备完成本职工作所必备的基本知识，这些知识包括有关物流的基本知识、物流作业现场的安全生产知识、物流组织经营现状、发展战略、发展目标以及经营方针等方面的情况，其目的是便于使物流作业人员能参与组织的物流运作。

(2) 物流作业必备的基本技能。通过培训，使物流作业人员掌握完成本职工作必备的基本技能，如对物流作业设施和工具的了解和正确使用，突发现场事故的应急处理技能等。同时还要注重对物流作业人员的人际关系与沟通协调技能的开发与培养，增强他们的协作精神和团队精神，为提高物流作业效率提供保障。

(3) 组织文化。通过培训，使物流作业人员了解组织的文化传统、组织的价值观、组织的精神、组织的伦理规范、组织的素养等，以利于增强组织的内聚力，建立起物流内部作业人员之间以及作业人员与管理人员之间的相互信任，培养员工对组织的忠诚，培养作业人员吃苦耐劳的奉献精神和主人翁责任感。

2) 物流作业人员培训的方法

对物流作业人员培训所采用的方法不同于对物流管理人员所采用的方法。其培训所采用的方法主要有在职培训、脱产培训、岗位轮换和自学 4 种。

(1) 在职培训。在职培训主要是指在现有岗位上通过教育指导、会议、项目小组、集体活动等多种方式对物流作业人员进行培训提高。在职培训应根据组织不同作业人员的实际情况采取符合实际的方法。其主要特点在于从教学内容到教学形式、教学方法强调针对性和实用性，强调和组织的实际需要相吻合，能帮助员工及时获得适应组织发展所必需的知识和技能，完备上岗任职资格。这就从根本上解决了员工教育与经济建设、组织生产经营实际相脱节的矛盾，有利于促进组织的发展。

(2) 脱产培训。脱产培训的主要形式是物流作业人员参加本组织或者其他专业培训机构举行的各种培训班。在培训过程中，要注意尽量与组织的工作实际情况相联系，结合组织的实际组织员工参与讨论、交流心得体会。此外，脱产培训还可以采用组织作业人员参与物流专题讲座或参观其他物流组织的先进物流设施设备、运营模式等。

(3) 岗位轮换。岗位轮换是指组织有计划地按照大体确定的期限，让员工轮换担任若干种不同工作的做法，从而达到考察员工的岗位适应性和开发员工多种能力的一种方式。通过岗位轮换，可以使员工取得多种技能，具有较宽的适应能力，能使其保持对工作的敏感度和新鲜感，提高他们的工作积极性和创造性，使组织的工作效率保持高速发展的势头。另外，通过岗位轮换，也可以让员工在不同环境的岗位、工种上工作，体会各种工作的艰辛，使不同环节的作业人员之间密切配合和协调，从而培养物流作业人员的团队精神。岗位轮换可进行单位内部不同岗位、不同工种、不同部门、不同地域轮换，也可进行跨单位轮换。

(4) 业余自学。业余自学是指物流作业人员利用业余时间自学有关文化理论知识，积极发现问题、思考问题，并通过学习来改善、改革组织作业业务，以提高组织物流工作效率。物流组织的高层管理者应当在组织内创造和弘扬这样的学习氛围。

8.4.3 物流组织人员考核

所谓考核(也称评估)是指相关部门或人员按照一定的方法和程序,对组织中各部门、各岗位人员在一定时期内表现出来的工作绩效或能力素质等所作的评价。

根据考核内容的不同,人员考核可分为绩效考核和素质评价两大类。绩效考核注重于评价考核对象在考核期内履行岗位职责的情况,素质评价则侧重于评价考核对象在考核期内所表现出来的符合岗位要求的程度和进一步发展的潜力。两者之间既有交叉又有区别,在素质评价中,对考核对象素质的评价依据之一就是考核对象在工作中所表现出来的工作绩效,但素质评价又不仅仅包括绩效评价,还包括态度、各方面能力的评价,注重的是前提;而绩效考核是通过对考核对象工作绩效的衡量,了解考核对象的品质和能力在工作中的发挥程度,它注重的是结果。

在实际工作中,往往是在上岗前或换岗前进行素质评价,以确定考核对象是否具备岗位条件,在上岗后则主要通过绩效考核来了解其符合岗位要求的程度。在本节中,所说的物流人员考核一般是指绩效考核。

1. 物流管理人员的绩效考核

1) 物流管理人员绩效考核的内容

根据我国实际情况,对物流管理人员绩效考核的基本内容一般包括德、能、勤、绩 4 个方面。

(1) 德。德是指一般包括思想政治素质、工作作风、社会道德以及职业道德水平等内容。其中,思想政治素质主要是指物流管理人员的政治倾向、理想志向和价值取向等;工作作风是其在处理管理事务时的行事风格;社会道德是其在处理个人与社会关系方面的倾向性;职业道德是指其在履行职务方面表现出来的道德倾向,如对待客户的态度、是否保守商业秘密以及是否公正对待下属等。

(2) 能。能是管理人员从事管理工作的能力,主要包括体能、学识和智能、技能等内容。对物流管理人员的绩效考核应当注重对其物流专业知识水平和物流工作经验、管理知识和技能、综合判断、语言表达以及创新能力等方面的考察。能力的考核是对物流管理人员进行绩效评估的重点,同时也是绩效考核的难点。

(3) 勤。勤是指物流管理人员的工作积极性在工作过程中的表现,包括出勤、纪律性、工作干劲、创造性、责任心和主动性等。积极性决定着人的能力的发挥程度,只有将工作积极性与能力结合起来进行考察,才能充分调动和发挥物流管理人员的工作潜力。

(4) 绩。绩是管理人员的工作实绩,包括完成工作的数量、质量、经济效益和社会效益等方面。数量多、质量好和效益好是对管理人员实绩的要求。对物流管理人员而言,主要考核内容包括物流业务量的完成情况、物流成本的节约及其对组织整体经营成本降低的贡献、物流业务实现的经济效益等方面。但需要注意的是,无论是对哪个层次的物流管理人员的绩效考核,经济效益都应该处于中心地位,并在考核工作数量和质量的同时,兼顾物流工作的社会效益。

2) 物流管理人员绩效考核的方法

考虑到物流管理人员的工作性质和特点,对物流管理人员的绩效考核通常有以下 5 种方法。

(1) 民意测验法。这种方法将评估内容分成若干项，制成评估表，每项后面都有优、良、中、及格和不及格 5 个等级。评估前，先由被评估者进行述职，做出自我评价，然后由参加评议的人员填写表格，最后计算每个被评估者的平均得分，以确定被评估者的绩效档次。参加民意测验的人员一般是被评估者的同事和直接下属，以及与被评估者发生工作联系的其他人员。这种评估方法一般被用来当作综合评估物流管理人员的一种辅助或参考的手段。

(2) 因素评分法。因素评分法是将一定的分数分配给各个评估项目，使每一个评估项目都有一个评价尺度，然后根据被评估者的实际情况和表现，对各个评估项目进行打分，最后得出总分作为被评估者的评估结果。用这种方法对物流管理人员进行绩效评估应当综合考虑物流管理工作的特点，而将与此有关的评估项目赋予较大的分数比重，以体现其工作的特点。这种评估方法比较科学合理，并且适合用计算机对大量的评估数据进行处理，大大提高了评估的效率和质量。

(3) 关联矩阵法。关联矩阵法与因素评分法相似，其不同之处在于关联矩阵法引进了权重，对各个评估项目在总体评价中的作用进行了区别对待，这有利于突出各个不同管理岗位上的管理人员的自身特点。可见，这种评价方法通过引进权重，使处于不同管理工作岗位上的管理人员都能够得到比较科学合理的评价，因而具有很强的实用价值。

(4) 综合考评法。这种评估方法适用于对一般物流管理人员进行绩效评估。在评估时，首先由管理人员进行自我评定，总结评估期内的工作情况，向本部门员工汇报，并由大家进行评议，最后部门负责人对被评估者本人和员工的意见进行归纳总结，并对被评估者进行评分。这种评估方法有利于部门内上下级之间的沟通。

(5) 360 度反馈评价法。这是一种综合性的评估方法，其基本思想是从所有的渠道收集评价信息，包括上司、下属、同事、客户以及供应商等，使对管理人员的评估更加综合和合理。物流业务具有联系广泛性的特点，运用这种方法对物流管理人员进行绩效评估能够体现出物流管理人员的职务特征，因而具有很强的实用性。典型的 360 度反馈评价法是一年收集一次评价信息，在一般情况下各个评分表都以匿名的方式收集，以便于信息提供者能轻松诚实地提供评价信息。然后由人工或计算机分别对不同来源的评价信息进行汇总处理，最后得出被评估者的总体评分。

2. 物流作业人员的绩效考核

1) 物流作业人员绩效考核的内容

对物流作业人员的绩效考核，主要应围绕其所担当的工作结果及工作表现来进行。物流作业人员绩效考核的内容主要包括物流工作能力、从事物流工作态度以及所担当的物流工作成果 3 个方面。

(1) 工作能力。对物流作业人员工作能力的考核包括其具备的物流专业知识情况、物流专业技能如何、从事相关物流工作的经验以及该员工的身体素质等内容。相对于工作业绩来说，物流工作能力是一种隐性要素，因此，需要根据物流作业人员在其工作岗位上表现出来的工作能力，参照企业物流职位说明书的要求，来对其能力大小做客观的评定。

(2) 工作态度。物流作业人员所从事的是大量现场操作性工作，这种工作的性质决定了其工作态度的好坏对物流运作的效率和质量影响极大，因此，物流作业人员从事物流工作的态度也是其绩效考核的重要内容。态度考核是对物流作业人员本身是否积极、主动、进取，是否具有使命感和责任感等要素进行评估，但要注意的是态度与工作业绩并非是简单的正比例关系，还要充分分析外部条件的变化对其工作的影响。

(3) 工作成果。这是对物流作业人员进行绩效考核的核心内容，它是对物流作业人员在其现任岗位上所取得的工作成果进行考核和评价，也就是考核其对组织的贡献。其考核评估项目的内容包括物流作业人员完成的工作量、既定物流作业指标的完成情况、对物流作业目标的贡献度等。需要注意的是，物流作业人员对企业的贡献与其所从事的工作岗位有关，因此，不能单纯以其工作业绩的大小来判断其对企业的贡献度，还应该综合考虑其他相关因素。

2) 物流作业人员绩效考核的方法

对物流作业人员进行绩效考核的方法很多，根据物流作业人员的工作特点，常用的考核方法主要有自我评定法、评级量表法、排序法、两两比较法、强制正态分布法、行为对照法等。

(1) 自我评定法。是由物流管理人员及负责绩效考核的人员将评估的内容以问题的形式向物流作业人员提出来，让其自己做出评价报告。这种方法为员工反思、总结自己过去的工作提供了机会，他们在系统思考以后可以比较容易地发现自己的成绩或不足，甚至可以发现组织物流管理中存在的问题。这种方法在绩效考核中应用比较广泛，并常常与为组织提合理化建议的工作一同进行。

(2) 评级量表法。这是在绩效考核中最普遍被采用的方法。其具体做法是先设计等级量表，表中列出有关的绩效评估的项目，如基本能力、业务能力、工作态度等，并说明各个项目的具体含义，然后将每一绩效考核项目分成若干等级并给出分数。评估者根据量表对被评估人员进行打分或评定等级，最后加总分得出总的评估结果。这种评估方法对被评估者的定性和定量评价比较全面，所以被广泛应用。

(3) 排序法。又称排队法，是指在考核过程中，采用被评估人员之间相互比较的方法进行排序。排序可以是简单排序，也可以是交错排序。简单排序就是由最好到最差依次对被评估者排序；交错排序则是先挑选出最好的，再挑出最差的，接着挑出次最好的，再挑出次最差的，直至排完。这种方法比较简便，也被广泛运用。

(4) 两两比较法。这种方法是由考评者将每个被评估者与其他被评估者一一对比，"好于"记"+"，"不如"记"-"，最后比较出每个被评估者的优劣，排出次序。这种评估方法由于评估者在评估过程中很难判断每个被评估者的最终成绩，因此可以避免评估者的主观影响，准确性较高。

(5) 强制正态分布法。强制正态分布法是将员工绩效分成若干等级，每个等级强制规定一个类似正态分布的百分比，然后按照每个人的相对优劣程度，将其列入其中的一个等级。这种评估方法适用于被评估人数众多的情况，但用这种方法对被评估者的等级评定缺乏说服力，容易引起员工的不满。

(6) 行为对照表法。这种方法是将被评估者的状况与行为描述表一一对照，选出合适的描述语言，作为被评估者的评语。这种方法简单易行，但行为描述表的设计要科学合理，能够准确描述各种类型员工的行为特点。

8.5 物流组织变革

任何组织机构，经过合理的设计并实施后，都不是一成不变的。它们如同生物的机体一样，必然会随着外部环境和内部条件的变化而不断地进行调整和变革，这样才能顺利地成长、发展，避免老化和死亡。应用行为科学的知识和方法，把人的成长和发展与组织目标结合起来，通过调整和变革组织结构及管理方式，使其能够适应外部环境及组织内部条件的变化，从而提高组织活动效益的过程，就是所谓的组织创新。

组织变革是不以人的意志为转移的客观过程。引起组织结构变革的因素通常是外部环境的改变、组织自身成长的需要以及组织内部生产、技术、管理条件的变化等。组织创新是在组织变革过程中的创新，组织创新可以首先理解为组织变革的过程；同时，组织的变革过程也是一种创新的过程。组织变革的过程，实质上就是组织的管理者寻找适合于本组织需要的行之有效、运转灵活的新型组织管理形式的过程。

组织创新的内容随着环境因子的变动与组织管理需求发展方向等的变化而各不相同。一般涉及组织功能体系的变动、管理结构的变动、管理体制的变动、管理行为的变动和各种规章制度的变革等。作为组织的领导者要善于抓住时机，发现组织变革和创新的征兆，及时地促进组织创新工作。

8.5.1 物流组织创新

1. 影响和推动物流组织创新的因素

影响和推动物流组织创新的因素归纳起来主要分为内部因素和外部因素两大类。

1) 组织内部因素

从物流组织自身的角度讲，有 4 类影响因素对于激发物流组织创新起着重要的作用，即组织结构、组织资源、组织文化和人才资源等。

(1) 组织结构因素。根据大量的研究结果，组织结构因素对组织创新的作用十分显著。灵活的有机式组织结构对物流组织创新有着正面的影响。这是因为在有机式组织结构下，其专业化、正规化和集权化程度比较低，有利于提高组织的应变能力和跨职能工作能力，从而更易于发动和实施组织创新；另外，多向的组织沟通有利于克服组织创新的潜在障碍，例如，委员会、项目任务小组及其他组织机构等，都有利于促进组织部门间的交流，达成共识，采用组织创新的解决方案。

(2) 组织资源因素。富足的组织资源是实现组织创新的重要基础。组织资源充裕，使管理部门有能力开发创新成果，推行整体性组织创新。

(3) 组织文化因素。创新型物流组织通常具有独特的组织文化，例如，鼓励试验、赞赏失败、注重奖励等。研究表明，创新型物流组织的文化以创新导向为核心，其通常采取的做法有：鼓励多样思路，容忍不切实际的想法和主张；鼓励员工大胆试验，允许探索中的失败；容忍群体冲突，鼓励群体中的不同意见，通过群体冲突调节群体气氛，实现更高的经营绩效；减少组织监控，加大管理的自由度；注重结果导向，推行目标管理，鼓励设置明确具体的目标，积极探索实现目标的各种可行途径。

(4) 人才资源因素。人才资源是物流组织创新的基本保证。创新型物流组织积极地对其干部员工开展培训和发展，加快知识与经历的更新。同时，通过职业生涯设计，给员工提供高工作保障，鼓励员工成为创新能手。一旦产生新思想，创新者会主动而热情地将新思想深化提高并克服阻力，以确保组织创新方案得到推行。有研究表明，创新型企业家通常具有自信性、坚持性、精力旺盛、冒风险等个性特征。另外，他们一般处于拥有相当大决策自主权的职位，这使得他们能在组织中引入并推行所提倡的组织创新。

2) 组织外部因素

从物流组织的外部环境因素看，物流市场的变化和组织所处的政治经济环境及社会文化因素等都会影响组织创新的整个过程。

(1) 产品、服务市场变化。物流市场变化是物流组织创新的首要外部因素，其中最重要的是物流市场需求的变化。物流组织作为物流市场中的供给方是为满足客户物流需求而存在的。为此，客户的生产模式、产品形态等都会对物流组织的创新产生重要影响。同时，激烈的市场竞争往往使物流组织更倾向于成为适应市场的创新型物流组织，并通过更低成本和更高质量来取得竞争优势。此外，资本与劳务市场变化也能激发物流组织的创新。

(2) 政治经济环境。每个国家无论对在自己境内从事生产经营活动的企业或个人，还是对国外的企业，都会通过政府的政策、法令、法律、规划、战略等采取一定的支持、鼓励、许可或限制的措施。而这些国家对内或对外的政治政策会随着国内国外的政治环境和经济形势的变化而改变。物流组织同样必须适应这种政治经济环境的变化。

(3) 社会文化因素。社会文化因素是推动管理创新的重要外部因素。社会文化主要指一个国家、地区的民族特征、价值观念、生活方式、风俗习惯、宗教信仰、伦理道德、教育水平、语言文字等的总和。文化起到凝聚整人心的作用，它对组织的影响是多层次、全方位、渗透性的，这些影响多半是通过间接的、潜移默化的方式来进行的。随着物流组织经营规模的不断扩大和技术层次的不断提高，这使得管理理念与文化价值观的更新日趋急迫，成为组织创新的必要条件。

总之，物流组织创新过程是一个系统过程，它不仅会受到物流组织内部个体创新特征、群体创新特征和组织特征的影响，还要受到整个社会经济环境及社会文化因素等的制约；而物流组织创新行为又会直接影响物流组织的绩效，包括市场绩效、竞争能力、赢利情况、员工的精神面貌等。同时，物流组织创新也是一个渐进的过程，往往从服务与技术开发入手，逐步向组织结构、人力资源、生产、销售系统等方面发展，进而进入战略与文化的创新，表现为一种渐进创新的过程。

2. 物流组织创新的发展趋势

综观物流组织的发展历程，物流组织的创新主要表现出以下六个方面的发展趋势，如图8.2所示。

1) 由分散化向一体化趋势转变

20世纪80年代以来，由于物流职能的集中管理使企业获得了巨大的经济效益，一些发达国家的企业内出现了物流职能内部一体化的物流组织，彻底改变了以往物流职能分散管理的情况。尽管这种一体化组织存在着机构庞大、组织管理复杂以及组织灵活性低等弊端，但对于涉及部门和环节过多的物流系统而言，则表现出更多的优越性。它有利于统一企业所有的物流资源，发挥物流系统的整体优势，使企业从战略高度系统地规划物流问题，协调物流运作，有利于提高企业物流运作的效率和效益。

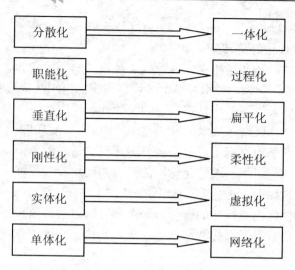

图 8.2 物流组织创新发展趋势

由于我国现代物流起步较晚，在企业物流运作上，我国企业还大都停留在传统物流阶段，多数企业还没有建立起适应市场经济的物流组织，仍然保持着计划经济体制下的分散式或直线职能制的物流组织结构，这是造成我国企业物流成本居高不下的主要原因。因此，我国企业的物流组织应尽快从分散化向一体化转变，进而向更高级的物流组织形式转变，以适应激烈的全球化竞争，但这个转变过程宜渐进进行，切不可操之过急。

2) 由职能化向过程化趋势转变

20 世纪 90 年代以来，受企业流程再造和学习型组织等理论的影响，组织扁平化、流程再造、团队管理等思想逐渐被越来越多的企业所接受，企业组织进入了一个重构时代。与此潮流相适应，企业物流管理也开始了由重视功能向重视过程的转变，即通过管理过程而不是功能来提高企业物流运作效率成为整合物流功能的核心内容。在这个转变的过程中，企业物流组织不再局限于物流功能集合或分散的影响，开始由职能一体化结构向以过程为导向的水平结构转变，由内部一体化向内外部一体化方向发展。

企业将物流作为过程来管理的目标在于两个方面：一是企业物流运作所有的努力都必须集中于对客户的增值，一项物流活动必须基于客户的需要；二是将物流作为一个过程来管理，能促进将物流活动融入企业的运营过程，并促进该过程运行效率的提高。物流过程化组织能够跨越企业的各个职能部门、地区部门，或者是不同企业的法律界限来有效地组织物流活动，是对传统以职能为中心的物流组织的革命，其组织形式是多样而灵活的。

3) 由垂直化向扁平化趋势转变

学习型组织理论和企业流程再造等现代管理理论都提出了建立扁平化企业组织的主张。扁平化组织是相对于传统的科层组织提出的，传统的科层组织之所以机械、僵化和失灵，无法适应复杂多变的市场环境，一个重要的原因就是其拥有庞大的中间管理层，致使信息链和指挥链冗长。扁平化的组织结构就是要压缩企业组织的中间管理层，缩短指挥链和信息沟通渠道，消除机构臃肿、反应迟钝的现象。要实现物流组织由垂直化向扁平化的转变，首先要注重企业物流信息系统的建设，以取代原来中层管理人员的上传下达和信息资料的整理功能；同时要构建以物流过程为中心的物流组织，以取代原来以物流职能为中心的组织形式，并同时注重提高物流组织管理人员独立决策和独立工作的能力，为扁平化物流组织的构建打好基础。

4) 由刚性化向柔性化趋势转变

美国学者汤姆·伯恩斯和斯托克在《管理之革新》一书中认为，组织结构与外部环境存在着密切的关系。他们认为，与相对稳定环境相适应的组织结构具有机械、稳定的特征，而快速变动的环境则要求组织结构具有一定的灵活性和适应性，即具有柔性化的特征。随着全球经济一体化和计算机网络技术的发展，如今企业所处的环境一直处于不断地变化中。组织柔性化的目的就在于增强组织对复杂多变的环境的适应能力，以使组织在多变的环境中获得长远的发展。物流组织的柔性化与物流管理的集权和分权度有着较大的关系，在增加物流组织柔性化的过程中，要不断调整组织的权责结构，适当扩大对物流管理的授权度。另外，物流组织由刚性化向柔性化的转变是一个渐进的过程，组织可以通过在原有稳定的物流组织的基础上引进具有柔性化特征的工作小组结构、物流工作团队等，逐渐向柔性物流组织过渡。

5) 由实体化向虚拟化趋势转变

虚拟物流组织实际上是指一种非正式的、非固定的、松散的、暂时性的组织形式，它突破了原有物流组织的有形边界，通过整合各个成员的资源、技术以及市场机会等要素，依靠统一、协调的物流运作，以最小的组织形式来实现最大的物流功能。虚拟物流组织要比简单地提高组织内结构的透明度更有意义，因为它是借助组织自身物流运作的核心能力去整合其他组织的核心能力来共同运作组织的物流系统的。虚拟物流组织具有快速响应市场变化的能力，组织灵活性强，易于分散物流风险，有利于组织充分利用外部资源，将本组织资源专注于物流核心业务，而将非核心业务外包出去，进而提高组织的核心竞争能力。在由实体化组织向虚拟化组织转变的过程中，组织必须专注于两个方面：一是组织必须培养和具备自身的物流核心能力，这是建立虚拟物流组织的一个必要条件；二是要注重组织物流信息系统的建设。虚拟物流组织不再是在一体化的实体组织内部组织物流运作，而是在各个独立的组织之间进行物流运作，因而跨组织的物流信息系统的建设便是虚拟物流组织能否顺利运转的关键。

6) 由单体化向网络化趋势转变

在现代市场经济条件下，物流组织要对迅速变化的市场环境做出快速反应，提升自身的竞争能力，有效利用组织外部资源是必然的要求，实体物流组织向虚拟物流组织的转变就是这种认识的结果。物流组织虚拟化的发展往往导致物流组织网络化的发展。物流网络组织是将单个实体或虚拟物流组织以网络的形式联合在一起，是以联合物流专业化资产，共享物流过程控制和完成共同物流目标为基本特征的物流组织形式。它是将以往分散的物流职能进行归并，从物流整个网络组织的角度而不是从单个物流组织的角度来考虑物流运作的优化问题。物流网络组织可以是实体网络组织，也可以是虚拟网络组织；可以是企业或企业集团内部的物流网络组织，也可以是企业外部的物流网络组织。当今社会，随着经济全球化、网络化和市场化进程的不断加快，物流组织网络化将呈快速发展趋势，有着广阔的发展前景。

8.5.2 物流战略联盟

1. 物流战略联盟的含义

管理学家彼得·德鲁克在1995年曾指出：工商业正在发生的最伟大的变革，不是以所有权为基础的企业关系的出现，而是以合作伙伴关系为基础的企业关系的加速度增加。现代经济学家的分析也表明：通过合作方式解决争端所造成的效率是最高的。21世纪的企业根本上有别于20世纪的企业之处，就在于用"网状的、相互依存的"公司替代"纵向一体化"型的企业，用开放性、适应性和整体性意识进行管理。

物流战略联盟是指为了取得比单独从事物流活动更好的效果，两个或多个物流企业为了实现资源共享、开拓新市场、共担风险、共享收益等特定战略目标而签订的长期互利的物流协作伙伴关系。通过与相关物流企业间建立物流战略结盟，可以使物流企业在不进行大规模资本投资的情况下，利用伙伴企业的物流服务资源，增加物流服务品种，扩大物流服务的地理覆盖面，为客户提供集海运、河运、公路运输、铁路运输、航空运输于一体的、货架到货架的"一站式"服务，从而提升市场份额和竞争能力，使联盟各方从联合物流服务活动中获益。

物流业经营和研究人员认为，相同的文化背景和彼此相互依赖、有效而积极的信息沟通、共同的企业经营目标和凝聚力、技术上的互补能力、双方高层管理人员在管理方面的共同努力等，是物流战略联盟成功的关键因素。目前，建立或加入物流战略联盟已成为许多具有一定实力的物流企业的发展战略。日本的物流企业主要就是通过建立战略联盟的方式来整合物流市场、强化与北美和欧洲的物流一体化运作的。例如，2000年10月，日本著名的贸易公司伊藤忠商社与美国的GATX物流公司就北美和亚洲之间的物流服务合作确立了战略联盟关系，以此作为进入第三方物流市场的切入点。GATX物流公司将代理伊藤忠商社为其在北美的客户提供供应链支持，尤其是在消费类电子产品领域，双方还将共同开发电子商务的运作。欧洲的一些大型邮递公司，为了成为大型的国际邮件、快递和物流服务的供应商，近年来在进行大规模的并购之外，也在努力通过与其他公司或邮政管理机构进行战略结盟。例如，法国邮政的包裹与物流集团公司与美国的联邦快递公司(Fedex)签署了一项已于2001年1月生效的新的战略合作协议，法国邮政客户根据该协议可以享受联邦快递公司的航空网络服务；芬兰邮政于2000年初与DHL全球知名的快递公司进行了战略结盟，共同推出了一项全新的国际快递服务，使芬兰邮政的顾客受益于DHL国际航空快递服务网络。

2. 物流战略联盟的方式

1) 纵向一体化物流战略联盟

纵向一体化物流战略联盟是指处于物流活动不同作业环节的企业之间通过相互协调形成的合作性、共同化的物流管理系统。针对我国的实际情况，有两种方式值得借鉴。一是在不同物流作业环节具有比较优势的各个物流企业之间进行合作。例如核心竞争力为陆路运输的企业，可以和在海运、空运等方面有优势的企业进行联盟，这样，彼此之间可以实现运输方面的紧密合作，实现多式联运的无缝连接。同时，考虑到物流服务需求的信息化和网络化，还可以和一些仓储企业、配送企业、软件设计企业之间进行联盟，从而给客户提供更深、更广的一体化服务。二是形成供应链战略联盟，即生产企业与供应商和顾客发展良好的合作关系，对从原材料采购到产品销售的全过程实施一体化合作。企业应尽量减少物流的中间层次，由联盟企业如第三方专业物流企业提供储运、包装、装卸和搬运等一条龙物流服务，直接将货物送达最终顾客。在供应链物流联盟方式下，生产企业无须承担仓储及存货管理的成本，但可以依靠物流联盟企业提供的信息，如供货信息、交通运输信息、市场信息、物流控制和物流管理信息等，了解物流的整体运作状况，以及时调整物流计划。

2) 横向一体化物流战略联盟

横向一体化物流战略联盟是指在相同地域或者不同地域，服务范围相同的物流企业之间达成的协调、统一运营的物流管理系统。例如对具有专线运输优势的中小型民营物流企业而言，可以通过自发地整合、资产重组、资源共享，依靠自身优势，在短时间内形成合力和核心竞争力，通过自己研发物流信息系统，使企业在物流领域实现质的突破，形成一个完善的物流网络体系。目前，以连锁加盟形式和由处于平行位置的几个物流企业结成横向联盟的形式获得了人们的普遍关注。目前，国内真正能提供物流一站式服务的大型物流企业并不存在，中国产业界正在形成的是既相对独立、又互相联系的物流战略联盟体系，它们各自拥有自身独特的资源和能力优势，其构成可大致归类为：以海洋、铁路等运输为代表的运输物流体系；以商品加工和配送为代表的仓储物流体系；以商品全国营销进行延伸服务的制造商物流体系；以海港、空港集散为代表的口岸物流体系；以技术和管理能力为手段的第三方物流服务体系；以城市居民和消费者为直接服务对象的快递物流体系；以外资或合资企业为主要服务对象的境内外物流服务体系；以电子商务为载体的配送物流体系等。

3) 混合型物流战略联盟

混合型物流战略联盟是指既由处于平行位置的物流企业，也由处于上下游位置的物流企业加盟组成，他们的核心是第三方物流机构。由于同一行业中多个中小企业存在着相似的物流需求，第三方物流机构水平一体化物流管理可使它们在物流方面进行合作，从而使社会分散的物流获得规模经济和提高物流效率。中小企业将自身的物流外包给第三方物流机构，共同采购、共同配送，构筑物流市场，形成相互信任、共担风险、共享收益的集约化物流伙伴关系，并且以签订联盟契约作为联盟企业的约束机制。这种物流战略联盟可使众多中小企业联盟成员共担风险，降低企业物流成本，并能从第三方物流机构得到过剩的物流能力与较强的物流管理能力，提高企业经济效益。同时第三方物流机构通过统筹规划，能减少社会物流资源的浪费，减少社会物流过程中的重复劳动。

面对激烈的物流市场竞争，我国物流企业应尽快适应时代发展的需要，改变过去单兵作战的运作模式，充分运用物流战略联盟的优势，根据自身特点有针对性的组建战略联盟，开展联盟的合作与发展，并逐步增强联盟成员间的相互信任。现阶段的联盟可以以静态的股权参与为主，随着企业的发展，联盟意识的提高，信息化建设的推进，联盟形式应逐渐向契约式联盟转变，最终建立更具有灵活性的动态战略联盟。

3. 物流战略联盟的管理

尽管许多企业都已经开始认识到物流战略联盟的组建能够增强双方的竞争优势，在联合的价值链中可以创造更多的价值。但由于物流战略联盟是由多个物流企业开展的相互合作，在联盟发展的各个环节中存在着许多阻碍联盟伙伴关系发展的各种不确定性因素，因此，对物流战略联盟的管理却不比对单个物流企业的管理那么简单。对此，加强物流战略联盟管理应着重做好以下方面工作。

1) 选择合适的联盟伙伴

联盟伙伴的选择是建立企业物流战略联盟的基础和关键环节，选择合适的合作对象是联盟健康发展的前提条件。物流战略联盟共同面对的是客户以及客户的客户，其伙伴的选择应着重考虑 3 个方面因素。一是互补性，互补性是物流战略联盟伙伴选择的前提。互补性主要体现在 3 个方面：①潜在合作伙伴能否提供本企业所缺乏的资源和能力；②本企业能否满足潜在合作伙伴的需求；③联盟伙伴的市场是否重叠以及重叠程度如何，一般情况下，低的市场重叠度意味着联盟企业之间有更大的互补性，其战略联盟也更容易取得成功。二是兼容性，兼容是一个成功的战略联盟所必须具备的重要条件之一。进行联盟的企业，如果缺乏兼容性，那将很难经受时间的考验，也很难应付变化的市场和环境。物流企业在选择战略联盟的伙伴时，必须从企业战略、组织文化、经营方式等方面综合评估双方的兼容性。三是可靠性，联盟伙伴的可靠性直接决定着战略联盟的成败。这主要从企业信誉、联盟合作的投入以及企业本身的经营状况进行考察。信誉是物流战略联盟合作的基石。只有诚信才能赢得客户的信任，才能不断发展壮大联盟的物流业务。虽有实力但缺乏信誉的企业难以成为可靠的联盟伙伴。联盟合作的投入是指备选合作伙伴愿意在联盟中进行人、财、物等方面的投入。一般来说，联盟伙伴对联盟合作的投入越大，它对联盟的忠诚度越高，可靠性更强。企业运营状况是一个综合性的概念，包括业务运作状况、财务状况、管理状况等。选择一个运营状况良好的联盟伙伴，是联盟能够顺利运行的保证。

2) 确立联盟的治理结构

在选定企业物流战略联盟合作伙伴后，合作双方就应该着手确立联盟的组织治理结构，做好联盟的组织工作。从狭义上讲，企业联盟的治理结构就是对联盟组织形式的选择。联盟的组织形式既包括合资、合作的股权联盟，也包括以契约联结的非股权联盟。企业物流战略联盟治理结构要根据具体情况进行选择，合理的治理结构要尽可能使合作各方的责、权、利对称，并能够抑制合作过程中的机会主义行为。同时，联盟组织应该保持必要的弹性，拥有广泛而健全的信息反馈网络，并应在联盟协议中加入相关的保护性条款，以保护合作方的长期利益。

3) 创造合作的文化氛围

许多联盟失败的案例表明，企业文化的差异是影响联盟顺利运转的关键因素之一，因此，推动物流战略联盟合作伙伴之间企业文化的融合，在合作中创造和谐共生的文化氛围，对推动联盟关系的平稳发展具有十分重要的意义。在联盟中创造和谐的文化氛围要致力于塑造共同的价值观和管理模式，在成员之间树立只有合作才能共赢的理念，并强调联盟组织文化、团队文化的建设。同时，要维持和谐的文化氛围，进行经常性的沟通和交流、建立并维持和谐的人际关系也是不可或缺的。

4) 采用先进的信息技术

信息化是现代化的灵魂。现代信息技术使分散在不同经济部门、不同企业之间的物流信息实现交流和共享，促进了物流资源的整合与技术创新，带动了商业模式创新和制度创新，从而达到对各种物流要素和功能进行有效协调、管理和一体化运作的目的。但由于物流联盟伙伴间地理位置上的分散性，使得伙伴间的信息共享比较困难，这对联盟伙伴之间的信息交流产生了很大的阻碍。因此，物流战略联盟必须重视应用现代先进信息技术，把物流信息化建设纳入联盟发展战略，统筹考虑、协调发展。通过建立物流战略联盟公共信息平台，打破过去条块分割、各自为营、信息封锁的割据局面，达到信息资源的共享和资源的合理运用。

5) 注重联盟企业之间的沟通协调

保持沟通协调是物流战略联盟得以生存的关键。联盟企业在合作过程中，物流企业之间、员工之间、企业与员工之间、企业与客户之间都要注意经常保持积极有效的沟通。在伙伴间建立畅通的沟通渠道，可以让合作伙伴了解己方的经历、背景、战略、目标等，从而加强双方对某一问题的共同看法和意见，进而增进双方的信任和感情。同时，通过加强合作伙伴之间的沟通，还可以协调联盟企业之间的合作事务，快速应对和处置各种突发事件，以保持联盟企业之间步调的一致性和物流联盟的战略目标实现。加强联盟企业之间的沟通协调最重要的方式就是要建立健全联盟之间常态化的学习机制。要通过学习，不断地更新和创造知识，交流经验，取长补短，最终达到提高企业绩效的目标。

6) 加强项目管理和服务绩效考评

物流战略联盟组织要依据现代物流标准操作规程，对物流服务项目的运作及流程加强监控与督促，对运作中出现的问题，如货物安全、客户投诉、回单等，及时进行学习与修正，并由物流战略联盟提交整改报告，要求物流服务项目组限期整改。与此同时，物流战略联盟要加强物流服务绩效考评，联盟可以在周期报告和平时服务稽核监控的基础上，共同树立标杆企业，对服务绩效进行定量评价，定期将物流战略联盟企业的产品、服务和管理措施等方面的实际状况与这些标杆企业相比较，分析这些优秀企业绩效达到优秀水平的原因，找出不足，逐渐完善，促使物流战略联盟企业采取措施迎头赶上。

本 章 小 结

物流组织是指专门从事物流经营和管理活动的组织机构。从广义上讲，既包括企业内部的物流管理和运作部门、企业间的物流联盟组织，也包括从事物流及其中介服务的部门、物流行业组织以及政府物流管理机构。

物流组织结构是指物流企业及有关物流分支机构所形成的网络组织结构。它的建立和形成是社会分工和生产发展的必然结果。科学合理的组织结构，对于企业内各职能部门明确职责、强化管理、提高效率具有十分重要的意义。

物流组织设计就是通过对物流组织结构和活动进行创构、变革和再设计，有效地规划和设计物流组织中各个部门的职能和职权，确定组织中的职能职权、直线职权、参谋职权的活动范围并编制职务说明书。

物流组织人员的培训是组织开发现有人力资源和提高员工素质以适应组织发展要求的基本途径。物流组织人员的考核是指相关部门或人员按照一定的方法和程序，对组织中各部门、各岗位在一定时期内表现出来的工作绩效或能力素质等所作的评价。根据考核内容的不同，人员考核可分为绩效考核和素质评价两大类。

物流组织变革是不以人的意志为转移的，它是物流组织管理者寻找适合于本组织需要的行之有效、运转灵活的新型组织管理形式的过程。物流组织的变革过程也是物流组织的创新过程。物流战略联盟是物流组织变革和创新的有效形式。

关键术语

组织　　　　　　　组织结构　　　　　　组织设计
人员配备　　　　　组织创新　　　　　　物流组织
物流组织结构　　　物流组织设计　　　　物流战略联盟

课堂讨论

1. 组织所需的岗位类型和岗位数量是根据什么确定的？
2. 有人认为：并不存在唯一理想或最优的物流组织结构。这种说法是否准确？简要说明自己的观点。
3. 员工通过培训能力得到提高后，可能会"跳槽"离开原来的组织，管理者对此应该怎么办？

综合练习

1. 名词解释

组织结构；组织设计；事业部型组织结构；矩阵型组织结构；管理幅度；人员配备；内部提升；外部招聘；组织创新；物流组织；物流组织结构；物流组织设计；物流战略联盟

2. 填空题

(1) 根据西方国家的物流实践，企业物流组织演变经历了_____、_____和_____3个发展阶段。

(2) 管理幅度与管理层次密切相关，管理幅度大就应该_____管理层次，反之管理层次则要_____。

(3) 物流组织设计内容包括：_____、_____、_____。

(4) 物流组织设计影响因素主要包括_____、_____、_____、_____等。

(5) 通常物流管理人员培训的内容主要侧重于_____、_____、_____3方面。

(6) 对物流作业人员培训所采用的方法主要有：_____、_____、_____和自学4种。

(7) 物流战略联盟的主要方式有_____物流战略联盟、_____物流战略联盟和_____物流战略联盟3种类型。

3. 简答题

(1) 简述事业部型组织结构的优缺点。

(2) 简述矩阵型组织结构的优缺点。

(3) 内部提升与外部招聘各有何优缺点？

(4) 简述影响物流组织设计的因素。

(5) 简述物流人员培训的内容与方法。

(6) 简述物流人员绩效考核的内容与方法。

(7) 简述影响和推动物流组织创新的因素。

4. 论述题

(1) 联系实际，试论述如何做好物流组织结构设计。

(2) 试论述物流组织结构设计应遵循的原则。

(3) 浅析如何提升现代物流组织的素质。

(4) 试论述实施物流战略联盟的必要性和可行性。

(5) 结合现代物流发展实际，试论述我国物流组织创新。

某工厂物流管理的组织变革

某厂的物流工作以生产物流为主，供应物流为辅。物流管理主要针对原材料、在制品和产成品在工厂内部的实物流动和相应的信息流动过程，同时和公司总部的物流处合作，参与部分供应物流与信息活动，以及少量销售物流与信息流活动。该厂在合资之前，物流管理水平较差，工厂采用的是常见的直线职能组织结构，如图8.3所示。

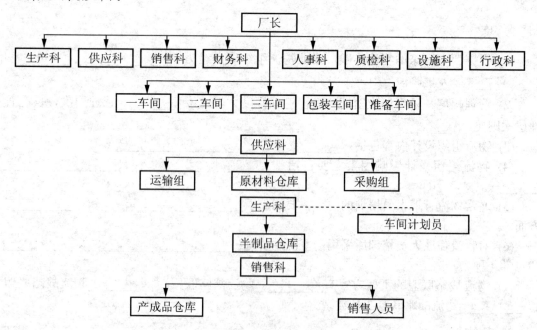

图 8.3 直线职能组织结构

该厂的物流活动主要分为厂内和厂外两大部分。厂外部分是通过提货单和送货单，利用供应科的运输能力，从供应商那里取得原材料并向客户运送产成品与外销半成品的物料过程。厂内部分是根据总部销售组织与本厂销售科下达的生产计划与生产订单，由生产科安排相应的车间从仓库领取原材料、半成品，经过车间内部和生产线上的流动，完成加工制造，作为产成品和半成品返回仓库的物流过程，如图 8.4 所示。

合资之后，工厂进行了组织变革，建立了新的工厂组织结构。行政科和销售科被撤销；人事科、财务科和质检科得以保留；设施科的职能变为负责管理全厂的动力与能源设施，其生产设备维修职能和车间原有的维修组合，并转入新建的维修科；新设立培训科负责全厂员工的职业与技术教育。此外，该厂还撤销了包装车间和准备车间，新增了四车间和五车间以供新产品和生产能力的扩张。

物流组织体制的变革则先后经历了 3 个阶段。第一阶段，销售科归入总部销售组织，生产科和供应科合并组建物料科。物料科内部设立计划主管，负责订单接受和生产计划的制订，兼管进口原材料的采购工作；设立仓库主管，统一管理产成品仓库、半成品仓库和原材料仓库；设立记账员，负责各种实物的收发统计；设立物料科长总体负责工厂的生产与供应物流管理，协调计划主管和仓库主管的工作，并兼管国内原材料的采购工作。但是，车间计划员仍然未纳入物料科编制。第二阶段，车间计划员成为物料科下属员工，并受计划主管和车间主任的双重领导和绩效考核。第三阶段，设立采购主管专门负责采购工作，减轻了物料科长和计划主管的负担，进一步理顺了物流组织结构的关系。最终的物流组织结构如图 8.5 所示。

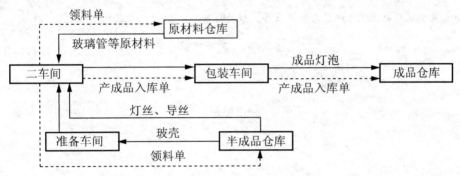

图 8.4　合资之前二车间物流活动

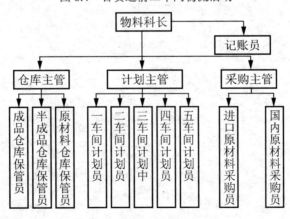

图 8.5　最终物流组织结构

同物流组织结构一样，物流与信息流流程也发生了很大的变化。部门之间的反馈信息流大量增加；信息流周期大大缩短，一般为周或日循环；运输职能已经转移到所属公司总部，原材料采购一般由供应商送货，而产品销售一般由客户自提，厂外物流活动基本借助其他企业或公司总部的物流力量。图 8.6 是二车间物流、信息流流程图。高效的库存与仓储管理杜绝了玻壳等半成品或原材料保管不善的现象，准备车间的存在已是画蛇添足；同时，所有的包装工作全部在车间内完成，免去了产成品入库前还要转运至包装车间的麻烦；物流路线也几乎缩短了一半，物流费用也大大节约，产品成本的降低十分显著。

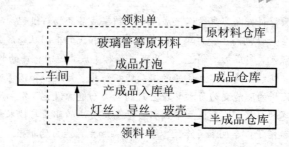

图 8.6 合资之后二车间物流、信息流流程

资料来源：http://www.docin.com/p-7416729.html

思考分析题：

1. 该厂在合资之前物流组织结构中存在哪些问题？
2. 该厂合资之后的组织结构与合资之前相比较，有哪些显著的变化？这样的变化对物流管理产生哪些影响？
3. 以本案例说明物流组织设计与物流业务流程的关系。

第 9 章 物流成本管理

【本章教学要点】

知识要点	掌握程度	相关知识	应用方向
物流成本管理的目标和范围	了解	物流成本、物流成本管理的目标和范围	了解物流成本管理相关概念
物流成本核算的主要内容和方法	熟悉	成本核算、物流企业效率分析和评价	弄清物流企业经营效率
物流成本分析	掌握	成本分析、系统模型	明白成本分析的作用和方法
物流成本控制	掌握	成本控制的基本问题、作业成本法和目标成本法	明白两类成本控制方法的思路
降低物流成本途径	重点掌握	运输成本、存货持有成本、行政管理成本	掌握降低物流成本的3类方法

【本章教学目标与要求】

- 了解物流成本管理的目标和范围；
- 了解物流成本管理的理论发展；
- 熟悉物流成本核算的主要内容、方法；
- 熟悉物流企业效率分析和评价；
- 掌握物流成本分析与系统模型；
- 掌握两种成本控制方法；
- 熟悉各类预算管理方法的优点和不足；
- 重点掌握降低物流成本的3类方法。

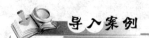
导入案例

中国是世界物流运输成本最高的国家之一

根据意大利《24小时太阳报》2月27日报道,由意大利"亚洲观察家"组织开展的一项调查显示,中国的物流运输业与中国的经济发展极不相称,财富的迅速增加缺少与之相配套的物流运输业。根据Morgen Stanley 的调查显示,中国是世界物流运输成本最高的国家之一,每年用在物流上的资金达2000亿美元,占GDP的20%,是美国的两倍。从时间上看,中国用在物流上的时间占90%,而生产只占10%。总体上讲,近年来,中国的国际物流运输业取得了较大进展,涌现出如中远集团(COSCO)、中国外运(SINOTRANS)、长荣海运(EVERGREEN)和中国海运集团总公司(CHINA SHIPING)等业绩不错的企业,但中国国内的物流运输业仍然十分滞后。除了中国幅员辽阔、地理条件复杂等原因外,地方保护主义也是限制物流运输业发展的因素。国有运输企业的网络只适应其本身的特点,而并没有得到强化及对其他物流业经营者开放。结果导致铁路与公路相互衔接的高效率运输模式在中国几乎不存在。另外,国有运输企业传统上运输的大宗货物主要是原材料和制成品,而对消费品及对运输时间要求苛刻的消费品,如易变质的商品的运输经营业务却很少。中国的仓储成本很低,但提供的服务却非常差,缺乏专业化的设备、管理等。总之,物流业已经成为制约经济发展的重要因素。

资料来源:佚名.外国媒体称中国物流运输业滞后于经济发展[J].北京物资流通,2007(1),第69页

物流企业的核心竞争优势取决于成本管理水平。要有效地实施物流成本管理,首先要对企业实际成本进行客观的核算,准确掌握物流企业内部的运营情况,能够在真实的成本信息基础上进行横向、纵向成本比较;其次要进行系统的物流成本分析,并采用现代物流成本控制方法,针对物流管理体系中的薄弱环节落实整改措施,促进物流管理水平的不断提高;最后,需要认识降低物流成本的途径,熟练掌握科学的管理工具,才能充分挖掘第三利润源泉。

9.1 物流成本管理概述

物流成本是企业总成本的一个重要组成部分,企业对物流的重视也是从关心物流成本开始的。在很多生产企业中,物流成本是除原材料成本之外最大的成本支出项目,特别是在完全竞争市场中,成本是影响企业效益的最基本、最关键的要素,如何降低巨额的企业物流成本已成为企业管理者不容忽视的问题。

实践结果表明,通过物流成本管理,可以改善物流流程,削减不必要的物流环节,减少低效率的作业,提高响应速度和服务质量,避免企业流动资金的大量占用,加快资金周转速度,为提高企业综合竞争力提供物流保障。

9.1.1 物流成本概述

1. 物流成本的概念

物流活动一定会产生物流成本(Logistics Cost)。在市场经济中,要保证生产和物流活动有秩序、高效率、低消耗地进行,需要花费一定的财力和物力,投入一定的劳动,并在产品销售收入中得到合理的补偿。

根据 GB/T 20523—2006《企业物流成本构成与计算》，物流成本是指物流活动中所消耗的物化劳动和活劳动的货币表现，即产品在包装、运输、储存、装卸搬运、流通加工、物流信息、物流管理等过程中所耗费的人力、物力和财力的总和以及与存货有关的资金占用成本、物品损耗成本、保险和税收成本等。其中，与存货有关的资金占用成本包括负债融资所发生的利息支出即显性成本和占用自有资金所产生的机会成本即隐性成本两部分内容。

现代物流管理理论认为，除了上述狭义的物流成本概念之外，广义的物流成本概念也越来越重要，它包括狭义的物流成本与客户服务成本两方面内容。物流活动要求企业不断追求客户满意，提高客户服务水平也是影响物流企业长期发展的关键因素。现实中常有企业因为物流服务水平低，造成客户不满意而失去现有客户和潜在客户的情况，这种情况所带来的损失，就是客户服务成本。

2. 物流成本的分类与构成

由于物流成本具有一定的隐蔽性，且牵涉面广、关联性强，具体哪些费用支出应该纳入物流成本构成中参与核算，在不同的研究者和企业之间还存在一些认识差异。科学合理的分类标准，可以统一企业的物流成本构成内容，指导企业按统一的内容和要求从会计数据中分离出物流成本，从而为企业物流成本管理工作提供数据支持，为行业及社会物流统计工作奠定基础。

在进行物流成本管理时，企业通常只考虑狭义的物流成本，而对客户服务成本关注甚少。因此，企业对物流成本的分类主要是针对狭义物流成本的。

1) 一般项目下企业物流成本的分类构成

对于一般项目，可将物流成本分为三大类：直接材料、直接人工和间接费用。

直接材料指在物流活动中直接耗费的用以完成物流服务的材料成本。如企业运输设备的燃料费用等。

直接人工指在物流活动中直接参加完成物流服务所耗用的人工成本。例如，企业仓储服务人员的工资、福利等。

直接材料和直接人工统称为直接成本，是为了完成物流工作而特别引起的费用。运输、仓储、原料管理以及订货处理及库存的某些方面的直接费用能够从传统的财务会计资料中取得。

间接费用指在企业的物流活动中耗费的、不能归入上述直接成本的所有其他成本支出。主要包括组织管理物流活动的管理人员的工资和福利，用于物流活动的固定资产折旧费、经营租赁费、维修费、低值易耗品摊销、水电费、办公费、差旅费等。

2) 美、日企业物流成本的分类构成

在美国，企业物流成本由 3 类构成：存货成本、运输成本和物流管理成本。即企业物流总成本(Total Logistics Costs)= 存货成本(Inventory Carrying Cost)+ 运输成本(Transportation Cost)+物流管理成本(Logistics Administration Cost)。其中存货成本指花费在保存货物上的费用，除了仓储、残损、人力费用及保险和税收外，还包括存货占用资金的利息；运输成本主要指公路运费、其他运输方式的费用，还包含了货运代理成本和与发货人相关的成本，与发货人相关的成本包括货主企业运输管理部门的运营费用和货物装卸费用;物流管理成本是按照美国的历史情况由专家确定一个固定比例(一般为 4%),乘以存货成本和运输成本的总和得出的。

在日本,强调按多种标准进行企业物流成本划分,这样可以从不同的角度或侧面反映存在的问题和物流组织程度。具体地讲,物流成本大致可按如下指标分类,即总物流成本、事业部物流成本、部门物流成本、营业网点物流成本、交易对象物流成本、机能物流成本、车辆物流成本、人员物流成本、场所物流成本、作业物流成本、销售物流成本、形态物流成本、固定物流成本、变动物流成本等。

3) 我国企业物流成本的分类构成

在我国,根据 GB/T 20523—2006《企业物流成本构成与计算》,企业物流成本的全貌应该是三维的,即应从物流成本项目、物流成本范围和物流成本支付形态 3 种不同角度来分析企业物流成本。企业物流成本的分类与构成如图 9.1 所示。

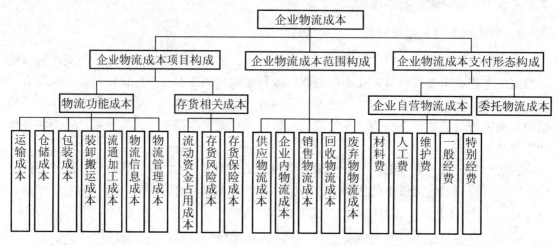

图 9.1　企业物流成本的分类与构成

(1) 企业物流成本项目构成。企业物流成本项目可划分为物流功能成本和存货相关成本。其中物流功能成本指在运输、仓储、包装、装卸搬运、流通加工、物流信息和物流管理过程中所发生的物流成本。存货相关成本指企业在物流活动过程中所发生的与存货有关的流动资金占用成本、存货风险成本和存货保险成本。

运输成本:一定时期内,企业为完成货物运输业务而发生的全部费用,包括运输业务人员费用,车辆及其他运输工具的折旧费、维修保养费、燃料费、保险费、租赁费、过桥过路费、年检费,事故损失费,相关税金,业务费等。

仓储成本:一定时期内,企业为完成货物储存业务而发生的全部费用,包括仓储业务人员费用,仓储设施的折旧费、维修保养费,水电费,燃料与动力消耗费,相关税金,业务费等。

包装成本:一定时期内,企业为完成货物包装业务而发生的全部费用,包括包装业务人员费用,包装材料消耗,包装设施折旧费、维修保养费,包装技术设计、实施费用,包装标记的设计、印刷费,相关税金,业务费等。

装卸搬运成本:一定时期内,企业为完成货物装卸搬运业务而发生的全部费用,包括装卸搬运业务人员费用,装卸搬运设施折旧费、维修保养费,燃料与动力消耗费,相关税金,业务费等。

流通加工成本：一定时期内，企业为完成货物流通加工业务而发生的全部费用，包括流通加工业务人员费用，流通加工材料消耗，加工设施折旧费、维修保养费，燃料与动力消耗，相关税金，业务费等。

物流信息成本：一定时期内，企业为完成物流信息的采集、传输、处理等活动所发生的全部费用，具体包括物流信息人员费用，信息设施折旧费，信息系统开发摊销费，软硬件系统维护费，咨询费，通信费，业务费等。

物流管理成本：一定时期内，企业为完成物流管理活动所发生的全部费用，包括物流管理部门及物流作业现场所发生的管理费用，具体包括物流管理人员费用，差旅费，办公费，会议费，水电费，以及国际贸易中发生的报关费、检验费、理货费等。

流动资金占用成本：一定时期内，企业在物流活动中因持有存货占用流动资金所发生的成本，包括存货占用银行贷款所支付的利息和存货占用自有资金所发生的机会成本。

存货风险成本：一定时期内，企业在物流活动过程中所发生的物品跌价、损耗、毁损、盘亏等损失。

存货保险成本：一定时期内，企业在物流活动过程中，为预防和减少因物品丢失、损毁造成的损失，向社会保险部门支付的物品财产保险费用。

(2) 企业物流成本范围构成。以物流活动的范围作为物流成本分类指标，具体包括供应物流、企业内物流、销售物流、回收物流和废弃物流等不同阶段所发生的各项成本支出。

供应物流成本：企业在采购环节所发生的物流费用。

企业内物流成本：货物在企业内部流转所发生的物流费用。

销售物流成本：企业在销售环节所发生的物流费用。

回收物流成本：退货、返修物品和周转使用的包装容器等从需方返回企业(供方)的物流活动过程中所发生的物流费用。

废弃物物流成本：企业将经济活动中失去原有使用价值的物品，根据实际需要进行收集、分类、加工、包装、搬运、存储等，并分送到专门处理场所的物流活动过程中所发生的物流费用。

(3) 企业物流成本支付形态构成。以物流成本的支付形态作为物流成本分类指标，具体包括委托物流成本和企业自营物流成本。其中，委托物流成本指企业向外部物流机构所支付的各项费用；企业自营物流成本的支付形态具体包括材料费、人工费、维护费、一般经费和特别经费。

材料费：包括资材费、工具费、器具费等。

人工费：包括工资、福利、奖金、津贴、补贴、住房公积金、人员保险费、职工劳动保护费、按规定提取的福利基金、职工教育培训费等。

维护费：包括各类物流设施设备的折旧费、维护维修费、租赁费、保险费、税金、燃料与动力消耗费等。

一般经费：包括办公费、差旅费、会议费、通信费、咨询费、水电费、煤气费以及各物流功能在材料费、人工费和维护费3种支付形态之外反映的费用细目。

特别经费：包括存货流动资金占用费，存货跌价、损耗、盘亏和毁损费，存货保险费等。

3. 物流成本的特点

1) 物流成本的分散性

物流成本并不单纯集中在某个或几个职能部门，而是跨越了涉及企业物资流动的整个过程，包括企业的采购、生产、销售及其他的相关部门。同时，根据现有的会计制度，损益表中也无物流成本的直接记录，而是将与物流活动相关的各种支出分散地列示于企业的各项费用中，使得人们对物流成本构成缺乏全面认识。

2) 物流成本的隐含性

关于物流成本的隐含性，日本早稻田大学的西泽修教授将其描述为"物流冰山"。一般在企业会计科目中，只把支付给外部运输、仓库企业的费用列入成本，实际上这些费用在整个物流费用中确实犹如冰山一角。由于物流成本的反映并不全面，企业管理人员难以获取企业物流成本的真实数据，不利于物流成本的有效控制。

3) 物流成本的模糊属性

一些物流成本可被列在不同的会计科目下，在缺乏统一标准的情况下，物流成本的类别和范围只能由各企业依据自身的需要进行设立，造成不同国家、地区间的企业数据难以比较分析的结果，既不利于企业自身的物流活动绩效评估，也不利于政府从宏观管理的角度进行统计和物流基础设施的规划及建设。

4) 物流成本的乘数效应

物流成本和会计报表中的期间费用一样，具有乘数效应。举例而言，当销售额为1000万元时，若物流成本占销售额的10%，计100万元，这就意味着，只要降低10%的物流成本，就等于增加10万元的利润。相应地，假如这个企业的销售利润率是2%，同样创造10万元的利润，则需增加500万元的销售额。所以，降低10%的物流成本所起到的作用，相当于销售额增加50%，且前者相对容易，后者却非常困难。

5) 物流成本间的背反效应

背反效应(Trade-off)揭示了"此消彼长"的二律背反现象。物流系统的背反效应包括物流成本与服务水平之间的效益背反和物流各功能活动之间的效益背反。现代物流是由运输、包装、仓储、装卸及配送等物流活动组成的集合，物流的各项活动处于这样一个相互矛盾的系统中，即要想较多地达到某个方面的目的，必然会使另一方面的目的受到一定的损失。例如，运输费用与仓储库存费用之间就是一种背反的关系，减少运输费用，仓储库存费用就会上升，反之亦然，如图9.2所示。

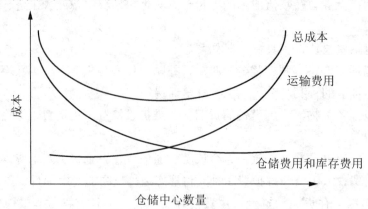

图9.2 物流成本间的背反效应

9.1.2 物流成本管理的目标和范围

物流成本管理(Logistics Cost Control)是指对物流相关费用进行的计划、协调与控制。物流成本管理可以说是以成本为手段的物流管理方法。物流成本管理的意义在于，通过对物流成本的有效把握，利用物流要素之间的效益背反关系，科学、合理地组织物流活动，加强对物流活动过程中费用支出的有效控制，降低物流活动中的物化劳动和活劳动的消耗，从而达到降低物流总成本、提高企业和社会经济效益的目的。

明确物流成本管理的目标和范围才能统一认识，有助于有效地配置企业资源，引导企业成本管理措施的顺利实施，真正发挥成本管理方法的作用。

1. 物流成本管理的目标

根据物流成本效益背反的特点，一种功能成本的削减会使另一种功能成本增多，因此，尽管分部分项的成本管理很重要，但能否有效降低物流系统总成本才是问题的关键和重点。如图 9.2 所示，少建仓储中心可以节约仓储费用和库存费用，但这一决策或许并不正确，因为若引发运输费用大幅增加，物流系统总成本可能反而是增加的。因此，必须从总成本的角度出发，整体地研究问题，追求整个物流系统总成本的最低。同时，物流成本管理也不是单纯地强调物流系统总成本绝对值的降低，而要合理地降低物流系统总成本，要通过寻求物流服务与系统总成本之间的最佳平衡点，使物流活动达到相对的合理化。

总之，物流成本管理的目标不仅是物流成本的精确计量，更重要的是要通过成本管理去优化物流活动。物流成本管理只是一种手段，用最小的物流系统成本去实现最大的社会和经济利益才是物流成本管理的最终目标。一般地，应包含以下 3 个层次。

1) 降低成本

物流活动过程是一个耗费人力、物力、财力形成物流成本的过程。因此，加强物流过程的成本控制，将有利于提升物流企业的竞争优势。鉴于我国物流企业在成本确认、分类、核算和控制等方面都存在缺陷，物流成本信息粗略而不全面，通过强化内部管理深入挖潜仍具有一定的现实意义和价值。

2) 增加企业利润

成本管理不能仅仅只满足于降低成本，还要使企业能够最大限度地获得利润。根据销售量、成本、利润之间的对应关系，即销售量×单价=固定成本+销售量×单位变动成本+利润，即使企业固定成本和变动成本有所增加，但只要企业发展了，通过提高销售单价或增加销售量，最终将可能获得更多的利润。

3) 培植和提升企业核心能力

麦肯锡咨询公司认为，企业核心能力是指某一组织内部一系列互补的技能和知识的结合，它具有使一项或多项业务达到竞争领域一流水平、具有明显优势的能力。有的学者把核心竞争力定义为：企业所具备的一种或几种使其向顾客提供价值过程中长期领先于其他竞争对手的能力。对于物流企业而言，成本管理应有利于培植和提升企业核心能力。

2. 物流成本管理的范围

物流成本管理的范围是指计算物流成本的具体内容，即应选取哪些成本费用项目来计算物流成本。不事先明确物流成本管理的范围条件，物流成本的计量和企业之间的横向比较也就失去了意义。事实上，由于物流成本具有模糊属性，某一科目下的物流成本可大可小，取决于这一科目计算范围的界定。例如，与存货管理相关的支出往往也被记为当期的"管理费用"；又如，物流成本中是否应该包含生产物流费？根据现代物流管理理论内涵，答案是肯定的，但在实际工作中，因为很难将生产物流成本从生产成本中分离出来，往往认为物流成本中不包括生产物流费，而将其纳入生产成本范畴计算。

9.1.3 物流成本管理的理论发展

随着产业分工的社会化、专业化和产业链条的延伸，以及高新物流技术装备和管理信息技术的广泛应用，物流活动从各个环节到各分支流程的整体结构与流转过程都越来越复杂，使得物流成本理论研究所涉及的问题既宽泛又深入。在广度方面，成本管理已从企业内部发展到供应链的成本管理；在深度方面，已从传统的成本管理发展到精益成本管理。

早期研究认为，物流成本是识别物流环节成本持续改善的战略工具。1956 年，霍华德·T·莱维斯(Howard T. Lewis)、詹姆斯·W·克里顿(James W. Culliton)和杰克·D·斯蒂勒(Jack D. Steele)三人撰写了《物流中航空货运的作用》一书，第一次在物流成本管理中导入了整体成本的分析概念，建立了物流总成本理论。1971 年，Martin Christopher 提出了 PPBS(Planning，Programming，Budgeting，System)概念，变传统的横向的以项目为单位的成本和收入结构，代之以纵向的以功能为单位的成本结构，形成了任务成本(Mission Costing)理论。在此基础上，相继引入了供应链、精益管理等概念进行物流成本分析研究。

目前，国内外有关物流成本的研究大体可归为两大流派：其一是注重物流成本的社会功能或企业战略功能的研究，主要论述物流及物流成本的产生在创造社会和企业价值方面的战略作用、物流成本与社会经济结构的关系、物流成本与企业财务业绩有关指标的关系及相关评价；其二是注重对物流成本的构成分析和优化技术方法的应用研究，试图从建立的有关理论模型上说明物流成本的各方面的数量关系(如基于成本最优化的物流成本分析和决策应用研究等)，目的在于通过物流成本研究解决物流管理中的相关具体问题。当然，这两大派别并非截然分离，也有不少论著是兼而论之。

相对而言，国外物流成本的相关研究更集中于微观物流，特别是在企业物流供应商选择、企业物流或配送系统设计、库存仓储订货及优化策略、运输路径选择、物流设施规划与选址、供应链管理的优化模型、物流各环节运作等具体问题的解决方法，注重个案分析和实证研究，并尝试建立规范化的解决途径。

9.2 物流成本核算

物流成本核算是根据企业确定的成本计算对象，采用相应的成本计算方法，按照规定的成本项目，通过一系列物流费用的汇集与分配，从而计算出各物流环节成本计算对象的实际总成本和单位成本。物流成本核算是对企业物流活动过程中各种耗费如实反映的过程，也是实施物流成本控制管理的基础。由于物流成本具有分散性和隐含性，在现行会计核算体系的框架内，系统而全面地进行物流成本的核算并不容易。但是，只有认清物流成本的本质，并统一物流成本核算标准，才能有效地获取物流成本信息，提高企业物流管理的科学性。

9.2.1 物流成本核算的主要内容

物流成本核算的目的是为了更好地进行物流成本管理、支持管理者决策、提高经济效益。因此，成本核算应该要解决以下问题：哪些成本发生了？这些成本是在什么地方发生的？这些成本是为谁发生的？即主要应包括成本种类核算、成本位置核算、成本承担者核算3个方面的内容。

1. 物流成本核算问题的实质和精髓

成本核算是将企业生产经营过程中发生的各项耗费，按特定的对象归集和分配，确定各对象的总成本和单位成本的一种会计处理程序和方法。对于物流企业而言，成本核算的难点在于现有的企业财务会计体系并非围绕物流成本核算而展开，因而与物流成本相关的原始数据是零散杂乱的，这正是形成"物流冰山"、使许多物流相关费用管理处于失控状态的主要原因。

但是，放弃对现有财务会计体系中基本数据的利用，另设专门物流数据收集系统是需要巨大投入的，大范围地推广这一做法并不现实。所以，物流成本核算的实质是一种数据信息加工处理的转换过程，即将会计账目上已发生的各种资金的耗费，遵循一定标准和程序，按照成本核算对象或使用范围进行费用的重新汇集和计算。

成本核算的精髓在于各种业务流程的细化和标准化。必须制定和完善各项费用的内部管理制度，用制度规范和监控各项费用支出。因此，要求制定的核算标准能够根据物流企业的特点，抓住企业生产经营各环节、各领域中的关键点，形成企业成本控制全过程、全方位的监控系统。

2. 我国物流成本核算的主要内容

我国于2006年9月发布了国家标准GB/T 20523—2006《企业物流成本构成与计算》。尽管与发达国家相比，我国企业物流成本核算相关研究还处于起步阶段，在实践中还存在许多问题。但该标准可避免企业在物流成本核算内容上的无序，能够指导企业按统一的格式和要求从会计数据中分离出物流成本，因此，对于科学地进行物流成本核算具有积极意义。

物流成本核算的主要内容见表9-1和表9-2。

表9-1 企业物流成本核算主表(编报期为月报、季报和年报)

企业详细名称： 　　　　　企业法人代码： 　　　　计量单位：元　　　　年　　月

成本项目		代码	范围及支付形态															
			供应物流成本			企业内物流成本			销售物流成本			回收物流成本			废弃物物流成本			物流总成本	
			自营	委托	小计	自营	委托	小计	自营	委托	小计	自营	委托	小计	自营	委托	小计	自营	委托	合计
甲		乙	01	02	03	04	05	06	07	08	09	10	11	12	13	14	15	16	17	18
物流功能成本	运输成本	01																		
	仓储成本	02																		
	包装成本	03																		

续表

成本项目		代码	范围及支付形态																
			供应物流成本			企业内物流成本			销售物流成本			回收物流成本			废弃物物流成本			物流总成本		
			自营	委托	小计	自营	委托	小计	自营	委托	小计	自营	委托	小计	自营	委托	小计	自营	委托	合计
物流功能成本	装卸搬运成本	04																		
	流通加工成本	05																		
	物流信息成本	06																		
	物流管理成本	07																		
	合计	08																		
存货相关成本	流动资金占用成本	09																		
	存货风险成本	10																		
	存货保险成本	11																		
	合计	12																		
其他成本		13																		
物流总成本		14																		

单位负责人:　　　　　　填表人:　　　　　　填表日期:　　年　月　日

表9-2　企业自营物流成本支付形态表(编报期为月报、季报和年报)

企业详细名称:　　　　企业法人代码:　　　　计量单位:元　　　　年　月

成本项目		代码	内部支付形态					
			材料费	人工费	维护费	一般经费	特别经费	合计
甲		乙	1	2	3	4	5	6
物流功能成本	运输成本	01						
	仓储成本	02						
	包装成本	03						
	装卸搬运成本	04						
	流通加工成本	05						
	物流信息成本	06						
	物流管理成本	07						
	合计	08						
存货相关成本	流动资金占用成本	09						
	存货风险成本	10						
	存货保险成本	11						
	合计	12						
其他成本		13						
物流成本合计		14						

单位负责人:　　　　　　填表人:　　　　　　填表日期:　　年　月　日

注:表9-1中自营16列各项成本数值应等于表9-2中合计6列各项成本数值。

9.2.2 物流成本核算的方法

1. 会计方法

采用会计方法核算物流成本,就是通过凭证、账目、报表对物流耗费予以连续、系统、全面地记录、计算和报告。具体有两种形式:一是把物流成本计算与正常的会计核算截然分开,单独建立物流成本核算的凭证、账目和报表体系,物流成本核算和正常的会计核算两套体系同步展开,物流成本的内容在物流成本核算体系和正常的会计核算体系中得到双重反映,也称双轨制;二是将物流成本核算体系和正常的会计核算相结合,增设"物流成本"科目,对于发生的各项成本费用,若与物流成本无关,直接计入会计核算相关的成本费用科目,若与物流成本相关,则计入"物流成本"科目,也称单轨制。

运用会计方式进行物流成本核算时,提供的成本信息可以实现系统、全面、连续、真实的要求。但这种方法比较复杂,需要重新设计新的凭证、账户、报表核算体系,甚至需要对现有体系进行较大的、彻底的调整。实际上,GB/T 20523—2006《企业物流成本构成与计算》所推荐采用的就是一种会计核算方法。

2. 统计方法

采用统计方法核算物流成本,不需要设置完整的凭证、账户和报表体系,主要通过对企业现行成本核算资料的剖析,分离出物流成本的部分,按不同的物流成本计算对象进行重新归类、分配和汇总,加工成所需的物流成本信息。

与会计方式的物流成本核算比较起来,由于统计方式的物流成本核算没有对物流耗费进行连续、全面、系统的跟踪,据此得来的信息,其精确程度受到很大的影响。但正由于它不需要对物流耗费做全面、系统、连续的反映,所以运用起来比较简单、方便。在会计人员素质相对不高、物流管理意识淡薄、会计电算化尚未普及的企业,可运用此法,以简化物流成本核算,满足其一定程度的物流成本管理需求。

3. 作业成本法

作业成本法(Activity Base Costing,ABC)又称作业成本计算或作业基础成本制度,最早可以追溯到美国人埃里克·科勒(Eric Kohier)教授在 1952 年编著的《会计师词典》中,是西方国家于 20 世纪 80 年代末开始全面兴起并首先在先进制造企业应用起来的一种全新的成本核算方法。其特点表现在以下几个方面。

1) 作业成本法对间接成本的核算更加精确

传统方法直接以产品作为间接成本分摊对象的做法并不合理,它错误地把单位产品耗用某种资源(如工时)占当期该类资源消耗总额的比例,当成了对所有的间接费用进行分配的比例。这将导致产量高的产品承担了更高的间接费用,产量低的产品承担了更少的间接费用,且间接费用在产品成本中所占的比重越大,这一做法导致的偏差就越严重。

为避免上述错误,作业成本计算法提出,应突破产品这一界限,把物流成本核算深入到作业层次,要以作业为单位归集成本,建立"产品消耗作业,作业消耗资源"的基本假设。

根据这样的假设,以作业成本法为基础的物流成本的核算方法可以概括为:首先,依据不同成本动因分别设置成本库;其次,分别以各种产品所耗费的作业量分摊其在成本库中的作业成本；最后，汇总各种产品的作业总成本，计算各种产品的总成本和单位成本。

所谓作业是指企业在经营活动中的各项具体活动。如订单处理、包装、运输装卸、质量检验等。每一项具体活动就是一项作业。

所谓成本动因是指引起成本发生的驱动因素，如采购订单便是采购作业的成本动因。成本动因具有隐蔽性，不易识别，需要对成本行为进行仔细分析才能得到。每一项作业，都有与其相对应的作业成本动因。

所谓成本库是指将同质成本动因导致的费用项目归集在一起的成本类别，成本库的建立把间接费用的分配与产生这些费用的动因联系起来，不同成本库由不同成本动因作为区分标准。

2) 作业成本法可区分增值成本和非增值成本

作业成本法从实现和提高客户价值方面考虑，通过对经营过程的分析，利用作业成本法提供的信息，为尽可能消除"不增值作业"、改进"可增值作业"提供依据，进行持续改善，以达到促进企业整体管理水平提高的目的。

总之，作业成本法认为，企业的全部经营活动是由一系列相互关联的作业组成的，企业每进行一项作业都要耗用一定的资源，而企业产品的生产(包括提供的服务)又需要通过一系列的作业来完成。因而从逻辑上讲，产品的成本就是企业全部作业所消耗的资源的总和。要反映产品真实的资源消耗，物流成本分配必须按照作业而不是产品来归纳，物流管理者以此可鉴别导致成本发生的真正原因并予以正确的控制。

9.2.3 物流企业效率分析和评价方法

关于效率，斯蒂芬·罗宾斯指出："它是指输入与输出的关系。对于给定的输入，你能够获得更多的输出，你就提高了效率。类似的，对于较少的输入，你能够获得同样的输出，你同样也提高了效率。"因此，物流企业效率可定义为企业在物流活动中投入与产出或成本与效益之间的对比关系，从本质上讲，它是物流企业配置其资源的结果，也是衡量物流企业市场竞争能力、投入产出能力和可持续发展能力的标准。

尽管物流企业效率的概念十分简单，但要精确地计算，却并不容易。原因是企业的投入有资本、劳动、土地、信息、企业家才能等多种要素，其单位并不统一；同时，企业的产出也有多种形式，有经济效益和社会效益、短期效益和长期效益之分，孰重孰轻也难以辨别。尽管如此，由于效率是衡量企业业绩的重要指标，仍需参考下列方法，合理地对物流企业进行效率分析和评价。

1. 财务指标分析法

我国在 1993 年实行的《企业财务通则》和行业财务制度，建立了企业财务评价指标体系。1999 年，财政部会同有关部门制定了《国有资本金效绩评价规则》(以下简称规则)，除了明确评价方法、标准、工作程序以外，进一步完善了评价内容和指标体系，对企业效率分析和评价具有较大的参考价值。根据《规则》要求，对企业经济效益综合评价应从财务效益状况、资产营运状况、偿债能力状况、发展能力状况等几个方面综合反映，具体指标有总资产报酬率、净资产收益率、总资产周转率、流动资产周转率、资产负债率、已获利息倍数、销售增长率、资本积累率 8 项指标。其中，总资产报酬率是全面反映企业投入与收益的关键指标，总资产周转率和流动资产周转率反映了企业运作效率，销售增长率反映了企业市场推广的效率。

一般在财务分析中，并没有考虑到所有资本(特别是权益性融资成本)的使用成本，所以可能产生一定偏差。为比较准确地反映公司在一定时期为投资者创造的真正价值，1982年美国 Stern Stewart 公司首先提出了 EVA 指标，并将其引入财务管理体系。EVA 是经济增加值(Economic Value Added)的简称，是指公司在扣除投资者机会成本以后所创造的价值，EVA 是为股东创造的财富。如果 EVA 为负，即使当期会计利润为正，企业仍然没有创造出真正的利润，反而在吞噬股东价值。因此，EVA 与总成本之比才是反映企业投入与收益的效率指标。

2. 数据包络分析法

DEA 数据包络分析法(Data Envelopment Analysis)是以相对效率概念为基础，按照多指标投入和多指标产出，对同类经济系统相对有效性进行评价的一种运筹学方法。1978年由著名的运筹学家 Charness 等学者首先提出第一个模型，称为 CCR 模型，用于评价部门间的相对有效性。在此之后的几十年中，针对 DEA 的权重、决策单元输入输出指标限制、模型动态性、模型随机性的研究层出不穷，陆续开发出 BCC、CCGSS、CCW 和 CCWH 等模型。数据包络分析法对于效率的衡量，主要是利用帕累托最优境界(Pareto Optimality)的效率观念，亦即在不损及某些人利益的情况下，而有益于另一些人的情境。DEA 方法的优点是在评价时不需考虑指标的量纲，可以避免由于指标量纲不同所带来的许多麻烦；同时，DEA 模型的权数不用事先确定，这就避免了人为确定权重的主观性。

3. 模糊综合评价法

模糊综合评价法源于 20 世纪 60 年代由美国科学家 Zadeh L A 创立的模糊数学理论，它是将边界不清、不易定量的因素定量化后进行综合评价的一种方法。该综合评价法根据模糊数学的隶属度理论把定性评价转化为定量评价，对受到多种因素制约的事物做出一个总体的评价。它克服了单指标评价的片面性，以及传统评价方法受人为因素、感情因素影响的不足，很好地解决了效率评价过程中定性指标难于比较的困难，在定性与定量之间架起了一座沟通桥梁。具有结果清晰、系统性强的特点，能较好地解决模糊的、难以量化的问题，适合解决具有非确定性特点的效率衡量问题。

此外，部分学者认为，企业效率应包括企业资源配置效率和组织效率两部分，上述 3 种方法只考虑了资源配置效率，而忽视了组织效率，即 X 效率。X 效率理论强调人在生产过程中的作用，研究的是一种与组织或动机有关的效率，关注在客观生产条件既定的情况下，存在于企业内部的某种低效率现象及其产生的原因。X 效率理论认为劳动投入不同于其他投入的地方就在于：劳动投入在生产中的作用不仅取决于劳动者的劳动技能，而且取决于劳动者的工作态度。因此，在分析企业效率时，还应了解企业激励机制的具体内容及其运行的真实情况。

9.3 物流成本分析与控制

首先，物流成本核算和分析都是物流成本控制的前提和基础，要降低物流成本，必须了解物流成本的实际构成情况，并进行物流成本分析；其次，物流成本控制是物流成本分析的目的和要求，管理者应从系统的角度研究物流，把运输、储存、包装等子系统作为一个整体进行优化和控制，在一定的顾客满意度水平上追求系统总成本的最低。

9.3.1 物流成本分析与系统模型

物流成本分析与系统模型的建立是物流成本控制的两个基础性工作。物流成本分析是把物流成本的形成过程分解为各个部分、侧面、属性，分别加以研究，并获取必要的数据资料；所谓系统模型，则是为了提高整体有序性，将物流成本的各个部分、侧面、属性按内在有机联系抽象成的某种图形或表达式，以描述和掌握成本的本质和变化规律。

1. 物流成本分析

美国学者 Howard T Lewis、James W. Culliton 和 Jack D. Steele 在 1950 年《物流中航空运输的角色》一文中提出的总成本分析的概念，成为企业物流管理中开展系统分析的里程碑。所谓物流成本分析，是利用成本核算及其他相关资料，分析物流成本水平与构成的变动情况，研究影响物流成本升降的各种因素及其变动原因，以寻找遏制成本增高途径的方法。

物流成本分析并不只是对过去成本管理工作的简单回顾、总结与评价，更重要的是通过对过去企业物流资金耗费活动规律的了解，正确评价企业物流成本计划的执行结果，揭示物流成本升降变动的原因，为编制物流成本预算和成本决策提供重要依据，以实现对未来成本管理工作展望和指导的目的。

在物流成本分析中可供选择的数量分析方法很多，企业应根据分析的目的、分析对象的特点、掌握的资料等情况确定应采用哪种方法进行成本分析。在实际工作中，通常采用的数量分析方法有比较分析法、因素分析法、相关分析法和比率法 4 种。

1) 比较分析法

比较分析法又称为指标对比分析法，指通过技术经济指标的对比，检查各种成本情况，分析产生差异的原因，进而挖掘内部潜力的方法。这种方法具有通俗易懂、简单易行、便于掌握的特点，因而得到了广泛的应用。通常有下列三种形式：①实际指标与计划指标对比，通过检查计划的完成情况，有利于合理地调整目标，或采取针对性的改进措施消除影响计划完成的不利因素，逐渐增强计划指标的指导性；②本期实际指标与上期实际指标对比，通过这种对比，可以看出各项技术经济指标的动态情况，反映企业物流管理水平的提高程度；③实际指标与本行业平均水平、先进水平对比，通过这种对比，可以反映本企业的技术、经济管理与本行业平均水平、先进水平的差距，有利于采取有力措施弥补不足。

在采用比较分析法时，应注意实际指标与对比指标之间的可比性，这样，比较的结果才能说明问题，揭示的差异才符合实际情况。否则，就可能使分析的结果不准确，甚至得出完全相反的结论。此外，在采用比较分析法时，可采取绝对数对比、增减差额对比或相对数对比等多种形式。

2) 因素分析法

因素分析法承认事物之间是相互影响、相互作用和相互制约的，是依据分析指标与其众多影响因素之间的关系，从数量上确定各因素对分析指标影响方向和影响程度的一种统计方法。因素分析法既可以全面分析各因素对某一经济指标的影响，又可以单独分析某个因素对经济指标的影响，在财务分析中应用颇为广泛。

因素分析法在进行分析时，首先假定众多因素中的一个因素发生了变化，而其他因素不变，然后逐个替换，并分别比较其计算结果，以确定各个因素的变化对成本的影响程度。通常采用两种形式：连环替代法和差额分析法。

其中，连环替代法是顺序用各项因素的实际数替换基数，据以计算各项因素影响程度的一种分析方法。应用连环替代法的前提条件是：经济指标与它的构成因素之间有着因果关系，能够构成一种代数式。差额分析法则是连环替代法的特殊形式，是利用各个因素的比较值与基准值之间的差额，来计算各因素对分析指标的影响。

3) 相关分析法

相关分析法是指在分析某个指标时，将其与该指标相关但又不同的指标加以对比，分析其相互关系的一种统计方法。相关关系是指变量之间存在着不确定、不严格的依存关系，对于变量的某个数值，可以有另一变量的若干数值与之相对应，这若干个数值围绕着它们的平均数呈现出有规律的波动。企业的物流成本指标之间也存在着相互联系的依存关系，在这些指标体系中，一个指标发生了变化，受其影响的相关指标也会发生变化。所以，利用相关分析法可找出相关指标之间规律性的联系，从而为企业成本管理服务。

4) 比率法

比率法是用两个以上的指标的比例进行分析的方法。其基本特点是：先把对比分析的数值变成相对数，再观察其相互之间的关系。常用的比率法有以下几种。

(1) 相关比率。由于项目经济活动的各个方面是互相联系、依存，又互相影响的，因而将两个性质不同而又相关的指标加以对比，求出比率，可以此来考察经营成果的好坏。例如：产值和工资是两个不同的概念，但它们的关系又是投入与产出的关系，在一般情况下，都希望以最少的人工费支出完成最大的产值，因此用产值工资率指标来考核人工费的支出水平，也很能说明问题。

(2) 构成比率。又称比重分析或结构对比分析，可考察成本总量的构成情况以及各成本项目占成本总量的比重，同时也可看出量、本、利的比例关系(即预算成本、实际成本和降低成本的比例关系)，从而为寻求降低成本的途径指明方向。

(3) 动态比率。就是将同类指标不同时期的数值进行对比，求出比率，以分析该项指标的发展方向和发展速度。动态比率的计算，通常采用基期指数(或稳定比指数)和环比指数两种方法。

2. 物流成本系统模型

建立系统模型的目的在于针对所研究的系统，寻求一个合理运用人力、物力和财力的最佳方案，以充分发挥和提高系统的效能及效益。在企业物流成本管理中，不仅要科学地进行物流成本分析，更应通过对物流活动整体系统化管理，协调各个环节之间的背反关系，实现系统总成本的有效降低。

系统研究方法要求把研究对象作为整体看待，要求对某一对象的研究必须从它的要素、结构、功能、相互联系方式、历史的发展和外部环境等方面进行综合的考察，做到分析与综合的统一。一般地，可建立如下的水平结构系统模型和垂直结构系统模型。

1) 水平结构系统模型

物流活动贯穿于企业生产经营全过程，水平结构系统模型是以物流成本的形成过程为研究对象，即从物流企业投资建立、产品设计(包括包装设计)、材料物资采购存储、产品制成入库和销售,一直到售后服务,凡是发生物流成本费用的各个环节,都应通过各种物流技术和物流管理方法,实施有效的成本管理。具体来说,包括投资阶段、产品设计阶段、供应阶段、生产阶段和销售阶段。对这一系统的分析和优化有利于物流成本的水平控制,如图 9.3 所示。

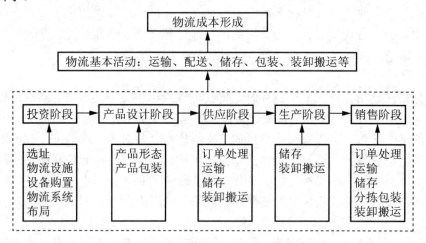

图 9.3　物流成本水平结构系统模型

2) 垂直结构系统模型

垂直结构系统模型将企业的物流成本划分为 3 个层次：物流战略成本、物流经营成本和物流作业成本。其中,物流战略成本发生在战略资源层次,是物流成本的起源；物流经营成本是在物流经营层面上发生的成本,它根据物流战略成本的目标和规划制定出具体的执行方案,并控制着物流作业成本的形成过程；物流作业成本是物流作业实际发生过程中的成本,是物流成本的最终凝结和转化。对这一系统的分析和优化有利于物流成本的垂直控制,如图 9.4 所示。

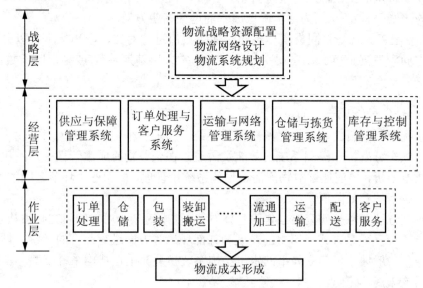

图 9.4　物流成本垂直结构系统模型

物流成本管理系统属于一种复杂的大系统问题,其特征是：规模庞大、结构复杂(环节较多、层次较多或关系复杂)、目标多样、影响因素众多,且常带有随机性的系统。因此,尚不能采用常规的模型优化方法,一般可采取多层次研究方法,即将这一复杂的大系统分解为若干规模较小的子系统,首先处理各个子系统的局部最优化问题,然后在各个子系统之间进行协调,逐渐实现全局的最优化。

9.3.2 物流成本控制的基本问题

物流成本控制是企业物流成本管理的核心。物流成本控制是在企业的物流活动中,采用科学的方法对既定的物流成本支出设立标准、准确度量和纠正偏差,使企业在一定服务水平下的物流成本不超出某一范围或节减到最低限度,最终实现企业效益目标最大化的一种管理方法。

物流成本控制的基本问题是:如何使各项物流作业的消耗和开支限制在标准所规定的范围之内,进而实现物流系统的成本合理化。所谓物流系统的成本合理化,是指从顾客满意、运输安全和企业物流经营的总体目标出发,运用系统理论和系统工程原理与方法,在现有条件约束下,以最短的路径、最少的环节、最合适的工具、最快的速度和最少的劳动消耗,使物流工作高效地进行。

对这一基本问题的处理需要系统思维。物流系统是一个有机联系的整体,将它割裂开来实施局部性的成本控制,将难以达到全面降低物流成本、挖潜增效的目的。因此,企业物流成本的控制不仅要强调局部作业控制,更要企业全面、全员、全过程地合理规划,重视系统化和综合控制,对物流流程进行通盘考虑和重新设计。根据系统管理的要求,物流成本控制应创造性地做好以下工作。

1. 树立现代的物流成本控制理念

整体性和主动性是现代物流成本控制的重要理念。一方面要认识到,物流作为一个整体系统,每个环节都能通过合理化实现经济效益的提高,但是从提高各个环节经济效益出发,不见得就能使物流系统整体实现最优,因此,需要整体和系统性思考,综合地考虑,设法降低物流系统总成本;另一方面,由于物流成本的分散性和隐含性,部分企业对物流成本的控制工作重视不够,认为挖掘潜力不大,而实际上,企业物流活动中的隐性成本和管理成本是惊人的,如物流运作不畅导致的库存费用和资金利息成本、市场反应速度慢和资金占用的机会成本、管理不善造成的货物贬值和损坏的成本等,都需要主动和持续地改进。

2. 夯实必要的物流成本控制基础

标准化和信息化是物流成本控制的基础。标准化有利于掌握物流成本的真实情况,它以物流成本控制为目的,围绕运输、存储、装卸、包装、信息处理和控制关键点的设立等活动,制定、发布和实施有关技术和工作方面的标准,并按照技术标准和工作标准的配合性要求,规范整个物流活动的过程。信息化是指运用现代信息技术辅助物流管理,最终降低物流成本、改善物流活动的过程。通过信息化建设,可实时掌握供应链信息,提高企业各类资源的管理和利用水平,使各种物流活动的协作效率大幅度提高。

3. 采用科学的物流成本控制方法

在上述工作的基础上,企业可以采用一些科学的成本控制方法来提高物流成本管理的效率，降低物流成本，提高企业经济效益。由于物流活动是一个创造时间性和空间性价值的复杂经济活动过程，物流成本涵盖了生产、流通、消费全过程的物品实体价值及其变化的所有费用，因此，物流成本管理具有多阶段、多层次的特点，涉及物流企业的多个部门、多个环节，为有效地进行成本控制，需要借助于先进的成本控制方法，保证物流各个环节的合理化和物流过程的迅速、通畅，争取时间和空间效用最大化。

9.3.3 物流成本控制方法

1. 物流成本控制方法概述

20世纪初期，美国工程师、管理学家泰罗在其划时代的专著《科学管理原理》一书中，明确提出了以计件工资制和标准化工作原理来控制工人生产效率的思想。20世纪30年代，在哈佛大学企业管理研究院制定的《会计控制法》中，正式提出了成本控制的概念。此后，成本控制经历了以标准成本控制、责任成本控制、定额成本控制等为代表的传统成本控制阶段。其中标准成本法是企业在现有的生产能力与经营条件下，根据下一期最可能发生的各种生产要素的耗用量，预计其价格和生产设备利用程度而制定出标准成本，并将此标准成本分配至各个成本中心，从而达到分层分权管理目的的一种控制方法。

从20世纪80年代起，企业的经营环境正在发生重大的变革，物流的成本结构也已发生了较大改变，如果继续沿用传统成本法控制方法将难以继续提高生产经营及管理的效率。因此，美国、日本等国家分别在其各自不同的文化背景和企业内部组织方式背景下，逐渐形成了两种具有完善的理论体系且在实践中广泛运用的成本控制方法，即美国的作业成本法(Activity Based Costing)和日本的目标成本法(Target Costing)。

作业成本法主要用于成本核算，但由于其注重流程分析，能将总成本分类为"增值作业"和"不增值作业"，管理者可通过减少或消除不能增加价值的物流作业来增加运营效益，所以也可视为一种成本控制方法。目标成本法的特点是注重目标管理，针对未来必达的目标，将物流成本管理的重点从实际发生阶段转移至上游的规划设计阶段，据此对目前的方法与步骤进行调整和优化，因而是一种先导性和预防性的控制方法，同样有利于提高生产经营及管理效率。

2. 物流成本控制类型

(1) 按控制结构，可分为水平控制和垂直控制。水平控制指在由生产地到消费地的物流活动中，针对物流活动的一个或某些环节的支出采取物流成本控制策略。根据控制范围的大小，水平控制管理可分为产业供应链的物流成本控制和企业内部价值链物流成本的控制，后者又可分为局部和全局物流成本控制。水平控制的范围最大可延伸至整个物流价值链，即以生产阶段为基础，向前延伸至原材料供应商和合作企业及自身产品规划设计阶段，向后延伸至物流产品销售和售后服务阶段，包括物流产品规划设计成本、采购成本、合作企业成本、运营成本、管理及营销成本和消费者成本等的控制。

垂直控制指在企业物流成本管理过程中，承认物流系统是一个庞大而复杂的系统，并将企业的物流成本划分为3个层次：物流战略成本、物流经营成本和物流作业成本。其中，物流战略成本发生在战略资源层次，物流经营成本是在物流经营层面上发生的成本，物流作业成本是在物流作业实际发生过程中的成本。对这3类物流成本的管理，需要用综合和发展的眼光看待，一方面，各层次之间既独立又相互联系，高层次的成本管理决定低层次的成本管理，对系统成本的控制，不仅指成本绝对值的降低，还应包括系统各层次的协调；另一方面，现代物流成本的控制不仅仅是静态地降低成本，更准确地说，是动态地从成本与效益的对比中寻找物流成本的最小化，为此，需要企业依靠战略构筑、组织经营和具体作业的配合才能形成完整意义上的物流成本控制。

(2) 按控制时间，可分为前馈控制、过程控制和反馈控制。前馈控制又称事前控制，是指在进行物流活动之前，对影响物流成本的各种因素和条件进行事前规划，确定物流成本的控制标准，建立健全物流成本的归口分级责任制，为避免在未来各个阶段出现成本过大问题而事先采取措施的方法。所谓物流成本控制标准，是为物流活动各种资源消耗和各项费用开支规定界限，可作为衡量物流费用实际支出超支或节约的依据，包括物流目标成本、劳动工时定额、物资消耗定额、物流成本预算等。

过程控制又称实时控制、事中控制或现场控制，是在物流活动的各个阶段中，为了使成本接近预定标准或保持在给定范围内，在成本波动异常时，立即采取相应的对策、纠正偏差的一种控制方法。在物流成本过程控制中，需随时了解物流成本形成情况，分阶段地严格控制物流支出，并预测今后发展趋势，这就需要建立反映物流费用发生情况及其差异的数据记录，做好收集、传递、汇总和整理工作。

反馈控制又称事后控制、回馈控制，是在成本偏差发生之后，采取适当的控制程序探询缘由、改正问题的方法。反馈控制包括物流成本控制绩效评价和成本差异分析两方面工作，通过评定和考核业绩、确定责任归属，有利于发现产生成本差异的原因，采取相应措施消除不利差异，必要时还可修正原有的物流成本控制标准。

3. 目标成本控制法

目标成本控制法起源于日本，日文原名为"成本企画"。20 世纪 60 年代初期，日本丰田汽车公司率先采用了这一方法，很快就得到松下、东芝、夏普、佳能、卡西欧等其他日本公司的响应，其显著效果成为这些公司削减成本，以低价与西方企业竞争的"锋利的日本秘密武器"。"成本企画"的英译为"Target Costing"，转译为中文后，便成为"目标成本控制方法"。

采用目标成本控制法的目的是确保生产制造过程中各作业环节实际消耗的成本不会超出事先预定的目标范围。日本"成本企画特别委员会"在《成本企画研究的课题》的报告草案中，将成本企画定义为"在产品的策划、开发中，根据顾客需求设定相应的目标，希冀同时达到这些目标的综合性利润管理活动。"

目标成本控制法的计算思路与传统方法有所不同。传统方法一般采用成本加成法，即先计算出产品成本，然后再加上所需利润得出产品的售价；目标成本控制法则是在市场调查的基础上先制定出目标售价(最可能被消费者接受的售价)，同时根据企业经营战略制定出目标利润，然后再以目标售价减去目标利润得到产品的目标成本。显然，后者是一种面向市场、能够通过多重循环逐次挤压以降低内部成本的先进方法。

目标成本控制法的内容和过程包括确定目标成本、分解目标成本和目标成本的达成。其中，目标成本的确定是目标成本控制的出发点，通常可采用的计算公式为

$$目标成本=目标售价-目标利润$$

目标成本分解的作用是细化对象或责任，包括按物分解与按人分解两种，前者可按功能、构造、成本分解，后者可按团队、小组或个人分解；目标成本的达成指采用某种有效

的手段来达到目标成本。上述过程看似简单，实际上需要多重循环，直至实现目标。

目标成本控制法的核心是成本筑入，即在产品源流阶段的成本控制技术。传统欧美式的成本控制法是基于财务成本信息的管理模式，本质上是一种事后控制方法；而目标成本控制法旨在控制全生命周期成本，本质上是一种事先控制方法，要求从产品形成的最初起点就开始实施充分透彻的分析，以避免后续制造过程的无效作业耗费，为此，要特别重视产品的构思和设计阶段，在将材料、部件等汇集在一起形成产品概念的同时，也必须将成本一并"装配"进去，以实现技术与投入的最优组合，换言之，通过"设定→分解→达成→…"过程的反复循环，不断挤压成本，在图纸上就要实现预期成本的最小化。

目标成本控制法的前提是科学的成本核算和分析。成本核算是将企业在生产经营过程中发生的各种耗费按照一定的对象进行分配和归集，以计算总成本和单位成本。成本核算的正确与否，直接影响企业的成本预测、计划、分析、考核和改进等控制工作。由于传统成本核算方法普遍采用与产量相关的分摊标准，容易造成成本信息失真，故宜采用作业成本法进行成本核算，把着眼点放在成本发生的前因后果上，通过对所有作业活动进行跟踪动态反映，可以更好地发挥决策、计划和控制的作用，促进企业经营效益的不断提高。

9.3.4 预算管理制度的利弊分析

1. 预算管理理论的产生与发展

自20世纪20年代预算方法在美国通用电器公司、杜邦公司、通用汽车公司产生之后，很快就被大型现代工商企业普遍使用。1922年麦金西(Mckinsey)出版了《预算控制》(Budgetary Control)一书，从管理控制角度详细介绍了预算管理理论与方法，该书的出版标志着企业预算管理理论开始形成。20世纪40年代末期，受行为科学学派的影响，人们开始认识到不良的业绩并不是因为管的不严，而是由于组织中的员工没有明确的目标或者是缺乏对其实现目标的行为进行奖励，因此，一些企业开始提倡和实行分权式的民主参与管理，也就是使预算的编制自上而下、自下而上地反复循环，形成了参与性的预算管理，使编制的预算更加贴近实际。20世纪70年代，美国得克萨斯仪器公司率先采用了零基预算(Zero-Base Budgeting)编制法，并取得了成功，巩固了预算管理在企业内部控制系统的核心位置，丰富了如今被称为"传统预算管理"的标准模式。20世纪80年代中期以后，随着企业经营环境的不确定性和市场竞争性大大增强，Fraser和Hope提出了倡导各部门之间精诚合作、持续协同的超越预算(Beyond Budgeting)理论，为企业预算管理改革提供了新思路。

2. 预算管理的基本方法

根据财政部《企业国有资本与财务管理暂行办法》，通常可采用固定预算、弹性预算、滚动预算、零基预算、概率预算这5种基本方法。

(1) 固定预算方法。该方法是根据预算内正常的、可实现的某一业务量水平编制的预算，一般适用于固定费用或者数额比较稳定的预算项目。

(2) 弹性预算方法。该方法是在按照成本(费用)习性分类的基础上，根据量、本、利之间的依存关系编制的预算，一般适用于与预算执行单位业务量有关的成本(费用)、利润等预算项目。

(3) 滚动预算方法。该方法是随时间的推移和市场条件的变化而自行延伸并进行同步调整的预算，一般适用于季度预算的编制。

(4) 零基预算方法。该方法是对预算收支以零为基点，对预算期内各项支出的必要性、合理性或者各项收入的可行性以及预算数额的大小逐项审议决策，从而予以确定收支水平的预算，一般适用于不经常发生的或者预算编制基础变化较大的预算项目，如对外投资、对外捐赠等。

(5) 概率预算方法。该方法是对具有不确定性的预算项目，估计其发生各种变化的概率，根据可能出现的最大值和最小值计算其期望值，从而编制的预算，一般适用于难以推测预测变动趋势的预算项目，如销售新产品、开拓新业务等。

3. 预算管理的优点

预算与控制密不可分，在掌握企业基本数据的前提下，预算管理可进一步对企业物流成本实施有效的控制。预算管理往往以财务数据为主要指标，贯穿于企业所有经营活动中，能够消除个人的主观臆想和权力的滥用，故是企业战略目标贯彻实施的有力工具，在企业管理中能够发挥较大的作用。实际上，预算控制应上联战略、下联具体经营业务，这样不仅有助于强化企业管理的控制职能，而且可作为一种综合管理模式和制度安排，在企业管理中兼具计划、协调、激励、控制等职能。

4. 预算管理的不足

预算计划的制订过程是企业资源配置以及投入产出指标的确定过程，因此，企业预算计划的准确与否是预算控制的关键。由于种种原因，企业预算计划与企业发展要求之间往往并不同步，企业预算管理可能存在预算僵化和预算松弛两类问题。所谓预算僵化，指企业主要根据历史数据进行简单增量预算管理，并一味强调对预算执行情况的考核，忽视了可以体现企业战略目标的非财务业绩指标的考核，预算编制的准确性和及时性不足的现象。所谓预算松弛，指预算执行者在参与决策时，为了顺利完成计划，倾向于制定较为宽松的预算标准，使该项计划的预算资源数量大于实际所需要的资源数量，这种现象就是预算松弛。

9.4 降低物流成本的途径

物流活动的每一个环节都会产生相应的成本。科学合理地组织物流活动，加强对各个物流环节的控制，可降低物流活动中的物化劳动和活劳动的消耗，从而实现降低物流成本、提高企业和社会经济效益的目的。为方便分析，可借鉴美国物流成本管理方法来分析我国企业物流成本构成，认为物流成本就是在运动和静止的过程中产生的，并将物流成本划分为运输成本、存货持有成本和物流行政管理成本3部分，分别讨论其降低途径。

9.4.1 降低运输成本的途径

物流运输成本已经成为企业物流成本中一种不可忽视的消耗，对大多数企业而言，除物料采购成本之外，通常代表物流成本中最大的单项成本，比任何其他物流活动耗费所占的比重都高，但由于物流运输成本相对集中，运输成本核算及方案的优化并不很复杂。

一般地，运输问题的主要内容是解决将某种产品从若干个产地调运到若干个销地的最优方案选择问题，即在每个产地的供应量与每个销地的需求量已知、并了解任意两地之间运输单价的前提下,如何确定某一方案,使得总的运输费用最小。

【例 9.1】某公司从三个产地 A、B、C 将产品运往 4 个销地甲、乙、丙、丁,各产地的产量、各个销地的销量、各个产地运往各个销地单位产品的运费见表 9-3。问:应如何调运才能使总运输费用最小?(单位:万元,吨)

表 9-3 某公司产地、销地情况及运价表

产地＼销地	甲	乙	丙	丁	产量
A	6	3	9	4	60
B	5	2	7	6	40
C	4	5	8	7	50
销量	40	50	30	30	

解:设 A 运往甲、乙、丙、丁的产品数量分别为 $x_{11}, x_{12}, x_{13}, x_{14}$;
B 运往甲、乙、丙、丁的产品数量分别为 $x_{21}, x_{22}, x_{23}, x_{24}$;
C 运往甲、乙、丙、丁的产品数量分别为 $x_{31}, x_{32}, x_{33}, x_{34}$。

建立如下线性规划模型

$$\min f(X) = 6x_{11} + 3x_{12} + 9x_{13} + 4x_{14} + 5x_{21} + 2x_{22} + 7x_{23} + 6x_{24} + 4x_{31} + 5x_{32} + 8x_{33} + 7x_{34}$$

$$\begin{cases} x_{11} + x_{12} + x_{13} + x_{14} = 60 \\ x_{21} + x_{22} + x_{23} + x_{24} = 40 \\ x_{31} + x_{32} + x_{33} + x_{34} = 50 \\ x_{11} + x_{21} + x_{31} = 40 \\ x_{12} + x_{22} + x_{32} = 50 \\ x_{13} + x_{23} + x_{33} = 30 \\ x_{14} + x_{24} + x_{34} = 30 \\ x_{ij} \geq 0, i = 1, 2, 3, j = 1, 2, 3, 4 \end{cases}$$

使用 Lingo 软件,计算得到:最小总运费为 630 万元。
具体运输方案为:$x_{12} = x_{14} = 30$ 吨,$x_{22} = x_{23} = 20$ 吨,$x_{31} = 40$ 吨,$x_{33} = 10$ 吨。

9.4.2 降低存货持有成本的途径

存货是指企业在日常活动中持有以备出售的产成品或商品、处在生产过程中的在产品、在生产过程或提供劳务过程中耗用的材料和物料等。存货在流动资产中所占的比重较大,所以,存货管理在整个物流成本管理中具有重要的地位。

由于存货以物质形态存在,其价值是波动的。根据《企业会计准则》,首先应进行存货成本的初始计量,包括采购成本、加工成本和其他成本,其中存货的采购成本指购买价款、相关税费、运输费、装卸费、保险费以及其他可归属于存货采购成本的费用,存货的加工成本指直接人工以及按照一定方法分配的制造费用,存货的其他成本指除采购成本、加工成本以外的使存货达到目前场所和状态所发生的其他支出。其次,企业还应采用先进先出法、加权平均法或个别计价法来确定存货的实际成本。

存货管理的重点是对企业库存水平实施控制,目的是降低企业存货持有成本。这类方

法具有两个显著特点：一是侧重于单个企业，二是要求合理的实际库存量。一方面，库存量过小会造成缺货，从而影响企业的生产或销售；另一方面，库存量过大则会增加保管费用，不仅占用流动资金，而且增加库存风险，引致产品价值和品质的损耗。因此，企业须设法保持一定的库存水平使这两种费用的总和为最小。常用的方法有 ABC 分析法、定量库存控制法、定期库存控制法等。

1. ABC 分析法

ABC 分析法的特点是区分"关键的少数与次要的多数"，将品种繁多的存货分成 A、B、C 三类，即少数的但占用资金较多的关键产品、一般产品、多数的但占用资金较少的次要产品，分别进行重点、一般和次要程度的管理。各类产品的划分标准，并无严格规定，习惯上常把占用资金累计百分数达 80%左右的称为 A 类，15%的称为 B 类，5%的称为 C 类。

【例 9.2】某仓库基本数据如表 9-4 中①、②、③列所示，试作分类管理。

解：

表 9-4　某仓库基本数据及计算结果

品名 ①	每月库存数量/只 ②	单价/元 ③	总价值/元 ④=②×③	累计价值/元 ⑤=∑④	累计百分数/% ⑥=⑤/391785
甲	12	26520	318240	318240	81.23
乙	18	1520	27360	345600	88.21
丙	22	1230	27060	372660	95.12
丁	26	310	8060	380720	97.18
戊	32	170	5440	386160	98.56
己	25	105	2625	388785	99.23
庚	36	50	1800	390585	99.69
辛	48	25	1200	391785	100

注：表中数据需按第④列排序。

从计算结果⑤⑥可知，甲产品为 A 类，乙、丙产品为 B 类，其余产品为 C 类。

2. 定量库存控制法与定期库存控制法

定量库存控制法是指当库存量下降到预定的最低库存量(订货点)时，按规定数量(一般以经济定货批量 EOQ 为标准)进行订货补充的一种库存控制方法。定期库存控制法则是按预先确定的订货时间间隔按期进行订货，以补充库存的一种库存控制方法。

其中，经济订货批量(Economic Order Quantity，EOQ)是针对需求速率稳定、多周期连续性的生产需求，以寻求采购订货成本和库存持有成本之间最佳的结合点为目的，用来确定企业一次合理订货数量的控制性指标。当企业按照经济订货批量订货时，可实现订货成本和储存成本之和的最小化。

根据图 9.5 基本的库存控制模型，可得到如下经济订货批量公式

$$Q^* = \sqrt{\frac{2RC_3}{C_1}}$$

式中：C_1 为每年单位产品存储费用，C_3 为每次订购费，R 为产品年需求速率。

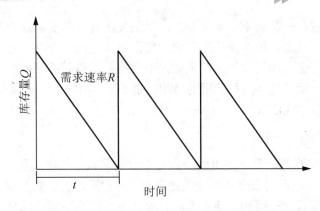

图 9.5　基本的库存控制模型(瞬间供给、不允许缺货)

【例 9.3】 试证明经济订货批量公式。

证明：设货物单价为 K，订货周期为 t，每次订货量为 Q。

则在每一定货周期 t 中，总费用 $C=$ 订货费 + 存储费 $=(C_3+KQ)+\dfrac{Q}{2}C_1 t$

将 $t=\dfrac{Q}{R}$ 代入上式，得 $C=C_3+KQ+\dfrac{Q}{2}C_1\dfrac{Q}{R}$

两边同除以 t，得单位时间总费用 $\dfrac{C}{t}=\left(C_3+KQ+\dfrac{Q}{2}C_1\dfrac{Q}{R}\right)\times\dfrac{R}{Q}=\dfrac{C_3R}{Q}+KR+\dfrac{C_1Q}{2}$

两边对 Q 求导并令其为零，整理得 $Q^*=\sqrt{\dfrac{2RC_3}{C_1}}$

9.4.3　降低物流行政管理成本的途径

随着科学技术的迅速发展，尤其是计算机和通信技术的日新月异，为降低物流行政管理成本，物流管理迅速走向系统化、信息化，出现了 COPICS、JIT、MRP、ERP，发展到供应链管理环境下的现代物流管理，主要有 AFR、VMI、JMI、CPFR 4 种模式。供应链管理思想强调整个供应链的效率和效益，注重企业之间的合作，目的是使供应链上的企业能够获得和保持持久的竞争优势，提高供应链的整体竞争能力。因此，能够避免企业只根据相邻的下级企业的需求信息进行生产或供应决策时，需求信息的虚假性沿着供应链逆流而上，并逐级放大的"牛鞭效应"。

AFR(Aggregate Forecasting and Replenishment，合计预测与补给)要求客户参与企业分销中心和库存的管理，用于预测的核心数据主要来自于销售历史数据，是商业贸易伙伴交互作用比较显著的方法。上下游企业能够交换销售与库存数据，共同进行预测、制订补给计划，是对传统单个企业库存管理模式的突破。但 AFR 仍缺乏集成的供应链计划，可能会导致高库存或低订单满足率。

VMI(Vendor Management Inventory，供应商管理客户库存)的核心思想在于供应商依据客户提供的市场预期和库存情况来集中管理库存，即由上游企业拥有库存管理的主动权，下游企业只需要帮助上游企业制订计划，从而实现下游企业低库存、上游企业库存大幅度减小的双赢结果。VMI 模式下库存状态透明性，供应商能够跟踪和检查到客户的实际库存状态，便于快速和准确地决策，实现了对顾客需求变化的快速反应。但在 VMI 系统中，库存费用、运输费用和意外损失由供应商承担，无疑加大了其经营风险。

JMI(Jointly Managed Inventory,联合库存管理)是一种在 VMI 基础上发展起来的上游企业和下游企业权利责任平衡和风险共担的库存管理模式,体现了战略供应商联盟的新型企业合作关系。通过建立协调管理中心,避免了供需双方的短视行为及供应链局部最优现象的出现,减少了供应链中的需求扭曲现象和库存的不确定性,提高了供应链的稳定性。

CPFR(Collaborative Planning Forecasting and Replenishment,合作计划预测与补给)的核心思想是协作和网络技术,它适用于一些供应链管理水平已经成熟的企业之间,要求供应链伙伴之间达成协议,创建共同业务计划,将原来属于各企业内部事务的计划工作(如生产计划、库存计划、配送计划、销售规划等)交与协调工作组负责,并依靠网络技术协同多个企业的核心业务流程,实现精准的预测和补给,发挥出供应链管理的全部效率。

本 章 小 结

物流成本指物流活动中所消耗的物化劳动和活劳动的货币表现,即产品在包装、运输、储存、装卸搬运、流通加工、物流信息、物流管理等过程中所耗费的人力、物力和财力的总和以及与存货有关的资金占用成本、物品损耗成本、保险和税收成本。物流成本管理的目标不只是物流成本的精确计量,更重要的是要通过成本管理去优化物流活动。

成本核算是将企业生产经营过程中发生的各项耗费,按特定的归属对象归集和分配,确定各对象的总成本和单位成本的一种会计处理程序和方法。作业成本法突破了产品这一界限,把物流成本核算深入到作业层次,认为物流成本分配必须按照作业而不是产品来归纳,是一种现代成本核算方法。

物流成本控制是企业物流成本管理的核心。物流成本控制是在企业的物流活动中,采用科学的方法对既定的物流成本支出设立标准、准确度量和纠正偏差,使企业在一定服务水平下的物流成本不超出某一范围或节减到最低限度,最终实现企业效益目标最大化的一种管理方法。

实践中,可借鉴美国物流成本管理方法来分析我国企业物流成本构成,认为物流成本就是在运动和静止过程中产生的,并将物流成本划分为运输成本、存货持有成本和物流行政管理成本 3 部分,分别讨论了其降低途径。

 关键术语

物流成本	运输成本	仓储成本
物流管理成本	物流成本核算	作业成本法
物流企业效率	物流成本分析	物流成本控制
前馈控制	零基预算	牛鞭效应

 **课堂讨论**

1. 美、日企业物流成本的分类构成各有什么优缺点?
2. 怎样合理地使用固定预算、弹性预算、滚动预算、零基预算和概率预算方法?

 **综合练习**

1. 名词解释

   物流成本；运输成本；仓储成本；物流管理成本；物流成本核算；物流企业效率；物流成本分析；物流成本控制；前馈控制；零基预算

2. 填空题

   (1) 我国主要从物流成本项目、物流范围和_____ 3 种不同角度来分析企业物流成本。

   (2) 物流成本管理的范围是指_____。

   (3) 物流成本核算的方法主要有_____、_____、_____。

   (4) _____是经济增加值的简称，是指公司在扣除投资者机会成本以后所创造的价值。

   (5) 物流成本控制类型可分为前馈控制、_____和反馈控制。

   (6) 存货成本的初始计量应包括采购成本、_____和其他成本。

3. 简答题

   (1) 简述物流成本的特点。
   (2) 物流成本分析方法有哪些？
   (3) 简述物流成本水平结构系统模型。
   (4) 简述降低物流成本的途径。

4. 论述题

   (1) 试论物流成本分类研究在物流成本管理中的重要性。
   (2) 试论物流成本核算与物流成本控制的关系。
   (3) 试用物流成本管理理论论述应对"物流冰山"问题的方法。
   (4) 试论预算管理的优缺点。

 **案例分析**

沃尔玛物流成本管理对我国的启示

沃尔玛的创始人萨姆·沃尔顿始终坚持"比竞争对手更节约开支"，并把最大可能地向消费者提供最低价位的商品作为沃尔玛的经营宗旨。沃尔玛的成功就是得益于这个简单而又平凡的道理——"天天平价"。比如，单就节约的成本来看，美国的经济学家斯通博士对美国三大零售企业进行了比较，商品物流成本占销售额的比例：沃尔玛为 1.3%，凯玛特为 8.75%，西尔斯为 5%。这就是说，当沃尔玛以同样的价格零售同样的商品时，它比竞争对手要多出至少 2.2%的利润。而且，通过其全球网络，沃尔玛可以在 1 小时内对全球分店进行盘点，实现实时监控。这就是沃尔玛能够长期保持其价格优势的秘诀，即高效的物流成本管理经验和控制能力。

连锁超市经营的商品主要是食品和日用品，其具有用量大、购买频繁、对商品价格十分敏感的特点。

这就决定了连锁超市必须采取"低成本、低毛利、低价格"的经营方针，因而在经营商品大同小异的情况下，成本控制能力便成为连锁超市吸引消费者、赢得竞争优势的主要途径。

1. 采购成本管理经验

进货成本是连锁企业成本发生的源头，因而成为连锁企业成本管理控制的重点和关键，对进货的质量和数量的控制水平高低决定了连锁企业能否在激烈的竞争中占有主动权。

(1) 采购业务洽谈规范化、标准化。在采购业务洽谈过程中，采取规范化、标准化的谈判业务程序，杜绝采购腐败的发生。在采购中，沃尔玛力求做到谈判地点统一化。与供应商的谈判地点选择在沃尔玛公司洽谈室，一方面作为谈判主战场，对公司谈判有利；另一方面使谈判透明度高，规避商务谈判风险，防止业务员的投机主义行为。同时，还要做到谈判内容标准化，按公司规定的《产品采购谈判格式》要求进行谈判。标准化内容包括商品属性、产品质量、包装要求、采购数量、批次、交货时间和地点、价格折扣、付款要求、退货方式、退货数量、退货费用分摊、产品促销配合、促销费用分摊等。

(2) 供应商战略管理。对供应商实行战略合作伙伴式的运行模式，即把供应商的生产成本、技术研发、管理费用纳入到沃尔玛公司的管理体系中来。通过数据库把沃尔玛所有的商店的库存信息、销售信息、产品价格信息、客户反馈信息、内部经营计划信息等与供应商进行共享，从而降低了外部市场的交易成本，同时通过及时市场信息反馈，保证产品质量和创新速度。沃尔玛公司总部所建立的庞大的数据中心，使全集团的所有店铺、配送中心均与供应商建立了联系，从而实现了快速反应的供应链管理。厂商通过这套系统可以进入沃尔玛的计算机配销系统和数据中心，直接从 POS 得到其供应的商品流通状况，生产厂商和供应商都可通过这个系统查阅沃尔玛产销计划。这套系统使供应商参与了沃尔玛价值链的形成过程，沃尔玛与供应商无缝连接，为生产商和沃尔玛两方面都带来了巨大的利益。

(3) 采用中央(集中)采购。连锁业规模效益是通过"统一进货、统一配送、统一管理"来降低经营成本的，波特教授在讨论到企业的讨价能力时就提出了集中购买可提升企业的谈判能力。它减少了企业的谈判费用、信息收集费用，也可有效防止采购腐败对企业利润的侵吞，借此获得价格优势转而支撑连锁企业的低价竞争战略。

正是看到集中采购的战略优势，沃尔玛着力构造全球化的采购体系以集中管理。沃尔玛的全球采购网络首先由大中华及北亚区、东南亚及印度次大陆区、美洲区、欧洲中东及非洲区 4 个区域所组成。其次在每个区域内按照不同国家设立国别分公司，其下再设立卫星分公司。四大区域中，大中华及北亚区的采购量最大，占全部采购量的 70%多，其中中国分公司和韩国分公司又是采购量处于第一、二位的国别分公司，沃尔玛全球采购网络的总部就设在中国的深圳。

2007 年罗国伟出任中国区 CEO，将"中国区总部—4 个大区—7 个区域—门店"调整为"中国区总部—4 个大区—15 个区域—门店"的四级管理架构，并且着手将门店权力收归城市采购中心，这也充分说明了集中采购将成为现代连锁采购发展的主要趋势。

2. 库存成本管理经验

近年来，在国外出现了一种新的供应链库存管理方法——供应商管理库存，它打破了传统的各自为政的库存管理模式，体现了供应链的集成化管理思想，能适应市场变化的要求。VMI 的核心思想在于零售商放弃商品库存控制权，而由供应商掌握供应链上的商品库存动向，可以最大化地降低整个供应链的物流运作成本，避免"牛鞭效应"。

沃尔玛把零售店商品的进货和库存管理的职能转移给供应方，由供应方对沃尔玛的流通库存进行管理控制。由于有沃尔玛信息技术的支撑，供应商可以通过数据中心，直接从 POS 和 ASN(提前补货通知信息)中得到其供应商品流通动态或查阅沃尔玛产销计划，以此来提高供应链运作的效率，控制存货周转率，最终有效地控制物流成本。沃尔玛 VMI 的最大成功是和宝洁公司建立合作联盟开始的。

1987 年沃尔玛和宝洁公司建立了合作联盟，通过协商确定了订单处理的业务流程以及库存控制的有关参数,如再订货点、最低库存水平、库存信息的传递方式(如 EDI)等。宝洁开发并给沃尔玛安装了一套"持续补货系统",双方通过 EDI 和卫星通信实现了联网,借助于信息系统,宝洁公司能迅速知晓沃尔玛物流中心内的纸尿裤的销售量、库存量、价格等数据。这不仅能使宝洁公司及时制订出符合市场需求的生产和研发计划,同时也能对沃尔玛的库存进行单品管理,做到连续补货、防止滞销或断货。

事实证明,自从宝洁公司与沃尔玛公司实行产销联盟以后,沃尔玛店铺中宝洁公司的纸尿裤商品周转率提高了 70%,与此相对应,宝洁公司的纸尿裤销售额也提高了 50%,达到了 30 亿美元。沃尔玛成功地运用 VMI 后,不仅降低了物流成本,还增加了存货的流通速度,大大地提高了沃尔玛供应链的经济效益和作业效率。

3. 配送成本管理

前总裁大卫·格拉斯曾经说过:"配送设施是沃尔玛成功的关键之一,如果说我们有什么比别人干得好的话,那就是配送中心。"沃尔玛最大的特点就是它拥有由信息系统组成的配送中心。

沃尔玛创立之初,其商店就一直远离中心城市而选址在小城镇和郊区,以避免残酷的商业竞争。但随之而来的是配送问题,因为分销商都不愿意为它送货,从商店发出订单到收到货物,耗时往往要长达 30 天之久。在这种情况下,沃尔玛创新配送理念,放弃了通行的直接送货到商店的方式,创建了集中管理的配送中心。

1970 年,沃尔玛的第一家配送中心在美国阿肯色州建立,至今沃尔玛在美国建立了 70 多个由高科技支持的物流配送中心。整个公司销售商品的 85%由这些配送中心供应,而其竞争对手只有约 50~65%的商品集中配送,销售成本也因此比零售行业平均销售成本低 2~3 个百分点。同期的凯玛特、伍尔柯等大型连锁公司,基本位于美国大城市,有大量的经销商为它们提供完善的物流等方面的专业化服务,因此也就不会把商品配送视为自己的核心竞争力。

资料来源:冯文龙. 沃尔玛物流成本管理对我国的启示[J]. 高科技与产业化,2008(2),第 107-109 页

思考分析题:
1. 采用中央(集中)采购制度有什么优点?
2. 沃尔玛物流成本管理有哪些特点?
3. 沃尔玛物流成本管理对我国企业有何启示?

第10章　物流质量管理

【本章教学要点】

知识要点	掌握程度	相关知识	应用方向
物流质量管理概述	了解	质量管理、物流质量管理概念，物流质量管理原则、内容及考核	了解物流质量管理相关内容
物流标准化	熟悉	物流系统合理化、标准化，ISO 9000 体系	熟悉物流标准化及质量体系在物流中的应用
物流质量改进的环境和途径	掌握	物流质量改进环境、过程及途径	企业物流质量改进方法的掌握
物流业务流程再造	掌握	物流业务流程再造理论及方法	企业物流业务流程再造

【本章教学目标与要求】

- 了解质量管理、物流质量管理相关概念的界定；
- 掌握物流质量管理的内容；
- 了解物流标准化的具体内涵；
- 熟悉 ISO 质量管理体系；
- 掌握物流质量改进环境和途径；
- 掌握物流业务流程再造的基本方法。

导入案例

海尔76台电冰箱的启示

1984年以前，青岛电冰箱总厂主要生产单缸洗衣机，产物分为一等品、二等品、三等品和等外品。由于市场需求旺盛，无论任何产品只要能够使用就可以出售。若无法出售则分配给一些员工自用，或者送货上门半价出售。1984年末张瑞敏和杨绵绵进厂之后，组织大家学习日本质量管理，并成立了质量管理小组。但是，员工并没有真正提高质量管理意识。1985年4月，张瑞敏收到一封用户的投诉信，投诉海尔冰箱的质量问题。于是，张瑞敏到工厂仓库对400多台冰箱进行具体的查验，发现有76台冰箱不合格。恼火的张瑞敏找到质检部，要求其对不合格产品进行处置。质检部人员提出要内部处置，因为呈现质量问题的冰箱仍然能够使用。但是，这一提法被张瑞敏严厉地拒绝了，他要求质检部办一个劣质工作、劣质产品的展览会。于是，质检部安排了两个大展室，陈放了劣质零部件和76台不合格冰箱，同时通知全厂职工都来进行参观。待员工们参观完后，张瑞敏把生产这些冰箱的责任者和中层干部留下，询问大家对于不合格产品的处置意见，最后大家一致认为应该进行内部处置。可是张瑞敏却要求将不合格产品全部销毁。于是，他顺手拿起一把大锤，照着一台冰箱就砸了过去，把这台冰箱砸得稀巴烂，然后将大锤交给了责任者。转眼之间，76台有质量问题的冰箱全都销毁了。当时，在场的职工一个个都留下了眼泪。虽然一台冰箱当时才800多元钱，但是，员工每个月的工资才40多块钱，一台冰箱是他们两年的工资。张瑞敏说："从此以后，我们要确立质量理念，我们的产品不能再有一、二、三等品和等外品的分类。我们的产品就分合格品和不合格品。市场只有合格品，不合格品坚决不能进入市场。"他还暗示，从今以后，海尔必须建立完善的质量管理制度，追究不合格产品生产者的责任。由此，大家逐渐明白，海尔的前途与有没有严格的质量管理是息息相关的，必须要重视产品的质量。

资料来源：http://www.630xw.com/index.php/article/zrsj/2010-07-23/8017.html

海尔的砸冰箱事件，给海尔全体员工思想造成了强烈的震撼，员工的质量意识有了普遍的提高。他用一把有形的锤子，砸醒了全体员工的质量意识，第一次在中国企业的员工中树立起争创一流的观念。的确，海尔的这一锤，意味着质量意识的塑造，意味着将质量口号转变为质量责任。它也告诫全体海尔员工：谁生产了不合格产品，谁就是不合格员工。一旦树立这种观念，员工们的生产责任心迅速增强，在每一个生产环节都不敢草率了，"精细化，零缺陷"变成全体员工发自内心的心愿和步履，从而使企业奠定了扎实的质量管理基础。可见，质量管理在现代企业治理过程中发挥着越来越重要的作用，而物流质量管理的绩效直接决定物流企业质量管理的进程，进而决定物流企业的治理效果。

10.1 物流质量管理概述

物流质量管理是指以全面质量管理的思想，运用科学的管理方法和手段，对物流过程的质量及其影响因素进行计划、控制，使物流质量不断得到改善和提高的过程，是用经济的办法，向用户提供满足其要求的物流质量的手段体系。物流质量管理的内容包括物流对象质量、物流服务质量、物流工作质量和物流工程质量，是一种全面的质量观。

10.1.1 质量与质量管理

1. 质量

对质量概念的界定，可分为两个层面，一个是符合性定义，另一个是适用性定义。我国工业产品责任条例第二条对产品质量定义如下："产品质量是指国家有关的法规、质量标准以及合同规定的对产品适用、安全和其他特性的要求。"该定义是指产品特性须符合既定的有关法规、产品标准或合同的要求。它是根据产品所具有的特性符合技术标准要求的程度来衡量产品质量优劣的。因此，称其为符合性定义。

美国知名质量管理专家朱兰(J.M.Juran)博士把产品或服务质量定义为"产品或服务的适用性"。因此，称其为适用性定义。他强调，产品或服务质量不能仅从标准角度出发，只看产品或服务是否符合标准的规定，而是要从顾客出发，看产品或服务是否满足顾客的需要以及满足的程度。适用性定义能更加全面地阐释产品质量的属性，但由于符合性定义比适用性定义更加直观和易于使用，所以在实践中企业都采用符合性定义，即用满足技术标准要求的程度来衡量产品的质量。

ISO 9000:2000 文件中对质量重新作了定义，即为"一组固有可区分的特征满足明示的、通常隐含的或必须履行的需求或期望的程度。"它认为质量是指产品、过程、服务或活动、组织等满足明确和隐含需要的能力的特性总和。质量的范围非常广泛，既包括产品质量，又包括工程质量，作业质量和服务质量等。

2. 质量管理

国际标准化组织在 ISO 8402 文件中将质量管理定义为："确定质量方针、目标和职责，并在质量体系中通过诸如质量策划、质量控制、质量保证和质量改进，使其实施的全部管理职能的所有活动。"

ISO 9000:2000 文件中进一步将质量管理概括为："在质量方面指挥和控制组织的协调的活动。"并在附注中说明在质量方面的指挥和控制活动，通常包括制定质量方针和质量目标以及质量策划、质量控制、质量保证和质量改进。新的 ISO 定义明确指出质量管理不仅包括了熟悉的质量控制、质量保证和质量改进，还应包括制定方针、树立目标和进行策划。

毫无疑问，质量管理是一门科学，它是随着整个社会生产的发展而发展的。对质量管理的发展过程的探究，能够帮助人们有效地利用各种质量管理的思想和方法。

目前，一般把质量管理的发展过程分为以下 3 个阶段。

1) 质量检验阶段

质量检验阶段是质量管理的初级阶段。20 世纪初，人们对质量管理的理解还只限于质量的检验。质量检验所使用的手段是各种检测设备和仪表，严格把关，对产品进行百分之百的检验。其主要特征是按照规定的技术要求，对已完成的产品进行质量检验。从大工业生产方式出现直至 20 世纪 40 年代，基本上属于这一阶段。在这一阶段，质量管理的中心内容是通过事后把关性质的质量检查，对已生产出来的产品进行筛选，把不合格品和合格品分开。这对于保证不使不合格品流入下一工序或出厂送到用户手中，是必要的和有效的，至今在工厂中仍不可缺少。质量检验是在成品中挑出废品，以保证出厂产品质量。但这种事后检验把关，无法在生产过程中起到预防、控制的作用。且百分之百的检验增加了检验费用。在大批量生产的情况下,其弊端就突显出来。

2) 统计质量控制阶段

统计质量控制的方法(Statistical Quality Control,SQC)是随着生产规模迅速扩大和生产效率的不断提高,为防止废品带来的经济损失,应用数理统计方法,对生产过程进行的质量控制。也就是说,它不是等一个工序整批工件加工完成,才去进行事后检查,而是在生产过程中,定期地进行抽查,并把抽查结果当成一个反馈的信号,通过控制图发现或鉴定生产过程是否出现了不正常情况,以便能及时发现和消除不正常的原因,防止废品的产生。这一阶段的特征是数理统计方法与质量管理的结合。第一次世界大战后期,休哈特将数理统计的原理运用到质量管理中来,并发明了控制图。他认为质量管理不仅要搞事后检验,而且要在发现有废品生产的先兆时就进行分析改进,从而预防废品的产生。控制图就是运用数理统计原理进行这种预防的工具。因此,控制图的出现,是质量管理从单纯事后检验进入检验加预防阶段的标志,也是形成一门独立学科的开始。第一本正式出版的质量管理科学专著就是 1931 年休哈特的《工业产品质量的经济控制》。他是最早将数理统计方法引入到质量管理体系中,为质量管理科学作出了贡献。

第二次世界大战开始以后,统计质量管理得到了广泛应用。美国军政部门组织了一批专家和工程技术人员,于 1941—1942 年先后制定并公布了一批美国战时的质量管理标准,收到了显著效果。从此,统计质量管理的方法得到了很多厂商的应用。第二次世界大战后,美国许多企业扩大了生产规模,除原来生产军火的工厂继续推行质量管理方法以外,许多民用工业也纷纷采用了这一方法,美国以外的许多国家,也都陆续推行了统计质量管理,并取得了成效。但是,统计质量管理也存在着缺陷,它过分强调质量控制的统计方法,使人们误认为质量管理就是统计方法,是统计专家的事。在计算机和数理统计软件应用不广泛的情况下,使许多人感到高不可攀、难度大。

统计质量控制是质量管理发展过程中的一个重要阶段,从质量管理的指导思想上看,由事后把关变为事前预防;从质量管理的方法上看,广泛深入地应用了统计的思考方法和统计的检查方法。

3) 全面质量管理阶段

随着人们对质量的要求越来越高,从 20 世纪 50 年代开始,质量管理专家运用"系统工程"的概念,把质量问题作为一个有机整体加以综合分析研究,实施全员、全过程、全企业的管理。最早提出全面质量管理(Total Quality Control,TQC)概念的,是美国的费根堡姆(Armand V.Feigenbaum),但是由日本人首先将这一概念真正用于企业管理中。费根堡姆提出:"全面质量管理是为了在最经济的水平上,并考虑到在充分满足顾客要求的条件下进行生产和提供服务,并把企业各部门研制质量、维持质量和提高质量的活动构成为一体的一种有效体系。"

所谓全面质量管理,是指在全社会的推动下,企业中所有部门、所有组织、所有人员都以质量为核心,把专业技术、管理技术、数理统计技术集合在一起,建立起一套科学、严密、高效的质量保证体系,控制生产经营过程中影响质量的各种因素,以优质的工作、最经济的办法,提供满足用户需要的产品或服务的全部活动。

日本在 20 世纪 50 年代引进了美国的全面质量管理方法,并有所发展。他们强调从总经理、技术人员、管理人员到工人全体人员都参与的质量管理。企业对全体职工分层次地进行质量管理知识的教育培训,广泛开展群众性质量管理小组活动,并创造了一些通俗易懂、便于群众参与的管理方法，使全面质量管理充实了大量新的内容。质量管理的手段也不再局限于数理统计，而是全面地运用各种管理技术和方法。

全面质量管理的出现，是现代科学技术和现代工业发展的必然产物。进入20世纪后半期以后，随着科学技术的迅速发展和市场均衡的日趋激烈，新技术、新工艺、新设备、新材料大量涌现，工业产品的技术水平迅速提高，产品更新换代的速度大大加快，新产品层出不穷。特别是对于许多综合多种门类技术成果的大型、精密、复杂的现代工业产品来说，影响质量的因素已不是几十、几百个，而是成千上万个。对一个细节的忽略，也会造成全局的失误。这种情况必然对质量管理提出新的更高要求，那种单纯依靠事后把关或主要依靠生产过程控制的质量管理，显然已不能适应工业发展的需要了。这样，全面质量管理作为现代企业管理的一个重要组成部分，也就应运而生了，并且迅速得到推广。

总的来说，以上质量管理发展的3个阶段质的区别是，质量检验阶段靠的是事后把关，是一种防守型的质量管理；统计质量控制阶段主要靠在生产过程中实施控制，把可能发生的问题消灭在生产过程之中，是一种预防型的质量管理；而全面质量管理则保留了前两者的长处，对整个系统采取措施，不断提高质量，可以说是一种进攻型或者是全攻全守型的质量管理。

10.1.2 物流质量定义与内容

1. 物流质量定义

物流质量是物流活动或物流业本身所固有的满足物流客户服务要求和提供服务价值的能力总和。

物流质量是决定物流活动效率和物流服务水平的关键因素，由于物流企业的特殊性，物流质量的好坏直接关系到物流企业经营的可持续性，一般物流过程中的产品丢失、毁坏、变质、延误等事故的直接原因都是物流质量不高造成的，从而导致物流企业的业务量减少和市场占有率下降，危及企业的生存。

2. 物流质量内容

物流质量的内容一般包括以下几个方面。

1) 物流对象质量

物流对象质量是具有一定质量的物流对象实体，具有合乎要求的等级、尺寸、规格、性质、外观等质量特性。这些质量是在生产过程中形成的，物流过程在于转移和保护这些质量，最终实现对用户的质量保证。现代物流过程不单是保护和转移物流对象，还可以采用流通加工等手段改善和提高物流对象的质量。

2) 物流服务质量

物流服务是物流业最重要、最根本的职能。物流服务质量是提供的物流服务满足用户要求的程度。它具有可靠性、响应性、保证性、有形性等特点。物流活动具有服务的本质特性，既要为现代企业生产经营过程服务，也要为使用现代企业的产品和服务的顾客提供全面的物流服务。物流服务质量普遍体现在满足用户要求方面，服务质量因不同用户而要求各异，应掌握和了解用户需求。此外，物流企业服务质量是随着顾客需求的变化而发展的。

3) 物流工作质量

物流工作质量是物流各环节、各工种、各岗位的具体工作质量。物流工作质量和物流服务质量是两个关联但又大不相同的概念。物流服务质量水平取决于各个工作质量的总和，所以工作质量是物流服务质量的某种保证和基础。通过强化物流管理，建立科学合理的管理制度，充分调动员工积极性，不断提高物流工作质量，物流服务质量也就有了一定程度的保证。

4) 物流工程质量

物流工程质量是指在物流系统运作中，由人员、设备、方法、环境等所体现的物流质量水平。物流质量不但取决于工作质量，还取决于工程质量。工程设备的质量水平有时可以从根本上决定物流的质量水平，例如采用大型集装箱联运系统后，就基本杜绝了物流过程中单件货物的丢失。

10.1.3 物流质量管理定义与工作内容

1. 物流质量管理定义

物流质量管理是指科学运用先进的质量管理方法、手段，以质量为中心，对物流全过程进行系统管理，包括保证和提高物流产品质量和工作质量而进行的计划、组织、控制等各项工作。也就是为达到客户满意，通过科学的计划、组织、控制、审核、监督，实现物流活动规范与质量要求的过程。

2. 物流质量管理工作

物流质量管理工作主要包括以下内容。

1) 物流质量管理体系建立

物流企业要实现质量管理目标，需要构建相应的体系、设置组织机构、明确岗位职责、拟定活动程序、配备必要的设备和合适的人员，使各要素之间协调配合，以保证质量方针的实现。物流质量管理体系是保证产品、过程或服务满足规定的或潜在的要求，由组织机构、职责、程序、活动能力和资源等构建的有机整体。在实际中，物流企业如果一开始就建立一个好的质量管理系统，那么在不断地改进中，企业的服务质量会越来越高，顾客也就越来越多，企业的竞争力也越来越强。

2) 物流质量控制

物流质量控制是为了达到物流质量要求所采取的作业技术和管理活动。其目的是通过监督物流质量形成过程，消除质量环上所有阶段的不合格或不满意效果的因素。在企业领域，质量控制活动主要是企业内部的生产现场管理，它与有无合同无关。质量检验从属于质量控制，是质量控制的重要活动。对于物流企业内部而言，其目标是保证产品或服务质量能满足顾客、法律、法规等方面所提出的质量要求。

3) 物流质量保证

为使人们确信某实体能满足质量要求，而在质量体系中实施并根据需要进行证实的全部有计划、有系统的活动，称为质量保证。显然，质量保证一般适用于有合同的场合，其主要目的是使用户确信产品或服务能满足规定的质量要求。如果给定的质量要求不能完全反映用户的需要，则质量保证也不可能完善。质量保证的目的是为了使人们相信物流企业所具有的能够满足客户规定要求的服务能力，为实现这一保证，物流企业必须进行周密的计划部署和相应的活动安排，以增加客户的信任度和安全感。

4) 物流质量改进

物流质量改进是为向本组织及其顾客提供增值效益，在整个组织范围内所采取的提高活动过程的效果与效率的措施。物流质量改进是消除系统性的问题，对现有的质量水平在控制的基础上加以提高，使质量达到一个新水平、新高度。物流质量管理的目标不仅要达到规定的质量要求，而且要根据实践积累不断改进物流质量，实现物流业的高效运作。

5) 物流质量问题应急处理与风险控制

由于物流业的特殊性，物流企业在面对市场经营风险的同时，还面临着许多作业的风险，往往会出现意想不到的情况与事故。其主要包括：①物流事故，指可能发生的物流表现的失败，以及客户的投诉，如产品损坏、分类不正确、货单证不精确、延误造成的违约等；②物流风险，指物流空间位移、储藏所发生的重大风险，如运输碰撞及其造成的货物灭失、损毁、火灾等重大损失风险。这些风险一旦发生足可以使一个企业面临破产，所以物流企业应制定相应的预防应急方案，以及风险防范与补偿措施。尤其是对物流风险，物流企业应根据我国海洋、陆上、航空运输货物保险条款及时投保，以保证风险发生时能得到及时补偿，使企业持续稳定发展。

10.2 物流质量管理的方法

10.2.1 PDCA 循环管理法

PDCA 循环又叫戴明环，是管理学中的一个通用模型，最早由休哈特(Walter A. Shewhart)于 1930 年构想出，后来被美国质量管理专家戴明(Edwards Deming)博士在 1950 年再度重视，并加以广泛宣传和运用于持续改善产品质量的过程中。

PDCA 循环是能使任何一项活动有效进行的一种合乎逻辑的工作程序，特别是在质量管理中得到了广泛的应用。P、D、C、A 四个英文字母所代表的意义如下。

(1) P(Plan)——计划。包括方针和目标的确定以及活动计划的制订。

(2) D(Do)——执行。执行就是具体运作、实现计划中的内容。

(3) C(Check)——检查。就是要总结执行计划的结果，分清哪些对了，哪些错了，明确效果，找出问题。

(4) A(Action)——行动(或处理)。对总结检查的结果进行处理，成功的经验加以肯定，并予以标准化，或制定作业指导书，便于以后工作时遵循；对于失败的教训也要总结，以免重现。对于没有解决的问题，应通过下一个 PDCA 循环去解决。

戴明作为一位纽约大学的教授，第二次世界大战后应日本政府的邀请到日本帮助工业界改善质量，并作出了杰出的贡献，1951 年日本政府将其国家质量奖命名为"戴明奖"。戴明的 PDCA 循环已成为质量连续不断改进的标志，他提出的质量管理 14 条，被世界各国广泛接受和应用，影响极大。

PDCA 循环或戴明循环如图 10.1 所示。

戴明循环有 3 个特点：一是大环带小环，如果把整个企业的工作作为一个大的戴明循环，那么各个部门、小组还有各自小的戴明循环，就像一个行星轮系一样，大环带动小环，一级带一级，有机地构成一个运转的体系；二是阶梯式上升，戴明循环不是在同一水平上循环，而是每循环一次，就解决一部分问题，取得一部分成果，工作就前进一步，水平就提高一步，到了下一次循环，又有了新的目标和内容，更上一层楼，图 10.1 表示了这个阶梯式上升的过程；三是科学管理方法的综合应用，戴明循环应用以 QC(质量控制)七种工具为主的统计处理方法以及工业工程(IE)中工作研究的方法，作为进行工作和发现、解决问题的工具。戴明循环的 4 个阶段又可细分为 8 个步骤，每个步骤的具体内容和方法见表 10-1。

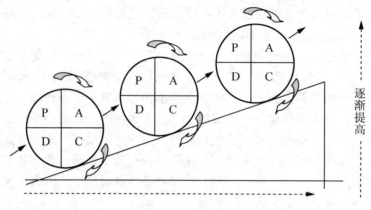

图 10.1　PDCA 循环示意图

PDCA 管理循环是一种大环套小环、环环相扣的循环改进模式，它强调自主管理、主动管理，要求企业总部、车间、班组、员工都可进行 PDCA 循环，找出问题不断改进，阶梯式上升。每一循环结束后，则进入下一个更高级的循环，使之循环往复、永不停止，使企业质量不断得到超越和发展。

表 10-1　PDCA 循环的 4 个阶段与 8 个步骤

阶　段	步　骤
P	(1) 分析现状，找出存在问题
P	(2) 分析各种问题存在的原因或影响因素
P	(3) 找出主要原因或影响质量的关键因素
P	(4) 针对主要原因，制订措施计划
D	(5) 执行、实施计划
C	(6) 对照计划，检查计划执行结果
A	(7) 总结成功经验，制定相应标准
A	(8) 找出遗留问题，转入下一个 PDCA 循环

10.2.2　ABC 分析法

ABC 分析法是由意大利经济学家维尔弗雷多·帕累托首创的。1879 年，帕累托在研究个人收入的分布状态时，发现少数人的收入占全部人收入的大部分，而多数人的收入却只占一小部分，他将这一关系用图表示出来，就是著名的帕累托图。该分析方法的核心思想是在决定一个事物的众多因素中分清主次，识别出少数的但对事物起决定作用的关键因素和多数的但对事物影响较少的次要因素。后来，帕累托法被不断应用于管理的各个方面。1951 年，管理学家戴克(H.F.Dickie)将其应用于库存管理，命名为 ABC 法。1951—1956 年，约瑟夫·朱兰将 ABC 法引入质量管理，用于质量问题的分析，被称为排列图。1963 年，彼得·德鲁克(P.F.Drucker)将这一方法推广到全部社会现象，使 ABC 法成为企业提高效益的普遍应用的管理方法。这一法则揭示了"关键的少数和无关紧要的多数"的规律。将各个质量影响因素造成的产品不合格或损失的大小，按比率由大到小排列，在坐标图上画出直方图，然后将累计计算连接起来，即可形成 ABC 曲线或帕累特曲线。该曲线说明，大约 80%的问题是由占原因总数 20%的原因造成的。A 类占总影响因素的 5~15% 左右，但造成的质量损失可高达 80%；B 类占总影响因素的 20% 左右，造成的质量损失在 20% 左右；C 类占总影响因素的 60%~80%，但造成的质量损失只在 20% 左右。显然，A 类影响因素最大，是解决质量问题的关键。

【例 10.1】某商品在物流过程中，损坏的情况统计如下。

货物装卸操作 5 次，损坏 45 件；搬运操作 2 次，损坏 28 件；包装操作 1 次，损坏 15 件；火车运输 1 次，损坏 10 件；汽车运输 1 次，损坏 8 件；入库操作 1 次，损坏 7 件；其他，损坏 2 件。具体情况见表 10-2。

表 10-2　物流过程中商品损坏情况统计

序　号	损坏原因	损失数量	损失比例/%	累计损失比例/%
1	装卸操作(5 次)	45	39.13	39.13
2	搬运操作(2 次)	28	24.35	63.48
3	包装操作(1 次)	15	13.04	76.52
4	火车运输(1 次)	10	8.7	85.22
5	汽车运输(1 次)	8	6.96	92.18
6	入库操作(1 次)	7	6.10	98.28
7	其他	2	1.74	100

将以上数据列表后并计算其损失率与累计损失百分率，将其绘制到图上分析，如图 10.2 所示。图 10.2 由两个纵坐标和一个横坐标组成，横坐标表示影响产品质量的因素，按其大小顺序排列；左纵坐标表示频度或影响程度，如件数、金额等；右纵坐标表示频率、累计百分率曲线，表示各影响因素影响程度比重的累计百分率。

根据图 10.2 将确定的影响因素 1、2 定为 A 类；因素 3、4 为 B 类；其余因素 5、6、7 定为 C 类。其中 A 类影响因素最大，应重点对 A 类因素进行分析，制定解决的对策，克服影响质量的关键因素。

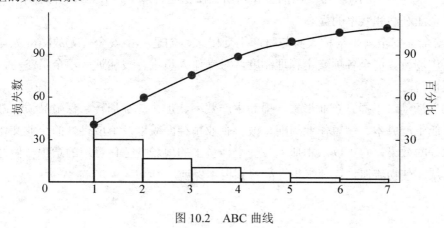

图 10.2　ABC 曲线

10.2.3 "7S"现场管理法

"7S"管理是由"5S"管理发展而来的。"5S"又被称为"五常法则"或"五常法",其起源于日本,是日本企业独特的一种管理办法。"5S"是指:Seirl(整理)、Seiton(整顿)、Seiso(清扫)、Seiretsu(清洁)、Shitsuke(素养)。"5S"活动可以改善生产环境,提高生产效率、产品品质、员工士气,是重要的质量管理方法。

根据企业进一步发展的需要,有的企业在原来"5S"的基础上增加了 Safety(安全)、Save(节约),形成了"7S";也有的企业加上习惯化(Shiukanka)、服务(Service)及坚持(Shikoku),形成了"10S",但是万变不离其宗,都是从"5S"中衍生出来的。

(1) 整理。整理就是彻底地将要与不要的东西区分清楚,并将不要的东西加以整理,它是改善生产现场的第一步。其目的是改善和增加作业面积,使现场无杂物、行道通畅,提高工作效率,消除管理上的混存混放等差错事故,有利于减少库存、节约资金。

(2) 整顿。整顿就是人和物放置方法的标准化,是将必要的物品以容易找到的方式放置于固定场所,并做好适当的标识。整顿的关键是做到定位、定品、定量。抓住这些要点就可以制作看版,做到目视管理,从而提炼出适合本企业物流的放置方法,进而使该方法标准化。

(3) 清扫。清扫就是彻底地将自己的工作环境四周打扫干净,设备异常时马上维修,保持常用、常备状态。清扫活动的重点是必须按照清扫目的决定清扫对象、清扫人员、清扫方法,准备清扫器具,真正起到清扫效果,创造一个干净卫生的环境。

(4) 清洁。清洁是对整理、整顿、清扫工作成果的维护,是 3 项活动的坚持和深入,使工作现场保持完美和最佳状态。清洁的标准是:干净、高效和安全。

(5) 素养。素养是"7S"活动的核心,要努力提高员工的素养,养成良好的严格遵守规章制度的习惯和作风。拥有最先进的设备,如果没有最好的员工和有效的管理也不会产出高效率。素养就是培养全体员工良好的工作习惯、组织纪律和敬业精神,创造一个良好氛围的工作场所,从而提高企业的形象和工作效率。

(6) 节约。节约就是对时间、空间、能源等方面的合理利用,以发挥它们的最大效能,从而创造一个高效率的、物尽其用的工作场所。在物流管理中,节约各种成本和费用支出,就意味着企业利润和效率的提高。

(7) 安全。安全就是维护人身与财产不受侵害,创造一个安全、无故障、无意外事故发生的工作场所。健全各项安全管理制度,对操作人员进行技能训练,全员参与,排除隐患,重视预防。

"7S"活动对于提升企业形象、提高生产效率、加快库存周转、保障品质、减少安全隐患、降低生产成本、缩短作业周期、改善企业精神面貌以及形成良好的企业文化等方面都有非常好的效果,它可以从本质上改变全体员工的现场规范化管理的意识,做好一线现场管理,从而使物流质量管理水平提高得到根本保证。

10.3 物流标准化

10.3.1 物流标准化概述

1. 标准化的一般含义

标准化是对产品、工作、工程或服务等普遍的活动规定统一的标准,并且对这个标准进行贯彻实施的整个过程。

标准化是国民经济管理和企业管理的重要内容,也是现代科学体系的重要组成部分,是由于社会大分化、生产大分工之后,为合理组织生产、促进技术进步、协调社会生活所出现的事物。标准化管理是有权威的有法律效力的管理。

标准化的内容,实际上就是经过优选之后的共同规则,为了推行这种共同规则,世界上大多数国家都有标准化组织,例如英国的标准化协会(BSI),我国的国家技术监督局等。在日内瓦的国际标准化组织(ISO)负责协调世界范围内的标准化问题。

目前,标准化工作开展较普遍的领域是产品标准,这也是标准化的核心,围绕产品标准,工程标准、工作标准、环境标准、服务标准等也出现了发展的势头。

2. 物流标准化的特点

物流标准化是指以物流为一个大系统,制定系统内部设施、机械装备,包括专用工具等的技术标准,包装、仓储、装卸、运输等各类作业标准,以及作为现代物流突出特征的物流信息标准,并形成全国以及和国际接轨的标准化体系。

物流标准化主要具有以下特点。

(1) 广泛性。与一般标准化系统不同,物流系统的标准化涉及面更为广泛,其对象也不像一般标准化系统那样单一,而是包括了机电、建筑、工具、工作方法等许多种类。虽然处于一个大系统中,但缺乏共性,从而造成标准种类繁多、标准内容复杂,也给标准的统一性及配合性带来很大困难。

(2) 刚性。物流标准化系统属于二次系统,这是由于物流及物流管理思想诞生较晚,组成物流大系统的各个分系统,过去在没有归入物流系统之前,早已分别实现了本系统的标准化,并且经多年的应用,不断发展和巩固,已很难改变。在推行物流标准化时,必须以此为依据,个别情况固然可将有关旧标准化的体系推翻,按物流系统所提出的要求重建新的标准化体系,但通常还是在各个分系统标准化的基础上建立物流标准化系统。这就必然从适应及协调角度建立新的物流标准化系统,而不可能全部创新。

(3) 科学性。物流标准化科学性的要求,是要体现现代科技成果,以科学试验为基础,在物流中,则还要求与物流的现代化(包括现代技术及管理)相适应,要求能将现代科技成果联结成物流大系统。否则,尽管各种具体的硬技术标准化要求较高,也十分先进,但如果不能与系统协调,单项技术再高也是空的,甚至还起相反作用。所以,这种科学性不但反映本身的科学技术水平,还表现在协调与适应的能力方面,使综合的科技水平最优。

(4) 民主性。民主性指标准的制定,采用协商一致的办法,广泛考虑各种现实条件,广泛听取意见,而不能过分偏重某个国家、某个行业或某个企业,使标准更具权威性、减少阻力,易于贯彻执行。物流标准化由于涉及面广,要想达到协调和适应,民主决定问题,不过分偏向某个方面的意见,使各分系统都能采纳接受,就更具有重要性。

(5) 经济性。经济性是标准化的主要目的之一，也是标准化的生命力如何的决定因素，物流过程不像深加工那样引起产品的大幅度增值，即使通过流通加工等方式，增值也是有限的。所以，物流费用多开支一分，就要影响到一分效益，但是，物流过程又必须大量投入消耗，如不注重标准的经济性，片面强调反映现代科学水平，片面顺从物流习惯及现状，引起物流成本的增加，自然会使标准失去生命力。

(6) 国际性。物流标准化有非常强的国际性。由于经济全球化的趋势所带来的国际交往大幅度增加，而所有的国际贸易又最终靠国际物流来完成。各个国家都很重视本国物流与国际物流的衔接，在本国物流管理发展初期就力求使本国物流标准与国际物流标准化体系一致，若不如此，不但会加大国际交往的技术难度，更重要的是在本来就很高的关税及运费基础上又增加了因标准化系统不统一所造成的效益损失，使外贸成本增加。因此，物流标准化的国际性也是其不同于一般产品标准的重要特点。

(7) 安全性。物流安全问题是近年来非常突出的问题，往往是一个安全事故会将一个公司损失殆尽，几十万吨的超级油轮、货轮遭受灭顶损失的事例也并不乏见。当然，除了经济方面的损失外，人身伤害也是物流中经常出现的，如交通事故的伤害，物品对人的碰、撞伤害，危险品的爆炸、腐蚀、毒害的伤害等。所以，物流标准化的另一个特点是在物流标准中对物流安全性的规定和为安全性统一技术标准、工作标准。物流保险规定也是与安全性标准有关的标准化内容。在物流中，尤其在国际物流中，都有世界公认的保险类别与保险条款，虽然许多规定并不是以标准化形式出现的，而是以立法形式出现的，但是，其共同约定、共同遵循的性质是通用的，是具有标准化内含的，其中不少手续、申报、文件等都有具体的标准化规定，保险费用等的计算也受标准规定的约束，因而物流保险的相关标准化工作，也是物流标准化的重要内容。

3. 物流标准化领域

物流标准化主要涉及物流设施、物流作业以及物流信息的标准化 3 方面领域，参见表 10-3。

表 10-3 物流标准化涉及的领域

物流设施标准化	物流作业标准化	物流信息标准化
托盘标准化	包装标准化	EDI/XML 标准
集装箱标准化	装卸/搬运标准化	电子报文标准化
	运输作业标准化	物流单元编码标准化
集装箱标准化	存储标准化	物流结点编码标准化
		物流单证编码标准化
		物流设施与装备编码标准化
		物流作业编码标准

上述标准中，目前已经实施的标准主要包括：①托盘标准；②集装箱标准；③包装标准；④装卸/搬运标准；⑤存储作业标准；⑥条码技术标准；⑦物流单元编码标准；⑧物流设施与装备编码标准。

10.3.2 ISO 9000 质量管理体系

目前世界上公认的质量体系认证标准，是国际标准化组织(ISO)发布的 ISO 9000 系列有关质量保证模式标准。我国现在等同采用 ISO 9000 系列质量认证标准。物流质量认证仍然是以 ISO 9000 系列标准来进行的。根据国际标准化组织对质量认证的界定，质量认证是指由充分信任的第三方证实某一经鉴定的产品或服务符合特定标准或其他技术规范的活动。物流质量认证与以上内容完全一样。质量认证的主体是第三方，质量认证的对象是产品或服务。产品是指企业提供的实物产品，而服务是指企业或服务性行业提供的商品销售的系统服务和公共服务，如邮政、银行、保险等。物流质量认证的对象是物流服务，包括运输、仓储、包装、加工等一系列整体服务。质量认证的依据是国家正式发布的标准和技术规范。质量认证的方式是合格证书，以此来证明某一产品或服务符合特定的标准。物流质量体系认证是指由第三方公证机构依据公开发布的质量体系标准，对供方(生产方)的质量体系实施评定，评定合格的由公证机构颁发质量体系认证证书，并给予注册公布，证明供方在特定的产品或服务范围内具有必要质量保证能力的活动。ISO 9000 质量管理和质量保证系列标准是各国实施质量体系认证的依据。质量体系认证和质量认证不同，质量认证的对象是商品或服务，而质量体系认证的对象是质量体系；质量体系认证的依据是质量体系标准，而质量认证依据的是产品标准和相应的技术要求；质量体系认证的目的是证明供方具有必要质量保证的能力；而质量认证是证明产品达到标准要求；质量体系认证不得直接用于产品或以其他方式误导产品已经认证合格，而且经质量体系认证后，定期对供方质量体系监督，但不对产品实物实施监督检验。物流质量认证实际上就是指物流质量体系认证，因为物流业提供的服务及采用的质量管理标准是系统的标准，构成了物流管理的完整体系。

1. ISO 9000 发展概述

ISO 是国际标准化组织的英文缩写，该组织成立于 1947 年，致力于国际标准的制定与发布，1979 年英国标准协会(BSI)向 ISO 提交报告，建议组建一个技术委员会，研究先进管理经验的标准化问题，当年 ISO 批准了这个提案，单独建立了质量保证技术委员会，即 ISO/TC176，分配给这个委员会的标准总编号为 ISO 9000，并于 1980 年正式成立，秘书处设在加拿大，1987 年改名为"质量管理和质量保证技术委员会"。1987 年颁布了举世瞩目的 ISO 9000 系列标准，1994 年对其做出了重大修改，增加了很多内容，并将改动后的 1994 年版标准称为 ISO 9000 族标准。随着世界经济的发展，为进一步改善 ISO 9000 族标准的市场满足度，2000 年国际标准化组织又对 ISO 9000 体系进行了修改并且延用至今。ISO 9000 族标准在 2000 年进行修订的主要原因是为了给标准使用者提供一个机会，以提高其商业活动，满足客户需求和促进组织内部质量的持续改进。2000 版是一次全面彻底的"重规划"，整个"ISO 9000 家族"的 27 个现行标准被完全重新修改，主要内容被集中在 4 个重要标准中。

2000 版的 ISO 9000 系列标准为以下几个方面。

ISO 9000:2000，质量管理体系——基本理论与术语。

ISO 9001:2000，质量管理体系——要求。

ISO 9004:2000，质量管理体系——业绩改进指南。

ISO 1901，质量和环境管理审核指南。

按照新标准，将只有一种 ISO 9001:2000 认证，不再有 ISO 9002、ISO 9003 证书，因为 ISO 9001 已涵盖了 ISO 9002、ISO 9003 的全部内容。

2. ISO 9000 系列质量管理的八项原则

ISO 9000 质量管理的八项原则，实际上早在 2000 版 ISO 9000 族标准草案诞生前就已存在，并得到了全球质量专家的认同，1997年在哥本哈根TC176年会上对八项质量管理原则进行了投票确认，获得全体通过，成为2000版新标准的理论基础。

(1) 以顾客为中心。组织依存于其顾客。因此，组织应理解顾客当前和未来的需求，满足顾客需求并争取超过顾客期望。

(2) 领导作用。领导者应建立组织统一的宗旨、方向和内部环境。所创造的环境应能使员工充分参与实现组织目标的活动。

(3) 全员参与。各级人员都是组织的根本，只有他们的充分参与，才能使他们的才干为组织带来收益。

(4) 过程方法。将相关的资源和活动作为过程进行管理，可以更高效地达到预期的目的。

(5) 管理的系统方法。针对设定的目标，识别、理解，并管理一个由相互关联的过程所组成的体系，有助于提高组织的有效性和效率。

(6) 持续改进。持续改进是组织的一个永恒的目标。

(7) 以事实为决策依据。有效的决策建立在对信息和资料进行合理和直观的分析基础上。

(8) 互利的供方关系。组织与供方之间保持共同的利益关系，可增进两个组织创造价值的能力。

3. ISO 9001:2000 基本内容要求

根据国家《质量管理体系标准》发布的ISO 9001:2000标准，其内容要求如下：

1) 最高管理者的承诺、确保和任务

2000版ISO 9001标准对组织的最高管理者提出了承诺、确保和任务要求。

首先，最高管理者应证实其对下述的承诺：①向组织传达创造并保持满足顾客要求的重要性和意识；②制定质量方针和质量目标并进行策划；③建立质量管理体系；④实施管理评审；⑤确保资源的获得。

其次，最高管理者应确保：①确定顾客需求和期望，并转换成旨在获得顾客信任的要求；②充分理解和满足顾客需求；③适应组织和其顾客的需求；④包括对满足要求和持续改进的承诺；⑤提供制定和评审质量目标的框架；⑥在整个组织范围内，予以传达、理解并贯彻实施；⑦对持续的适宜性进行评审。

最后，最高管理者应明确其任务。最高管理者通过其领导和行为，创造一个使员工充分参与的环境并使质量管理体系有效运作。其任务是：①为组织建立质量方针和质量目标；②确保实施满足顾客要求和内部目标的适宜过程；③确保建立、实施和保持有效的质量管理体系，以实现这些目标；④确保获得必要资源；⑤将达到的结果与设定的目标进行比较；⑥决定有关质量方针和质量目标的措施；⑦制定改进的措施。

2) 质量管理体系方法

实施质量管理体系的方法由下列步骤组成。

(1) 确定顾客需求和期望，确定组织的质量方针和质量目标。

(2) 确定实现质量目标的关联过程和职责。

(3) 对每个实现质量目标过程的有效性确定测量方法，以确定每个过程的现行有效性。

(4) 确定预防缺陷、减少波动并将返工和废品减少到最低限度的方法。

(5) 寻找减少风险、改进过程的有效性和效率的各种机会。

(6) 确定并优先考虑那些既能提供最佳结果，又可接受其风险的改进。

(7) 为实施已确定的改进，就对策、过程和资源，制订计划。

(8) 实施改进计划，监控改进的效果。
(9) 对照预期结果，评价取得的实际结果。
(10) 评审改进活动，以确定适宜的后续措施。
应用类似的方法，可以不断保持、发展和改进现有的质量管理体系。

3) 过程质量管理模式

任何活动或运行都接收输入并将其转化为输出。因此，可将其作为过程来考虑。几乎所有产品或服务活动的运行都存在过程。2000 版采取了"过程质量管理模式"，如图 10.3 所示。

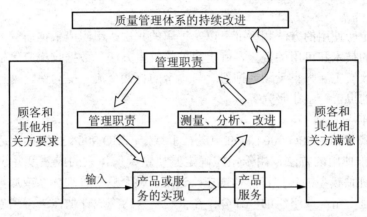

图 10.3 过程质量管理模式

对组织而言，它们必须确定并控制大量的相互连续起来的过程。通常，一个过程直接成为另一个过程的输入。在组织内，系统地确定并管理所使用的大量过程，特别是这些过程之间的相互作用，这在管理上称之为"过程质量管理模式"。对于组织及其过程管理，本标准鼓励使用过程方法，并且作为易于识别、管理和确定改进机会的手段。由于图 10.3 是质量管理体系完整的过程模式，因此，它也适用于证实过程间的相互作用和相关方所起的重要作用；对实现产品或服务所需要的所有过程实施过程管理，并对过程输出进行验证；测量顾客和其他相关方满意度可用于评价和确认是否达到了顾客要求。

4) 质量管理体系评价

当评价质量管理体系时，应对每一个被评价的过程，提出如下 4 个问题：过程是否予以识别和建立？在达到要求的结果方面，过程是否有效？过程是否用程序予以恰当的描述？这些程序是否按文件规定予以实施并保持？

综合回答上述问题，可以确定评价结果。质量体系的评价在范围上可以有所不同，也可以包含某些活动，如质量管理体系审核和质量管理体系评审。质量管理体系的评价方法有质量体系审核、管理评审和自我评定 3 种。

5) 持续改进

持续改进是指为改善产品的特征和特性或提高生产和交付产品过程的有效性和效率所采取的措施。过程改进还可包括：确定、测量和分析现状；建立改进目标；研究可能的改进方案；评价这些改进方案；实施所选定的改进方案；对实施进行测量、验证和分析；将更改纳入文件。改进是持续的，并且永无止境。必要时，对结果进行评审，以确定改进的机会。审核、顾客反馈和质量管理体系评审也可以用于识别这些机会。PDCA 就是持续循环改进的一个实例。

6) 顾客满意度测量

组织应认识到有许多与顾客有关的信息来源，并应确定收集、分析和使用这些信息的过程。组织应识别来自内部和外部以书面和口头形式的顾客信息来源的可用性。通常，顾客信息的来源包括：①有关产品或服务的反馈；②顾客要求、服务数据和合同信息；③市场变化的需求；④与竞争有关的信息。

对于测定和监视顾客满意和不满意的组织体系，应阐述产品或服务的质量、价格和交付方面的情况并应持续地提供。为了预测未来的需要，组织应与顾客信息源进行交流并应与顾客合作。组织应计划并确定过程，用于实施恰当的营销活动，以高效地获得"顾客的声音"。

组织应规定所使用的方法和标准，以及评审的频次。组织应依据研究的性质、截止到的期限、现有的技术和可用的资金，确定数据的收集方法。数据收集应包括来自各个项目的数据。数据收集主要来自于顾客抱怨、与顾客的直接交流、提问单、来自消费者组织的报告、各媒体的报告、工业研究等。

7) 业绩的自我评估

业绩的自我评估在 ISO 9004 标准中进行了规定。ISO 9004 业绩自我评估模型提供了一个简单的易于使用的方法，用于组织确定其质量管理体系的成熟度并识别改进区域。ISO 9004 自我评估模型的具体特点体现在：适用于整个质量管理体系或质量管理体系的一部分；适用于整个组织或组织的一部分；在大约半天内完成评估；当得到最高管理者的支持时，评估可由一个交叉职能的工作组或由一个人员来完成；形成对更为复杂的质量管理体系自我评估过程的输入；用于评价优先改进的区域；识别用于改进的至关重要的措施。

10.4　物流质量改进

没有质量的策划和控制，企业的质量管理水平就没有办法得到保障；同样，没有质量的改进，那么企业的质量管理水平就不会得到发展。"质量改进"在朱兰三部曲中具有独特的意义，是三部曲中最关键的一个环节，只有实施质量改进，才使有组织地促成有益的改变得以实施，并达到前所未有的业绩水平，即质量突破得以成为现实。

国际标准化组织于 1993 年颁布了有关标准，即 ISO 9000-4 质量管理和质量体系要素第 4 部分：质量改进指南。ISO 9000:2000 标准对质量改进的定义是：质量改进是"质量管理的一部分，致力于增强满足质量要求的能力。"企业的所有管理职能和所有层次的恒定目标应是致力于顾客满意和不断的质量改进。

10.4.1　物流质量改进的环境

企业环境是一些相互依存、互相制约、不断变化的各种因素组成的一个系统，是影响企业管理决策和生产经营活动的现实各因素的集合。这一界定，既不是专指企业的外部环境，也不专指企业的内部环境或内部环境的某些方面，而是指一个环境系统；它既反映了企业环境的内容、作用，也反映了企业环境的基本特征。

实施物流质量的改进，需要营造一个良好的质量改进环境，为后续工作的展开提供保障。物流质量改进的环境，应该做到如下 10 点。

(1) 最高管理者的支持和领导。
(2) 各级管理者的以身作则、持之以恒和配置资源。
(3) 组织内共同的价值观、态度和行为。
(4) 确定质量改进目标。
(5) 个人与个人之间、个人与组织之间广泛的交流与合作,以及相互之间的信任。
(6) 尊重员工的创新精神。
(7) 进行必要的教育和培训。
(8) 对改进过程进行鼓励,对成功的改进进行奖励。
(9) 有较高的士气。
(10) 不断追求新的更高的目标。

10.4.2 物流质量改进的过程

关于物流质量改进的过程,已经有许多著名的质量管理专家提出过自己的见解,本节以 PDCA 循环这一方法来阐释物流质量改进的过程。

1. P—策划阶段

该阶段的主要工作是改进机会识别、明确改进的主要对象、制订改进计划。

1) 机会识别

一般来说,在物流服务过程中,需要改进的问题随处可见,但实践证明,没有纳入质量改进计划的、不自觉的、零碎的、不成系统的改进,其效果往往并不明显。ISO 9000 系列标准要求的持续改进是有计划的、系统的、不断进行的,这就要求存在一个确定并获取机会的过程,形成一种制度。这一过程就是改进机会的识别。

改进机会识别需要收集和分析大量的资料,这是识别的基础。这些资料有:①与产品质量有关的数据,如物流服务质量不合格信息、内外部故障成本方面的数据等;②与顾客要求和期望有关的数据,如顾客要求和期望的信息、顾客投诉、顾客满意度的数据等;③与质量体系运行能力有关的数据,如过程运行的测量监视信息、物流服务实现过程的能力、内外部审核的结论、管理评审输出、生产率、交货期等;④竞争对手、供方和政府部门及市场的有关数据。

2) 明确改进的主要对象

将收集的数据用统计方法进行分析,从中找出规律性,以确定最需要解决的问题。将顾客的需求和期望、服务质量的目标优化结果、过程的改进和生产率的提高、成本控制和优化、员工的合理化建议等确定为改进的项目。需要注意的是,改进目标是有层次的。根据持续改进目标所包括的范围,可以分为总体改进目标和具体改进目标,具体改进目标是总体目标的细化结果,使改进做到可以操作、可以控制。而总体目标则为具体目标的细化做出战略性的指导。

3) 制订改进计划

制订改进计划就是应明确 5W1H 问题:Why(为什么),说明为什么要制订该计划或措施;Where(改进什么),说明改进的对象在哪里;What(改进到何种程度),说明改进需要达到的目标;Who(谁来干),说明改进计划实施的负责人;When(何时完成),说明完成改进计划的时间;How(如何干),说明如何完成改进任务。

2. D—实施阶段

该阶段的主要任务是实施改进计划。改进计划的实施需要技术、方法、管理、工具、人员和资金等要素的支撑,因此,在改进计划实施过程中,要从这些方面创造有利于改进的环境;同时,改进又是一个动态的过程,应不断根据条件的变化和改进中发现的新问题即时调整改进措施。

3. C—检查阶段

该阶段的任务就是检查执行计划的成效。就是把执行计划的结果与要执行计划的要求进行对照、比较的过程。没有检查,执行是否有偏差就无从发现,执行是否有成效也无从评价。总而言之,没有检查也就无从发现计划的合理性和科学性。

4. A—处理阶段

该阶段的主要任务有两个:一个是总结经验;另一个是巩固成绩。总结经验有成功经验和失败教训,然后将其纳入有关的标准、规定和制度中。在此基础上,将遗留问题转入下一个 PDCA 循环。

10.5 物流业务流程再造

10.5.1 业务流程再造理论概述

业务流程再造(Business Process Reengineering,BPR)是一种管理思想。它强调以业务流程为改造对象和中心、以关心客户的需求和满意度为目标,来对现行的业务流程进行根本的再思考和彻底的再设计,并且利用先进的制导技术、信息技术以及现代化的管理手段,最大限度地实现技术上的功能集成和管理上的职能集成,从而实现企业经营在成本、质量、服务和速度等方面的巨大改善。

1990 年迈克尔·哈默在《哈佛商业评论》上发表了题为《再造:不是自动化改造而是推倒重来》的文章,文中提出的再造思想开创了一场新的管理革命。1993 年迈克尔·哈默和詹姆斯·钱皮在其著作《企业再造:企业革命的宣言》一书中,首次提出了业务流程再造的概念,并将其定义为:对企业业务流程进行根本性的再思考和彻底性的再设计,以使企业在成本、质量、服务和速度等衡量企业绩效的关键指标上取得显著性的进展。该定义包含了 4 个关键词,即"流程"、"根本性"、"彻底性"、"显著性"。

"流程"就是以从订单到交货或提供服务的一连串作业活动为着眼点,跨越不同职能和部门的分界线,从整体流程、整体优化的角度来考虑与分析问题,识别流程中的增值和非增值业务活动,剔除非增值活动,重新组合增值活动,优化作业过程,缩短交货周期。

"根本性"就是要突破原有的思维方式,打破固有的管理规范,以回归零点的新观念和思考方式,对现有流程与系统进行综合分析与统筹考虑,避免将思维局限于现有的作业流程、系统结构与知识框架中,以取得目标流程设计的最优。

"彻底性"就是要在"根本性"思考的前提下,摆脱现有系统的束缚,对流程进行设计,从而获得管理思想的重大突破和管理方式的革命性变化。它不是在以往基础上的修修补补,而是彻底性的变革,追求问题的根本解决。

"显著性"是指通过对流程的根本思考,找到限制企业整体绩效提高的各种环节和因素。通过彻底性的重新设计来降低成本、节约时间、增强企业竞争力,从而使得企业的管理方式与手段、企业的整体运作效果达到一个质的飞跃,体现高效益和高回报。

至此,BPR 作为一种新的管理思想,像一股风潮席卷了整个美国和其他工业化国家,并大有风靡世界之势。另外,对 BPR 做出重要贡献的除了哈默与钱皮外,还有托马斯·达文波特(Thomas Davenport)等众多学者。

业务流程再造、流程改进(Process Improvement)、业务改革(Business Transformation)、流程创新(Process Innovation)和业务流程再设计(Business Process Redesign)都是经常使用,可以相互替换的术语。业务流程再造改进的必然焦点是业务流程,它是创造对客户有价值的产出的活动或任务的集成。这些活动可以是对客户很重要的增值活动,或使任务穿过组织界限的传递活动,或控制/批准工作流移动的职能和控制活动。以订单的完成为例,接收订单是一个投入,接下来是一系列的活动、批准和传递,直到流程实现订单货物的运送。在大部分的例子里(不是全部),现代信息技术的威力,包括计算机技术和通信技术,在将缓慢的顺序任务转变成平行的能同时发生的任务的过程中起到了重要作用,从而提高任务间的通信水平能实现戏剧性的表现改进。

业务流程再造的主要作用体现在以下 4 个方面。

(1) 企业贴近市场。企业要达到业务流程再造的好效果,需要主动了解市场,并对市场的表现做出相应的改变。在流程再造的同时就必须以市场为导向,发掘新的更有效的流程。

(2) 减少成本。业务流程再造将全面的质量管理贯穿于整个过程,从市场调研阶段开始就注意成本的投入;企业在改造过程当中剔除无效作业必然节省了部分不必要的投入;脱离了传统的管理模式,减少了管理层级,从而降低了成本的投入。

(3) 全面提升产品质量。

(4) 提高服务质量和水平。

10.5.2 物流业务流程再造程序

物流业务流程再造就是通过对物流企业原来提供的物流服务的各个方面、各个环节进行全面的调查研究和细致分析,对其中不合理、不必要的环节进行彻底的变革,重新设计和安排物流企业的整个物流服务过程并使之更加合理化。在具体实施过程中,可以按以下程序进行。

(1) 对原有流程进行全面的功能和效率分析,发现其存在的问题。根据企业现行的作业程序,绘制细致、明了的物流作业流程图。一般地说,原来的作业程序是与过去的市场需求、技术条件相适应的,并由一定的组织结构、作业规范作为保证。当市场需求、技术条件发生的变化使现有作业程序难以适应时,作业效率或组织结构的效能就会降低。因此,必须从以下方面分析现行物流作业流程的问题。

① 功能障碍。随着技术的发展,技术上具有不可分性的团队工作、个人可完成的工作额度就会发生变化,这就会使原来的作业流程或者支离破碎增加管理成本,或者核算单位太大造成权责利脱节,并会造成组织机构设计的不合理,形成企业发展的瓶颈。

② 重要性。不同的作业流程环节对企业的影响是不同的。随着市场的发展,顾客对产品、服务需求的变化,作业流程中的关键环节以及各环节的重要性也在变化。

③ 可行性。根据市场、技术变化的特点及企业的现实情况,分清问题的轻重缓急,找

出流程再造的切入点。为了对上述问题的认识更具有针对性,还必须深入现场,具体观测、分析现存作业流程的功能、制约因素以及表现的关键问题。

(2) 设计新的流程改进方案,并进行评估。为了设计更加科学、合理的作业流程,必须群策群力、集思广益、鼓励创新。在设计新的流程改进方案时,可以考虑以下措施。

① 将现在的数项业务或工作组合,合并为一。
② 工作流程的各个步骤按其自然顺序进行。
③ 给予职工参与决策的权力。
④ 为同一种工作流程设置若干种进行方式。
⑤ 工作应当超越组织的界限,在最适当的场所进行。
⑥ 尽量减少检查、控制、调整等管理工作。
⑦ 设置项目负责人。

对于提出的多个流程改进方案,还要从成本、效益、技术条件和风险程度等方面进行评估,以选取可行性强的优化方案。

(3) 制定与流程改进方案相配套的改进规划,形成系统的企业再造方案。企业业务流程的实施,是以相应组织结构、人力资源配置方式、业务规范、沟通渠道甚至企业文化作为保证的,所以,只有以流程改进为核心形成系统的企业再造方案,才能达到预期的目的。

(4) 组织实施与持续改善。实施企业再造方案,必然会触及原有的利益格局。因此,必须精心组织、谨慎推进。既要态度坚定、克服阻力,又要积极宣传、达成共识,以保证企业再造的顺利进行。

企业再造方案的实施并不意味着企业再造的终结。在社会发展日益加快的时代,企业总是不断面临新的挑战,这就需要对企业再造方案不断地进行改进,以适应新形势的需要。

本 章 小 结

物流质量管理是指以全面质量管理的思想为中心,运用科学的管理方法和手段,对物流过程的质量及其影响因素进行计划、控制,使物流质量不断得以改善和提高的过程,是用经济的办法,向用户提供满足其要求的物流质量的手段体系。物流质量管理的内容包括物流对象质量、物流服务质量、物流工作质量和物流工程质量,是一种全面的质量观。

物流标准化是指以物流为一个大系统,制定系统内部设施、机械装备,包括专用工具等的技术标准,包装、仓储、装卸、运输等各类作业标准,以及作为现代物流突出特征的物流信息标准,并形成全国以及和国际接轨的标准化体系。

物流质量认证实际上就是指物流质量体系认证,因为物流业提供的服务及采用的质量管理标准是系统的标准,构成了物流管理的完整体系。

质量改进是"质量管理的一部分,致力于增强满足质量要求的能力。"企业的所有管理职能和所有层次的恒定目标应是致力于顾客满意和不断的质量改进。

物流业务流程再造就是通过对物流企业原来提供的物流服务的各个方面、各个环节进行全面的调查研究和细致分析,对其中不合理、不必要的环节进行彻底的变革,重新设计和安排物流企业的整个物流服务过程并使之更加合理化的过程。

关键术语

质量管理　　　　　全面质量管理　　　　　　物流质量管理
物流标准化　　　　ISO 9000 质量管理体系　　物流业务流程再造

 课堂讨论

1. 针对不同的物流企业，物流服务质量考核指标有何不同？
2. 贯彻质量标准体系与企业文化建设之间应如何协调？
3. 怎样推动企业物流质量管理创新？

 综合练习

1. 名词解释

质量管理；物流质量管理；PDCA 循环法；ABC 分析法；"7S"现场管理法；物流标准化；质量改进；业务流程再造

2. 填空题

(1) 质量管理发展过程经历了_____、_____、_____ 3 个阶段。
(2) 物流质量的内容一般包括_____、_____、_____和物流工作质量 4 个方面。
(3) 在质量管理领域应用广泛的戴明循环，其 P、D、C、A 四个英文字母所代表的意义分别是：P(_____)、D(_____)、C(_____)、A(_____)。

3. 简答题

(1) 简述物流质量的内容。
(2) 简述物流质量管理工作的内容。
(3) 什么是 PDCA 循环？其主要特点是什么？
(4) 简述物流标准化的特点。
(5) 什么是业务流程再造？其对企业有何作用？

4. 论述题

(1) 试论述物流改进的环境和途径。
(2) 试论述物流业务流程再造。
(3) 试论述物流企业质量管理的途径。

JC Penney 公司质量管理创新案例评析

1. JC Penney 公司配送中心的基本情况

JC Penney 公司位于俄亥俄州哥伦布的配送中心,每年要处理 900 万种订货,或每天 25000 笔订货。该配送中心为 264 家地区零售店装运货物,无论是零售商还是消费者的家中,做到 48 小时之内把货物送到所需的地点。哥伦布配送中心有 200 万平方米设施,雇用了 1300 名全日制员工,旺季时有 500 名兼职雇员。JC Penney 公司接着在其位于密苏里州的堪萨斯城、内华达州的雷诺以及康涅狄格州的曼彻斯物的其他 3 个配送中心里成功地实施了质量创新活动,能够连续 24 小时为全国 90%的地区提供服务。

2. JC Penney 公司的质量管理创新

JC Penney 公司感到真正的竞争优势在于优质的服务;管理部门认为,这种服务的优势应归功于 20 世纪 80 年代中期该公司所采取的 3 项创新活动,即质量循环、精确至上以及激光技术。

1) 质量循环:小改革解决大问题

1982 年,JC Penney 公司首先启动了质量循环活动,以期维持和改善服务水准。管理部门担心,质量服务的想法会导致管理人员企图简单地花点钱来"解决问题"。然而,代之以这些解决办法的,是经慎重考虑后提出的一系列小改革,解决了工作场所中存在的一些主要问题,其中包括工人们建议创建的中央工具库,用以提高工作效率和工具的可获得性。

2) 精确至上:不断消除物流过程的浪费

精确至上的创新活动旨在通过排除收取、提取和装运活动中存在的缺陷,以提高服务的精确性。因此,提供精确的顾客信息和完成订货承诺被视为头等大事。显然,在该层次上讲求服务的精确性,意味着该公司随时可以说出来某个产品项目是否有现货,并且当有电话订货时,便可以告知对方何时送货上门。该公司需要提高的另一个精确性是与在卖主处提取产品有关。为了确保产品在质量和数量上的正确,JC Penney 公司针对每次装运中的某个项目,进行质量控制和实际点数检查。如果存在着差异,将对订货进行 100%的检查。与此同时将对 2.5%的装运进行审计。订货承诺的完成需要把主要精力放在提高精确性上,为此该公司的配送中心经理罗杰·库克曼(Roger KerKman)说道:"我们曾一直在犯错误,想在商品已付给顾客之前就能够进行精确的检查。"但问题是,在质量循环中是否已找到了解决办法,或者能够对该过程进行自动化。对此,库克曼感觉到:"只有依赖计算机,人们才有能力进行精确的检查。"于是,该公司开始利用计算机系统进行协调,把订购商品转移到"转送提取(forward pick)"区域,以减少订货提取者的步行时间。

3) 激光扫描技术:用科技改进质量管理

第三项质量管理创新活动是应用激光扫描技术,以 99.9%的精确性来跟踪 230000 个存货单位(SKU)的存货。JC Penney 公司最初的密尔沃基的配送中心是用手工来处理各种产品项目的储存和跟踪的,接着便开始用计算机键盘操作替代手工操作,这一举动使产品项目的精确性接近了 80%。而扫描技术则被看作是既提高记录精度,又提高记录速度的手段。但是,刚开始启动扫描技术时的结果并不理想,因为一系列的扫描过程需要精确的读取每一个包装盒子上的信息。然而,在某些情况下,往往需要扫描 4 次才能获得一次读取信息。看来,JC Penney 公司需要一种系统,能够按每秒 3 次的速度,在任何角度读取各种包装尺寸的产品信息。于是,公司内部的系统支持小组优化了硬件和软件来达到这一目的。其结果是,该配送中心的四个扫描站耗资 12000 美元,削减了每个扫描站所需的 16 个键盘操作人员。

3. 质量管理创新需要协调员工与技术的关系

"加重工作"的质量循环与"减轻工作"的技术应用之间,会产生一种有趣的尴尬境地。JC Penney 公司需要在引进扫描技术的同时,还要保持其既得利益和改进成果。然而,该公司在时间上的选择却是完美的,因为公司在大举扩展的同时将需要增加雇员。于是,该公司便告诉其雇员,技术进步将不会导致裁员。

4. JC Penney 公司质量管理创新的主要启示

质量管理一直以来是我国广大企业关注和重视的问题,创造了许多行之有效的管理方法。但是,质量管理是无止境的发展过程,需要企业在经营活动中不断追求。JC Penney 公司在质量管理创新方面的方法和经验值得学习:①质量管理是日常管理工作,需要关注小的地方,认真对待每一个问题,坚持天天改造,实现天天改进;②质量管理需要有不断更新的观念和方法,面对新的环境和新的需要,企业质量管理会有新的改变,只有更新思想、创新方法,才能实现企业质量管理目标;③积极探索和引用现代技术来推动企业质量管理的发展;④协调企业内部各部门、各环节、各种资源要素之间的关系,形成企业高效有序的质量管理运行机制,协调企业外部的相关关系,为企业质量管理创造良好的发展环境。

资料来源:张理. 现代物流案例分析[M]. 北京:中国水利水电出版社,2008

思考分析题:

1. 企业物流质量管理应如何处理好人员与技术的关系?
2. 质量的认识在不断发展,物流也在不断发展,企业怎样才能确定有效的质量管理战略?
3. 在供应链体系中,如何统一多个企业的质量标准和管理制度?

第11章　物流服务管理

【本章教学要点】

知识要点	掌握程度	相关知识	应用方向
物流服务管理概述	掌握	物流服务内容及特征	明白物流服务的内涵
物流增值服务	熟悉	增值服务含义及作用领域	了解增值服务发生在哪些领域
物流服务质量评价指标	掌握	指标体系设计，一般指标、对客户价值重视程度的指标及满足客户需求的评价指标包含的内容	明白指标体系的具体含义
物流服务绩效评价	了解	客户服务标准及业绩分析	了解如何对物流服务业绩进行分析

【本章教学目标与要求】

- 熟悉物流服务的内容；
- 熟悉物流服务的特征；
- 熟悉增值服务的含义；
- 明确物流增值服务的作用领域；
- 了解不同评价指标下的二级指标；
- 了解物流服务绩效分析方法。

物流服务管理 第 11 章

导入案例

中邮一体化物流服务 打造品牌形成特色

　　基于供应链服务的"一体化合同物流",是现代物流领域的制高点,是体现物流供应商物流服务水平的标志性业务。它是根据客户个性化需求,定制从订单处理、运输、仓储、配送,到库存管理、流通加工、信息服务、退货处理、代收货款等端到端的一体化物流解决方案,是以个性化解决方案为特征的综合性合同物流服务,具有业务规模大、个性化需求突出、涉及客户供应链多个环节、全程实施项目管理等特点。

　　中邮物流自成立以来,就把发展高端"一体化合同物流"业务作为经营工作的重点,把国内一体化合同物流领域的领先企业作为自身奋斗的目标。他们把一体化发展的重点,放在了高科技、快速消费品、汽车零配件、医药等行业。这些行业的产品和物流需求,体现了"一多、两高、三小"的特点,即多批次、高时效、高附加值、小批量、小体积、小重量,符合邮政现有资源、网络的特点,有利于其优势的充分发挥,既可以确保项目运作的成功,又有利于形成"技术壁垒"。

　　在业务开发上,中邮物流以世界500强企业和国内行业领先企业为重点客户,与国际跨国物流企业同台竞技,积极参与高端物流市场竞争。他们结合邮政特点,积极建立"总部-省-地"三级团队联动的营销模式,并形成了一整套包括营销、方案策划、投标、试运行和全面运作等过程的业务开发和运营模式。以基础物流服务为突破口,逐步拓展服务范围和服务内容。他们利用邮政网络覆盖城乡的优势,积极为客户提供具有比较优势的代收货款、网点投交、家居配送等服务,以此赢得客户信赖。他们充分利用中国邮政综合计算机网和金融网络,逐步建立起完善的物流信息系统和电子商务系统,为企业提供订单处理、网上支付、库存管理、在途跟踪以及运行绩效监测、管理报告等综合性的供应链管理与资金流相结合的一体化服务。

　　几年来,中邮物流通过不断摸索和实践,已初步总结和形成了为客户提供基于实物流、信息流和资金流"三流合一",具有邮政特色的供应链物流服务模式。其服务内容包括供应物流、销售物流、售后服务物流、逆向回收物流等一系列供应链服务,服务功能涵盖区域配送中心管理、供应商库存管理、运输配送、网点投交、代收货款、仓单质押、信息系统对接等多个环节。经过了几年的努力,与国际知名物流企业的"同台竞技",邮政物流的市场开发和项目运作能力和水平也有了较大提升。在商务沟通、流程设计、指标提升、信息化、财务结算等方面逐步与国际标准接轨。目前,邮政物流不仅拥有以世界500强企业和国内行业领先企业为主体的一大批核心客户群体,且服务区域已经延伸到了境外。邮政独具特色的"三流合一"的一体化物流服务得到了客户和业内的广泛认可,中邮物流在业界的影响力逐步扩大,"精益物流"品牌已初步建立。

　　资料来源:佚名.中邮物流:立足科学发展实现辉煌跨越[EB/OL]. http://edu.wuliu800.com/2009/0107/13395.html

　　由于流通业与一般制造业和销售业不同,它有运输、仓储等公共职能,是为生产、销售提供物流服务的产业,所以物流服务就是流通业为他人的物流需要提供的一切物流活动。它是以顾客的委托为基础,按照货主的要求,为克服货物在空间和时间上的间隔而进行的物流业务活动。物流服务的内容是满足货主需求,保障供给,即在适量性、多批次、广泛性的基础上,安全、准确、迅速、经济地满足货主的要求。

　　物流服务的本质是达到客户满意,服务作为物流的核心功能,其直接使物流与营销相联系,为用户提供物流的时空效用,因而其衡量标准只能看客户是否满意。

11.1 物流服务管理概述

企业的存在就是为了满足顾客某方面的需要，为顾客提供产品和服务，而物流服务是保证企业能有效提供优质服务的基础。面对日益激烈的竞争和消费者价值取向的多元化，企业管理者已发现加强物流管理、改进顾客服务是创造持久竞争优势的有效手段。

11.1.1 物流服务

关于物流服务的概念，学者 Lalonde 和 Zinses(1976)将物流服务定义为"以满足顾客需要、保证顾客满意度及获得企业赞誉为目的的活动"。这个关于物流服务的概念是从物流供应商而不是顾客的角度出发进行的定义，如果要衡量服务的质量及其对顾客满意度的影响，这种根据物流的执行者对自身提供的服务做出的评价，缺乏科学性。学者 Mentzes, Gomes 和 Krapfe (1989)克服了这一缺陷，认为物流服务应包含两层含义：顾客营销服务和物理配送服务。他们在研究了过去40年关于物流服务的文献基础上，综合了大量有关物流配送和顾客服务的资料，从26个因素中抽取了3项作为衡量指标，分别是：货物可用性、时间性和质量。

通过对学者关于物流服务的总结，认为物流服务是满足顾客的物流需求，保障供给，无论是在服务量上还是质上都要使顾客满意。在量上，满足顾客的需求主要表现在适量性、多批次、广泛性；在质上满足顾客的需求主要表现在实现安全、准确、迅速、经济等目标。

物流服务的重要意义主要体现在以下几个方面。

(1) 物流是企业生产和销售的重要环节，是保证企业高效经营的重要方面。对于一个制造型企业来说，物流包括从采购、生产到销售这一供应链环节中所涉及的仓储、运输、搬运、包装等各项物流活动，它是贯穿企业活动始终的。只有物流的顺畅，才能保证企业的正常运行。同时，物流服务还是提高企业竞争力的重要方面，及时准确地为客户提供产品和服务，已成为企业之间除了价格以外的重要竞争因素。

(2) 物流服务水平是构建物流系统的前提条件。物流服务水平不同，物流的形式将随之而变化，因此，物流服务水平是构建物流系统的前提条件。企业的物流网络如何规划，物流设施如何设置，物流战略怎样制定，都必须建立在一定的物流服务水平之上。不确定一定的物流服务水平而空谈物流，犹如"无源之水，无本之木"。

(3) 物流服务水平是降低物流成本的依据。物流在降低成本方面起着重要的作用，而物流成本的降低必须首先考虑物流服务水平，在保证一定物流服务水平的前提下尽量降低物流成本。从这个意义上说，物流服务水平是降低物流成本的依据。

(4) 物流服务起着连接厂家、批发商和消费者的作用，是国民经济不可缺少的重要组成部分。

11.1.2 物流服务的特征

1. 无形性

商品是一种有某种具体特性和用途的物品，是由某种材料制成的，具有一定的重量、体积、颜色、形色和轮廓的实物，而物流服务主要表现在活动形式，不物化在任何耐久的对象或出售的物品之中，不能作为物而离开消费者独立存在，顾客在购买服务之前，无法看见、听见、触摸、嗅闻物流服务。物流服务之后，顾客并未获得服务的物质所有权，而只是获得一种消费经历。当然，服务的无形性是相对的，尤其对于物流服务来说，许多服务活动都具有某些有形的特点。例如商品运输服务，不仅有车辆路线选择、车辆调度、监控与跟踪、信息传递等无形要素，还有车辆状况、运输人员、运输设备等有形的物质因素。

2. 不可储存性

工业产品是有形的，而且生产与消费相继进行，因此可以利用库存来调节供给与需求的失衡，而服务产品是无法储存的，具有很强的时间性。任何没有被利用的物流服务能力都造成了无法补救的机会损失。因此，在物流服务管理中特别重要的一点就是对服务能力的合理配置，要求服务能力与服务需求的匹配。物流企业在为顾客服务之后，服务就立即消失。因此，购买劣质服务的顾客通常无货可退，无法要求企业退款，而且企业也不可能像产品生产者那样，将淡季生产的产品储存起来在旺季时出售，企业必须保持足够的服务能力，以便随时为顾客服务。如果某个时期市场需求量低，物流企业的服务能力就无法得到充分利用，而在市场需求量超过企业服务能力时，物流企业就无法接待一部分顾客，从而会丧失一部分营业收入。当然，尽管物流服务容易消失，但物流企业可反复利用其服务设施，因此，要保持持久的销售量，物流企业最好的方法是保持现有的老顾客。物流服务的不可存储性为物流服务能力的外购提供了理论支持，使物流服务能力外购成为一个重要的战略行为。

3. 差异性

差异性是指物流服务的构成成分及其质量水平经常变化，很难统一界定。物流企业提供的服务不可能完全相同，由于人们个性的存在，同一位第一线的员工提供的服务也不可能始终如一，与产品生产相比较，物流企业往往不易制定和执行服务质量标准，不易保证服务质量，物流企业可以在工作手册中明确规定员工在某种服务场合的行为标准，但管理人员却很难预料有各种不同经历、性格特点、工作态度的员工在这一服务场合的实际行为方式，而且服务质量不仅与员工的服务态度和服务能力有关，也和顾客有关，同样的服务对一部分顾客是优质服务，对另一部分顾客却可能是劣质服务。

4. 不可分离性

有形产品可在生产和消费之间的一段时间内存在，并可作为产品在这段时间内流通，而物流服务却与之不同，它具有不可分离性的特征，即物流服务的生产过程与消费过程同时进行，也就是说企业员工提供物流服务于顾客时，也正是顾客消费服务的时刻，两者在时间上不可分离，由于物流服务本身不是一个具体的物品，而是一系列的活动或者说是过程，所以物流服务的过程，也就是顾客对服务的消费过程。正因为物流服务的不可分离性，不需像产品一样要经过分销渠道才能送到顾客手中，物流企业往往将生产、消费场所融为一体，顾客必须到服务场所，才能接受服务，或物流企业必须将服务送到顾客手中，因此各个物流服务网点只能为某一个地区的消费者服务，所以物流网络的建设是物流企业管理人员必须做好的一项重要工作。

5. 从属性

货主企业的物流需要是伴随商流的发生而发生的，是以商流为基础的，所以物流服务必须从属于货主企业物流系统，表现在流通货物的种类、流通时间、流通方式、提货配送方式都是由货主选择决定，流通业只是按照货主的需求，站在被动的地位来提供物流服务。

6. 移动性和分散性

物流服务是以分布广泛、大多数时候不固定的客户为对象，所以有移动性和面广、分散的特性，这会使产业局部的供需不平衡，也会给经营管理带来一定的难度。

7. 较强的需求波动性

物流服务是以数量多而又不固定的客户为对象，他们的需求在方式上和数量上是多变的，有较强的波动性，容易造成供需失衡，成为在经营上劳动效率低、费用高的重要原因。

8. 可替代性

一般企业都可能具有自营运输、保管等自营物流的能力，使得物流服务从供给力方面来看具有替代性，这种自营物流的普遍性，使物流经营者从量和质上调整物流服务的供给力变得相当困难。

11.1.3 物流服务的新理念

服务理念的不同是新旧物流的主要区别，以下列举了几种具有代表性的物流服务新理念。

1. 增值服务理念

物流增值服务是根据客户需要，为客户提供的超出常规服务范围的服务，或者采用超出常规的服务方法提供的服务。创新、超出常规、满足客户需要是增值性物流服务的本质特征。

2. 创新服务理念

现代物流的创新服务就是现代物流服务提供者运用新的物流生产组织方式方法或采用新的技术，开辟新的物流服务市场或为物流服务需求者提供新的物流服务内容。创新是现代企业生存与发展的永恒主题，因此，创新服务理念是最重要的新理念之一，物流企业必须树立这一理念，从而提高企业的竞争能力。

3. "拉式"服务理念

这种理念要求企业更多地考虑客户需要哪些服务和产品，要先了解客户的需求，然后再根据客户的要求相应地推出自己的服务和产品。这样，在收到更好地为客户服务的效果的同时也能获得较大的收益。

4. 差异化服务理念

差异化服务是现代物流企业对市场的柔性反应的集中体现，也是现代物流企业综合素质和竞争能力的体现，一般情况下，它将为企业带来比普通物流服务更高的利润回报。现代物流企业需要能根据市场需求和自身实际开发出更多适销对路的差异化物流服务产品，以确保获得更多的利润。

5. "一站式"服务理念

"一站式"服务的最大优点是方便客户,其追求的目标是"让客户找的人越少越好;让客户等的时间越短越好;让客户来企业的次数越少越好。"为实现这一目标,便要求物流企业全球营销网络中的每一个服务窗口全部接受业务,并完成客户原先需在几个企业或几个部门、几个窗口才能完成的操作手续。这便对现代物流企业的服务能力、服务体系提出了很高的要求。

11.2 物流增值服务

11.2.1 增值服务的含义

所谓增值服务就是在提供基本服务的基础上,满足更多的顾客期望,为客户提供更多的利益和不同于其他企业的优质服务。这样的服务超越了一般的体力劳动并融入了更多的精神劳动,能够创造出新的价值。创新、超常规、满足客户个性化需要是增值性物流服务的本质特征。在信息主导商业发展的今天,增值服务主要是借助完善的信息系统和网络,通过发挥专业物流管理人才的经验和技能来实现的,依托的主要是企业的基础,因此是技术和知识密集型的服务,可以提供信息效用和风险效用。这样的服务融入了更多的精神劳动,能够创造出新的价值,因而是增值的物流服务。它是在基本物流服务的基础上的各种延伸服务,具有明显的独特性和创新性。

物流增值服务和基本服务有着明显的区别,主要体现在以下几个方面。

(1) 增值服务是一种深层次的物流服务,它是在深入了解客户的物流需求后,才能提出的特殊增值服务方案,是一种面对特定物流需求的特殊服务。

(2) 增值服务是在基础物流服务的前提下,增加投入取得增值,所以需要收取超额费用。

(3) 增值服务具有时效性。随着物流服务水平的逐步提高,原来的增值服务会逐渐演变为基本服务。

从物流增值服务的起源来看,增值服务一般是指在物流常规服务的基础上延伸出来的相关服务。例如,从仓储、运输等常规服务的基础上延伸出来的增值服务。这种增值服务主要是将物流的各项基本功能进行延伸,伴随着物流运作过程的实施,从而将各环节有机衔接起来,实现便利、高效的物流运作。如仓储的延伸服务有原料质检、库存查询、库存补充及各种形式的流通加工服务等,运输的延伸服务如选择国际、国内运输方式、运输路线,安排货运计划,为客户选择承运人,确定配载方法,货物运输过程中的监控、跟踪,门到门综合运输、报关、代垫运费、运费谈判、货款回收与结算等。配送服务的延伸有集货、分拣包装、配套装配、条码生成、贴标签、自动补货等。这种增值服务需要有协调和利用其他物流企业资源的能力,以确保企业所承担的货物交付任务能以最合理的方式、尽可能小的成本来完成。

从国外来看,物流增值服务起源于竞争激烈的信件和包裹快递业务,现在则在整个物流行业全面展开。事实上,无论是海运、空运还是陆运,几乎所有和物流运输业有关的公司都在想方设法地提供增值服务。跨国快递公司中的中外运敦豪(DHL)、联邦快递(FedEx)

和联合包裹(UPS)都已经开始选择为客户提供一站式服务，它们的服务涵盖了一件产品从采购到制造、仓储入库、外包装、配送、回返及再循环的全过程。而由这些巨头们领跑的速递业已不再是简单的门到门、户到户的货件运送，而是集电子商务、物流、金融、保险、代理等于一身的综合性行业。再比如传统的物流企业——航运公司，现在不仅仅负责运输货物，它们还提供诸如打制商业发票、为货物托运方投买保险和管理全程的服务，事实上也就是要努力提供完整的供应链管理服务，使得客户可以在第一时间追踪到自己的货物方位、准确进程和实际费用等动态信息。这种以海上运输为基础而又大大超越了传统运输范畴的增值服务，原本是航运公司在它们的核心业务——集装箱业务下降时的应急措施，没想到却无心插柳柳成荫。然而，这种微妙的变化却使物流业内的两个终端因此而受益匪浅：客户端可以得到更全面的和个性化的服务，有利于集中精力去做自己的核心业务；物流服务端也会因为这种新颖而别致的服务而获得更多客户的订单。

当然，从全球一体化物流和供应链集成的发展趋势来看，增值服务的范畴要广阔得多。基于一体化物流和供应链集成的增值服务是向客户端延伸的服务，通过参与、介入客户的供应链管理及物流系统来提供服务，这种服务能够帮助客户提高其物流管理水平和控制能力，优化客户自身的物流系统，加快响应速度，为企业提供制造、销售及决策等方面的支持。如库存管理与控制、采购与订单处理、市场调研与预测、产品回收、构建物流信息系统、物流系统的规划与设计、物流系统诊断与优化、物流咨询及教育培训等。这类服务往往要企业发挥更大的主动性去挖掘客户的潜在需求，需要更多的专业技能及经验，具有更大的创新性和增值性，是高技术、高素质的服务。这种高层次的增值服务需要建立在双方充分合作信任的基础上。

11.2.2 增值服务的领域

增值服务是针对特定的客户或特定的物流活动，是在基本服务基础上提供的定制化服务。增值服务是竞争力强的企业区别于一般企业的重要方面。有时，在基本服务的基础上也能够实现增值服务。例如，丰田汽车公司提出一个星期的交货期，在基本服务的基础上为客户提供了其他公司无法做到的增值服务；摩托罗拉公司可以根据客户的要求生产出定做的产品，这也为客户提供了增值服务。增值服务的特征就是，在提供基本服务的基础上，满足更多的顾客期望，为客户提供更多的利益和不同于其他企业的优质服务，它是企业的闪光点。

增值服务可以分别在以下 4 个领域中完成。

1. 以顾客为核心的服务

以顾客为核心的增值服务是指由 TPL(第三方物流)提供的、以满足买卖双方对于以配送产品的要求为目的的各种可供选择的方式。

例如，美国 UPS 公司开发的独特服务系统，专门为批发商配送纳贝斯克食品公司的快餐食品，这种配送方式不同于传统的糖烟配送服务。这些增值活动的内容包括：处理顾客向制造商的订货，直接送货到商店或顾客家，以及按照零售商的需要及时地持续补充送货。这类专门化的增值服务可以被有效地用来支持新产品的引入，以及基于当地市场的季节性配送。

2. 以促销为核心的服务

以促销为核心的增值服务是指为刺激销售而独特配置的销售点展销台及其他各种服务。

销售点展销包含来自不同供应商的多种产品，组合成一个多结点的展销单元，以便于适合特定的零售商品。在许多情况下，以促销为核心的增值服务还包括对储备产品提供特别介绍、直接邮寄促销、销售点广告宣传和促销材料的物流支持等。

3. 以制造为核心的服务

以制造为核心的物流服务是通过独特的产品分类和递送来支持制造活动的物流服务。每一个客户进行生产的实际设施和制造装备都是独特的，在理想状态下，配送和内向物流的材料和部件应进行顾客定制化。例如，有的厂商将外科手术的成套器具按需要进行装配，以满足特定医师的独特要求。此外，有些仓储公司切割和安装各种长度和尺寸的软管以适合个别顾客所使用的不同规格的水泵。这些活动在物流系统中都是由专业人员承担的。这些专业人员能够在客户的订单发生时对产品进行最后定型，利用的是物流的时间延迟。

4. 以时间为核心的服务

以时间为核心的增值服务涉及使用专业人员在递送以前对存货进行分类、组合和排序。以时间为核心的增值服务的一种流行形式就是准时化。在准时化概念下，供应商先把商品送进工厂附近的仓库，当需求产生时，仓库就会对由多家供应商提供的产品进行重新的分类、排序，然后送到配送线上。以时间为基础的服务，其主要的一个特征就是排除不必要的仓库设施和重复劳动，以便能最大限度地提高服务速度。基于时间的物流战略是竞争优势的一种主要形式。

增值物流服务是在完成物流基本功能的基础上，根据客户需求提供的各种延伸业务活动。在竞争不断加剧的市场环境下，不但要求物流企业在传统的运输和仓储服务上有更严格的服务质量；同时，还要求它们大大拓展物流业务，提供尽可能多的增值性服务。因此，从与传统的物流的比较来看，物流增值服务的作用领域还可以划分为以下几个方面。

1) 增加便利性的服务

一切能够简化手续、简化操作的服务都是增值性服务，简化是相对于消费者而言的，并不是说服务的内容简化了，而是指为了获得某种服务，以前需要消费者自己做的一些事情，现在由物流服务提供商以各种方式代替消费者做了，从而使消费者获得的这种服务变得简单，而且更加方便，这当然增加了商品或服务的价值。在提供物流服务时，推行一条龙门到门服务、提供完备的操作或作业提示、免费培训、维护、省力化设计或安装、代办业务、24小时营业、自动订货、传递信息和转账、物流全过程追踪等都是对客户有用的增值性服务。

2) 加快反应速度的服务

快速反应是指物流企业面对多品种、小批量的买方市场，不是储备了"产品"，而是准备了各种要素，在客户提出要求时，能以最快速度抽取要素，及时"组装"，提供所需服务或产品。快速反应已经成为物流发展的动力之一。传统观点和做法将加快反应速度变成单纯对快速运输的一种要求，而现代物流的观点却认为，可以通过两条途径使过程变快，一是提高运输基础设施和设备的效率，比如修建高速公路、铁路提速、制定新的变通管理办法、将汽车本身的行驶速度提高等，这是一种速度的保障，但在需求方绝对速度的要求越来越高的情况下，它也变成了一种约束，因此必须想其他的办法来提高速度。第二种办法，也是具有重大推广价值的增值性物流服务方案，应该是优化配送中心、物流中心网络，重新设计适合客户的流通渠道，以此来减少物流环节、简化物流过程，提高物流系统的快速反应能力。

3) 降低成本的服务

通过提供增值物流服务，寻找能够降低物流成本的物流解决方案。可以考虑的方案包括采用 TPL 服务商；采取物流共同化计划；采用比较适用但投资较少的物流技术和设施设备；推行物流管理新技术，如运筹学中的管理技术、单品管理技术、条形码技术和信息技术等，提高物流的效率和效益，降低物流成本。

4) 延伸服务

运用计算机管理的思想，向上可以延伸到市场调查与预测、采购及订单处理；向下可以延伸到物流咨询、物流系统设计、物流方案的规划与选择、库存控制决策建议、货款回收与结算、教育与培训等。关于结算功能，物流的结算不仅仅只是物流费用的结算，在从事代理、配送的情况下，物流服务商还要替货主向收货人结算货款。关于需求预测功能，物流服务商应该负责根据物流中心商品进货、出货信息来预测未来一段时间内的商品进出库量，进而预测市场对商品的需求，从而指导订货。关于物流系统设计咨询功能，TPL 服务商要充当客户的物流专家，为客户设计物流系统，代替它选择和评价运输网、仓储网及其他物流服务供应商。关于物流教育与培训功能，物流系统的运作需要客户的支持与理解，通过向客户提供物流培训服务，可以培养其与物流中心经营管理者的认同感，可以提高客户的物流管理水平，并将物流中心经营管理者的要求传达给客户，也便于确立物流作业标准。

以上这些延伸服务最具有增值性，但也是最难提供的服务。目前，能否提供此类增值服务已成为衡量一个物流企业是否真正具有竞争力的标准。

11.3 物流服务质量评价

国外的学者关于物流服务质量(Logistics Service Quality，LSQ)对顾客满意度的影响已经做出了很多的研究。最传统的是以时间、地点效用为基础的 7Rs(Perreault & Russ,1974) 理论。7Rs 理论的核心是企业能在恰当的时间，以正确的货物状态和适当的货物价格，伴随准确的商品信息，将商品送达准确的地点。这一理论同时认为物流服务能够创造部分产品价值。

随着经济的发展，独立物流供应商(第三方物流企业)开始出现，传统的以产品运作为基础的物流服务质量的定义发生了变化。新的服务如包装、第三方物料管理、条形码附加、信息系统建设，都大大丰富了物流服务的含义。但是，尽管物流服务的观念从过去只关注时间、地点发展到了新效用、新价值的增加，但物流服务仍然是以产品管理为基础的观念。

11.3.1 物流服务质量评价指标

物流服务质量的评价指标分为三大类，其中包括了客户服务类指标、管理水平指标以及成本指标。但物流服务质量的评价指标更注重的是物流企业的服务效果，因此站在客户的角度对服务类的指标进行详细的描述。

完善的客户服务水平对提高企业竞争优势是非常重要的,客户服务水平是评价物流服务的最主要因素。顾客服务是一种过程,这个过程使交易中的产品和服务实现了增值,因此物流客户服务就是客户得到所购产品的速度和可靠程度,它主要通过可得性、作业绩效和可靠性等来衡量,因此可以建立以下 8 个指标来评价物流服务质量。

1. 顾客满意度

这是指顾客在消费企业服务时,自身所获得的满足程度,进而对企业服务的一个总体评价,它是用来计量企业服务质量以及客户关系管理(CRM)的重要指标。Xerox 公司的一项调查表明:对企业服务非常满意的顾客在未来 18 个月内对本企业的服务消费要比那些对本企业产品或服务只是满意的顾客购买量多出 6 倍,这说明了提高顾客满意度的重要性。该指标具有很强的主观性,需要通过市场调查问卷来获得。评语值:(满意、比较满意、一般、比较差、很差)=(4、3、2、1、0)。

$$顾客满意度 = \frac{\sum 评语值}{(4 \times 调查项 \times 调查人数)} \times 100\%$$

2. 订单处理时间

订单处理时间是指评价期内订单从顾客发出到收到货物的平均时间长度,通过订单完成时间长度考核顾客的服务时间。随着竞争的日益激烈,客户越发重视缩短这一周期。因此,企业应该使用先进的技术手段,缩短订单的处理时间,对客户的要求做出迅速而可靠的反应,这将是争取和留住客户的关键。

3. 准时送货率

评价期内准时送货次数与送货总次数的比值。该指标表现了企业履行对顾客承诺的能力,一定程度上代表了企业的信用度。这也就要求物流企业必须随时按照对客户的配送承诺加以履行;注意保持一致性。一致性的问题是物流作业最基本的问题。

4. 产品现货供应能力

库存管理的首要目标就是保证一定时期内期望数量的产品现货供应能力。对单一产品而言,产品的现货供应能力定义为

$$产品现货供应能力 = 1 - \frac{评价期内产品缺货数量}{评价期内产品需求总数}$$

5. 交货柔性

该指标反映的是对顾客变更交货时间的反应能力。该指标采用松弛时间的百分比来表示。设整个交货过程共分为 M 个阶段(如分拣、包装、运输等),第 j 个阶段由 M_j 项工作组成;L_{mj} 为完成阶段 m 中的工作 j 需要的最长时间,E_{mj} 为最短时间,则交货柔性为

$$交货柔性 = \frac{\sum_{m=1}^{M} \sum_{j=1}^{J} (L_j - E_j)}{\sum_{m=1}^{M} \max(L_{m1}, L_{m2}, \ldots, L_{mj})}$$

6. 订单完成稳定性

衡量企业对接到的客户订单完成的稳定情况。设 TO_i 表示第 i 个订单实际完成的时间，EO_i 表示第 i 个订单计划完成时间，评价期内共完成 N 个订单，则订单完成稳定性可用下式来表示

$$订单完成稳定性=1-\frac{\sum_{i=1}^{N}\left|\frac{TO_i-EO_i}{EO_i}\right|}{N}\times100\%$$

7. 缺货频率

这个指标就是缺货发生的概率，当需求超过可得性时就会发生缺货，用它来衡量需求超过可得性的概率。该指标用于表示一种产品可否按需要装运交付给客户，它是衡量存货可得性的起点。

8. 送货出错率

评价期内送错货的次数与送货总次数的比值，此指标用来检验企业服务的准确性。当一个企业的出错率较低时，它就可以为客户提供更有效的服务，将客户由于物流企业本身失误所造成的不必要损失降至最低。

由以上 8 个指标可以得出以下结果。

物流企业服务质量水平=顾客满意度$\times W_1$+订单处理时间$\times W_2$+准时送货率$\times W_3$+产品现货供应能力$\times W_4$+交货柔性$\times W_5$+订单完成稳定性$\times W_6$-缺货频率$\times W_7$-送货出错率$\times W_8$

式中：W_1——顾客满意度固定权数；W_2——订单处理时间固定权数；W_3——准时送货率固定权数；W_4——产品现货供应能力固定权数；W_5——交货柔性固定权数；W_6——订单完成稳定性固定权数；W_7——缺货频率固定权数；W_8——送货出错率固定权数；并且 $\sum W=1$。

固定权数 W 的值，企业可以根据往年的情况适当地加以确定。这样就可以将不同时期定性分析出来的值进行比较，从中发现服务水平是否有所改进。

物流服务质量除了上述评价指标以外，有学者和实际工作者通过对大型第三方物流企业和顾客的深入调查，最终总结出由顾客角度出发度量物流服务质量的指标还有以下几种。

1. 人员沟通质量

人员沟通质量指负责沟通的物流企业服务人员是否能通过与顾客的良好接触提供个性化的服务。一般来说，服务人员相关知识丰富与否、是否体谅顾客处境、帮助解决顾客的问题都会影响顾客对物流服务质量的评价。这种评价形成于服务过程之中。因此，加强服务人员与顾客的沟通是提升物流服务质量的重要方面。

2. 订单释放数量

订单释放数量与货物可用性概念相关。一般情况下，物流企业会按实际情况释放(减少)部分订单的订量(出于供货、存货或其他原因)。对于这一点，尽管很多顾客都有一定的心理准备，但是不能按时完成顾客要求的订量会对顾客的满意度造成影响。

3. 信息质量

指物流企业从顾客角度出发提供产品相关信息的多少。这些信息包含了产品目录、产品特征等。如果有足够多的可用信息，顾客就容易做出较有效的决策，从而减少决策风险。

4. 订购过程

指物流企业在接受顾客的订单、处理订购过程时的效率和成功率。调查表明，顾客认为订购过程中的有效性和程序及手续的简易性非常重要。

5. 货品精确率

指实际配送的商品和订单描述的商品相一致的程度。货品精确率应包括货品种类、型号、规格准确及相应的数量正确。

6. 货品完好程度

指货品在配送过程中受损坏的程度。如果有所损坏，那么物流企业应及时寻找原因并及时进行补救。

7. 货品质量

这里指货品的使用质量，包括产品功能与消费者的需求相吻合的程度。货品精确率与运输程序(如货品数量、种类)有关，货品完好程度反映了损坏程度及事后处理方式，货品质量则与产品生产过程有关。

8. 误差处理

指订单执行出现错误后的处理。如果顾客收到错误的货品，或货品的质量有问题，都会向物流供应商追索更正。物流企业对这类错误的处理方式直接影响顾客对物流服务质量的评价。

11.3.2 物流服务质量的改进

1. 物流企业服务质量主要存在的问题

就中国物流企业服务质量而言，目前存在的主要问题有以下几个方面。

1) 缺乏基于顾客价值的整体物流服务理念

大多数物流企业仅仅从自身业务视角看待自己的服务，缺乏整体服务理念。多数物流企业在运行中都有自己的服务标准，这些物流企业的服务标准并非来自对顾客期望的理解，而是来自企业内部的期望，是根据运营需要制定的服务标准。这样的服务标准与顾客的期望之间存在着较大差距。

2) 提高物流服务质量的内在动力不足

不少物流企业还处于初级发展阶段，生存的压力远远大于提高服务质量的内在动力。物流企业之间的竞争往往是价格的竞争而不是服务质量的竞争。一些企业提高物流服务质量不是主动的而是被动的，还有些企业更多的是停留在口号层面。

3) 缺乏规范的物流服务质量标准体系

一个完整的物流服务质量体系包括客户需求分析、服务质量目标、服务质量承诺、服务质量控制、服务质量测量、服务质量改进等多项内容。每一个方面都要有一整套的流程、指标、服务传递机制,这就需要付出较高的质量成本。而在利益和服务成本的选择上,我国的物流企业往往选择眼前利益,而不愿支付较高的服务成本。

4) 信息化技术应用程度不高

物流企业要实现自己的承诺,必须拥有较为先进的物流技术装备。现代化的港口、码头、吊机、货运车辆、车载计算机、货架、叉车、自动识别系统、自动跟踪系统、EDI 系统、多式联运、立体站台库、自动分拣等先进的技术装备是实现物流高质量服务的必备技术和设施。没有这些技术和设施装备,物流服务的准确度、快速反应和货物安全等指标便不可能达到。目前,除少数企业以外,大多数物流企业技术装备和管理手段仍比较落后,服务网络和信息系统不健全,大大影响物流服务的准确性与及时性。大量中小城市的物流企业仅仅是由一部电话、几辆货车组成的运输公司,它们处理业务的主要手段就是电话加货运单据。

5) 不重视货物外包装

造成该问题的主要原因:一是物流企业不重视货物的外包装,认为包装用过则弃,很少有对货物进行专业的二次包装(耐磨、防震、防湿)作业;二是配送仓库条件恶劣,货物被随意堆放在满是灰尘和水渍的地面上;三是企业不重视开发和应用新型装卸搬运设备,还有不少企业靠员工手工和体力进行物流作业,从而造成我国货运作业"野蛮装卸"的顽疾。

6) 高素质的专业物流服务人才缺乏

物流的发展是一项系统工程,其复杂而又庞大的工作,涉及经济学、社会学、管理学、交通运输学、土木工程学、信息学、外语、法律等众多专业领域。无论是宏观物流规划,还是物流园区管理、物流企业运作,都必须要有众多的专业型物流人才的支撑。目前,我国物流企业大多数是从传统物流发展起来的,从事运输、仓储等传统物流的人员较多,物流从业人员业务素质普遍不高,尤其是缺乏高素质的物流专业技术人才和管理人才。现有从业人员绝大多数未接受过高等教育和职业教育的专业训练,多为半路出道,严重缺乏现代先进物流理念,而真正能够从事专业物流规划、设计与能够采用先进信息技术提升物流服务功能的人才更是凤毛麟角。

2. 物流服务质量的改进措施

物流服务质量的改进是一个循序渐进的过程。在竞争激烈的市场中,物流企业必须时刻关注客户的需求变化,持续改进物流服务质量。

1) 正确认识顾客对服务质量的期望

物流企业要改进服务质量,就必须弄清客户的需求,并根据不同客户的期望制定不同的服务策略。要通过对潜在市场的分析研究,客观地预测客户对质量服务需求的期望,制定具体的服务规范,设计新的服务程序。新的服务程序通常需要根据物流企业的管理模式、企业开展物流活动的具体特征和分析其他企业的优势与不足来制定。例如,中国外运集团对客户进行分析后实施了大客户战略,建立了大客户服务体系,根据客户的需求组合服务产品,满足客户个性化的服务需求。其依据摩托罗拉公司货物的特点,从 1996 年开始设计并不断完善业务操作规范,要求每个环节都必须按照设定的工作程序进行,使操作过程井然有序,提高了服务质量,受到了大客户——摩托罗拉公司的好评。

2) 强化服务质量培训教育

注重服务质量观念的培养,是物流服务质量管理中的重要环节。客户能从物流服务人员自然的观念流露中看到企业的实力与提供服务的能力,从而产生对企业的信赖。企业服务质量观念的建立,主要是通过对员工的素质培养、业务培训与相关的激励来实现的。因此,从企业的高层管理者到与物流活动相关的具体操作人员都需要接受服务质量培训,以强化物流服务质量意识和高度的责任感。

3) 鼓励员工开展有创造性的服务

物流企业要充分认识到,竞争力的源泉蕴藏在富于创造精神和充满活力的企业员工身上。企业要用正确的理念去激发员工的责任心和积极性,充分发挥其主动性和创造性,不断提高优质的服务水平。同时应该运用精神的、物质的激励手段,调动员工的工作激情,增强企业的内在凝聚力和向心力,使追求更高品质的服务成为管理者和所有员工自觉追求的共同目标。

4) 建立科学的物流服务质量评价体系

服务质量是物流企业的生命线。对物流企业服务质量的研究成果,能够丰富管理科学的理论研究,有利于宏观国民经济的健康发展,帮助物流企业获得巩固的市场竞争优势。西方国家物流业的服务质量研究工作经历了传统管理、工业化方式和顾客化方式等阶段。在中国,物流业的服务质量受到全社会的重视,但对此的研究和实践工作还比较少,尚处于实践经验的积累分析、国外先进理论的介绍阶段。尤其是对物流企业服务质量评价体系的研究更是缺乏。在这样的背景下,综述国内外物流服务质量研究的历史及现状,并在对物流企业服务质量评价体系构成要素分析的基础上,建立一套适合我国物流企业服务质量的评价体系显得尤为重要。该评价体系可以从物流企业的服务要素、服务过程、服务绩效3个角度来衡量物流企业服务质量。

5) 建立完善的服务补救机制

其实,不管物流企业服务多么完美,工作活动中的失误总是不可避免的,而在发生故障的作业条件下继续实现服务需求往往变得十分困难。为此,物流企业要有能力预测服务过程中可能发生的故障或服务中断,并且建立适当的服务补救机制来完成恢复任务,使物流过程保持完整性和连续性。这种机制不但要求物流企业要重视客户的意见,建立健全快速的应急反应制度,还应该有随时对服务进行跟踪的能力,并且授予员工解决问题的权利,将问题尽可能在第一时间内解决,以避免给客户造成不必要的损失及客户的流失。

6) 加快推进物流先进技术的应用

信息化是物流业现代化的龙头和纽带,是建立和优化物流供应链的基础,也是提高物流服务质量的重要手段。现代物流特别是供应链管理必须有物流公共信息平台的支撑,才能最大限度地利用信息资源,实现物流资源信息共享,使每个单位都能在物流的各个环节上找到最合适的位置,从而以最低的成本迅速建立自己的物流网络。目前,要着重统筹规划地区乃至全国物流信息平台和企业物流信息系统,要尽快建立以 EDI 为基础的,将各个物流园区、中心、各物流企业联网、国内各主要城市联网的物流信息平台。与此同时,要积极推广应用物流先进技术,鼓励物流企业加快技术改造,实现物流企业信息化,使更多物流企业能进行网上下单、网上签收、网上支付等电子商务活动,并能实行对货物的全程监控。有条件的物流企业要率先建立自己的管理信息系统,并广泛开展对条形码技术、射频技术、全球卫星定位系统、地理信息系统、人工智能控制等先进技术的开发应用。

7) 着力提高物流从业人员素质

物流企业拥有熟悉并精通物流业务的专业人才是打造现代物流企业核心竞争力的关

键。近年来，随着我国物流业的快速发展，扩大了对物流专业人才的市场需求，而我国目前物流专业人才的严重匮乏，尤其是物流高级人才供不应求的局面，极大地影响和制约着现代物流的崛起和快速发展。据有关资料统计，目前我国物流从业人员绝大多数未接受过高等教育和职业教育的专门训练，多数为半路出道，严重缺乏现代先进物流理念。因此，加快物流专业人才的培养，造就一大批熟悉物流运作规律并有开拓精神的人才队伍，提高物流从业人员的业务素质是当前发展现代物流的当务之急。相比较而言，专业学历教育时间较长、人才培养周期较慢，很难满足现代物流发展的需求缺口。为了尽快解决物流专业人才紧缺问题，当前应着重强化物流职业技能培训教育工作，要推行物流从业人员上岗证和助理物流师、物流师、采购师、培训师等职业资格证书制度。

11.4　物流服务绩效评价

对物流服务业绩的量化分析，可以采用多种分析方法，如图 11.1 所示。但是物流服务业绩量化分析的步骤却大体遵循这样的步骤：物流客户服务绩效评价目标→确定绩效评价指标体系→确定绩效评价指标权重→计算绩效评价结果→结果分析与反馈。

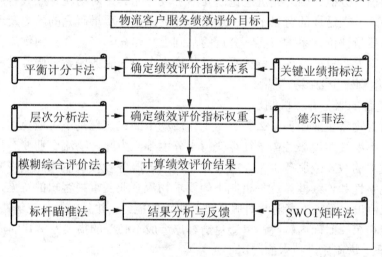

图 11.1　物流服务绩效分析

资料来源：徐超毅. 物流客户服务绩效评价研究[D]. 合肥工业大学，2006

从图 11.1 可以看出，物流客户服务绩效评价方法架构综合采用了平衡计分卡法、关键业绩指标法、层次分析法、德尔菲法、标杆瞄准法、SWOT 矩阵法和模糊综合评价法等。首先采用平衡计分卡法全面地分析影响物流客户服务水平的因素，并在此基础上以同行先进企业为标杆，利用关键业绩指标法找到制约物流客户服务质量的关键因素，进而科学地确定物流客户服务绩效评价的指标体系；其次运用层次分析法为主、德尔菲法为辅，计算各个评价指标的权重，在此基础上确定最终权重；然后在模糊综合评价法思想的指导下，计算绩效评价的最终结果；最后利用标杆瞄准法和标杆企业相比较，确定企业物流客户服务水平和质量的等级，并利用 SWOT 矩阵找出企业物流客户服务的优势和劣势。

这种物流客户服务绩效评价方法架构能系统全面地评价企业物流客户服务的绩效，是综合利用当前各种先进评价方法，集其各自优点为一体的绩效评价架构。平衡计分卡法和关键业绩法相结合，使评价的指标既科学全面又突出重点。采用层次分析法和德尔菲法确定指标的权重，使定性因素定量化和定量因素定性化两种思想相互结合，科学地评价物流客户服务。模糊综合评价法使得评价的结果能够符合人们的思维，更加接近现实。标杆瞄准法和SWOT矩阵法相结合，能够和先进的物流企业相比较对评价的结果进行切合实际的分析，从而认清企业物流客户服务发展的优势和障碍，明确企业物流客户服务发展的趋势和方向。

当然，对于物流企业顾客服务绩效的评价来说，每一个指标的评价不是简单的好与不好，在这里采用模糊综合评价模型加以表达。模糊数学是研究和处理具有"模糊性"现象的数学学科，它的研究对象是模糊的，所使用的方法却是精确的。

在评价指标体系中，各个指标都分别分为4个等级：优、良、中、差。这4个等级元素构成了评价等级集合V，$V=\{V_1,V_2,V_3,V_4\}$。

1. 指标体系中权重的计算方法

评价指标子集的权数见表11-1。

表11-1 评价指标子集的权数

评价指标子集	U_1	U_2	U_3	U_4
权数分配	a_1	a_2	a_3	a_4

对各评价指标子集U_1内的评价指标C_{ij}指数权重进行如下分配

$$A_1=(a_{11},a_{12},a_{13},a_{14},a_{15})$$
$$A_2=(a_{21},a_{22})$$
$$A_3=(a_{31},a_{32},a_{33})$$

2. 评价矩阵的确定与综合评价

1) 评价矩阵R_i的确定

若共有n家物流企业或企业中的人员，对第C_{ik}项指标，合计有m_{ikj}个人认为本企业顾客服务的该项指标达到V_j等级，那么，企业物流顾客服务状况在C_{ikj}指标方面的评价概率为

$$r_{ikj}=\frac{m_{ikj}}{n}(j=1,2,3,4)$$

这是单项指标的评价结果，对该结果的频率统计数据进行分析，可以得到一个单项指标评价的行矩阵，即

$$R_{ik}=(r_{ik1},r_{ik2},r_{ik3},r_{ik4})=\left(\frac{m_{ik1}}{n},\frac{m_{ik2}}{n},\frac{m_{ik3}}{n},\frac{m_{ik4}}{n}\right)$$

进一步由此可以得到评价矩阵

$$R_i=\begin{pmatrix}R_{i1}\\R_{i2}\\\vdots\\R_{in}\end{pmatrix}=\begin{pmatrix}r_{i11}&r_{i12}&r_{i13}\\r_{i21}&r_{i22}&r_{i23}\\\vdots&\vdots&\vdots\\r_{ik1}&r_{ik2}&r_{ik3}\end{pmatrix}(i=1,2,3)$$

其中，下标k为各评价指标子集中含有指标的数目。

2) 综合评价

(1) 第一层次综合评价运算。应用模糊数学模型，$A_i \cdot B_i = R_i$

即 $(a_{i1}, a_{i2}, \cdots, a_{ik}) \begin{pmatrix} r_{i11} & r_{i12} & r_{i13} \\ r_{i21} & r_{i22} & r_{i23} \\ \vdots & \vdots & \vdots \\ r_{ik1} & r_{ik2} & r_{ik3} \end{pmatrix} = (b_{i1}, b_{i2}, \cdots, b_{i4})$

模糊子集 $B_i = (b_{i1}, b_{i2}, \cdots, b_{i4}), (i=1,2,3)$ 是第一层次的评价结果，表示在各 $U_i(i=1,2,3)$ 范围内该服务分别以百分之多少的程度被评为"优、良、中、差"4个等级。

(2) 第二层次综合评价运算。

通过第一层次的综合评价运算，得到对评价指标子集的综合评价结果 B_i，可以构成一个总的评价矩阵 R。

即 $R = \begin{pmatrix} B_1 \\ B_2 \\ B_3 \end{pmatrix} = \begin{pmatrix} b_{11} & b_{12} & \cdots & b_{14} \\ b_{21} & b_{22} & \cdots & b_{23} \\ b_{31} & b_{32} & \cdots & b_{34} \end{pmatrix}$

权向量

$$A = (a_1, a_2, a_3)$$

按照模糊数学评价模型公式，进行第二层次的综合评价运算：$A \cdot R = B$

$(a_1, a_2, a_3) \begin{pmatrix} b_{11} & b_{12} & \cdots & b_{14} \\ b_{21} & b_{22} & \cdots & b_{23} \\ b_{31} & b_{32} & \cdots & b_{34} \end{pmatrix} = (b_1, b_2, b_3, b_4)$

这里得到的 $B = (b_1, b_2, b_3, b_4)$ 就是总的综合评价结果。按照最大隶属度原则，b_j 中数值最大者所对应的等级即为物流服务所达到的标准等级。

本 章 小 结

物流服务是满足顾客的物流需求，保障供给，无论是在服务量上还是质上都要使顾客满意。在量上，满足顾客的需求主要表现在适量性、多批次、广泛性；在质上满足顾客的需求主要表现在实现安全、准确、迅速、经济等目标。

物流服务的特征有：无形性、不可储存性、差异性、不可分离性、从属性、移动性和分散性、较强的需求波动性、可替代性。

物流增值服务是在基本的物流服务的基础上的各种延伸服务，是满足更多的顾客期望，为客户提供更多的利益和不同于其他企业的优质服务。其具有明显的独特性和创新性。

物流服务质量的评价指标分为三大类，其中包括了客户服务类指标、管理水平指标以及成本指标。站在客户的角度可以建立的物流服务质量评价指标主要包括顾客满意度、订单处理时间、准时送货率、产品现货供应能力、交货柔性、订单完成稳定性、缺货频率、送货出错率等。

物流企业也可以通过一系列的评价指标来评价自己提供物流服务的绩效，进而通过问题导向来调整和改善自己的物流服务质量。物流服务质量的改进是一个循序渐进的过程。在竞争激烈的市场中，物流企业必须时刻关注客户的需求变化，持续改进物流服务质量。

关键术语

物流服务　　　　物流增值服务　　　　物流服务质量　　　　物流服务绩效评价

课堂讨论

1. 物流增值服务的新领域有哪些？
2. "一站式"服务理念如何在物流服务中应用？

综合练习

1. 名词解释

物流服务；增值服务；物流服务质量；物流服务绩效评价

2. 填空题

(1) 物流服务质量评价指标包括_____、_____及_____三大类指标。

(2) 物流完成增值服务的 4 个领域包括：以_____为核心的服务、以_____为核心的服务、以_____为核心的服务和以_____为核心的服务。

3. 简答题

(1) 简述物流服务的特征。
(2) 简述物流服务的重要意义。
(3) 物流增值服务和基本服务有什么区别？
(4) 物流服务质量的评价指标有哪些？

4. 论述题

(1) 试论中国物流企业服务质量存在问题与改进。
(2) 试论述物流企业顾客服务绩效指标体系的构建与评价。

中外运的物流服务

1. 背景介绍

中国外运集团是一家具有 50 年历史的国有大型外贸运输企业，是我国最大的国际货运代理企业和第三大船东，也是一个准物流企业。自 1998 年开始，中国外运集团开展了确定企业发展总定位、总方向的战略研究工作，提出了企业的产业定位是把中国外运集团从一个传统的外贸运输企业建成由多个物流主体组成的、按照统一的服务标准流程和规范体系运作的国际化、综合性的大型物流企业集团，并制定了一个为期 3 年的战略目标和实施步骤。

这个战略第一次提出了中国外运集团的经营理念，即"我们今天和未来所做的一切，都是以降低客户的经营成本为目标，为客户提供安全、迅速、准确、节省、方便、满意的物流服务。"在该理念中，包含以下几方面的内容，即以"客户为中心"的经营理念是企业物流服务的最基本精神，以"降低客户的经营成本"为根本的物流服务目标，以"伙伴式、双赢策略"为标准的、市场化物流服务模式，以"服务社会、服务国家"为价值取向的大物流服务宗旨。企业经营理念的提出，是中国外运集团经营思想的重大转变，它确立了集团经营的价值取向和中心目标，已经成为指导集团物流发展工作的基本原则与思想基础。

2. 确立低成本目标

在中国外运集团的物流经营理念中，中国外运集团提出了降低客户经营成本的目标，在传统的外贸运输服务中，客户成本的降低往往意味着运费收入的减少，当然这是与运输提供者市场交易的目标相矛盾的。那么，中国外运集团是如何以此来实现产业升级的呢？顺应现代物流的要求，中国外运集团提出了降低客户经营成本的目标。因为降低客户的成本是现代物流的本质特征和最终目标，也是中国外运集团能否赢得市场的关键所在。降低客户的成本主要通过动态的物流成本分析来实现企业物流效益最大化的目标。主要表现为：①降低直接的运输及配送费用；②"零库存"的成本效应，实现企业的"零库存"是降低客户成本的核心因素，当然，"零库存"的目标是相对的不是绝对的，实际上存在着库存成本与运输成本的均衡问题，所以，如何确定企业的最佳库存量，也是中国外运集团为客户提供的物流服务之一；③优化资金流，提高企业的资金效率。

对于一个企业来说，实施全方位的物流管理与经营是一项复杂的系统工程，需要一定的基础条件和开拓创新的精神，真正达到降低客户成本的目标，需要具备以下条件：①高效率的综合运输、配送体系；②全过程的信息跟踪与服务能力；③具有综合服务功能的物流中心建设；④贴近客户的供应链分析与管理。中国外运集团的物流系统的构造基本上是按照上述目标进行的。

3. 运营实践

1) 物流体系建设

中国外运集团物流体系建设的总体目标是：按照现代物流的标准和要求，以信息技术为依托，建立统一的作业流程和操作规范的物流体系，根据市场和客户的要求，确定主导物流产品，培育和发展集团的物流产业竞争能力。

为此，中国外运集团正在积极推进几个方面的工作，一是物流信息服务与信息管理创新，二是物流配送体系的建设，三是建设物流中心，四是提高物流成本分析与供应链管理能力。其中，在物流配送体系的建设方面，具体做法是以所在省市为主要经营地域，建立区域性的货物集散与仓储配送中心、建立区域集散中心之间的低成本运输通道、建立货物集散地的信息中心、建立货物集散地和中心城市的客户服务中心。

2) 物流服务实践

中国外运集团在客户物流服务方面的实施措施主要是：实施大客户战略，建立大客户服务体系。下面以该集团下属公司为摩托罗拉公司提供物流服务为例，简介中外运为客户服务的实践。

(1) 制定科学规范的操作流程。
(2) 提供 24 小时的全天候服务。
(3) 提供门到门的延伸服务。
(4) 提供创新服务。最大限度地减少货损，维护货主的信誉。
(5) 充分发挥中国外运集团的网络优势。
(6) 对客户实行全程负责制。

资料来源：张理. 现代物流案例分析[M]. 北京：中国水利水电出版社，2005

思考分析题：

1. 把"双赢策略"作为市场交易的准则，也是物流服务的模式，许多企业在经营中往往忘记了这一点。试想如果你在进行交易时，是否会考虑到 "双赢"？

2. 在逐步与国际经济接轨的今天，你认为，就目前而言，我国物流企业最需要解决的具有普遍性的问题是什么？

第12章　绿色物流管理

【本章教学要点】

知识要点	掌握程度	相关知识	应用方向
绿色物流	了解	含义、特点、理论基础	理解绿色物流的含义、理论基础
绿色物流系统	掌握	含义、特征、构建	掌握绿色物流系统的构建
物流系统的绿色评价	了解	物流系统的环境评价、物流系统的资源评价	掌握物流系统绿色评价指标体系

【本章教学目标与要求】

- 了解绿色物流的含义、特点、理论基础；
- 掌握绿色物流系统的含义、特征及其构建；
- 了解物流系统的环境评价、资源评价。

 导入案例

绿色物流——以啤酒行业为例

1. 著名啤酒品牌贝克，打上环保印记

德国的著名啤酒品牌贝克，依赖铁路运输已有多年，公路—铁路—公路的多式联运方式在其供应链上扮演着重要的角色。在市场供给方面，例如，意大利是贝克啤酒最主要的市场之一，发往意大利的啤酒85%以上是通过铁路运输完成的，货物抵达意大利 Verona 火车站后，再卸到卡车上运往意大利全国各地。

贝克啤酒厂房位于不来梅铁路货运中心附近，地理上的优势也为其选择铁路运输创造了条件。从接受订单到货物抵达 Verona，整个过程只需要3天。

除了使用铁路运输、公路运输以及公铁联运外，船舶运输(海运)也是贝克啤酒出口业务的最重要运输方式。由于贝克啤酒厂毗邻不来梅港，采用海运方式是它的天然优势。凭借全自动化设备，标准集装箱可在8分钟内罐满啤酒，15分钟内完成一切发运手续。每年，贝克啤酒通过海运方式发往美国的啤酒就达9000TEU(TEU 为货柜容量单位)。

之所以选择铁路运输和海运方式，贝克啤酒解释为两个字：环保。随着欧洲乃至世界范围陆运运输的堵塞和污染日益严重，贝克啤酒选择环保的方式不仅节约了运输成本，还为自己贴上了环保的金色印记。

2. 丹麦的嘉士伯啤酒之经济与环保策略

丹麦的嘉士伯啤酒(Carlsberg)是一个非常著名的啤酒品牌，经过10年远离铁路运输后，出于经济与环保的考虑，2002年秋天重返铁路运输行列。每天两列火车往返于嘉士伯设在 Fredericia 的两个啤酒填装厂及其 Hoje Tastrup 物流中心(靠近哥本哈根)之间，两地相距210千米，每列车装运25～30车皮货物，发往哥本哈根方向的列车装满瓶(罐)啤酒，而反方向行驶的列车则装载空瓶(罐)。

为了运输上的安全和高效，嘉士伯也设计了自己的获 ISO 认证的20英尺集装箱，抗颠簸、防寒冷是其最大的设计特点，每个集装箱可装18个托盘啤酒，箱子两边开口，每边为3层托盘设计，因此可同时在箱子两边进行装卸工作。

嘉士伯的卡车也是为啤酒的安全移动"量身定做"的，并且可以直接将货物装载到车皮上。

从长远来看，嘉士伯不赞成在其他国家多建昂贵的啤酒填装厂，而主张通过铁路运输方式将自己的物流链伸展开去。

资料来源：佚名. 嘉士伯延伸物流系统[EB/OL]. 2005.8.25. http://www.chinaport.gov.cn

绿色物流可以追溯到20世纪90年代初人们对运输引起环境退化问题的关注。随着经济的不断发展，作为一种附属产物，环境的恶化程度也在不断加深，环境问题成为全世界共同面临的灾难性难题，对人类生存和发展的威胁也越来越大，因此人们对环境的利用和环境的保护越来越重视。倡导绿色物流成为物流业发展的当务之急。许多有识之士呼吁，现代物流的发展必须优先考虑环境问题，需要从环境角度对物流体系进行改进，即需要形成一个环境共生型的物流管理系统。

12.1 绿色物流概述

12.1.1 绿色物流的含义、兴起的原因与理论基础

1. 绿色物流的含义

1987 年国际环境与开发委员会发表了名为《我们共有的未来》的研究报告。报告认为，为了实现长期、持续、稳定的发展，就必须采取各种措施来维护自然环境。环境共生型的物流就是要改变原来经济发展与物流、消费生活与物流的单向作用关系，在抑制物流对环境造成危害的同时，形成一种能够促进经济发展和人类健康发展的物流系统，即向绿色物流、循环型物流转变。

绿色物流也称环保物流，是指在物流活动的各个环节中，最大限度地减少因为物流活动而造成的对环境的危害，同时净化周围环境，与环境共生的物流。它具有资源节约、低能量消耗、可循环利用等特点。绿色物流强调全局利益和长远利益，强调全方位对环保的关注，体现了企业的绿色形象，是一种全新的物流形态。

绿色物流以经济学的一般原理为指导，以生态学为基础，对物流中的经济行为、经济关系和规律与生态系统之间的相互关系进行研究，以谋求在生态平衡、经济合理、技术先进条件下的生态与经济的最佳结合以及协调发展。

绿色物流的内涵可从以下几个方面进行阐述。

(1) 绿色物流是共生型物流。绿色物流注重从环境保护与可持续发展的角度，求得环境与经济发展共存。通过物流革新与技术进步，减少或消除物流对环境的负面影响。

(2) 绿色物流是资源节约型物流。绿色物流不仅注重物流过程对环境的影响，而且强调对资源的节约。

(3) 绿色物流是低熵型物流。熵是指在一个封闭系统中，总呈现出有效能量减少而无效能量增加的一个不可逆过程。低熵物流首先是低能耗物流，但其含义要丰富得多。如物品存放状态的有序度越低，熵越大，故低熵物流要求物品存放有序、搬运活性高。

(4) 绿色物流是循环型物流。循环物流包括原材料副产品再循环、包装物再循环、废品回收、资源垃圾的收集和再资源化等。

绿色物流活动包括绿色运输、绿色储存、绿色包装、绿色装卸与搬运、绿色配送和绿色流通加工等。要实现绿色物流，则必须通过改革运输、储存、包装、装卸、配送、流通加工等物流环节，在物流过程中抑制物流对环境造成的危害，并实现对物流环境的净化，使物流资源得到最充分的利用。

2. 绿色物流兴起的原因

绿色物流兴起也是历史的必然，因为物流要发展，一定要与绿色生产、绿色营销、绿色消费等绿色经济活动紧密衔接。

绿色物流经过 20 多年的倡导与发展，有以下多方面的原因。

1) 人类环境保护意识的觉醒

随着世界经济的不断发展，人类的生存环境也在不断恶化。具体表现是：能源危机、资源枯竭、臭氧层空洞扩大、环境遭受污染、生态系统失衡。以环境污染为例，全球 20 多

个特大城市的空气污染超过世界卫生组织规定的标准。20世纪60年代以来，人类环境保护意识开始觉醒，十分关心和重视环境问题，认识到地球只有一个，不能破坏人类的家园。于是，绿色消费运动在世界各国兴起。消费者不仅关心自身的安全和健康，还关心地球环境的改善，拒绝接受不利于环境保护的产品、服务及相应的消费方式，进而促进了绿色物流的发展。与此同时，绿色和平运动在世界范围内展开，环保勇士以不屈不挠的奋斗精神，给各种各样危害环境的行为以沉重打击，对于激励人们的环保热情、推动绿色物流的发展，也起到了极其重要的作用。

2) 经济全球化潮流的推动

随着经济全球化的发展，一些传统的关税和非关税壁垒逐渐淡化，环境壁垒逐渐兴起。为此，ISO 14000成为众多企业进入国际市场的通行证。ISO 14000的两个基本思想是预防污染和持续改进，它要求建立环境管理体系，使其经营活动、产品和服务的每一个环节对环境的影响最小化。ISO 14000不仅适用于第一、二产业，也适用于第三产业，更适用于物流业。物流企业要想在国际市场上占一席之地，发展绿色物流是其理性选择。尤其是我国加入WTO后，将逐渐取消大部分外国股权限制，外国物流业将进入我国市场，势必给国内物流业带来巨大冲击，也意味着未来的物流业会有一场激烈的竞争。在经济全球化潮流的推动下，我国物流业要想在国际市场上占有一席之地，加紧发展绿色物流，是应对未来挑战和在竞争中占得先机的重要选择。

3) 各国政府和国际组织的倡导

环保事业是关系到人类生存与发展的伟大事业，国际组织为此做出了极大的努力并取得了显著成效。1992年，第27届联大决议通过把每年的6月5日作为世界环境日，每年的世界环境日都规定有专门的活动主题，以推动世界环境保护工作的进展。联合国环境署、世贸组织环境委员会等国际组织开展了许多环保方面的国际会议，签订了许多环保方面的国际公约与协定，也在一定程度上为绿色物流发展铺平了道路。

绿色物流的发展与政府行为密切相关。凡是绿色物流发展较快的国家，都得益于政府的积极倡导。各国政府在推动绿色物流发展方面所起的作用主要表现在：一是追加投入以促进环保事业的发展；二是组织力量监督环保工作的开展；三是制定专门政策和法令来引导企业的环保行为。

4) 绿色物流是现代物流可持续发展的必然

绿色物流是现代物流可持续发展的必然。物流业作为现代新兴产业，有赖于社会化大生产的专业分工和经济的高速发展。而物流要发展，一定要与绿色生产、绿色营销、绿色消费等绿色经济活动紧密衔接。人类的经济活动不能因物流而过分地消耗资源、破坏环境，以至于造成重复污染。此外，绿色物流还是企业最大限度降低经营成本的必由之路。一般认为，产品从投产到销出，制造加工时间仅占10%，而几乎90%的时间为仓储、运输、装卸、分装、流通加工、信息处理等物流过程。因此，物流专业化无疑为降低成本奠定了基础。但当前我国的物流基本上还是高投入大物流、低投入小物流的运作模式，而绿色物流强调的是低投入大物流的方式。显而易见，绿色物流不仅是一般物流所追求的降低成本，更重要的是物流的绿色化和节能高效少污染，由此可以带来物流经营成本的大幅度下降。

5) 绿色物流是现代企业发展的必由之路

日本、德国等西方国家众多企业在经营中越来越重视绿色物流活动的事实表明：企业实施绿色物流活动，既可以促进物流产业的可持续发展，为人类社会的可持续发展作出贡献，同时也可以使企业较大幅度地降低生产经营成本，提高经济效益。可以说它是一件利在企业、功在千秋的事情。因此，发展绿色物流是现代企业可持续发展的必由之路。

3．绿色物流的理论基础

绿色物流强调了全局和长远的利益，体现了对生态环境和可持续发展的关注。它要求人们在发展物流的过程中，要为子孙后代的切身利益和人类更健康、更安全地生存和发展考虑，要将经济发展和生态环境保护有机地结合起来，以谋求经济效益与环境效益的统一，实现可持续发展。绿色物流的理论基础主要体现在可持续发展理论、生态经济学理论、生态伦理学理论、外部成本内在化理论和物流绩效理论等方面。

1）可持续发展理论

可持续发展理论的内容包括生态持续、经济持续、社会持续等方面。由此可见，可持续发展既不是单指经济发展或社会发展，也不是单指生态持续，而是生态—经济—社会三维复合系统的可持续。可持续发展应用于现代物流活动中，就是要求从环境保护的角度对现代物流进行研究，形成一种与环境共生的综合物流系统，改变原来经济发展与物流之间的单向作用关系，抑制物流对环境造成危害，同时又要形成一种能促进经济和消费生活健康发展的现代物流系统。

2）生态经济学理论

所谓生态经济学理论是指在研究再生产过程中，经济系统与生态系统之间的物流循环、能量循环和价值增值规律及其应用的科学。绿色物流以经济学的一般原理为指导，以生态学为基础，对物流中的经济行为、经济关系及规律与生态系统之间的相互关系进行研究，以谋求在生态平衡、经济合理、技术先进条件下的生态与经济的最佳结合以及协调发展。

3）生态伦理学理论

生态伦理学是从道德角度研究人与自然关系的交叉学科，它根据生态学提示的自然与人相互作用的规律性，以道德为手段，从整体上协调人与自然环境的关系。生态伦理迫使人们对物流中的环境问题进行深刻反思，从而产生了一种强烈的责任心和义务感。为了子孙后代的切身利益，为了人类更健康和安全地生存与发展，人类应当自觉维护生态平衡。

4）外部成本内在化理论

根据外部成本内在化理论，将物流活动造成环境污染而导致的治理成本(使环境污染恢复到未遭受污染状态所应支付的费用总和)计入物流活动的成本内，这也是使企业经济效益与环境效益达到一致的主要做法之一。发达国家已经采用环境会计制度，迫使企业在从事物流活动时必须考虑对环境的负面影响，并与降低直接成本同等重要地给予关注。如针对企业运输服务活动带来的汽车排放超标问题，根据污染者负担原则，对其征税用来治理环境污染，促进外部效应内在化，同时提高物流活动的效率性和公平性。

5）物流绩效理论

运用物流绩效理论对物流活动进行绿色评估，包括物流活动中节约资源的程度、对环境的保护程度、对各物流活动进行绿色绩效评估等。在物流绩效理论方面，具体涉及物流绩效评价指标的选取和物流绩效评价框架体系的构架，以及具体的评价方法和评价模型的应用。

12.1.2 绿色物流的特点

绿色物流除了具有一般物流所具有的特征外，还具有学科交叉性、多目标性、多层次性、时段性和地域性特征。

1. 学科交叉性

绿色物流是物流管理与环境科学、人类学、经济学、社会学、伦理学、循环理论和可持续发展理论等众多学科的交叉。学科的交叉性使得绿色物流的研究方法非常复杂，研究内容十分广泛。

2. 多目标性

绿色物流的多目标性体现在企业的物流活动要顺应可持续发展的战略目标要求，注重对生态环境的保护和对资源的节约，注重经济与生态的协调发展，即追求企业经济效益、消费者利益、社会效益与生态环境效益4个目标的统一。

3. 多层次性

绿色物流的多层次性体现在3个方面。首先，从对绿色物流的管理和控制主体看，可分为社会决策层、企业管理层和作业管理层3个层次的绿色物流活动。其次，从系统的观点看，绿色物流系统是由多个子系统构成的(如绿色运输子系统、绿色仓储子系统、绿色包装子系统等)。这些子系统都具有层次结构，不同层次的物流子系统通过相互作用，构成一个有机整体，实现绿色物流系统的整体目标。最后，绿色物流系统还是另一个更大系统的子系统，这个更大的系统就是绿色物流系统得以生存发展的外部环境。这个环境包括了促进经济绿色化的法律法规、人口环境、政治环境、文化环境、资源条件、环境资源政策等方面，它们对绿色物流的实施将起到约束或推动作用。

4. 时段性

绿色物流的时段性指的是绿色物流管理活动贯穿于产品的生命周期全过程，包括从原材料供应，生产内部物流，产成品的分销、包装、运输，直至报废、回收的整个过程。

5. 地域性

绿色物流的地域性体现了物流活动绿色化的管理具有跨地区、跨国界的特性，而且绿色物流管理策略的实施需要供应链上所有企业的参与和响应，这些企业很可能分布在不同的城市，甚至不同的国家。

由上面可以看出，绿色物流是融入了环境可持续发展理念的物流活动，是物流管理、环境科学、生态经济学交叉的一门分支。要实现绿色物流，则必须通过改革运输、储存、包装、装卸、流通加工等物流环节，在物流过程中抑制物流对环境造成的危害，并实现对物流环境的净化，使物流资源得到最充分利用。这要求减少生产过程中主要的物流活动对环境可能会产生的影响，而且，在逆向物流过程中如何合理回收废旧物品，减少其对环境的污染并且能够最大可能的再利用也是绿色物流管理所需要考虑的内容。

12.2 绿色物流系统

12.2.1 绿色物流系统的含义

从理论上讲，现代绿色物流系统是按照系统的基本原理，运用系统的一般模式，首先对构成绿色物流系统的要素和各要素之间的关系进行分析研究，以确定系统的边界范围和结构，从而为系统分析奠定基础；然后再根据系统分析的一般原则，按照系统分析的步骤，确定系统目标，进行系统规划、系统设计、系统实施，以及对系统实施后进行评价等。

现代绿色物流系统是由构成绿色物流的各要素及其各要素之间相互依存的关系联系起来的，具有绿色物流某一合理的特定功能的有机整体。

(1) 绿色物流系统的各要素本身应是"绿色"的。例如，流动物品的实体本身应符合绿色要求，实现绿色物流功能的物流技术、物流活动、物流作业也应符合绿色要求。

(2) 绿色物流各要素之间的相互依存关系，是由各要素的一些功能所决定的。例如，包装功能就是为了消费、便利装卸搬运、运输和仓储等。因此绿色物流各要素之间的相互依存关系，是绿色物流系统具有某种特定功能的有机整体的原因所在，即所谓的整合效应。

(3) 绿色物流系统功能的实现，是通过一系列的绿色物流活动和绿色物流作业实现的。物流活动是物流各功能的实施与管理过程，物流作业是实现物流功能时所进行的具体操作活动。而绿色物流活动和绿色物流作业，就是在实施和管理物流功能过程中，以及在实现物流功能时所进行的具体操作活动中，应是绿色的，都应符合绿色要求。

根据以上说明，按照系统的一般定义，更具体地对绿色物流系统可以概括为：绿色物流系统是指在一定的时间、空间里，由所需要运转流动的绿色物品、包装设备、装卸搬运机械、运输工具、道路设施、存储设施、流通加工和废弃物回收与处理所构成的具有绿色包装、装卸搬运、运送、储存保管、流通加工、废弃物回收与处理，以及绿色情报信息等功能的有机整体。

12.2.2 绿色物流系统的构建

绿色物流是一个多层次的概念，它既包括企业的各项绿色物流作业活动，又包括社会对物流活动的管理、规范和控制。因此，绿色物流系统的构建主要包括以下几个方面，具体如图 12.1 所示。

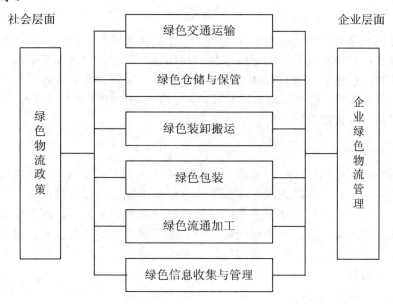

图 12.1 绿色物流体系框架图

1. 绿色交通运输

绿色交通运输是指为了降低物流活动中的交通拥挤、降低污染、促进社会公平、节省建设维护费用，而发展低污染的有利于城市环境的多元化交通工具来完成物流活动的和谐交通运输系统，以及为最大限度地降低交通污染程度而采取的对交通源、交通量、交通流的控制体系。绿色交通运输的理念主要体现了3个方面的完美结合，即通达、有序；安全、舒适；低能耗、低污染。

绿色交通运输主要表现为减轻交通拥挤、降低环境污染，具体体现在减少高污染运输车辆的使用；提倡使用清洁干净的燃料和绿色交通工具；控制设备的资源消耗，降低固定资产折旧；控制汽车尾气，制定尾气排放标准；加强交通管制，使道路设计合理化，减少堵塞；降低噪声污染等。

2. 绿色仓储与保管

绿色仓储与保管是指在仓储环节为减少储存货物对周围环境的污染及人员的辐射侵蚀，同时避免储存物品在存储过程中的损耗而采取的科学合理的仓储保管策略体系。

实施绿色库存，就是要根据物质的性能和特点，分门别类地采取不同的方法进行储存、保管。在整个物流仓储与保管过程中，要运用最先进的保质保鲜技术，保障存货的数量和质量，在无货损的同时消除污染，尤其要防止有毒化学品、放射性商品、易燃、易爆商品的泄漏和污染。在储存环节，应加强科学养护，采取现代化的储存保养技术，加强日常的检查与防护措施，使仓库设备和人员尽可能少受侵蚀。

3. 绿色装卸搬运

绿色装卸搬运是指为了尽可能减少装卸搬运环节产生的粉尘、烟雾等污染物而采取的现代化的装卸搬运手段及措施。在实施绿色装卸搬运过程中，要做到消除无效搬运、提高搬运活性、注意货物集散场地的污染防护工作等。

4. 绿色包装

实施绿色包装是指采用能够循环复用、再生利用或降解腐化，且在产品的整个生命周期中对人体及环境不造成危害的适度包装。简而言之，绿色包装是指采用节约资源、保护环境的包装。绿色包装一般具有4个方面的含义：一是材料最省，废弃物最少，且节省资源和能源；二是易于回收再利用和再循环；三是废弃物燃烧产生新能源而不产生二次污染；四是包装材料最少且能自行分解，不污染环境。

5. 绿色流通加工

绿色流通加工是指出于环保考虑的无污染流通加工方式及相关政策措施的总和。实施绿色流通加工，一是要变消费者分散加工为专业集中加工，以规模作业方式提高资源利用率，以减少环境污染，如餐饮服务业可以通过对食品的集中加工，减少家庭分散烹调所造成的能源和空气污染；二是要集中处理消费品加工中产生的边角废料，以减少消费者分散加工所造成的废弃物污染，如流通部门对蔬菜的集中加工，减少了居民分散垃圾丢放及相应的环境治理问题。

6. 绿色信息收集和管理

物流不仅是商品空间的转移，也包括相关信息的收集、整理、储存和利用。绿色信息收集和管理是企业实施绿色物流战略的依据。面对大量的绿色商机,企业应从市场需求出发,搜集相关的绿色信息,并结合自身的情况,采取相应的措施,深入研究信息的真实性和可行性。绿色信息的搜集包括绿色消费信息、绿色科技信息、绿色资源和产品开发信息、绿色法规信息、绿色组织信息、绿色竞争信息、绿色市场规模信息等。绿色物流要求收集、整理、储存各种绿色信息,并将其及时运用到物流实务中,以促进物流的进一步绿色化。

7. 企业绿色物流管理

企业绿色物流管理是将环境保护的观念融入企业物流经营管理之中,它涉及企业供应链管理的各个层次、各个领域、各个方面、各个环节,要求在企业供应链中时时处处考虑环保与可持续发展,处处体现绿色。绿色物流的运行和管理是一致的,仅有物流运作的绿色化,而管理上因循守旧、墨守成规是行不通的。物流管理只有树立绿色的思想,运用先进的绿色技术手段,争取绿色的绩效,才能与绿色物流运营同步,进而发挥更大的作用。

8. 绿色物流政策

长期以来,在物流活动中造成资源浪费、环境污染的厂家和个人并不承担或仅承担其成本的很小一部分,而这种消极行为的受害者并不是这些行为的履行者。为了解决这种负外部经济效应,需要政府在整个社会层面对物流领域进行干预。从这种意义上说,绿色物流事业既包括厂商和个人行为,又包括政府行为。政府绿色物流政策的实施工具包括通过立法和制定行政规则,将节约资源、保护环境的物流要求制度化;动用舆论工具进行环境伦理、绿色观念、绿色意识的大众宣传;利用税收及收费手段对物流污染制造行为予以限制和惩罚;以基金或补贴的形式对节约资源、保护环境的物流行为予以鼓励和资助;利用产业政策直接限制浪费资源和制造污染的物流企业的发展;支持绿色产业的发展;等等。

12.3 物流系统的绿色评价

物流系统的绿色评价是指把物流系统作为一个整体,将物流系统的环境影响评价适用于标准框架,作为衡量物流系统与环境的相适应程度的重要标志。

物流系统的绿色评价不仅是一个环境效益显著的行为,也是供应商取得显著社会经济效益的有效手段。实施物流系统的绿色评价,最大限度地提高资源利用率、减少资源消耗,可降低物流成本。

物流系统的绿色评价主要包括环境影响评价与资源消耗评价。

12.3.1 物流系统的环境评价

在非绿色物流活动中,可能对经济和环境造成的影响见表 12-1。

表 12-1 非绿色物流活动对经济和环境的危害

物流活动	物流活动中的非绿色成分	绿色物流目标
运输	(1) 交通工具产生的噪声、废弃等; (2) 输送的有毒有害商品的破损、泄漏; (3) 不合理的网点布局导致迂回运输	环境、安全、及时

续表

物流活动	物流活动中的非绿色成分	绿色物流目标
储存	(1) 对杀虫、菌剂等有毒品保管用的化学方法不当； (2) 易燃、易爆品因保管不当而爆炸或泄露	保质、安全
装卸	装卸不当，商品体的损坏而造成的资源浪费和废弃，甚至造成环境的污染	安全
包装	(1) 包装材料的环境污染； (2) 过度包装、重复包装造成的资源浪费	节约、环保
流通加工	(1) 加工资源的浪费、过度消费； (2) 加工产生的废弃物、废水、废气、废渣、废液	节约、环保
配送	(1) 城市交通产生的阻塞和污染； (2) 配送线路迂回、倒流	及时、安全

资料来源：邹桂花，肖东生. 绿色物流与经济的可持续发展[J]. 物流工程与管理，2009，31(8):49-51

由表 12-1 可以看出，非绿色物流活动对经济和环境存在一定的危害性。因此，有必要对物流系统进行环境评价。

在物流活动过程中产生的环境污染因素主要有以下几类。

1. 大气污染物

物流系统中的大气污染物主要来自运输环节产生的废气，运输、装卸作业中的颗粒物(烟尘、飞尘)，废弃物焚烧处置时的有毒气体等。大气污染物一般用污染物的浓度值作为评价参数，即将实际排放浓度值与评价标准的浓度值进行比较，来评价物流过程对大气环境的影响。

2. 固体废弃物

从物流活动看，产生固体废弃物的最主要环节是包装材料废弃物，其次是流通加工过程中产生的边角余料及物流过程中的破损商品。从产品的寿命周期看，缺乏可重用性导致产品报废后的大部分零部件被废弃，也产生了大量的固体废弃物。

3. 噪声污染

公路运输尤其是城市配送过程中的噪声较高；此外，在物流设施建设过程及物流结点作业过程中，均会产生较大的噪声。噪声污染程度可用噪声级来反映。

4. 废液污染物

物流过程中的废液主要来自水路运输工具的污染、物流作业机械的冷却水、洗涤水等；另外，船舶运输事故或危险品运输事故也会造成严重的废液污染。在物流作业过程中，可根据对运输工具(如船舶)、包装、流通加工及装卸作业设备的冷却水排放物的检测和分析结果进行评价。

12.3.2 物流系统的资源评价

物流系统中所提到的资源含义比较广泛，它包括物流系统活动中的原材料资源、设施设备资源和能源资源的利用率等。资源消耗速度越慢、消耗量越少或资源的重复利用率越高，就说明物流系统的资源性能越好。

1. 原材料资源

包装是物流系统占用原料资源较多的环节，包装材料的回收再利用、重复使用有助于降低产品包装的原料消耗量。流通加工过程中对资源的利用率不高，会加速原料消耗。废物的回收再利用也是节约原料消耗的有利途径。

2. 设施设备资源

包括物流活动所依赖的设施、设备、机械工具等资源，设备的利用率、设备的优化配置是设备资源评价的主要指标。

3. 能源资源

物流系统中的能源消耗主要是运输环节及装卸搬运环节的能耗。有些能源是不可再生的，有的能源可以再生。因此，衡量能源资源特性，不能仅凭能量消耗量的绝对数据来衡量，还要考虑能源类型、再生能源利用率、能量回收等。

12.3.3 物流系统绿色评价指标体系

1. 指标体系的建立

从环境性能、资源性能、经济性能和技术性能提出的物流系统绿色度评价指标体系，是对绿色物流系统绿色评价比较完整的度量，见表 12-2。

表 12-2 物流系统绿色评价指标体系

物流系统绿色度评价指标体系	环境性能	大气污染物
		固体废弃物
		噪声污染
		废液污染
	资源性能	原料资源
		设施资源
		能源资源
	经济性能	企业物流成本
		供应链物流绩效
		社会成本
	技术性能	物流装备先进性
		物流管理的信息化
		物流系统决策的科学性

资料来源：孙西敬，盖宇仙. AHP 在物流系统绿色度评价中的应用[J]. 铁道运营技术，2009，15(1):20-24

2. 物流系统的绿色评价方法

物流系统的绿色评价方法比较多，而且涉及的方法相对比较复杂。其主要评价方法有层次分析法、模糊评价法、模糊综合评价法、生命周期评价方法、粗糙集方法等。其中，美国运筹学家 T.L.Satty 教授在 20 世纪 70 年代提出的层次分析法(Analytic Hierarchy Process，AHP)较有一定的影响性。

层次分析法是一种能有效处理决策问题的多方案或多目标的方法。它是将与决策有关的元素分解成目标、准则、方案等层次,在此基础上进行定性和定量分析的决策方法。

层次分析法的基本原理是根据人的思维规律,面对复杂的选择问题,将问题分解成各个组成因素,再将这些因素按支配关系分组形成递阶层次结构。通过两两比较的方式确定层次中诸因素的相对重要性,然后综合决策者的判断,确定决策方案相对重要性的总的排序,从而做出选择和判断。根据层次分析法的基本原理,构建判断矩阵、计算权重及进行一致性检验等计算,对物流系统绿色度进行有序评价以有效的指导。

12.4 绿色物流发展策略

随着全球经济一体化的发展,国际竞争将更加激烈和残酷,人们对环境的利用和保护越来越重视。中国物流业要在激烈的全球竞争中占有一席之地,绿色物流将是赢得市场空间和长远可持续发展的必然选择。绿色物流是建立在可持续发展理论、生态经济学理论、生态伦理学理论、外部成本内部化理论以及物流绩效评价理论基础之上的、符合科学发展观要求的科学理念。在人类步入21世纪之际,物流的发展必然要求从环境保护的角度对物流体系进行改造,形成一种环境共生型的物流管理系统,改变原来经济发展与物流、消费生活与物流之间的单向作用关系,在抑制物流对环境造成危害的同时,形成一种能促进经济和消费生活健康发展的现代物流系统,即向绿色物流转变。现代绿色物流管理强调了全局和长远的利益,强调全方位对环境的关注,体现了企业的绿色形象,是一种新的物流管理趋势。

12.4.1 我国绿色物流发展主要障碍

(1) 观念陈旧,体制僵化。一方面,一些地方领导和政府传统观念仍未转变,绿色物流的思想还没确立。目前,我国还没有专门的物流部门来规划物流的发展和监督物流活动的实施,物流的运作跨越不同的行业和地区,而管理却属于不同的政府职能部门,各职能部门又对现代物流缺乏统一协调的战略思想,造成物流资源的分散和浪费。由于对物流的发展缺乏科学、前瞻性的思考,因而不少地区在一定程度上还存在着放任自流的现象。另一方面,生产者、经营者和消费者对绿色经营、绿色消费理念仍非常淡薄,绿色物流的观念几乎为零,对其中重要的绿色通道——物流环节,更没有足够地重视和关心。

(2) 基础薄弱,技术落后。目前我国物流行业的基础设施的配套性、兼容性还比较差,物流技术装备水平低,各种运输方式之间装备标准不统一,物流器具标准不配套,物流包装标准与物流设施标准之间缺乏有效衔接。这在一定程度上延缓了物流机械化和自动化水平的提高,影响了运输工具的装载率、装卸设备的荷载率以及仓储设施的空间利用率。另外,我国企业的物流信息管理水平和物流技术手段都还比较落后,缺乏必要的公共物流信息平台,不能及时、有效地提供订单管理、货物跟踪、库存查询等物流信息的服务,制约了物流运行效率和服务质量的提高。绿色物流是循环型物流,要使物流材料得到再降解利用和重复利用,必须有先进的技术,可是目前我国物流材料的再降解利用和重复利用技术都不过硬。高水平的信息化是绿色物流发展的必备条件,可是我国一些物流企业开发的软件性能比较差,即使有些软件比较适用,但有时又与客户系统不兼容。

(3) 人才短缺,研究滞后。一方面,由于我国绿色物流的理念形成不久,许多物流企业还没有完全建立发展绿色物流的概念，没有真正去承担社会责任，只是被动地适应时代环境的需要，象征性地开展一些相关工作。这在很大程度上是由于物流企业缺乏既具有环境知识又具有物流知识的高素质复合型人才。另一方面，我国在物流教育和研究方面也相当落后，从事物流研究的大学和专业研究机构还很少，物流教育缺乏规范有效的人才培育途径，物流职业教育则更加贫乏，短期培训仍然是目前物流企业培训的主要方式。这一系列的不足导致我国目前绿色物流的研究和人才培养明显落后于西方发达国家。

12.4.2 我国绿色物流发展策略

(1) 树立绿色物流观念，强化绿色物流管理。现阶段，绿色产品、绿色消费的观念在我国已基本普及，但人们对介于生产与消费之间的绿色物流还比较陌生。因此，要促进我国绿色物流有效健康的发展，就要普及全民的绿色物流观念，使全社会都能认识到绿色物流在经济可持续发展中的重要地位，从而积极主动地推进绿色物流的发展。政府一方面可以通过国民素质教育提高公民的环保意识，另一方面也可以通过报刊、电视、网络等各种媒体向公众宣传绿色物流的重要性，提供有益的信息进行引导，使绿色物流观念尽快得到普及。此外，绿色物流是可持续发展的物流形态，需要广大消费者的积极参与。所以，要大力开展消费者绿色教育，使消费者了解环境问题的严重性和有关绿色法规、政策，了解实施绿色物流的必要性和紧迫性；积极倡导绿色消费，通过绿色消费方式倡导企业实施绿色物流管理，通过绿色消费舆论推动政府实施绿色物流管理。

目前，我国的物流管理机制有许多不完善和不合理的地方，必须切实加强体制方面的研究和探索，进行绿色物流改革，加强绿色物流管理。通过深化政府管理体制改革，努力克服物流管理体制上的障碍，发挥政府的管理功能。针对我国现代物流的运作跨越不同的行业和地区，管理属于不同的部门而缺乏统一领导的情况，建议应建立必要的政府部门协调机制，用制度来统一管理物流活动，并且可以在当前政府机构改革中明确设立物流管理部门，做到管理统一、政策归口，全面规划物流的发展。

(2) 建立和完善绿色物流法规。绿色物流是当今经济可持续发展的一个重要组成部分，它对社会经济的不断发展和人类生活质量的不断提高具有重要意义。正因为如此，绿色物流的实施不仅是企业的事情，而且还必须从政府约束的角度，对现有的物流体制强化管理。政府应通过立法和制定行政规则等，将节约资源、保护环境的要求制度化，利用税收等强制措施对耗用资源和制造污染的行为进行限制和惩罚，而对节约资源、保护环境的行为则应给予一定形式的奖励。现阶段，应严格实施《环境保护法》、《固体废物污染环境防治法》以及环境噪声污染防治条例等政策法规，同时不断完善有关绿色物流的法规条例，如建立绿色物流标准、提高排污收费标准、对开展绿色物流的企业给予政策性补贴、对污染环境的企业实施税收制约等，为绿色物流行业管理提供保障，为我国绿色物流的发展创造良好的环境。

(3) 积极推行 ISO 14000 环境管理新体系。国际标准化组织于 1996 年正式颁布了 ISO 14000 系列国际环境标准，以规范企业等组织的行为，达到节省资源，减少环境污染，改善环境质量，促进经济持续、健康发展的目的。ISO 14000 系列标准包括 6 个子系统，即环境管理体系、环境审核与环境监测、环境标志、环境行为评价、产品寿命周期环境评估、产品标准中的环境指标，共给出从 ISO 14001～ISO 14100 的 100 个标准号，几乎规范了包括政府和企业等组织的全部环境行为。ISO 14000适用于一切企业的新环境管理体系，它是一张企业进入国际市场的绿卡。因此，ISO 14000也被称为国际贸易中的"绿色通行证"。

(4) 加强绿色物流基础设施建设。我国目前物流基础设施尚不完善，严重制约着物流业的发展，距离绿色物流对基础设施的要求存在较大的差距。要发展绿色物流，就必须正视我国物流业的现状，在现有基础上进行合理规划和整体设计。既要重视现有物流基础设施的更新改造，避免重复建设和资源浪费，又要加强新建设施的宏观协调和功能整合；既要加大公路、铁路、水运、航空、管道等基础设施的建设力度，又要注重加强各种运输方式之间的衔接，大力发展多式联运。

(5) 提高绿色物流技术水平和信息化水平。先进的物流技术是绿色物流发展的重要支柱。我国目前在物流技术方面面临着全面大开发的局面，新材料技术、标准化技术、生物技术、环保技术、废物利用技术、保鲜技术等都需要全面提高。同时，应用信息技术，加快物流信息化建设，建立物流网络平台，也是发展绿色物流的关键。有了物流网络平台，可以实现更广阔范围的资源共享，可以有效缩短采购周期、节约流通成本，同时也为逆向物流、共同配送等绿色物流重要措施的实现做好铺垫。

(6) 大力推行绿色采购。所谓绿色采购，就是企业内部各个部门协商决策，在采购行为中考虑环境因素，通过减少材料使用成本、末端处理成本、保护资源和提高企业声誉等方式提高企业绩效。企业内部应加大采购部门与产品设计部门、生产部门和营销部门的沟通与合作，共同决定采用何种材料和零部件以及选择什么样的供应商，与供应商采取何种合作方式。通过减少采购难以处理或对生态系统有害的材料，提高材料的再循环和再使用，减少不必要的包装和更多使用可降解或可回收的包装等措施，控制材料和零部件的购买成本，降低末端环境治理成本，提高企业产品质量(如生产获得权威认证的绿色产品)，改善企业内部环境状况，最终提高企业绩效。

(7) 实行绿色营销策略。绿色营销是企业绿色物流的一个组成部分。所谓绿色营销，是以常规营销为基础，强调把消费需求与企业利益及环保利益三者有机地统一起来，是一种较高级的社会营销。绿色营销较社会营销更重视环境保护。绿色营销的主要内容是收集绿色信息、开发绿色产品、设计绿色包装、制定绿色价格、建立绿色销售渠道及开展绿色促销等。实施绿色营销，企业一方面通过自身的绿色形象在新的国际市场环境中提高产品的环境竞争力；另一方面也承担着相应的社会责任，对公众的消费行为存在导向和强化作用，这有利于开拓绿色产品市场。

(8) 建立废弃物回收再利用系统。大量生产、大量流通、大量消费的结果必然导致大量的废弃物，废弃物处理困难，会引发社会资源的枯竭及自然环境的恶化。21世纪的物流必须从系统构筑的角度，建立废弃物的回收再利用系统。建立废弃物的回收再利用系统仅仅依靠单个企业的力量是不够的，企业不仅仅要考虑自身的物流效率，还必须与供应链上的其他关联者协同起来，从整个供应链的视野来组织物流，最终在整个经济社会建立起包括生产商、批发商、零售商和消费者在内的循环物流系统。

(9) 加强对绿色物流人才的培养。绿色物流技术的开发研究、绿色物流信息平台的建设、绿色物流具体措施的实施都离不开绿色物流研究团队和高素质的物流专业人才。从专业研究的角度看，国家应积极采取措施，充分调动相关科研机构、大学及物流企业的积极性，促进产学研的密切结合，在加快绿色物流理论研究的同时，加速理论向实践的转化。从专业人才培养的角度看，可采用长期专业教育和短期专业培训相结合的办法。长期专业教育由国家和地方教育主管部门负责，在现有基础上，鼓励更多具备条件的大专院校设立现代物流专业或物流学院，旨在培养高层次、复合型的物流管理人才；短期专业培训可由相关协会或培训机构负责，对物流企业员工进行岗前培训或在职培训，实行持证(岗位培训合格证)上岗制度，旨在提高员工的综合素质水平，培养高素质的物流技术员工。

本 章 小 结

从 20 世纪 80 年代开始，国际上的可持续发展理论开始关注于绿色物流管理活动。

绿色物流强调全局利益和长远利益，强调全方位对环保的关注，体现了企业的绿色形象，是一种全新的物流形态。绿色物流除了具有一般物流所具有的特征外，还具有学科交叉性、多目标性、多层次性、时段性和地域性等特征。

从系统论的角度来看，现代绿色物流系统是由构成绿色物流的各要素及其各要素之间相互依存的关系联系起来的，具有绿色物流某一合理的特定功能的有机整体。

物流系统的绿色评价，主要包括环境影响评价与资源消耗评价。实施物流系统的绿色评价，可以最大限度地提高资源利用率、减少资源消耗、降低物流成本。

关键术语

绿色物流　　　　绿色物流系统　　　　绿色物流管理

课堂讨论

1．结合实际，谈谈你身边的企业是如何实施绿色物流的。
2．如何对物流组织进行绿色评价？

综合练习

1．名词解释

绿色物流；绿色物流系统；绿色交通运输；绿色装卸搬运；绿色包装；绿色采购；绿色营销

2．填空题

(1) 绿色物流除了具有一般物流所具有的特征外，还具有学科交叉性、多目标性、_____、_____特征。

(2) 物流系统中所提到的资源含义比较广泛，大体来说有以下 3 类资源，即_____、_____、_____。

(3) 资源消耗速度_____、消耗量_____或资源的重复利用率_____，说明物流系统的资源性能越好。

3. 简答题

(1) 简述绿色物流的含义及特点。
(2) 简述绿色物流系统的内容。
(3) 简述绿色物流兴起的原因。

4. 论述题

(1) 论述绿色物流系统的构建的主要内容。
(2) 论述物流系统的环境评价及资源评价。
(3) 联系实际,论我国绿色物流发展存在的问题与对策。

案例分析

绿色物流——地下物流系统

1. 日本的地下物流系统

地下物流技术在相对人口集中、国土狭小的日本得到了广泛的关注。2000 年,日本将地下物流技术列为未来 10 年政府重点研发的高新技术领域之一,主要致力于研究开通物流专用隧道并实现网络化,建立集散中心,形成地下物流系统。

日本建设厅的公共设施研究院对东京的地下物流系统进行了 20 多年的研究,研究内容涉及了东京地区地下物流系统的交通模拟、经济环境因素的作用分析以及地下物流系统的构建方式等诸多方面。拟建系统地下通道总长度达到 201km,设有 106 个仓储设施,通过这些设施可以将地下物流系统与地上物流系统连接起来。

系统建成之后能承担整个东京地区将近 36% 的货运,地面车辆运行速度提高 30% 左右;运输网络分析结果显示每天将会有超过 32 万辆的车辆使用该系统,成本效益分析预计系统每年的总收益能达到 12 亿日元,其中包括降低车辆运行成本、行驶时间和事故发生率以及减少二氧化碳和氮化物的排放量带来的综合效益。该系统规模大、涵盖范围广,它的优点在于综合运用各学科知识,并与地理信息系统紧密结合,前期研究深入、透彻,保证了地下物流系统的高效率、高质量、高经济效益以及高社会效益。

2. 荷兰的地下物流系统

荷兰的国土面积比较小,交通压力一直是个最大的问题。建立专业的地下物流系统是荷兰发展城市地下物流系统的显著特点。荷兰首都阿姆斯特丹有着世界最大的花卉供应市场,往返在机场和花卉市场的货物供应与配送完全依靠公路,对于一些时间性很高的货物(如空运货物、鲜花、水果等),拥挤的公路交通将是巨大的威胁,供应和配送的滞期会严重影响货物的质量(鲜花耽搁 1 天贬值 15%)。

因此,人们计划在机场和花卉市场之间建立一个专业的地下物流系统,整个花卉的运输过程全部在地下进行,只在目的地才露出地面,以期达到快捷、安全的运输效果。该地下物流系统的特点是服务对象明确、针对性强。因此要求系统设计、构建和运行等过程必须全部按照货物质量要求的标准来规划;其局限性在于建造费用高、工程量大。

资料来源:佚名. 绿色物流案例[EB/OL]. 2008.3.24. http://www.chinawuliu.com.cn/cflp/anli/

思考分析题:

1. 试分析日本、荷兰地下物流系统建立的原因。
2. 通过查询相关资料,试列举出中国的地下物流系统建设的例子。

第13章 供应链管理

【本章教学要点】

知识要点	掌握程度	相关知识	应用方向
供应链的含义	掌握	供应链的含义、结构、特点、类型	根据供应链的结构及特点，了解不同行业的供应链类型
供应链整合与优化	理解	供应链整合的原则、内容；优化的目标、方法	对某个企业的供应链实施整合或优化
供应链管理	掌握	供应链管理含义、原则、内容	供应链管理的内容
供应链网络设计	了解	供应链设计的步骤	对某个企业的供应链网络进行设计
供应链管理绩效评价	了解	供应链管理绩效评价概念、内容、方法	能针对实际企业的供应链绩效进行评价

【本章教学目标与要求】

- 掌握供应链的含义，弄清其结构模型、分类、特点；
- 理解供应链整合内容和目标，学会使用供应链优化方法；
- 掌握供应链管理含义，掌握其内容和原则；
- 了解供应链网络设计的困难和影响因素；
- 了解供应链管理绩效评价的概念，掌握其内容及评价方法。

> **戴尔计算机成功的直销模式**
> ——来自背后的一套高速、高效的超级供应链管理
>
> 　　强森在一家中型企业担任经理一职。他最近想要购买一台新的个人计算机，但他很忙，因此决定到网上找找看。他一开始先登了自己最喜爱的网站之一：科技信息网。这个网站在与科技相关的项目上可以为强森提供许多专业的建议，在个人电脑这一类，网站最终向他推荐了戴尔、东芝和康柏这三家品牌。于是，强森接下来首先造访了戴尔的网站。他一方面想要配有平面显示器和重复读写式光驱的计算机，另一方面又想把价钱尽量压低。于是，他用戴尔的规格设定精灵选择了自己想要的计算机，结果价钱低于2000美元，若加上运费和税金则是2175美元。
> 　　接着，他又登录了康柏的网站。强森惊讶地发现，这里看起来跟戴尔几乎一模一样——同样的明细表、同样增加配备的价格、同样的目录，甚至连辅助键都一样(这与他在6个月前见到的截然不同)。他设定好想要的配置，整个流程还算顺畅，可事后的金额却比戴尔贵了200美元。
> 　　然后，他又继续登录东芝的网站。本以为会获得类似的经验，但事实却出乎其意料。东芝的网站让人无从着手，而且该网站也无法自行设定想要的计算机，甚至无法直接销售给他。因此，强森很快便离开了。
> 　　"除了品牌声誉外，我要的是可以自行设定自己需要的产品。"于是，强森最后又回到了戴尔的网站。
> 　　从该案例可以看出，客户对戴尔计算机的直销模式的偏爱，是因为戴尔计算机背后存在着一套高速、高效的超级供应链管理。
>
> 资料来源：张阿娟. 一体化供应链管理[M]. 上海：立信会计出版社，2006. 第43-49页

　　戴尔计算机背后存在的一套高速、高效的超级供应链管理只是现代供应链管理中的一斑。随着全球经济一体化进程的加快，企业之间分工越来越细，同时要求企业之间的合作也越来越强烈。合作竞争时代的到来，使竞争无国界与企业相互渗透的趋势越来越明显。市场竞争实质上已不再是单个企业之间的较量，而是供应链与供应链之间的竞争。因此，采用先进的管理理念和管理方法，打造一条围绕企业核心竞争力的，快速、高效、随需应变的供应链是现代企业的发展目标。

13.1　供应链概述

13.1.1　供应链的含义

1. 美国学界的供应链定义

(1) 美国供应链协会认为：供应链是涉及从供应商的供应商到顾客的顾客的最终产品生产与交付的一切努力。

(2) 美国学者史迪文斯认为：供应链是通过增值过程和分销渠道控制从供应商的供应商到用户的用户的流程，它开始于供应的源点，结束于消费的终点。

(3) 美国供应链专家 Robert 和 Nicho1s 给出供应链的如下定义：供应链包括了产品从原材料阶段一直到最终用户手中这一过程中，与产品的流动和转化，以及伴随的信息有关的活动。信息在供应链上可以向下流动，也可以向上流动。

2. 国内学界的供应链定义

2001年，中国发布的《物流术语》国家标准(GB/T 18354—2001)对供应链的定义是：生产及流通过程中，涉及将产品或服务提供给最终用户活动的上游与下游企业所形成的网链结构。

2006年，中国发布的《物流术语》国家标准(GB/T 18354—2006)对供应链的定义是：生产及流通过程中，为了将产品或服务交付给最终用户，由上游与下游企业共同建立的网链状组织。

目前，对供应链引用率比较高的一个定义为：供应链是围绕核心企业，通过对信息流、物流、资金流的控制，从采购原材料开始，制成中间产品以及最终产品，最后由销售网络把产品送到消费者手中的将供应商、制造商、分销商、零售商，直到最终用户连成一个整体的功能网链结构模式。在该定义中，供应链是指一个范围更广的企业结构模式，它包含所有加盟的结点企业，从原材料的供应开始，经过链中不同企业的制造加工、组装、分销等过程直到最终用户。它不仅是一条连接供应商到用户的物料链、信息链、资金链，而且是一条增值链。物料在供应链上因加工、包装、运输等过程而增加其价值，给相关企业都带来收益。

总之，在供应链中既包括制造商和上游的零件、原材料供应商，也包括下游的批发、分销商、零售商和最终客户本身。供应链涵盖了从供应商的供应商到客户的客户之间有关最终产品或服务的形成和交付的一切业务活动，在这些活动中反映了不同经营主体间合作、竞争和利益的关系，因此，体现客户价值链增值是供应链运作的意义所在。

13.1.2 供应链的结构

由供应链的定义可知，供应链结构是一个网链结构，如图13.1所示。它是由围绕核心企业的供应商、供应商的供应商、客户以及客户的客户组成。一个企业就是一个结点，结点企业与结点企业之间是一种需求和供应的关系。

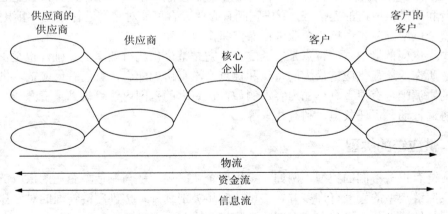

图 13.1 供应链"网链"结构模型

在图13.1中，它是一个最基本的"网链"结构模型，在实际供应链运作过程中，相应的"网链"结构会复杂得多。

从图13.1中，很容易看出它是一种横向一体化的供应运作方式。在20世纪80年代以前，纵向一体化供应链居多，该种模式的优点是核心企业因拥有对其他企业的行政管理权，能够有效控制供应链上的资金流、物流和信息流，而缺点是公司需要承担巨大的投资风险并容易滋长公司官僚主义，经营的多元化和管理层级过多，难以适用于现代快速变化的消费者主导的市场。

自 20 世纪 80 年代以来，横向一体化的供应链模式逐渐盛行，相比于纵向一体化，横向一体化有诸多优点，例如，它有利于核心企业降低投资风险、构建核心竞争力、成员企业利益共享等。现在的供应链管理的理论和实践主要针对横向一体化供应链模式。

13.1.3　供应链的特点

供应链这种网链结构模型，每个结点代表一个经济实体以及供需两个方面。它主要具有以下特点：

(1) 以物资产品为核心，以产品运作为主要内容。产品运作主要包括产品的制造支持(原材料、零部件、设备工具的供应)、装配或筹集(主要是指产品购进、储存)及产品分销(销售、配送)等。

(2) 多层次结构。包括供应商、生产商、分销商、零售商、最终消费者或用户等多个层次。

(3) 多功能集成。供应链集成了产品运作的多种功能，包括购进、加工和分销的业务功能，同时包括策划、设计和作业等多种操作功能，也包括包装、装卸、运输、搬运、储存和信息等多种物流功能。

(4) 协调配合。供应链是由多个单元结合起来，综合完成多种功能的有机结合体，这就要求供应链各个单元需要进行很好的协调配合。没有协调配合，供应链就不可能很好地运行。

(5) 有特定的目的。供应链的目的是指整个供应链的最终产品要满足最终用户的需求，并使这种满足需求的活动能够做到成本更低、效果更好。供应链中的每个企业的产品不一定是供应链的最终产品，每个企业的用户也不一定是供应链中的最终用户。但是它们作为供应链中的成员，都要对供应链的最终产品能满足最终用户的要求作出自己的贡献。

(6) 由核心企业操作。供应链一般由核心企业进行操作和管理，只有核心企业才是上游供应链和下游供应链的连接点，所以它既有必要又有可能对它们进行策划、组织和控制，因此，整个供应链应当由核心企业进行操作和管理。

其中，供应链最根本的特点是协调配合。它是整个供应链效率的基础，也是供应链的生命力之所在，还是供应链最大的特点和优点。没有协调配合，就没有供应链。供应链成员之间的协调配合有很多具体的内容，例如，在更大的范围内统筹规划、资源共享、分工负责、协调行动、责任共担、利益共享等。

13.1.4　供应链的类型

供应链有很多不同的类型，例如：零售型企业的供应链与制造型企业的供应链就存在差异。供应链类型的划分有许多方式，可按产品类别划分、按供应链管理的对象和范围划分、按网状结构划分、按分布范围划分以及其他的划分方式等。

1. 按产品类别划分

1) 功能型供应链

对于功能性产品(一般用于满足客户的基本需求，变化很少，具有稳定的、可预测的需求，一般具备大于两年的较长寿命周期，但它们的边际利润较低，按订单生产的提前期较长，大约 6～12 个月，例如，日用百货等)，由于市场需求比较稳定，比较容易实现供求平衡。对各成员来说，最重要的是如何利用供应链上的信息，协调它们之间的活动，以便使整个供应链的费用降到最低，从而提高效率。其重点在于降低其生产、运输、库存等方面的费用，即以最低的成本将原材料转化为产成品。

2) 创新型供应链

对创新性产品(产品需求一般不可预测，寿命周期也较短，一般1~3年，例如时装等。一旦畅销，其单位利润就会很高，随之会引来许多仿造者，基于创新的竞争优势就会迅速消失)，市场的不确定性是问题的关键。因而，为了避免供大于求造成的损失，或供小于求而失去的机会收益，管理者应该将其注意力集中在市场的调解及其费用上。这时管理者既需要利用供应链中的信息，还要特别关注来自市场的信息。这类产品的供应链应该考虑的是供应链的响应速度和柔性，只有响应速度快、柔性程度高的供应链才能适应多变的市场需求，而实现速度和柔性的费用则退为其次。

2. 按供应链管理的对象和范围划分

根据供应链管理的对象及其范围，可分为企业供应链、产品供应链、基于供应链合作伙伴关系(供应链契约)的供应链3种类型。

1) 企业供应链

企业供应链是就单个企业所提出的含有多个产品的供应链管理。该企业在整个供应链中处于主导者的地位，不仅考虑其与供应链其他成员的合作，也较多地关注企业多种产品在原料购买、生产、分销、运输等方面的技术资源的优化配置问题，并且拥有主导权。

2) 产品供应链

产品供应链是与某一特定产品或项目相关的供应链。基于产品供应链的供应链管理，是对由特定产品的客户需求所拉动的、整个产品供应链运作的全过程的系统管理。比如，衬衣制造商是供应链的一部分，它的上游是化纤厂和织布厂，下游是分销商和零售商，最后到最终客户。按定义，这条供应链的所有企业都是相互依存的，但实际上它们却彼此并没有太多的协作，它们要关注的是围绕衬衣所连接的供应链结点及其管理。

3) 基于供应链合作伙伴关系(供应链契约)的供应链

供应链合作伙伴关系主要是针对这些职能成员间的合作进行管理。供应链的成员可以定义为广义的买方和卖方，只有当买卖双方组成的结点间产生正常的交易时，才发生物流、信息流、资金流的流动和交换。表达这种流动和交换的方式之一就是契约关系，供应链上的成员通过建立契约关系来协调买方和卖方的利益。另一种形式是建立在与竞争对手结成的战略合作基础上的供应链合作伙伴关系。

3. 按网状结构划分

供应链以网状结构划分有发散型的供应链网("V"型供应链)、会聚型的供应链网("A"型供应链)和介于上述两种模式之间的供应链网("T"型供应链)之分。

1) "V"型供应链

"V"型供应链是供应链网状结构中最基础的结构。如石油、化工、造纸和纺织企业，其物料是以大批量的方式存在，经过企业加工转换为中间产品，提供给其他企业作为它们的原材料。生产中间产品的企业的客户往往要多于供应商，呈发散状。这类供应链在产品生产过程中的每个阶段都有控制问题，在这些发散网络上，企业生产大量的多品种产品使其业务非常复杂。为了保证满足客户服务需求，企业需要库存作为缓冲，这样就会占用大量的资金，这种供应链常常出现在本地业务而不是全球战略中。

2) "A"型供应链

当核心企业为供应链网络上的最终客户服务时,它的业务在本质上是由订单和客户驱动的。在制造、组装和总装时,它们遇到一个与"V"型结构供应链相反的问题,即为了满足相对少数的客户需求和客户订单,需要从大量的供应商手中采购大量的物料。这是一种典型的会聚型的供应链网络,即"A"型供应链。例如,航空工业(飞机制造)、汽车工业等方面的企业,就是受服务驱动的,它们将精力集中在重要装配点上的物流同步上,为了解决物料问题,这就需要关键路径的供应链成员紧密地联系和合作。

3) "T"型供应链

介于上述两种模式之间,许多企业通常结成的是"T"型供应链。这种情形在接近最终客户的行业中普遍存在,如医药保健品、汽车备件、电子产品、食品和饮料等行业;那些为总装配提供零部件的公司也同样存在,如为汽车、电子器械和飞机主机厂商提供零部件的企业。"T"型供应链是供应链管理中最为复杂的,因为这类企业往往投入大量的金钱用于供应链的解决方案,需要尽可能限制提前期来稳定生产而无须保有大量库存。这种网络将在现在和将来的供应链中面临最复杂的挑战,预测和需求管理总是此种供应链成员考虑的一个重点。

4. 其他划分

供应链还可以根据不同的划分标准,分为以下几种类型。

1) 根据供应链存在的稳定性分

可以将供应链分为稳定的供应链和动态的供应链。基于相对稳定、单一的市场需求而组成的供应链稳定性较强,而基于变化相对频繁、复杂的需求而组成的供应链动态性较高。

2) 根据供应链容量与客户需求关系分

可以将供应链分为平衡的供应链和倾斜的供应链。一条供应链具有一定的、相对稳定的设备容量和生产能力(所有结点企业能力的综合,包括供应商、制造商、运输商、分销商、零售商等),但客户需求处于不断变化的过程中,当供应链的容量能满足客户需求时,供应链处于平衡状态;平衡的供应链可以实现各主要职能(采购/低采购成本、生产/规模效益、分销/低运输成本、市场/产品多样化和财务/资金运转快)之间的均衡。而当市场变化加剧,造成供应链成本、库存和浪费增加时,企业就不是在最优状态下运作的,供应链则处于倾斜状态。

3) 根据供应链功能模式(物理功能和市场中介功能)分

可以将供应链分为有效性供应链和反应性供应链。有效性供应链主要体现供应链的物理功能,即以最低的成本将原材料转化成零部件、半成品、产品,以及在供应链中的运输等;反应性供应链主要体现供应链的市场中介的功能,即把产品分配到能够满足客户需求的市场,对未来预知的需求做出快速反应等。

4) 根据供应链的市场适应性分

可以将供应链分为推动式供应链和拉动式供应链。推动模式是传统的供应链模式,是指根据产品的库存情况,有计划地将产品推销给客户。而拉动模式是指源于客户需求,客户是供应链中一切业务的源动力。在拉动模式中,通常是通过订单来实现拉动的。

5) 根据供应链的结构形态分

可以将供应链分为直线型供应链和网链型供应链。直线型供应链是一种最简单的供应链结构,即每一个结点成员只与一个上游成员和一个下游成员相连接,这样连接而成的供应链是一个直线型的供应链。这种供应链形态在企业外部供应链、产业链和全球网络供应链中较少出现,较常见是在企业内部和动态企业联盟中。网状型供应链多存在于产业供应链和全球网络供应链中,这种结构中的每一个结点成员至少与一个上游成员和一个下游成员相连接,这样连接而成的供应链是一个网状型的供应链。每一个环节上都有至少一个或多个供应链成员,如果在某一个环节上只有一个成员,则该成员一定是这个供应链的核心成员。

13.2 供应链的整合与优化

供应链运转失灵的原因主要归咎于不确定因素和牛鞭效应(牛鞭效应主要表现为市场的细微变化使供应链上游生产企业得到的需求信息被变异放大,正如执鞭者轻挥牛鞭就会在鞭梢产生巨大的抖动)的存在。要想提高供应链运转效率,改变运转失灵的局面,必须设法消除这些不确定因素和牛鞭效应,为此,需要研究供应链的整合和优化问题。

13.2.1 供应链的整合

1. 供应链整合的目标

供应链整合目标是构造一个价值链上所有连接组织的更紧密的互联,通过这种紧密的互联使得企业能够以正确的成本,在恰当的时间和地点提供正确的产品。供应链整合通过在各组织之间的良好协作和沟通,以及充分发挥各组织的效能,形成新兴的"虚拟"组织——各组织在业务过程中相互协作以获得全体客户的满意。

2. 供应链整合的原则

在供应链的整合过程中,应遵循一些基本的原则,以保证供应链的整合和重建能满足供应链管理思想得以实施和贯彻的要求。

1) 自顶向下和自底向上相结合的整合原则

在系统建模整合方法中,存在两种整合方法,即自顶向下和自底向上的方法。自顶向下的方法是从全局走向局部的方法,自底向上的方法是从局部走向全局的方法;自顶而下是系统分解的过程,而自底而上则是一种集成的过程。在整合一个供应链系统时,往往是先由主管高层做出战略规划与决策,规划与决策的依据来自市场需求和企业发展规划,然后由下层部门实施决策,因此供应链的整合是自顶向下和自底向上的综合。

2) 简洁性原则

为了能使供应链具有灵活快速响应市场的能力,供应链的每个结点都应是精简的、具有活力的、能实现业务流程的快速组合。比如供应商的选择就应以少而精的原则,通过和少数的供应商建立战略伙伴关系,以减少采购成本,推动实施JIT采购法和准时生产。

3) 集优原则(互补性原则)

供应链的各个结点的选择应遵循强强联合的原则,达到实现资源外用的目的,每个企业只集中精力致力于各自核心的业务过程,就像一个独立的制造单元或独立的制造岛,这些所谓的单元化企业具有自我组织、自我优化、面向目标、动态运行和充满活力的特点,能够实现供应链业务的快速重组。

4) 协调性原则

供应链业绩好坏取决于供应链合作伙伴关系是否和谐，因此建立战略伙伴关系的合作企业关系模型是实现供应链最佳效能的保证。只有和谐而协调的系统才能发挥最佳的效能。

5) 动态性(不确定性)原则

动态性(不确定性)在供应链中随处可见，由于不确定性的存在，导致了需求信息的扭曲。因此要预见各种不确定因素对供应链运作的影响，减少信息传递过程中的信息延迟和失真，增加透明性，提高预测的精度和时效性。

6) 创新性原则

创新设计是系统整合的重要原则，没有创新性思维，就不可能有创新的管理模式，因此在供应链的整合过程中，创新性是很重要的原则。

7) 战略性原则

供应链的建模应具有战略思想观点，要减少不确定因素的影响，体现供应链发展的长远规划和预见性，供应链的系统结构发展应和企业的战略规划保持一致，并在企业战略指导下进行。

3. 供应链整合的内容

供应链整合的重点内容包括供应链信息整合、成员企业协同运作和创建成员企业利益协调机制三大方面。

1) 供应链信息整合

供应链信息整合是指供应链成员企业之间信息和知识资源的共享。通过对需求信息、存货状况、生产安排、促销计划、市场预测和货运安排等诸多信息共享，可以明了整个供应链的价值增值空间，也能避免成员企业之间因信息阻塞引起过高的库存、迟缓的市场反应速度和错误的生产销售计划。

在信息共享的基础上，供应链成员企业可以在明确应改进的环节后，有针对性地采取措施改进内部、外部及整个供应链的资源运作效绩。通过信息整合实现供应链成员企业之间的信息交流、信息交换和信息共享。信息整合是供应链整合的基础和前提，只有基于准确、及时、充分的信息，供应链成员企业才能正确地做出供应链系统改进决策。

2) 供应链成员企业协同运作

供应链成员企业协同运作是进行供应链整合的具体行为。只有各个成员企业之间积极地进行相互的协调合作，整个供应链才不会由于成员间的相互争斗而丧失整个系统优势。供应链成员企业之间一方面要树立以大局为重的观念，通过利益调整，协调结点企业的库存、物料采购、生产、营销和货运计划，使供应链的整体优势得到具体体现；同时要保证各个企业都能从这一供应链共同体的运营中获得效益。另一方面，供应链应遵循强强联合的原则选择供应链网链的各个结点企业，使各个企业集中精力致力于各自核心业务的优化，以实现供应链整体业务体系的协同运作。

3) 创建供应链成员企业利益协调机制

创建供应链成员企业利益协调机制是确保企业围绕供应链整体利益运行的制度保障。因为企业追求的目标是自身利润最大化，这可能和供应链共同体追求的系统最优目标相违背。

因此，有必要建立一种利益协调机制，比如供应链的主导企业为了提升产品上市速度而要求供应商准时供货，这势必增加供应商的供应成本，这就要求主导企业从由于加快上市速度而获取的超额利润中适当让利，给予其供应商一定的补偿。这一供应链管理方法在美、日两国的汽车制造商如福特、通用、丰田、本田等公司中得到了广泛的应用，也同样在计算机行业如 DELL、HP 等品牌中得到了应用。

只有通过建立精确的可以量化的成员企业利益协调机制，才能使各个企业协调一致，共同为提升供应链整体优势而做出努力。

供应链整合也涉及功能整合，也称过程整合，包括供应链采购、运输、制造、储存、流通加工、货物跟踪等活动。整合的思路是使供应链商流、物流、信息流和资金流畅通、协调，运作效率大大提高，把资源重新配置的决策权、工作职责等交给供应链中最佳位置的成员去运作，从而对供应链设施、设备、人力、资金等进行优化利用。

13.2.2 供应链的优化

1. 供应链优化的内容

1) 供应链优化要解决的问题

由于供应链中信息的不确定性，一成不变的模式不可能解决所遇到的限制和目标之间的贸易关系，即使在一个具有清晰结构的、优化的供应链模型中也是如此。在经济环境变化压力的推动下，供应链的基本框架也需要伴随着供应链联盟的动态变化不断地进行优化。供应链优化必须解决如下问题，才能有利于提高企业的核心竞争力。

(1) 维持哪些核心资源的可持续发展优势？
(2) 如何培植核心企业业务活动的可持续发展能力？
(3) 将哪些非核心业务活动外包给具有潜力的伙伴供应商？
(4) 明确为各种业务活动优化配置资源的策略。
(5) 为企业内部活动和外部活动建立明确的目标。

2) 供应链优化的内容

一个性能优异的供应链体系应该做到：内部活动价值的最大化，同时，能够发展稳定的伙伴关系，实现外部活动价值的最大化。因此，在供应链优化过程中应该详细考虑如下几个方面的内容。

(1) 扩展化的企业、供应链成员、企业目前的内部活动，供应链成员承担的外部活动。
(2) 网络化的可能性，一系列可得资源或配置资源以及重新规划的活动。
(3) 利用外部和内部资源的策略，利用不同规模资源的策略，以及资源应用策略对产品价格策略的影响。

在企业中所形成的供应链模型，需要站在全社会的高度进行优化，建立宏观的优化模型，特别是寻找整个供应链薄弱环节的能力。

2. 供应链的优化方法

根据供应链优化方法的实际使用情况的不同，可将其分为下面几类。

1) 常用优化方法

(1) 基于规则的系统。它不是优化工具，但是广泛应用于控制系统中。基于规则的系统能控制几百甚至几千个规则。规则系统与规则之间的相互关系非常复杂。如果系统改变而规则没有改变,则系统不能保证所求出的解最优。基于规则的系统有神经元系统、ILOG系统等。

(2) 线性规划。这种是应用最广泛的优化工具,通常用于资源分配问题中。任何有决策变量、线性目标函数和线性约束条件的问题都属于线性规划。

(3) 约束传播。受约束条件的影响,每一约束都有一定的变量范围。变量域的减少会引起与约束条件相关的变量数目减少。此法在大网络约束条件时尤其有效。

(4) 遗传算法。通过改进已有的解找出最优解。尽管为了得到最优解,遗传算法要做很多次迭代,然而它求解过程简单,运行速度很快。此类优化方法特别适合那些约束条件和目标函数比较复杂的问题,如非线性函数。

2) 其他优化方法

供应链的优化方法还包括快速反应方法、有效顾客响应方法、价值链分析方法、作业成本法(ABC 方法)和 CPFR 方法等。这些方法也被认为是供应链的管理方法。

(1) 快速反应方法。快速反应(QR)是指在供应链中,为了实现共同的目标,零售商和制造商建立战略伙伴关系,利用 EDI 等信息技术,进行销售时点的信息交换及订货补充等其他经营信息的交换,用多频度、小数量配送方式连续补充商品,以实现缩短交货周期、减少库存,提高客户服务水平和企业竞争力的供应链管理方法。快速反应(QR)最重要的作用在于,在降低供应链总库存和总成本的同时提高销售额。所以,成功的快速反应供应链伙伴关系将提高供应链上所有伙伴的获利能力。

(2) 有效顾客响应方法。有效顾客响应(ECR),即由零售商、批发商与厂商等供应链结点企业互相协调和合作,更好、更快,以更低的成本为顾客提供更多价值的一种供应链管理方法。ECR 旨在消除供应链中不增值的环节,减少成本,提高整个供应链的运行效率,以便最有效地满足客户的需求。在这个体系中供应链各成员为了提高客户满意度这个共同的目标而相互协作、共享信息并共同出谋划策。

(3) 作业成本法(ABC 方法)。作业成本法(Activity-Based Costing, ABC)是一种通过对所有作业活动进行追踪动态反映,计量作业和成本对象的成本,评价作业业绩和资源的利用情况的成本计算和管理方法。ABC 方法是一个过程,它将企业的直接成本与间接成本分配到各个主要活动中去,然后将这些活动分配给相关的产品和服务。通过把企业主要活动和特定的产品或服务联系起来,帮助管理者了解耗费资源的真正原因和每项产品与服务的真实成本。

(4) CPFR 方法。CPFR 是协同(Collaborative)、规划(Planning)、预测(Forecasting)和连续补货(Replenishment)的缩写,简称为 CPFR。CPFR 应用一系列的处理和技术模型,提供覆盖整个供应链的合作过程,通过共同管理业务过程和共享信息来改善零售商和供应商的伙伴关系、提高预测的准确性,最终达到提高供应链效率、减少库存和提高消费者满意度的目标。CPFR 适用于所有的行业,覆盖整个供应链的合作过程。CPFR 是零售商和制造商之间更高程度的信任,合作伙伴达成通用业务协议,发展联合业务计划,承诺共享预测和为供应链的成功运作提供持续保证,从而共担风险、共享利润,提高整个供应链的竞争优势。

(5) 价值链分析方法。价值链分析方法(Value Chain Analysis，VCA)由美国战略管理学家 Porter 于 1985 年第一次提出。价值链是一种高层次的物流模式，由原材料作为投入资产开始，直至原料通过不同过程售给顾客为止，其中做出的所有价值增值活动都可作为价值链的组成部分。价值链的范畴从核心企业内部向前延伸到了供应商，向后延伸到了分销商、服务商和客户。这也形成了价值链中的作业之间、公司内部各部门之间、公司和客户以及公司和供应商之间的各种关联和相互依赖关系，进而影响价值链的业绩。价值链中作业之间的依赖程度越高(即它们的联系越强)，就越需要协调和管理价值链中结点企业之间的关系，目的就是要在各方相互信任的基础上，利用共享的有关信息，对整个价值链中相互依赖的作业进行定位、协调和优化，使生产资源的分工协作和物流过程组织成为总成本最低、效率最高的供应链，使处在价值链上的各结点企业具有共同的价值取向，取得最大的价值增值，从而实现多赢的目的。

3. 供应链优化的约束理论

1) 约束理论的基本思想

由以色列 Eliyahu M.Goldratt 博士提出的约束理论(Theory Of Constrains，TOC)指出任何一个多阶段的生产系统，如果任一个阶段的产出取决于前一个或几个阶段的产出，于是，产出能力最低的那个阶段决定整个系统的产出能力。

TOC 可以运用到供应链领域。供应链网络上的任何一个结点企业，由于其在产出能力、成本或运作水平方面落后，形成了约束整个供应链的"瓶颈"。当然，供应链的整体运作水平与绩效水平，受限于这个"瓶颈"。

2) 约束理论的原则

(1) 强调物流平衡。追求生产能力平衡，还是追求物流能力平衡，往往是企业面临的关键且容易犯错的两难选择。

单个工厂或单个物流中心仓库，往往不假思索地追求运作过程中的各环节生产能力的平衡。但是，市场与客户需求在时刻变动，而企业的生产能力是相对稳定的，那么，如果企业生产能力已经饱和了，是否一定就自然而然满足了市场需求呢？答案当然是否定的。

在供应链网络系统中，要以市场为导向，提高客户服务水平，就必须放弃生产能力的平衡，面对变动的市场与客户需求，注重各个阶段与"瓶颈"环节同步，追求供应链的总提前期最短、库存最小。

(2) "瓶颈"环节决定其他环节。供应链上的"瓶颈"环节，作为生产能力的瓶颈，决定了供应链的产出能力，如果不考虑瓶颈，盲目加大其他环节的产出能力，结果一定是在供应链的环节间制造积压与库存。

(3) "瓶颈"环节要充分利用。在"瓶颈"环节上浪费时间或不充分利用，将直接导致供应链的总提前期延长与产出能力降低。

(4) 不要进行非"瓶颈"环节的优化。在一个供应链上，如果运输配送是"瓶颈"环节，单纯将装卸器具设备与人员的准备时间提前 30 分钟，只会增加 30 分钟的等待时间。当然，调整压缩装卸器具设备与人员环节、车辆调度环节、运输配送环节与客户交接环节 30 分钟，则会压缩总提前期与库存，提高供应链的运作水平。

在由供应商、制造商、分销商、零售商以及最终客户形成的供应链网络上，"瓶颈"环节是动态的、显性或隐性的。寻找约束、解决约束、寻找新约束、解决新约束动态地连续地工作,以提升供应链运作水平与绩效水平。

"瓶颈"环节往往存在于供应链网络中的某一结点企业上,供应链网络运用约束理论优化,可以表现为该结点企业内部功能的调整,但更多地表现为供应链网络结点企业的取舍的组织优化。

13.3 供应链管理概述

在竞争日益激烈的市场环境下,供应链管理已成为企业的生存关键与利润源泉,几乎所有的企业管理者都认识到了供应链管理对于企业战略举足轻重的作用。IBM商业价值研究院连续3年的供应链价值调研发现:企业管理者普遍认为,供应链管理的主要目标是提高利润、降低成本、提高服务质量和响应速度。因此,采用先进的管理理念和管理方法,打造一条围绕企业核心竞争力的、快速、高效、随需应变的供应链是现代企业的发展目标。

13.3.1 供应链管理的含义

供应链管理(Supply Chain Management,SCM)一词最早在20世纪80年代初期提出。国内外有关供应链管理的定义非常多,比较有代表性的有以下几种。

我国2001年发布实施的《物流术语》国家标准(GB/T 18354—2001)中对供应链管理的定义是:利用计算机网络技术全面规划供应链中的商流、物流、信息流、资金流等,并进行计划、组织、协调与控制。

我国2006年发布实施的《物流术语》国家标准(GB/T 18354—2006)中对供应链管理的定义是:对供应链涉及的全部活动进行计划、组织、协调与控制。

美国供应链协会认为:供应链管理包括贯穿于整个渠道的管理供应与需求、原材料与零部件采购、制造与装配、仓储与存货跟踪、订单录入与管理、分销,以及向客户交货。

供应链管理是用系统的观点通过对供应链中的物流、信息流、资金流进行设计、规划、控制与优化,以寻求建立供、产、销企业以及客户间的战略合作伙伴关系,最大程度地降低内耗与浪费,实现供应链整体效率的优化并保证供应链中的成员取得相应的绩效和利益,来满足顾客需求的整个管理过程。它覆盖了从供应商的供应商到用户的用户的全部过程,强调的是通过改善企业内部和企业间的关系,对供应链上的所有活动进行集成管理以获得持续稳定的竞争优势。

供应链管理这一概念的提出主要基于两个方面的原因:一是激烈的市场竞争使得原来那种单一型的企业竞争难以适应快速变化的客户需要,任何一个企业必须在提高内部业务运作效率的基础上,加强与上下流企业的紧密合作,才能更好地生存与发展,实施供应链管理是企业降低成本、提高应变能力的重要举措;二是随着信息技术的飞速发展,企业可以在全球范围内获取资源并销售产品,全球化的业务运作需要由更加有效的管理理念和实现技术作为其支撑,供应链管理的思想和方法正适应了这一需要,由此而得到普遍关注。

13.3.2 供应链管理的原则

从DELL、IBM等国际著名企业供应链管理的成功经验可以看出,企业借助于良好的供应链管理，可以将企业的物流管理水平提高到一个新的层次。

著名的安达信咨询公司提出了实施供应链管理应遵循的七项原则。

(1) 根据客户所需的服务特性来划分客户群。有效的供应链管理应按顾客不同的服务需求来进行划分，而不考虑其属于何种行业，对每一类顾客提供相应的服务。

(2) 根据客户需求和企业可获利情况设计企业后勤网络。该原则也称为物流网络顾客化原则。在设计物流网络时，应高度重视顾客对服务的需求和照顾到顾客方的利益。

(3) 倾听市场需求信息，及时发现需求变化早期警报，并据此安排和调整计划。有效的供应链管理应该跨越企业之间的界线，而从整个供应链的各环节综合考虑，即供应链中的核心企业在进行销售和生产计划时，应该了解其供应商的供应商和顾客的顾客的有关信息，因此有必要关注市场变化并在整个供应链范围内随之响应。

(4) "延迟"策略。很多书本中将这一策略理解为"在离顾客最近的地方实现产品的差异化"。随着经济的发展，人们对于产品的需求呈现多样化，即使同一产品也有很多种变异。为了解决满足顾客需求和压缩库存周期这一对矛盾，一种好的办法是尽可能在制造过程中延迟产品的差异化，将其放到某个离顾客实际需求最近的地方。

(5) 与供应链的上、下游企业建立双赢的合作策略。传统的采购管理往往要求供应商以最低的价格供货而不考虑其长期关系，而好的供应链管理要求以一种更为开明的思想来看待这个问题。生产企业应与供应商密切合作，以使占有和存储物品的总体费用最省，降低产品的市场价格，提高自身和供应商双方的边际效益，实现利益共享。

(6) 在整个供应链领域建立信息系统。作为成功进行供应链管理的基础之一，信息系统可以提供清楚的产品流、服务流、资金流和信息流，可用来辅助各级决策的制定。良好的信息系统是供应链运行成功的关键所在。

(7) 建立整个供应链绩效考核准则，供应链最终验收标准是客户满意度。在整个供应链全范围内进行绩效考核，对供应链的评价不应仅仅只考虑企业内部的功能完成情况，而应考察整个供应链的全部环节，从整体角度来衡量。

13.3.3 供应链管理的内容

供应链管理主要涉及4个主要领域：供应、生产计划、物流、需求。在以上4个领域的基础上，可以将供应链管理细分为职能领域和辅助领域。职能领域主要包括产品工程、产品技术保证、采购、生产控制、库存控制、仓储管理、分销管理等。而辅助领域主要包括客户服务、制造、设计工程、会计核算、人力资源、市场营销等。

由此可见，供应链管理关心的并不仅仅是物料实体在供应链中的流动，除了企业内部与企业之间的运输问题和实物分销以外，供应链管理还包括以下主要内容。

(1) 战略性供应商和用户合作伙伴关系管理。

(2) 供应链产品需求预测和计划。

(3) 供应链的设计(全球结点企业、资源、设备等的评价选择和定位)。

(4) 企业内部与企业之间的物料供应与需求管理。

(5) 基于供应链管理的产品设计与制造管理、生产集成化计划、跟踪和控制。

(6) 基于供应链的用户服务和物流(运输、库存、包装等)管理。

(7) 企业间资金流管理(汇率、成本等问题)。

(8) 基于Internet/Intranet的供应链交互信息管理等。

13.4 供应链网络设计

供应链网络设计(Supply Chain Network Design)是指供应链上的生产厂、存储库、运输相关设施等的布局架构和能力安排。在今天复杂多变、竞争异常激烈的商业环境下,人们越来越认识到管理眼光从企业内部向整个供应链扩展的必要性。供应链是高度规则化运作的网络系统,供应链网络设计尤其重要。

13.4.1 供应链网络设计的影响因素

1. 战略性因素

公司战略对供应链网络设计具有指导性作用。基于成本战略的公司,其考虑的是尽量降低公司的运营成本,于是设施选址首要考虑的因素是地价和劳动力,并使其达到最低。基于客户战略的公司,它们一般认为使客户享受最满意的服务、在最短时间内响应客户需求才是公司战略的根本,于是这类公司会把设施选址在最方便到达客户的地方,即便这意味着代价较高的地租;而基于混合型战略的跨国供应链网络,可能在某些地区以成本战略为指导,而在另外一些地区则采用客户战略。

2. 技术因素

不同技术水平的产品,其相应的供应链网络设计侧重点也不同。对于高科技精密制造产业,例如 CPU 芯片制造业,存在巨大的规模效应,这是因为产品创新的成本很高,唯有大规模生产的生产线才可以取得较低的平均成本;同时由于技术要求高,开设新厂的投资代价非常高。这类产业供应链的生产性设施具有地域高度集中的特征,主要通过原有生产设施的扩张来扩大生产能力。对于技术含量相对较低产品的供应链,可以用经济学的"弹性"来更客观地描述技术因素对供应链网络设计的影响,如果产品技术弹性低,即不同市场对产品的技术要求各不相同,那么这类产品的供应链就有必要在各个市场分别开办生产分厂。反之,如果产品技术弹性高,即同一种产品在不同市场都适用,那么这类产品的生产性设施会比较集中。

3. 宏观经济因素

包括税收、关税、汇率和其他一些经济因素,这些因素是独立于单个企业的外部因素。随着贸易的增长和市场的全球化,宏观经济因素对供应链网络的成败产生了很大影响。因此,迫使企业在进行供应链网络设计决策时必须考虑这些因素。

4. 政治与文化因素

政治稳定因素的考虑在布局中起着十分重要的作用。一般来说,企业倾向于将企业布局在政局稳定的国家,因为这些国家的经济贸易规则较为完善,可以有效避免政治动荡对企业经营的影响。同时,一个国家的文化也是吸引企业在这些国家进行供应链布局的重要因素。

5. 基础设施因素

良好的基础设施是在特定区域进行布局的先决条件。糟糕的基础设施使得在这一区域进行商务活动的成本增加。关键的基础设施因素包括场地的供给、劳动力的供给、靠近运输枢纽、靠近机场、码头和高速公路入口、交通密集和地方性公用事业发展状况等。

6. 竞争性因素

企业在设计供应链网络时必须要考虑到竞争对手的战略、规模和设施布局。如果市场竞争氛围是倡导共赢，则企业会把设施建在竞争对手旁边，以促进双方共赢发展。如果处在瓜分市场为主的竞争环境下，企业会尽量把设施建在尚待开发的新市场中，这样做的目的是可以避免其他已瓜分市场的进入风险，尽快抢占新市场的市场份额，形成对竞争对手的无形进入壁垒。

7. 对顾客需求反应时间因素

设计供应链网络时，企业必须对考虑到对客户需求的反应时间。客户若能容忍较长的反应时间，那么企业就能集中力量扩大每一设施的生产能力。相反，如果企业的客户群认为较短的反应时间很重要，那么它就必须布局在离客户较近的地方。

8. 运营成本因素

伴随着供应链网络的重新架构，一些设施的角色、选址、分配能力都要发生改变，这样会减去一些非优化成本，同时也会造成一部分新支出。供应链运营成本的两个重要来源是物流成本和设施相关成本。供应链网络设计需要综合考虑各类成本的变化，重新设计的目的一般是要使总的运营成本降低。

13.4.2 供应链网络设计的步骤

供应链的网络设计包括以组织为网点的供应链网络结构和以设施、资源为网点的物流网络设计两个主要方面。本教材主要介绍第一种以组织为网点的供应链网络结构设计。

供应链的网络结构是以核心企业为中心，连接其他成员的组织结构的依据。供应链中的每一个企业是一个结点，各结点企业之间是一种需求与供应的关系。从原材料到最终消费者的过程中，有很多的企业加入到供应链中。

供应链网络设计包括以下步骤。

1) 确定核心企业的地位

实践表明，供应链运作的成功与否以及整个供应链竞争力的强弱，在很大程度上取决于供应链上核心企业的影响力。供应链上的核心企业，即供应链领导者，它应该具有如下的能力。

(1) 在行业中具有相当的影响力和规模。
(2) 能优化整合和配置供应链上的资源。
(3) 有良好的商业信誉。
(4) 能协调供应链上各方的关系。
(5) 拥有强大的信息技术支持能力。

2) 确定关键型和支持型供应链成员

供应链管理很大程度上是通过共同的利益将众多的企业联系在一起。要确定供应链网络的结构，有必要先了解与核心企业发生直接或间接贸易关系的企业。

为了更容易地管理复杂的供应链网络，需要根据一些原则，比如这些成员对于核心企业创造价值的多少，对于核心企业战略发展的影响力等原则，来区分关键型成员和支持型成员。关键型成员指那些与核心企业结成战略伙伴关系，在为特定的客户和市场产生特定输出的业务流程中，能够自行运营和管理并带来高增值的企业。支持型成员指为核心企业提供资源、知识、设备的企业。例如，租赁卡车给制造商的公司、借钱给零售商的银行、提供仓库的仓储公司等。

3）确定网络结构的维度

供应链网络的结构包括横向结构和纵向结构。横向结构指跨越供应链层次的数目，纵向结构指每一个层次出现的供应商或用户的数目。供应链的横向结构可以很长，可以拥有多级供应商和用户，而每一级供应商或用户的数量不多；当然，供应链也可以是横向很短，而纵向很长。

供应链维度的设计，纵向和横向都不宜过长，应该遵从资源优化配置的原则。纵向很长会使企业的资源分散，削弱管理能力；横向很长会使得供应链管理更加复杂。因此，如果纵向很长可以应用职能剥离的原则减少职能层数目；如果横向很长可以精简供应链成员数目，使其优化。

4）确定成员间的业务流程连接程度

识别供应链成员间不同类型的业务流程的连接程度，有助于在供应链上不同业务流程中合理分配稀缺资源。成员间的业务流程连接有 4 种类型，分别是：管理型的业务流程连接、监控型的业务流程连接、非管理型的业务流程连接和非成员型的业务流程连接。

5）绘制供应链网络图

不同的业务流程有着不同的供应链结构。因此，可以先确定单个的业务流程，然后将它们集中在一张总的供应链网络图中。也可以根据供应链网络设计原理绘制相应的供应链网络图。

13.5　供应链管理的绩效评价

13.5.1　供应链管理绩效评价内容

一般认为，供应链管理绩效评价是指围绕供应链的目标，基于供应链业务流程，对供应链整体、各环节运营状况，以及各环节之间的营运关系等所进行的事前、事中和事后分析评价。供应链绩效评价指标以非财务指标为主，包括反映供应链动态的运营状况，以及上下结点企业之间运营关系的一系列评价指标。对供应链绩效评价而言，其目的是为了辅助供应链成员企业进行战略、战术与运营的决策，及时发现供应链中存在的问题，规范各成员的行为。

根据供应链管理运行机制的基本特征和目标，供应链绩效评价应该不仅能反映供应链整体运营状况，而且还能反映供应链上各个结点企业之间的运营关系。因此，供应链绩效评价主要包括内部绩效评价、外部绩效评价、供应链综合绩效评价 3 个方面的内容。

1. 内部绩效评价

内部绩效评价主要是对供应链上的企业内部绩效进行评价，侧重于考虑供应链对企业的激励。进行供应链绩效评价需要立足于供应链整体的角度，而不同于一般意义上的企业立足于自身对内部绩效的评价。

评价的主要内容包括成本、质量、顾客服务、生产率、资产等。内部绩效评价将注意力集中在内部效益的产生或服务客户的活动上，并可与最强的竞争对手或其他行业中表现最佳的公司进行比较。这种比较可以克服内部比较所产生的不切实际的安全感、骄傲情绪，以及员工之间的敌对情绪，并可以将这种情绪转化为面向市场的竞争力。

内部绩效评价的传统方法着重于财务指标的衡量，包括赢利能力、资本营运状况、偿债能力等。近几年来，企业发展能力和风险管理能力等也得到了关注。

2. 外部绩效评价

外部绩效评价主要是对供应链上的企业之间运行状况进行评价，包括从用户满意度的角度评价上下游企业之间的合作伙伴关系，核心企业对其他结点企业的激励，以及供应商、制造商、零售商之间的相互激励等。

供应链外部绩效的评价是供应链绩效评价的一个重要方面。其度量的主要指标有用户满意度、上下游企业合作关系、最佳实施准则比较等。用户满意度指标反映了供应链上下结点企业之间的关系融洽程度，是衡量外部绩效的主要指标。

3. 供应链综合绩效评价

供应链综合绩效评价主要是从整体角度考虑不同供应链之间的竞争，为供应链在市场中的生存、组建、运行、撤销的决策提供依据。其主要目的是通过绩效评价，获得对整个供应链运行状况的了解，找出供应链运营中的问题并及时予以纠正。评价内容主要包括成本、时间、顾客满意度、资产等几个方面。

在进行供应链绩效评价时需要明确的是，企业对供应链绩效评价的侧重点可能不同。有些企业可能侧重于物流评价、采购与供应评价、组织评价等方面。

13.5.2 供应链管理绩效评价方法

供应链管理绩效评价的方法很多，有标杆法、平衡计分卡法、SCOR 模型法(Supply Chain Operation Reference Model，供应链运作参考模型法)、指标体系法、专家定性判断法、层次分析法、综合评分法等。下面介绍其中的几种。

1. 标杆法

标杆法是美国施乐公司确立的经营分析手法，以定量分析自己公司现状与其他公司现状，并加以比较。

标杆法的主要特点在于：将那些出类拔萃的企业作为企业测定基准，以它们为学习的对象，迎头赶上，并进而超过它们；标杆法除要求测量相对最好公司的企业的绩效外，还要发现这些优秀公司是如何取得这些成就的，并利用这些信息作为制定企业绩效目标、战略和行动计划的基准；作为企业测定基准的优秀公司也并非局限于同行业中的佼佼者，它可以是在各种业务流程的活动中已取得出色成绩的企业；标杆法并不一定总是与竞争对手比较，也可以与非竞争对手比较。

2. 平衡记分卡法

平衡计分卡通过建立一个全新的绩效评估体系，为管理人员提供了一个全面的框架，用以把企业的战略目标转化为一套系统的绩效评测指标。平衡计分卡法应用于绩效评估与控制,可以克服传统的绩效评估的不足,将财务测评指标和业务测评指标结合在一起使用,从而能够同时从几个角度对绩效进行快速而全面的考察。

平衡计分卡法使用了一些关键的绩效指标,其中大多数是非财务的,与传统的财务导向指标相比,它们为管理者提供了实现战略目标更好的方法。如果能够识别与战略目标的实现相关的关键绩效指标,以这些指标为基础,就可以建立相应的绩效衡量的平衡计分卡。

3. SCOR 模型法

SCOR 模型在 1996 年底由美国供应链协会发布。SCOR 模型以应用于所有工业企业为目的,帮助企业诊断供应链中存在的问题,进行绩效评估,确立绩效改进目标。

SCOR 模型涵盖了供应链中的所有性能指标,为企业规范供应链达到最佳实施进行指导。SCOR 模型结构基本划分为 5 大流程模块:计划、采购、生产、发运和退货。通过分别描述和界定这些供应链流程模块,SCOR 模型就可以以最通用的标准把一个实际上非常简单或极其复杂的供应链流程完整地描述出来。

在 SCOR 模型中定义了供应链运作参考模型的范围和内容,并确定了企业竞争性能目标的基础。其中提出了度量供应链主要的性能指标,有以下几种。

(1) 交付性能。按时或提前完成订单和(或)计划的比率、完成订单性能、订单完成提前期、生产的柔性、供应链管理总成本、资金周转时间、存货供应天数等。

(2) 发运速度。成品库按接到订单 24 小时内发运的比率、全部订单完成率、供应链响应时间、增值生产率、保修返修成本、资金周转次数等。

4. 专家定性判断法

专家定性判断法是凭借专家个人经验评价物流与供应链绩效的一种主观评价方法。该方法一般通过选择和推荐,由专家寄出评语的方式进行。评价等级通常分为一、二、三(或甲、乙、丙)3 级,等级的区分通过评语措词上的差异体现出来,例如在核心企业竞争力方面,"极强"表示一级,"强"表示二级,"一般"表示三级。

专家定性判断法的优点是简便易行,无烦琐的计算和公式推导;缺点是人为性大,容易受到各种主观因素(如情感、态度等)的干扰,精确度不高。

在评价过程中,专家的评语一般依据某一预先制定的评价标准给出,见表 13-1。

表 13-1 物流与供应链绩效评价标准

等级 指标	一级	二级	三级
指标 1 指标 2 ⋮ 指标 n	(极强)	(强)	(一般)

在表 13-1 中提供的各项指标中,如果有 2/3 项(或 2/3 项以上)达到一级标准,则可认定绩效为一级水平;如果有 2/3 项(或 2/3 项以上)达到二级或二级以上标准,则可认定绩效为二级水平;如果有 2/3 项(或 2/3 项以上)达到三级或三级以上标准,则可认定绩效为三级

水平;如果分别达到一、二、三级标准的项目总计不足 2/3 项,则可认为绩效比较糟糕,达不到等级水平。

5. 层次分析法

层次分析法(Analytic Hierarchy Process,AHP)是美国运筹学家萨蒂(T.L Satty)教授于 20 世纪 70 年代中期提出来的一种实用的多准则评价方法。

层次分析法是指依据问题的性质和要达到的总目标,将一个复杂的研究对象划分为递阶层次结构,同一层的各因素具有大致相等的地位,不同层次的因素间具有某种联系;再对单层次的因素构造判断矩阵以得出层次单排序,并进行一致性检验;最后,为了计算层次总排序,采用逐层叠加的方法,从最高层次开始,由高向低逐层进行计算,推算出所有层次对最高层次的层次总排序值。对每一层的递推,都必须作相应的层次总排序的一致性检验。

由于层次分析法相对简单实用,在供应链管理、物流管理的绩效评价中得到了广泛的应用。

本 章 小 结

在 20 世纪 80 年代以前,纵向一体化供应链居多,由于它存在许多缺陷,20 世纪 80 年代以来,横向一体化的供应链模式逐渐盛行。相比于纵向一体化,横向一体化供应链有利于核心企业降低投资风险、构建核心竞争力、成员企业利益共享等,因而被企业界、学术界广泛认同。因此,现在的供应链管理的理论和实践主要针对横向一体化的供应链模式。

供应链的类型有很多,每个企业所面向的供应链类型都是不一样的。供应链运转失灵的原因主要归咎于不确定因素和牛鞭效应的存在。要想提高供应链运转效率,改变运转失灵的局面,必须设法消除这些不确定因素和牛鞭效应。

供应链管理主要涉及 4 个主要领域:供应、生产计划、物流、需求。

供应链网络设计是供应链战略决策的关键内容。供应链的网络设计包括以组织为网点的供应链网络结构和以设施、资源为网点的物流网络设计两个主要方面。对供应链网络进行优化,可以提高整个供应链的运作水平与绩效水平。

供应链绩效评价内容主要包括内部绩效评价、外部绩效评价、供应链综合绩效评价 3 个方面。

供应链管理绩效评价方法主要有标杆法、平衡计分卡法、SCOR 模型法、指标体系法、专家定性判断法、层次分析法、综合评分法等。

 关键术语

供应链	供应链整合	供应链优化
供应链管理	供应链网络	供应链网络优化
供应链网络设计	约束理论	供应链管理绩效评价

课堂讨论

1. 结合不同的行业，讨论该行业中典型企业的供应链的特点。
2. 结合管理学知识和某一具体企业供应链，讨论如何有效地提升供应链的运作水平。
3. 建立供应链管理绩效评价指标体系应包括哪些内容？

 **综合练习**

1. 名词解释

   供应链；供应链管理；供应链整合；供应链优化；价值链分析方法；供应链管理绩效评价

2. 填空题

   (1) 供应链是一种典型的_____一体化经营思想。

   (2) 供应链管理主要涉及 4 个主要领域：_____、_____、_____、_____。

   (3) 供应链绩效评价内容主要包括_____、_____、_____。

   (4) 供应链网络设计的步骤包括确定核心企业的地位、确定关键型和支持型供应链成员、_____、_____、_____。

   (5) SCOR 模型结构基本划分为_____、_____、_____、_____和退货 5 大流程模块。

3. 简答题

   (1) 简述供应链的特点。
   (2) 简述供应链整合的目标与原则。
   (3) 供应链优化要解决哪些主要问题？
   (4) 什么是供应链优化约束理论？
   (5) 简述供应链管理的原则。
   (6) 供应链网络设计的影响因素有哪些？

4. 论述题

   (1) 结合我国供应链发展实际，试论进行供应链管理的重要性。
   (2) 论述如何进行供应链的优化。
   (3) 试论如何进行供应链网络设计。
   (4) 论述供应链管理的内容。
   (5) 试论供应链管理绩效评价指标体系的建立。

案例分析

联想供应链与采购战略

联想集团是一家极富创新的国际化科技公司,主要生产台式电脑、服务器、笔记本电脑、打印机、掌上电脑、主机板、手机等商品。联想作为一个主要做IT的公司,在IT行业中,第一个特点是主要产品价格波动大、风险大、影响因素非常复杂,比较难以准确预测,另外市场发生变化的时候,就需要快速的调整,这样才能够满足客户的需要,避免库存带来的风险。第二个特点是部件更新换代非常快也非常频繁,按照联想的统计,基本上每两天就有一个机型发生大的或者是小的改动,产品的降价速度也非常快,那么就必须要准确地预测市场的需求,才能满足客户的订单,又不能有很多的库存。再就是客户差异化的需求也日益强烈,又要保证标准化,又要很好地满足客户差异化的需求。另外很多物料的价格多数是来自于上一个供应商,上一个供应商利益驱动情况非常明显,并且很多供应商具有寡头垄断或者是少数寡头的特点,所以供应商对整个行业的影响实际上也是非常大的,这是IT行业在供应链以及在采购环节的一些主要的特点。

1. 联想在供应链和采购方面的一些基本状况

首先,在供应链和采购方面,联想是采取一体化的运作体系,联想集团把采购、生产、分销以及物流整合成一个统一的系统,整个联想集团负责生产的管控,包括生产制造一些系统的管理,从战略层、执行层在整个集团有一个统一的策略、统一的协调。

从联想的供应链来看,它有300多家的供应商,要管理整个国内的客户渠道有5000多家。在联想内部,也有分布在北京、上海和惠阳的3个工厂,目前生产的主要产品除了台式电脑、笔记本、服务器之外,还有MP3等其他的数码产品,应该说是一个非常复杂的供应链体系。

联想的物料主要分为国际采购物料和国内采购物料,这些国际性的物料,基本上都是通过香港,然后分别转到国内的惠阳、上海和北京,在国内的物料会直接发到联想的各个工厂,然后由各个工厂制作成成品,然后发到代理商和最终的用户。这是联想的供应链双链的模型,通过接收链和交互链很好的协同,达到更好地响应供应的变化,来满足客户的需求。

联想这几年也是基本上在做一个供应模式的转变,以前也是一个以基本的库存驱动模式满足客户需求,这种库存驱动也不能很好地满足客户需求,主要是根据客户需求来确定整个供应链的管理,从而来调整从采购、生产到销售的各个环节流程。

联想在运作模式上,目前还并不是一个完全按订单生产的企业,这也与它们面对的客户群有关。联想目前主要的客户60%~70%来自于个人和中小型企业。所以,联想的运作模式也是采取一种安全库存结合按订单生产的方式,一般会有1~2天成品的安全库存,会根据用户的订单来快速地响应客户和市场的需求。

2. 供应链管理模式下的有效管理

在这样的供应链管理模式之下,公司主要是解决如下4个方面的问题。

(1) 怎样保证一个比较准确的预测。预测最基本条件要基于历史数据,因为联想从市场和代理商当中积累了大量的历史数据,通过对销售的历史数据分析会发现,产品的销量跟很多的实践因子相关,比如说服务市场自然的增长、季节的因素、联想做的一些优惠活动、新产品的推出等,都会影响市场的销量。所以,联想针对每一个实践因子都会牵动一个数字的算法、一个数学的模式,通过准确的分析和线性的回归对这些因子进行线性的评估,从而确定在运算方面的一个模型。通过这种预测模式,加上对代理商和区域市场对客户的预测,同时得出联想在短期和长期以及非产品对整个市场多维度的预测。

在准确预测方面,首先这个预测是一个多维度的,它包括了对产品在不同的区域、不同的时期、不同渠道的预测。它受很多因素、很多事件的影响，例如，会受到一些像节假日、新品促销等的影响；另外，在预测方面也是应用了很多算法，像指数的平滑法、加权平均、线性回归，联想通过一些销售体系使得在预测方面提高了30%。

(2) 在预测出现偏差的时候，怎样进行快速调整。预测偏差的调整涉及两个方面：一个方面是采购计划方面的调整。采购计划的调整，除了刚才讲到的需要根据预测的调整之外，还要根据这种采购的提前量、安全库存的策略以及采购批量等的影响，另外还要根据联想在国内多个工厂、多个库存地的实时的计划，从而确定采购计划应该怎样进行调整和改变。目前，当销售发生调整或者供应商的状况发生变化的时候，联想可以做到在几个小时之内，把几十种产品、几千种物料、面对几百家供应商的计划调整完毕，这样就加快了对市场反应的速度，提高了应对的能力。另一方面是再生产计划方面的调整。目前联想通过电子商务和主要的代理伙伴和代理商和分销商进行合作，基本上每年会有2000多张订单进入联想，联想也是通过这种生产计划系统来快速地完成生产计划的制订，并且可以很快地根据这种生产计划提供给供应商比较准确的送料计划，来达到和供应商的协同。

通过销售的预测以及采购计划和销售计划的调整，一方面可以实现内部快速对市场供应的变化的调整。另外一方面通过需求协同，更好地使客户得到整个分销渠道的库存和协调的状况。另外通过供应商的系统可以更好地和供应商实现交货的计划和采购订单及预测等方面信息的协同，从而可以保证从客户端一直到联想内部的系统和供应商端实现整体的信息协同和同步。

(3) 对于客户定制方面联想的一些做法。客户可以根据他自己的选择，自动地进行配置，系统可以自动地提供报价，这样客户就可以在网上选择产品，并且可以得到实时的价格以及供货的时间，这是联想的客户订单系统实际情况。

公司通过销售预测可以比较准确地来把握市场的变化和用户的需求。通过采购计划、生产计划，可以更好地协调在供应市场和这种销售市场发生变化时的应对，通过需求协同和供应商的协同，可以达到市场的需求以及供应商的供应状况和联想整个的统筹中心，另外通过客户自动的配置系统，来更好地满足客户差异化的需求。

通过这种供应链的管理，通过销售订单以及各方面的物料、运输、采购、生产资源信息，就可以更好地来协调联想的采购、生产、配送和订单的交付，从而可以更好地满足客户的需求。

从指导思想来讲是两个维度，一个是能够更好地满足客户需求，从而达到高效的决策，另外一点是快速的信息获得，满足客户的订单。

(4) 如何进行供应商的协同。在供应商的协同方面有两点：一点是做到全程协同，这样就包括在产品研发过程当中要和供应商进行同步开发；在品质和供应弹性以及成本方面，需要进行一个持续的改善；在采购价格方面需要供应商能够保持最佳的竞争力，这是在协同方面。还有一点，采取全程紧密的策略。首先在供应商端实现优胜劣汰，寻找有竞争力的合作伙伴，另外在供应商端设立相应的采购平台，加强日常的管理，对于这种突发问题的解决以及持续改善项目的推进，是联想进行供应商协同的一个主要的目的，就是要确保在业界自由的供应商争夺以及采购资源的争夺中，能够保持一种有利的战略位置。因为当前的竞争已经不单纯是一个企业和企业之间的竞争，而是企业和企业之间供应链的竞争。

基于刚才在供应商协同的一个理念，联想会定期地对采购的策略进行一些相应的制定，制定整体的采购策略，并且根据采购策略的情况确定是否需要导入新的供应商，进行供应商策略的调整。日常对供应商的管理和绩效会定期进行一个评估，评估主要是从研发、质量、服务、供应以及成本5个方面来进行。另外，会根据这种评估的结果和供应商进行一些日常的采购的管理，这是一个总体在采购的主要流程。

联想对供应商的策略以及对物料采购的策略，也是根据采购金额和物料的风险确定了四大类：战略型、杠杆型、关键型和策略型。针对不同类型的供应商、不同的物料采取不同的策略，从而达到在不同情况下采购资源的最大化。

然而在采购策略上联想除了希望和供应商之间采取双赢的策略外，还采取了非常紧密的战略，并引入了优胜劣汰的机制。

基于刚才的介绍,联想的采购组织除了目前在北京的采购本部,另外在上海、香港、深圳和台北这些IT行业供应商比较集中的工厂所在地,也建立了相应的采购平台,从而加强了对供应商本地的监控,以及相应的一些日常管理。

在供应商协同方面,联想主要做了以下几方面工作。

(1) 第一方面:确定供应商总体策略,包括价格成本以及采购比例控制;引入淘汰机制以及框架协议签署;在研发当中为成本制造提供更多方便服务;定期的和供应商之间互惠地协作,更好地推进合作。

(2) 第二方面:在品质产品方面的服务主要有:新品供应商的管控;品质的管理;对一些重要零部件上游供应商的管控;定期对供应商工厂生产线进行审核。

(3) 第三方面:对供应商供应能力方面的管理:在供货方面管理主要是涉及新品进入过程中的管控,在新品导入时怎样能够上市、上市方面的管控、物料退出时的管理和控制。

(4) 第四方面:对供应商服务方面的管理:主要涉及索赔和维修服务方面支持的管控,和供应商之间共同对供应商财务状况的分析及对日常方面索赔和物料导控方面的管理。

资料来源:佚名. 联想供应链管理与采购战略[EB/OL]. 2006.9.29. http://www.chinawuliu.com.cn/cflp/anli/

思考分析题:

1. 联想在IT行业中的主要特点是什么?
2. 联想是如何在供应链管理模式下进行有效管理的?
3. 联想的供应链管理模式对国内IT行业有何借鉴意义?

第14章 国际物流管理

【本章教学要点】

知识要点	掌握程度	相关知识	应用方向
国际物流概述	掌握	国际物流概念、基本分类、国际物流与国际贸易的关系	弄清国际物流与国际贸易的区别与联系
国际物流业务	了解	国际货物运输、仓储、配送	掌握国际物流业务作业内容
国际物流服务	了解	国际货运代理、船舶代理、国际快递	确立国际物流服务先进理念
国际物流管理	理解	国际物流目标管理、质量管理、绩效管理	理解国际物流管理方法

【本章教学目标与要求】

- 掌握国际物流的概念及特点；
- 了解国际物流与国际贸易的关系；
- 了解国际物流业务形式；
- 了解国际物流服务内容；
- 理解国际物流管理手段；
- 熟悉国际物流发展趋势。

芬芳的物流

Frimenich 是位于瑞士日内瓦的一个家族企业，已有 110 年制造香水和香料的历史。它也是世界上最大的私营企业之一，其生产基地和销售市场遍布全球。Frimenich 负责全球配送和物流的总监 Vincent Zumwald 说："这些国际活动使我们公司的物流部面临重大挑战。我们的产品高达 70%被列为危险品。"

Frimenich 在几年前，顺应时代潮流，开始外包物流服务。全球各地的 Frimenich 的分公司都引入了 SAP 这一商业软件解决方案，此 IT 系统的全面应用将在 2008 年彻底完成。Frimenich 仍然有一些中间产品和外包业务。一个国际物流供应商已经接管了空运货物的标签业务并且准备好了在日内瓦(瑞士)的空运货单。此外，瑞士货运集团在法国里昂为 Frimenich 设立了一个中转仓库。所有运到欧洲客户手中的产品被储存在那里，在日内瓦工厂生产的香料也被送到那里。来自国外的货物也被储藏在里昂。如果有必要，它们需要重新贴上标签，为进一步的运输做准备。

1. 透明的供应链

Frimenich 指定了两个未透露名字的公司作为自己在欧洲的主要物流供应商。Frimenich 还操纵着设在美国 Frimenich 工厂的各种各样的中间产品，并且还管理着出口产品的配送。这两个物流供应商的 IT 系统和 Frimenich 的 IT 系统是相连的，所以它们能准时接收到迫切需要装运的通知，这保证了 Zumwald 准确了解货物在供应链中的详情。Frimenich 依赖一个澳大利亚物流供应商来完成到东欧的货流。一个明显的趋势是减少代理商的数目。3 个物流供应商对于 Frimenich 在欧洲的业务来说已经足够了。

Frimenich 主要通过这 3 个运输公司来管理配送。Frimenich 的采购部通常禁止 DDU(未完税交货)合同，所以公司只需要完成海关手续。不过，Frimenich 签订了北部港口到岸价格(成本，保险，运费)合同，然后不得不组织从港口到生产工厂的运输。Frimenich 现在正试图将通过鹿特丹的运输方式合理化。Frimenich 在大约 120 个国家都有供应商。这个配送物流策略比已有的物流策略要优越。这个香水制造商目前正在考虑是否引入 DHE 的"控制塔"工具。这些多式联运的管理工具能够在全世界范围内进行部署，并且在瑞士化学公司 Ciba 和多个高科技企业证明了其价值。

大约 50%的国外货物是通过空运完成的，剩余的则通过海运。Frimenich 的物流部门正试图通过海运运输更多的货物以节省开支。海运方式已在生产工厂和分公司之间的货流方面取得了良好的进展。卡车当然是必须的。在欧洲，交付物主要通过卡车转交。它们通常在 48 小时内到达目的地。运往斯堪的纳维亚和比荷卢诸国的货物是通过在沃尔姆(Worm，德国)的一个枢纽港完成的。这个公司的物流计划不考虑铁路。

2. 强大的团队

Frimenich 的物流部门从接受订单到发送货物(订单提前期)不超过 10 天，所以物流部门承受着压力，因为有时候接受订单后才开始生产产品。大量的海关审查、警察核查、交通拥挤及天气问题自然都是物流部门所讨厌的。

对于 Frimenich 的物流部门来说，有一点是非常重要的，那就是其员工和物流供应商训练有素，遵守所有的运输和海关审核法规。各种法规使问题更复杂。Frimenich 在它的投资组合中有 6 万多种产品。因此每一项规则的修订都会引起一系列流程的改变。诸如 IT 系统和标签等，不得不改变。

资料来源：徐剑华，任沙. 芬芳的物流[J]. 物流时代，2007.6

从 Frimenich 公司成功的国际物流模式可以得出：科学先进的国际物流管理思想和方法与高素质的员工团队是国际物流企业发展壮大不可或缺的重要因素。通过国际物流环节中的物流工具、物流技术及物流人员的优化和现代化，现代国际物流企业可以实现降低企业、社会物流成本及提升服务水平等目标。

14.1 国际物流概述

随着经济全球化的快速发展,物流全球化的时代已经到来。作为国际贸易有力的支撑与影响因素,国际物流已成为现代物流研究与建设的重要领域。

14.1.1 国际物流的概念

所谓国际物流是指当生产和消费在两个或两个以上的国家或地区独立进行的情况下,为了克服生产和消费之间的空间距离和时间距离,而对物资(货物)所进行的物理性移动的一项国际经济贸易活动。国际物流是不同国家之间的物流,国际物流是国内物流的延伸和进一步扩展,是跨国界的、流通范围扩大了的物的流通。国际物流是国际贸易的一个必然组成部分,各国之间的相互贸易最终都将通过国际物流来实现。

物流发展与经济全球化有着密不可分的关系,全球经济中的物流变化是随着经济全球化程度的加大而不断复杂。物流跨越国界的基础就是世界经济全球化、一体化的发展。同时,现代信息技术的发展、贸易管理政策的标准化等也为物流业的延伸和跨国发展扫除了障碍,例如,1950—1999 年,全球货物贸易值(未剔除价格变动因素)由 607 亿美元增加到 56100 亿美元,50 年增长了近百倍,充分说明在国际分工日益深化的趋势下,国际贸易对各国的影响日益增大,各国生产越来越多地面向全球市场。市场的全球化、生产的全球化都为国际物流的充分发展提供了条件。图 14.1 是国际物流系统结构图。

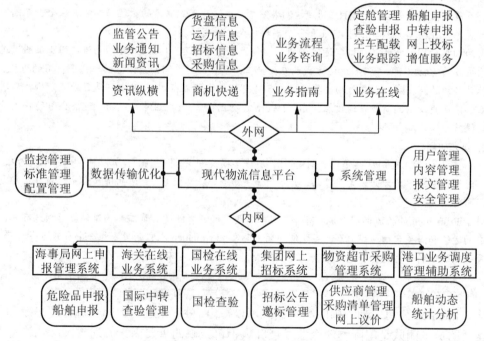

图 14.1 国际物流系统结构图

与国内物流相比，国际物流有其鲜明的特点，具体表现在以下几个方面。

(1) 国际物流的环境异常复杂。国际的经济活动，从生产到流通再到消费常处于不同的物流环境之中，造成国际物流通信系统设置复杂，另外各国物流环境各不相同，尤其是物流软环境的差异，包括物流适用法律不同、科技条件支撑不同、商业现状不同、人文风俗习惯不同等都造成国际物流复杂而且难度大。此外，国际物流还将面对政治风险、经济风险、自然风险，带来的直接后果就是物流运作更复杂。

(2) 国际物流需要更高信息技术的支持。由于管理困难、投资巨大、各地区信息水平不均衡等因素使信息系统建立困难，因此只有以高科技做后盾才有可能完成。目前，伴随国际多式联运物流出现的物流信息系统、电子数据交换 EDI、托盘、统一规格的集装箱、条码技术等大大降低了物流费用及运转难度。

(3) 国际物流以统一的国际物流标准作为其制度保证。国际物流的壁垒主要来源于 3 个方面：一是营销和竞争方面的壁垒，比如由于需要对本国相关方面的保护，会对国外的投资者进入进行限制；二是金融方面的壁垒，主要来自推动物流成长的金融机构的基础结构不完善，没有同物流相匹配的银行、保险公司、法律顾问和运输承运人的业务衔接，更没有相关的法律体系；三是配送渠道方面的壁垒，主要表现在各国经济基础存在差异。只有以上 3 个方面的壁垒逐渐消失，才能促使国际物流更顺畅的快速发展。

由于跨国公司对国际运输的渗透和直接参与，国际运输企业在组织结构上的发展趋势是集团化，朝跨国运输集团模式发展；在服务内容上形成综合化趋势，朝着综合物流系统这种国际多式联运新模式的方向发展；在经营上，朝着国际运输企业联合经营模式方向发展。跨国公司成为推动综合物流时代发展的动力。为了更好地适应市场发展的需要，物流企业必须为国际贸易的主体即跨国公司提供更好的服务，其前提条件是要努力提高自己的实力。

14.1.2　国际物流的分类

信息革命和电子商务的兴起，加快了世界经济一体化的进程，促进了世界经济的发展，也使国际物流得到了极大的发展。目前，世界上跨国公司及其分支机构遍布全世界，跨国公司的产值已占到发达国家总产值的 40%，跨国公司正向着围绕总体战略协同经营一体化的方向发展，从而对国际物流提出了更高的要求。我国大型企业要跻身于世界企业强手之林，也必须提高我国国际物流的支持能力。国际物流在其发展的过程中有着以下的分类。

(1) 根据商品在国与国之间的流向分类，可以分为进口物流和出口物流。

(2) 根据商品流的关税区域分类，可以分为不同国家之间的物流和不同经济区域之间的物流。

(3) 根据跨国运送的商品特性分类，可以分为国际军火物流、国际商品物流、国际邮品物流和国际捐助物流等。

14.2　国际物流业务

国际物流业务内容构成了国际物流研究中的重要部分，下面主要从货物运输、货物仓储和配送方面进行阐述。

14.2.1　国际货物运输

1. 国际货物运输的概念

国际货物运输是指货物在国家与国家、国家与地区之间的运输。国际货物运输又可分为国际贸易物资运输和非贸易物资(如展览品、个人行李、办公用品、援外物资等)运输两种。由于国际货物运输中的非贸易物资的运输往往只是贸易物资运输部门的附带业务，所以，国际货物运输通常又被称为国际贸易运输，从一国来说，就是对外贸易运输，简称外贸运输。国际货物运输如图14.2所示。

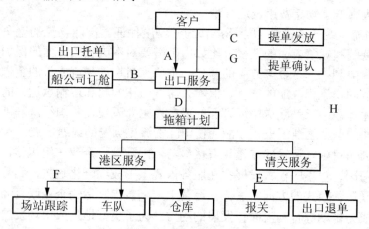

图 14.2　国际货物运输图

在国际贸易中，商品的价格包含着商品的运价，商品的运价在商品的价格中占有较大的比重，一般来说，占10%左右；在有的商品中，要占到30%~40%。商品的运价也和商品的生产价格一样，随着市场供求关系变化而围绕着价值上下波动。商品的运价随着商品的物质形态一起进入国际市场中交换，商品运价的变化直接影响到国际贸易商品价格的变化。而国际货物运输的主要对象又是国际贸易商品，所以国际货物运输也就是一种国际贸易，只不过它用于交换的不是物质形态的商品，而是一种特殊的商品，即货物的位移。由此，从贸易的角度来说，国际货物运输就是一种无形的国际贸易。

2. 国际货物运输的特点

国际货物运输由于是货物在国家与国家、国家与地区之间的运输，所以与国内货物运输相比，它具有以下几个主要特点。

(1) 国际货物运输涉及国际关系问题，是一项政策性很强的涉外活动。国际货物运输是国际贸易的一个组成部分，在组织货物运输的过程中，需要经常同别的国家发生直接或间接的业务联系，这种联系不仅是经济上的，也常常会涉及国际政治问题，是一项政策性很强的涉外活动。因此，国际货物运输既是一项经济活动，也是一项重要的外事活动，这就要求从事国际货物运输的人员不仅要用经济的观点去办理各项业务，而且要按照我国对外政策的要求从事国际运输业务。

(2) 国际货物运输是中间环节很多的长途运输。国际货物运输涉及不同的国家与地区，一般来说运输的距离都比较长，往往需要使用多种运输工具，通过多次装卸搬运，经过许多中间环节，如转船、变换运输方式等，适应各国不同的法规和规定。如果其中一个环节发生问题，都会影响整个的运输过程，这就要求业务人员做好组织管理工作，避免出现问题，否则就会给运输带来损失。

(3) 国际货物运输涉及面广，情况复杂多变。国际货物运输涉及国内外许多部门，需要与不同国家和地区的货主、交通运输业、商检机构、保险公司、银行或其他金融机构、海关、港口以及各种中间代理商等打交道。同时，各个国家和地区的法律、政策规定不一，贸易、运输习惯和经营做法又各不相同，加之金融货币制度的差异及政治、经济和自然条件的变化，这些都会对国际货物运输产生较大的影响。

(4) 国际货物运输的时间性强。按时装运进出口货物，及时将货物运至目的地，对履行进出口贸易合同、满足商品竞争市场的需求、提高市场竞争能力、及时结汇，都有着重大意义。特别是一些鲜活商品、季节性商品和敏感性强的商品，更要求迅速运输，不失时机地组织供应，才有利于提高出口商品的竞争能力，有利于巩固和扩大销售市场。因此，国际货物运输必须加强时间观念，争时间、抢速度，以快取胜。

(5) 国际货物运输的风险较大。由于在国际货物运输中环节多，运输距离长，涉及的面广，情况复杂多变，加之时间性又很强，在运输沿途国际形势的变化、社会的动乱，各种自然灾害和意外事故的发生，以及战乱、封锁禁运或海盗活动等，都可能直接或间接地影响到国际货物运输过程，以至于造成严重后果，因此，国际货物运输的风险较大。为了转嫁运输过程中的风险损失，各种进出口货物和运输工具，都需要办理国际货物运输保险。

3. 国际货物运输的任务

国际货物运输的基本任务就是根据国家有关方针政策，合理地运用各种运输方式和运输工具，多、快、好、省地完成进出口货物的运输任务，为我国发展对外经济贸易、外交活动和现代化建设服务。国际货物运输的任务具体包括以下几方面内容。

(1) 按时、按质、按量地完成进出口货物运输。国际贸易合同签订后，只有通过运输，及时将进口货物运进来，将出口货物运出去，交到约定地点，商品的流通才能实现，贸易合同才能履行。"按时"就是根据贸易合同的装运期和交货期的条款的规定履行合同；"按质"就是按照贸易合同质量条款的要求履行合同；"按量"就是尽可能地减少货损货差，保证贸易合同中货物数量条款的履行。如果违反了上述合同条款，就构成了违约，有可能导致赔偿、罚款等严重的法律后果。因此，国际货物运输部门必须重合同、守信用，保证按时、按质、按量完成国际货物运输任务，保证国际贸易合同的履行。

(2) 节省运杂费用，积累建设资金。由于国际货物运输是国际贸易的重要组成部分，而且运输的距离长，环节较多，各项运杂费用开支较大，故节省运杂费用的潜力比较大，途径也多。因此，从事国际货物运输的企业和部门，应该不断地改善经营管理，节省运杂费用，提高企业的经济效益和社会效益，从而积累更多的建设资金。

(3) 为国家节约外汇支出，增加外汇收入。国际货物运输既是一种无形的国际贸易，又是国家外汇收入的重要来源之一。国际贸易合同在海上运输一般采用 CIF 和 FOB 等贸易术语成交，按照 CIF 条件，货价内包括运费、保险费，由卖方派船将货物运至目的港；按照 FOB 条件，货价内则不包括运费和保险费，由买方派船到装货港装运货物。为了国家的利益，出口货物多争取 CIF 件，进口货多争取 FOB 交，则可节省外汇支出，增加外汇收入。而国际货物运输企业为了国家利益，首先要依靠国内运输企业的运力和我国的方便旗船，再考虑我国的租船、中外合资船公司和侨资班轮的运力，再充分调动和利用各方面的运力，使货主企业同运输企业有机地衔接，争取为国家节约外汇支出，增加更多的外汇收入。

(4) 认真贯彻国家对外政策。国际货物运输是国家涉外活动的一个重要组成部分，它的另一个任务就是在平等互利的基础上，密切配合外交活动，在实际工作中具体体现和切实贯彻国家各项对外政策。

4. 国际货物运输合理化的要求

所谓合理运输，就是按照货物的特点和合理流向以及运输条件，走最少的里程，经最少的环节，用最少的运力，花最少的费用，以最短的时间，把货物运到目的地。所以，国际货物运输就是要根据所运商品的特定要求，综合考虑速度、价格、质量等因素，求得其最佳效益。

根据国际货物运输的性质和特点，针对国际货物运输的任务，具体要求有以下几项。

(1) 安全。就是要求在运输过程中做到货物完好无损和各种运输工具的安全，如果运输过程中不能维护货物的质量，甚至造成大量货物的残次、破损和丢失，就不能保质保量地完成货物的运输；如果在运输中发生重大事故，车毁船沉，不仅不能完成任务，而且会造成生命和财产的重大损失，所以国际货物运输要把安全放在首位。

(2) 迅速。就是要严格按照贸易合同的要求，把进出口货物及时地运进来或运出去，不仅国际市场有争时间抢速度的问题，国内市场也同样面临这一问题，时间就是效益。只有不失时机地把出口货物运到国外市场，才有利于巩固出口货物的市场地位。

(3) 准确。就是要把进出口货物准确无误地运到交货地点，包括准确地办理各种货运单证手续，使单货相符；准确地计收、计付各项运杂费，避免错收、错付和漏收、漏付；只有准确才能说得上又好又省，发生任何差错事故，必然会造成损失，这是显而易见的。

(4) 节省。就是要求通过加强经营管理，精打细算，降低运输成本，节省运杂费用和管理费用，减少外汇费用支出，用较少的钱办较多的事，为国家和社会创造更大效益。

(5) 方便。就是要简化手续，减少层次，为货主着想，急客户所急，立足于为客户服务。竭尽全力为客户排忧解难，要使客户感到在办事手续、办事时间、办事地点、采用的运输方式，以及配套服务等方面十分便利。

总之，"安全、迅速、准确、节省、方便"是相互制约、相辅相成的，要想成为有竞争力的、一流的货运代理，必须按照这一方针的要求去做，这"十字方针"是一个有机联系的整体，可以根据市场供求的缓急、商品特性，以及运输路线与运力的不同情况，全面考虑，适当安排，必要时可以有所侧重。

14.2.2　国际货物仓储

1. 国际货物仓储的概念

国际物流仓储是指以改变货物流通的时间状态和调整供需之间的时间差异为目的的一

种物流业务活动。它不仅担负着进口货物的仓储与保管，而且还担负着出口货物的加工、挑选、整理、包装、发运等工作。

2. 国际货物仓储的作用

(1) 促进国际货物流通，发挥"时空效用"。为了更好地促进国际货物的流通，通过设置物流仓储功能用以调整国际货物在供应与需求之间的时间与地点差异，从而产生"时空效用"。

(2) 加强仓储检疫检查，确保国际货物质量。通过国际货物仓储环节，可以对国际货物进、出库环节进行检疫和质量检查，保证合格商品进入国际市场。

(3) 拓展服务范围，发挥国际结点作用。随着国际物流业务的发展，物流仓储不仅具有单纯的储存货物的功能，而且已经拓展和延伸了服务范围，发挥着国际物流仓储网络的结点作用。

此外，国际货物仓储环节还包括检查出口货物及包装，进行进口货物的分票、点数和分拨等。

3. 国际货物仓储的类型

根据货物周转情况的不同，国际货物仓储分为以下几类。

(1) 口岸仓储。主要设立在发运出口货物的沿海港口城市，用于储存口岸、内地外贸企业的货物。

(2) 中转仓储。一般设立在国际货物集散地区的交通枢纽地带或沿海港口城市，主要用于按货物合理流向储存需要中转的货物。

(3) 加工仓储。主要设立在出口加工区或自由保税区内，用于某些国际货物的挑选、整理、分级和改装等简单加工业务。

国际货物仓储的两种代表形式是保税仓库、保税区。

4. 保税仓库

(1) 保税仓库的概念。保税仓库是经海关核准的专门存放保税货物的专用仓库。根据国际上通行的保税制度的要求，进境存入保税仓库的货物可暂时免纳税款、免领进口许可证或其他进口批件，在海关规定的存储期内复运出境或办理正式进口手续。但对国家实行加工贸易项下进口事先申领许可证的商品，在存入保税仓库时，应事先申领进口许可证。

(2) 保税仓库的种类。根据仓库所有权性质的不同，可以分为公用型保税仓库和自用型保税仓库。

(3) 海关对保税仓库的监管要求。

① 保税仓库所存货物的储存期限为一年。如因特殊情况需延长储存期限，应向主管海关申请延期，经海关核准的延期最长不能超过一年。

② 保税仓库所存货物，属于海关监管的保税货物，未经海关核准并按规定办理有关手续，任何人不得出售、提取、支付、调换、抵押、转让或移作他用。

③ 货物在仓库储存期间发生缺少或灭失，除不可抗力原因外，短少或灭失部分由保税仓库经营单位承担缴纳税款责任，并由海关按有关规定予以处理。

④ 货物进口时已明确为一般进口的货物，不允许存入保税仓库。

⑤ 保税仓库必须独立设置，专库专用，保税货物不得与非保税货物混放。

⑥ 公共保税仓库储存的保税货物，一般不得跨关区提取和转库存取，只能供应本关区加工生产企业按规定提取使用。

⑦ 保税仓库的货物应由专人负责管理。

⑧ 保税仓库经营单位进口供仓库自己使用的设备、装置和用品，均不属于保税货物。

5. 保税区

(1) 保税区的定义及特点。保税区是指在一国境内设置的，由海关监管的特定区域。保税区与"自由港"、"自由贸易区"、"出口加工区"具有的共同的特点是：关税豁免和自由进出。

(2) 保税区与境外之间进出货物的申报。

① 保税区与境外之间进出的货物，改变传统的单一报关方式，海关实行备案制与报关制相结合的申报方式。

② 对保税区内加工贸易企业所需进境的料件、进境的转口货物、仓储货物，以及保税区运往境外的出境货物，进出境时实行备案制。

③ 对保税区内进口自用合理数量的机器设备、管理设备及办公用品，以及工作人员所需自用合理数量的应税物品，实行报关制。

(3) 海关对保税区的监管要求。商品储存、保管使商品在其流通过程中处于一种或长或短的相对停滞状态，这种停滞是完全必要的。因为商品流通是一个由分散到集中，再由集中到分散的源源不断的流通过程。国际贸易和跨国经营中的商品从生产厂家或供应部门被集中运送到装运港口，有时需临时存放一段时间，再装运出口，这是一个集和散的过程。它主要是在各国的保税区和保税仓库进行的，主要涉及各国保税制度和保税仓库建设等方面。

14.2.3 国际货物配送

近年来，随着国际物流业的持续快速发展，国际货物配送的作用越发重要，但不同顾客群体对于货物配送的要求不尽相同。为了使国际货物配送所提供的服务更能满足顾客的需求，有必要了解各群体对国际货物配送不同服务的要求。

1. 国际货物配送的概念

国际货物配送是指在不同国家或地区之间，根据客户要求，对国际流通货物进行拣选、加工、包装、分割、组配等作业，并按时送达目的地的物流活动。

2. 国际货物配送与国际货物运输的区别

国际货物配送与国际货物运输主要有 5 点区别。

(1) 从运输性质方面讲，国际货物配送是支线运输、区域内运输或末端运输，而国际货物运输则属于干线运输或集合化运输。

(2) 从货物性质方面讲，国际货物配送所运送的是多品种、少批量，而国际货物运输的则是少品种、大批量。

(3) 从运输工具方面讲，国际货物配送时所使用的一般是方便快捷的空中运输工具，而国际货物运输使用的则是铁路运输、远洋运输等重吨位运输工具。

(4) 从管理重点方面讲，国际货物配送始终以服务水平优先，而国际货物运输则更注重物流成本。

(5) 从其附属功能方面讲，国际货物配送所附属的功能较多，主要包括组装、分装、分拣、流通加工等，而国际货物运输则只有装卸和捆包。

3. 国际货物配送的业务范围

国际货物配送的业务范围与配送、储存和信息活动紧密相关。许多业务与产品安全、储存、货物跟踪、内陆运输安排、海关服务、货物加固、电子文件及货物分类等相关。这说明诸如信息服务、储存服务、加固与配送服务等在国际货物配送所提供的业务中已经相当重要了。

国际货物配送的顾客有货主，又称为托运人，另一个重要客户是货代公司，货运人与货运公司都不仅仅需要配送一种服务因素，如储存，而且需要提供其他的服务，如信息服务、货物加固、配送等。一般情况下，客户要求国际货物配送具备以下业务内容：货物装卸、货物退回、货物检查、物品安全、特殊货物的储存、进口拆箱、出口装箱、内陆运输、进口配送、条形码识别、电子传输、货物跟踪、电子商务、货物组装、包装、贴标签、货物处理、条形码操作、清关、保险服务、金融服务、货物展示和市场信息提供等。

4. 国际货物配送业务范围的设置

下面从以上两类顾客的角度来分析一下国际货物配送业务范围设置的方法。

1) 设计调查问卷

调查问卷的内容包括 3 个部分，第一部分是上面提到的所有服务项目。用里克特量表对每一个服务项目进行分析，即用 1 表示非常不重要，用 7 表示非常重要。这样也可以得出国际配送中心哪些服务项目最重要。第二部分是关于被调查企业的相关资料。如该企业是生产企业还是贸易企业，该企业主要生产或经销的产品类别，该企业每月的货运量等。第三部分是关于被调查者的相关资料。如被调查者在公司的职位等，这一点会影响问卷答案的准确性。

2) 选择被调研对象

选择被调研对象时，应选择两类公司。可以选择某地区有进口业务的一些企业及国际海洋货运代理协会的成员企业作为被调研对象。

3) 分析调研对象

(1) 可以对一些项目进行比较。如：对两类顾客使用配送意向的比较。一般情况下，货代公司更倾向于使用配送，因为国际物流的配送中心离港口都比较近，对货代公司来说，大多数托运人可能拥有自己的仓库。这样，托运人的使用意向比货代公司要低一些。如果得出的结论与之相悖，就应该设法找出原因。

(2) 可以比较这两类顾客所认为的最重要的服务项目是否相同。一般情况下，也会有些区别，如多国加固，这对于货代公司可能就是一个非常重要的服务项目，这是由货代公司的业务性质决定的。即使两类公司都认为是最重要的服务项目，但可能两类公司对其重要性的量度也会有所区别。

(3) 对货物配送业务需求进行进一步的分析。在前面的调查问卷中包括了几十项的服务内容，其中有些服务项目之间的相关性可能很强，而有些服务项目之间的相关性较低或不具有相关性。这样，运用因子分析法，根据相关性将变量分组，使得同组内的变量之间的相关性较高，但不同组的变量相关性较低。不同的调研数据所得出的组数不同。这里需要注意在定量基础上的定性把握。

总之，随着我国改革开放的步伐不断加快，相当部分的国际货物将通过配送业务进行流通。这就使配送在原有意义上，具备了更为宽泛的与国际功能的有效对接，同时，也要求国际货物运输具有相应的协调和服务能力。

14.3 国际物流服务

在激烈的市场竞争中，企业为了集中主要精力发展自己的核心业务，往往需要将非核心业务外包给更加专业的企业来完成，从而实现快速响应市场需求、不断提高其核心竞争力的目的。因此，更多的企业在参与国际市场竞争时，将国际物流业务委托给专业的第三方来完成。

14.3.1 国际货运代理

1. 国际货运代理的概念

国际货运代理(International Freight Forwarding Agent)是指国际货运代理组织接受进出口货物收货人、发货人的委托，以委托人或自己的名义，为委托人办理国际货物运输及相关业务，并收取劳务报酬的经济活动。国际货运代理流程如图 14.3 所示。

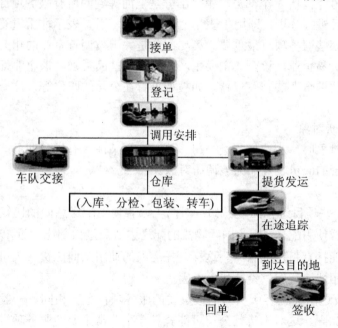

图 14.3 国际货运代理流程图

2. 国际货运代理的方式

国际货运代理的方式主要分为以下几种。

1) 大陆桥运输

它是指利用横贯大陆的铁路(公路)运输系统作为中间桥梁,把大陆两端的海洋连接起来的集装箱连贯运输方式。简单地说,就是两边是海运,中间是陆运,大陆把海洋连接起来,形成海—陆联运,而大陆起到了"桥"的作用,所以称之为"陆桥"。而海—陆联运中的大陆运输部分就称之为"大陆桥运输"。

2) 海洋运输

又称"国际海洋货物运输",它是国际物流中最主要的运输方式。它是指使用船舶通过海上航道在不同国家和地区的港口之间运送货物的一种方式,在国际货物运输中使用最广泛。目前,国际贸易总运量中的 2/3 以上,中国进出口货运总量的约 90%都是利用海上运输。

3) 铁路运输

它在国际货物运输中是仅次于海洋运输的主要运输主式,海洋运输的进出口货物,也大多是靠铁路运输进行货物的集中和分散的。

4) 航空运输

它是指使用飞机、直升机及其他航空器运送人员、货物、邮件的一种运输方式。具有快速、机动的特点,是现代旅客运输,尤其是远程旅客运输的重要方式;为国际贸易中的贵重物品、鲜活货物和精密仪器运输所不可缺。

5) 国际多式联运

简称多式联运,它是在集装箱运输的基础上产生和发展起来的,是指按照多式联运合同,以至少两种不同的运输方式,由多式联运经营人将货物从一国境内的接管地点运至另一国境内指定交付地点的货物运输,因此国际多式联运适用于水路、公路、铁路和航空多种运输方式。

3. 国际货运代理的性质

随着国际贸易和国际运输方式的发展,国际货运代理已渗透到国际贸易的每个领域,成为国际贸易中不可缺少的重要组成部分。市场经济的迅速发展,使社会分工越加趋于明确,单一的贸易经营者或者单一的运输经营者都没有足够的力量亲自经营处理每项具体业务,他们需要委托代理人为其办理一系列商务手续,从而实现各自的经营目的。国际货运代理的基本特点是受委托人委托或授权,代办各种国际贸易、运输所需服务的业务,并收取一定报酬,或作为独立的经营人完成并组织货物运输、保管等业务,因而被认为是国际运输的组织者,也被誉为国际贸易的桥梁和国际货物运输的设计师。

4. 国际货运代理业务范围

国际货运代理通常是接受客户的委托完成货物运输的某一个环节或与此有关的各个环节,可直接通过货运代理及他雇佣的其他代理机构为客户服务,也可以利用他的海外代理人提供服务。

国际货运代理的主要服务内容包括以下几个方面。

1) 代表发货人(出口商)
(1) 选择运输路线、运输方式和适当的承运人。
(2) 向选定的承运人提供揽货、订舱。
(3) 提取货物并签发有关单证。
(4) 研究信用证条款和所有政府的规定。
(5) 包装。
(6) 储存。
(7) 称重和量尺码。
(8) 安排保险。
(9) 将货物在港口办理报关及单证手续,并将货物交给承运人。
(10) 做外汇交易等。

2) 代表收货人(进口商)
(1) 报告货物动态。
(2) 接收和审核所有与运输有关的单据。
(3) 提货和付运费。
(4) 安排报关、付税及其他费用。
(5) 安排运输过程中的存仓。
(6) 向收货人交付已结关的货物。
(7) 协助收货人储存或分拨货物。

3) 作为多式联运经营人

收取货物并签发多式联运提单,承担承运人的风险责任,对货主提供一揽子的运输服务。在发达国家,由于货运代理发挥运输组织者的作用巨大,故有不少货运代理主要从事国际多式联运业务,而在发展中国家,由于交通基础设施较差,有关法规不健全以及货运代理的素质普遍不高,国际货运代理在作为多式联运经营人方面发挥的作用较小。

4) 其他服务

根据客户的特殊需要进行监装、监卸、货物混装和集装箱拼装、拆箱、运输咨询服务、特种货物装挂运输服务及海外展览运输服务等。

14.3.2 国际船舶代理

在国际货物流通中,海洋船舶运输占据最大的运输比重,而国际船舶代理必然是重要的组成部分。

1. 国际船舶代理的概念

国际船舶代理是指接受船舶所有人或者船舶承租人、船舶经营人的委托,在授权范围内代表委托人办理船舶进出港与船舶在港等有关业务或其他法律行为的总称。国际船舶代理流程如图14.4所示。

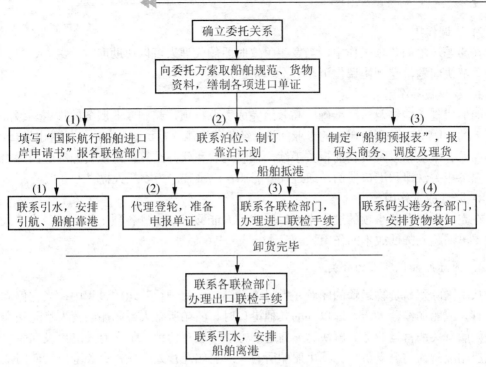

图 14.4 船舶代理流程图

2. 国际船舶代理业务的范围

《中华人民共和国国际海运条例》第二十九条规定：国际船舶代理经营者接受船舶所有人或者船舶承租人、船舶经营人的委托，可以经营下列业务。

(1) 办理船舶进出港口手续，联系安排引航、靠泊和装卸。
(2) 代签提单、运输合同，代办接受订舱业务。
(3) 办理船舶、集装箱以及货物的报关手续。
(4) 承揽货物、组织货载，办理货物、集装箱的托运和中转。
(5) 代收运费，代办结算。
(6) 组织客源，办理有关海上旅客运输业务。
(7) 其他相关业务。

3. 国际船舶代理的作用

1) 桥梁作用

船舶代理人可以在委托人、货方和口岸机构等之间传递信息，起到桥梁作用。如在船舶到港前，船舶所有人或船舶经营人或船舶承租人等将船舶到港装卸货物的情况和预计船期等信息告知船舶代理人；船舶代理人根据船方提供的信息和口岸的管理规定，将相关信息转告海关、边防、检验检疫和海事局、港口装卸公司、理货公司、船舶供应公司等口岸各有关单位；而船方和各相关单位就可以根据船舶代理人提供的信息做好船舶抵港前的准备工作。船舶在港期间，船舶代理人及时将船舶在港的动态，如船舶进港、靠泊、移泊、装卸、修理等情况，告知委托人；在船舶离港后，船舶代理人及时告知委托方船舶离港的情况，使委托方及时掌握船舶动态等信息。

2) 协调作用

在船舶运输的各项工作中，当发生争议时船舶代理人可以协助船方、港方、货方等各方妥善解决问题，起到协调作用。

3) 专业服务作用

船舶代理人能够及时、准确、高效地完成委办事项，起到专业服务的作用。国际船舶代理人的本职工作是利用自身的专业知识、经验和资源，为委托人办理船舶进出港口手续，办理船舶、集装箱以及货物的报关手续，代收运费和代办结算，组织货源等。国际船舶代理人熟悉相关法律和港口惯例，通过代办船舶在港事宜，为委托人提供专业服务。

4) 降低成本作用

在完成委托办理事项的过程中，船舶代理人能够合理安排各项工作，减少委托人不必要的支出，起到降低成本的作用。

4. 国际船舶代理人的分类

从事国际贸易货物运输的船舶在世界各个港口之间进行营运的过程中，当它停靠于船舶所有人或船舶经营人所在地以外的其他港口时，船舶所有人或船舶经营人将无法亲自照管与船舶有关的营运业务。解决这一问题的方法可以有两种：①在有关港口设立船舶所有人或船舶经营人的分支机构；②由船舶所有人或船舶经营人委托在有关港口的专门从事代办船舶营运业务和服务的机构或个人代办船舶在港口的有关业务，即委托船舶代理人代办这些业务。在目前的航运实践中，船舶所有人或船舶经营人由于其财力或精力所限，而无法为自己所拥有或经营的船舶在可能停靠的港口普遍设立分支机构；又由于各国航运政策的不同，使得委托船舶代理人代办有关业务的方法成为普遍被采用的比较经济和有效的方法。

设立在世界海运港口的船舶代理机构或代理人，他们对本港的情况、所在国的法律、规章、习惯等都非常熟悉，并在从事船舶代理业务的实践中积累有丰富的经验。因此，他们经常能比船长更有效地安排和处理船舶在港口的各项业务，更经济地为船舶提供各项服务，从而加快船舶周转、降低运输成本，提高船舶的经营效益。目前，船舶所有人或船舶经营人大多对自己拥有或经营的船舶在抵达的港口采用委托代理人代办船舶在港口各项业务的办法来照管自己的船舶。世界上的各个海运港口也都普遍开设有船舶代理机构或代理行，而且在一个港口又通常开设有多家船舶代理机构从事船舶代理业务工作。

船舶代理属于服务性行业。船舶代理机构或代理行可以接受与船舶营运有关的任何人的委托，业务范围非常广泛，既可以接受船舶所有人或经营人的委托，代办班轮船舶的营运业务和不定期船的营运业务，也可以接受租船人的委托，代办其所委托的有关业务。

由于船舶的营运方式不同，而且在不同营运方式下的营运业务中所涉及的当事人又各不相同，各个当事人所委托代办的业务也有所不同。因此，根据委托人和代理业务范围的不同，船舶代理人可分为班轮运输代理人和不定期船运输代理人两大类。

1) 班轮运输船舶代理人

(1) 班轮运输船舶总代理人。在班轮运输中，班轮公司在从事班轮运输的船舶停靠的港口委托总代理人。该总代理人的权利与义务通常由班轮代理合同的条款予以确定。代理人通常应为班轮制作船期广告，为班轮公司开展揽货工作，办理订舱、收取运费工作，为班轮船舶制作运输单据、代签提单，管理船务和集装箱工作，代理班轮公司就有关费率及班轮公司营运业务等事宜与政府主管部门和班轮公会进行合作。总之，凡班轮公司自行办理的业务都可通过授权，由总代理人代办。

(2) 订舱代理人。班轮公司为使自己所经营的班轮运输船舶能在载重和舱容上得到充分利用，力争做到满舱满载，除了在班轮船舶挂靠的港口设立分支机构或委托总代理人外，还会委托订舱代理人以便广泛地争取货源。订舱代理人通常与货主和货运代理人有着广泛和良好的业务联系，因而能为班轮公司创造良好的经营效益，同时能为班轮公司建立起有效的货运程序。

2) 不定期船运输代理人

(1) 船东代理人。船东代理人受船东的委托，为船东代办与在港船舶有关的诸如办理清关、安排拖轮、引航员及装卸货物等业务。此时，租约中通常规定船东有权在装卸货港口指派代理人。

(2) 船舶经营人代理人。作为期租承租人的船舶经营人，根据航次租约的规定，有权在装卸货港口指派代理人，该代理人受船舶经营人的委托，为船舶经营人代办与在港船舶有关的业务。

(3) 承租人提名代理人。根据航次租约的规定，承租人有权提名代理人，而船东(或船舶经营人)必须委托由承租人所指定的代理人作为自己所属船舶在港口的代理人，并支付代理费及港口的各种费用。此时，代理人除了要保护委托方(船东或船舶经营人)的利益外，还要对承租人负责。

(4) 保护代理人。在港口的代理人是在由承租人提名的情况下，船东或船舶经营人为了保护自己的利益，会在委托了由承租人提名的代理人作为在港船舶的代理人以外，再另外委托一个代理人来监督承租人提名代理人的代理行为，该代理人即为保护代理人，或称为监护代理人。同样，当根据租约的规定，代理人由船东或船舶经营人指派时，承租人也可以在装卸港口指派自己的代理人，以保护承租人的利益。

(5) 船务管理代理人。船务管理代理人为船舶代办诸如补充燃物料、修船、船员服务等业务，而这些代理业务是与船舶装卸货无关的。当船舶经营人为船舶指派了港口代理人后，船东为了办理那些与装卸货无关而仅仅与船务有关的业务时，若船舶经营人代理人没有得到船舶经营人的委托，则就不会为船东代办有关船务管理业务，此时，船东就会委托一个船务管理代理人来代办自己的有关业务，如船员换班、遣返、物料供应、船长借支等。

(6) 不定期船总代理人。总代理人是特别代理人的对称，其代理权范围包括代理事项的全部。不定期船总代理人的业务很广，其可代表不定期船船东来安排货源、支付费用、选择、指派再代理人并向再代理人发出有关指示等。

14.3.3 国际快递

随着客户对国际货物流通的时间性与便捷性要求越来越高，国际快递形式得到了充分的发展。

1. 国际快递的概念

国际快递是指国际快递企业利用航空运输，收取收件人托运的快件并按照向发件人承诺的时间将其送交指定地点或者收件人，掌握运送过程的全部情况并能将即时信息提供给有关人员查询的门对门速递服务。国际快递是一种最为快捷的运输方式，特别适合于各种急需物品和文件资料的发送。

国际快递是快递业务中最重要的组成部分，它是 DHL、UPS、FedEx 等快递业"巨头"的主营业务，每年的业务量均以 30%的速度增长。同样，国际快递在我国对外贸易工作中也发挥了举足轻重的作用，为中国经济融入全球经济一体做作出了贡献，取得了令人瞩目的社会经济效益。

2. 国际快递业务流程

国际快递业务流程如图 14.5 所示，它主要包括以下几个方面。

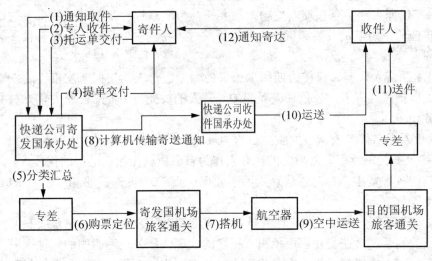

图 14.5　国际快递业务流程图

注：——▶为实体流，------▶为资讯流。

(1) 确定和预约需要快递物品的日期、目的国，以便选择安全、快捷、价格优惠的线路。

(2) 整理物品、做物品清单、包装包裹(可由快递公司代为包装和免费提供物料，需提前预约)。

(3) 准备收件方信息，包括收件人姓名、地址、邮政编码，电话等。

(4) 致电快递公司办事处接线员并告知需寄达目的地的国家和城市，收听报价，确认同意由快递公司提供服务。

(5) 快递公司办事处安排收件人员上门收取包裹，客户提供收件方信息，详细填写包裹托运单、提交物品清单做商业发票之用，双方确认计费重量、结算方式，收件人员提供结算票据、包裹追踪网址和运单号码。

(6) 收件人员返回公司，包裹交由出口部并作交接清单，由出口部业务人员签字后交于收件人员，出口部开始操作入单、出口，进行全程跟踪。

(7) 收件人员将交接清单交快递公司办事处，办事处通知客户包裹已揽收至公司。

(8) 目的地派送至收件人处，收件人确认包裹内物品完好同意签字接收。

14.4 国际物流发展趋势

14.4.1 国际物流发展的影响因素

1. 影响国际物流发展的积极因素

1) 经济全球化影响

经济全球化是指世界各国在全球范围内的经济融合。全球贸易的发展、对外直接投资的增加、跨国公司的国际渗透，再加上 20 世纪 60 年代以来的金融创新和 80 年代以来的全球经济自由化浪潮，最终形成了经济全球化格局。其最大的特点就是越来越多的生产经营活动和资源配置过程开始在世界范围内进行，这就构成了国际物流的重要基础。世界各大跨国集团公司为了维护企业自身的市场份额和经济利益，在世界范围内开展了经济结构和产业结构的重大调整，呈现出了当今国际贸易和货物运输的新特征，并最终导致了物流业的国际化趋势。特别是在以国际互联网为基础的电子商务的推动下，物流活动就更加呈现出了跨国性的特点。

2) 供应链管理理念

过去，企业主要致力于寻找企业内部如何降低采购成本和制造成本的手段，因此在制订物流计划和产品来源的决策时，与其他渠道成员发生的费用往往被忽略。如今，人们已越来越认识到发展各种渠道的重要性。企业发现，它们可以利用外部资源整合来承担范围更广的物流活动以减少资源配置。它们愿意与全球化供应商一起发展战略联盟，因为这些全球化供应商能够以合理的成本在诸如国际联合运输和转运、国际运输、物流单证以及便利作业等方面提供专门知识和物流服务合作。

3) 信息技术发展

信息技术发展是激励国际物流作业全球化的重要因素。大宗市场的信息交流将外国产品展示给国际消费者，刺激了全球范围的需求。计算机和通信网络的日益普及和应用不断增强着信息交换能力。历史上，诸如订单、交付凭证以及海关表格之类的国际商业文件，需要花费大量的时间传输，有时还会有许多误差。由于使用了先进的信息技术，可以加快如订货信息的传输速度、产品的生产速度、装运速度以及海关清关速度等，整个完成周期可相应缩短。

4) 区域化合作

为促进地区贸易和保护贸易伙伴免遭外部的竞争，各国纷纷开始通过条约方式使合伙形式组织化。当今世界比较有影响的三大贸易区域是：欧洲、北美和环太平洋地区。虽然各区域并不限制与其他地区的贸易，但它们的协定却鼓励和促进了区域内贸易的发展。这些地区通过降低关税、缩减海关所要求的通关货运单证以及支持公共运输和搬运系统等来便利区内贸易，使区内的运输待遇如同起运地和目的地在同一个国家内一样。

5) 解除管制

由美国发起的对运输业解除管制的措施如今已遍及全球。在全球范围内发生了涉及多式联运所有权和经营权、私有化以及沿海航行权和双边协定等主要变化。虽然对运输领域的所有权和经营权限制如今依然存在，但各国间的营销安排和联盟安排已大大地提高了运输的灵活性。关于所有权、共同营销和共同作业协定的安排有助于提高国际装运交付效率，促进贸易，还可以提高一站式物流服务的可能性。政府间的安排与合作将会促进并改善运输服务，同时降低运输费率，最终将有利于国际贸易的开展，进而增加物流作业量。

2. 影响国际物流发展的消极因素

经济全球化和国际物流运作全球化已发展为必然趋势，但也有一些重大壁垒仍在继续影响着国际物流的发展。市场和竞争、金融壁垒以及配送渠道壁垒构成了三大国际物流壁垒。经济全球化下的国际物流管理必须要对克服这三大壁垒的实际成本与国际贸易的潜在利益之间的关系进行权衡，以期通过成功的国际运作获得最大化的实际利益。

1) 市场和竞争

从认识和实践两方面来说，市场和竞争方面的壁垒包括市场进入限制、信息可得性、定价和关税等。市场进入限制往往是通过立法或司法实践对进口商品制造壁垒来限制其进入国内市场。例如欧洲实施的当地实际到位制度，该项制度要求以市场为基础的制造工厂和配送设施在还没有进入市场前就须安置完毕；日本在立法上实施当地零售商"投票"制度，以表示是否愿意接收新的零售商，特别是外国零售商进入其市场。其目的就是阻止外来新的零售商的进入。信息缺乏是国际物流的又一壁垒。除有关市场规模、人口和竞争状况等的信息有限外，用于明确进口业务和有关单证方面的信息往往也难以得到协调。绝大多数国家政府要求有关单证在货物装运前必须备齐和处理完毕。在许多情况下，如果单证有瑕疵，货物装运就会延迟或被扣押。显然，正确的单证流程对所有的装运来说很重要，而对国际运输来说更是重要。

2) 金融壁垒

国际物流中的金融壁垒由预测和机构的基础结构产生。预测在任何情况下进行都是十分不易的，在全球环境下预测尤其困难。国内预测面临的挑战是要在顾客趋势、竞争行为和季节性波动的基础上进行单位销售量和销售金额的预测；而在全球环境下，这些预测还必须结合汇率、顾客行为以及复杂的政府政策等。机构的基础结构壁垒产生于在如何协调中间人作业方面的差异，其中包括银行、保险公司、法律顾问和运输承运人等。金融上的不确定因素以及机构上的不确定因素，使得厂商难以规划其产品需求和金融需求，厂商不得不增加存货、增加运输的前置时间以及增加全球物流作业的金融资源等。

3) 配送渠道壁垒

国际物流还要面对诸如基础结构标准化和贸易协定等方面差异而形成的国际物流壁垒。基础结构标准化方面的差异是指运输和材料搬运设备、仓库设施和港口设施以及通信系统的差异。全球运输设备，如运输工具的尺度、能力、重量和轨道规格等未被标准化时，国际物流的费用和时间势必会增加。贸易限制壁垒也能影响国际渠道或配送决策。在国际贸易中，关税和非关税壁垒的应用，在一定程度上降低了进口量。这样进口商通常就会使用在保税仓库里建立存货的方法，但这种策略虽减少了关税费用，但却增加了物流活动的复杂性及其成本。

4) 定价和汇率

定价是一种与营销有关的壁垒。汇率对商品在国际市场上的价格影响很大，经营德国汽车零件的美国配送商所遭遇的境况就能说明汇率是如何影响物流需求的。美国配送商的通常做法是尽可能晚地订购补充零件，以减少风险和投资。然而，当欧元对美元的比价在上升时，采取低成本战略的厂商就会反过来储备零件，以充分利用有利的汇率。

14.4.2 国际物流发展趋势下的供应链管理

20 世纪 80 年代以后，物流国际化逐渐成为世界性趋势。西方主要国家为了实现与对外贸易不断扩张相适应的物流国际化，采取了建立物流信息网络，加强物流全面质量管理等一系列措施，提高物流国际化的效率。到 20 世纪 90 年代，国际物流的概念和重要性已为各国政府和外贸部门所普遍接受。贸易全球化必然要求物流国际化，即物流设施国际化、物流技术国际化、物流服务国际化、货物运输国际化、包装国际化和流通加工国际化等。人们已经形成共识：只有广泛开展国际物流合作，才能促进世界经济繁荣——物流无国界。

1. 供应链管理与国际物流

面对入世后的严峻挑战，管理仍然是目前国内物流企业最迫切需要解决的问题，从供应链管理的角度来考虑企业的整个生产经营活动，形成这方面的核心能力，对广大企业提高竞争力将是十分重要的。

供应链的概念是从扩大的生产(Extended Production)概念发展来的，它将企业的生产活动进行了前伸和后延。譬如，在日本丰田公司的精益协作方式中就将供应商的活动视为生产活动的有机组成部分而加以控制和协调，这就是向前延伸；后延是指将生产活动延伸至产品的销售和服务阶段。因此，供应链就是通过计划(Plan)、获得(Obtain)、存储(Store)、分销(Distribute)、服务(Serve)等这样一些活动而在顾客和供应商之间形成的一种衔接(Interface)，从而使企业能满足内外部顾客的需求。具体来说，供应链是围绕核心企业，通过对信息流、物流、资金流的控制，从采购原材料开始，到制成产品，最后由销售网络把产品销售给用户以连成一个整体的功能网链结构模式。供应链中包含有不同的成员，除了组织内部门，还包括供应商、制造商、分销商、零售商、物流配送商和信息系统供应商以及消费者等。

全球化条件下的供应链是一个范围更广的企业结构模式，它以市场需求为导向，以客户需求为中心，以核心企业为盟主，将客户、研发中心、供货商、制造商、分销商、零售商、服务商，按协同产品商务(CPC)和双赢模式连成一个完整的功能网链结构，强调供应链上的各结点企业是一个不可分割的有机整体。要特别指出的是，供应链不是通常理解的机械上的链式结构，而是一种复杂庞大、交叉纵横的网络系统，是商品生产供需关系的系统工程的形象表达。

供应链管理就是通过对信息流、物流、资金流、业务流和价值流的分析和控制，达到对客户需求、产品研发、原材料采购、产品制造、产品销售和产品服务各环节及供应链资源的有效的规划和控制。供应链管理的核心，是在生产商、供应商、分销商、零售商和最终客户之间，通过实现供应链环节中各企业的信息沟通、数据互换和协同工作，改造和整合企业的内部和外部业务流程，从而实现整体上更为高效的生产、分销、销售和服务活动，通过缩短交货周期、降低周转库存、缩小客户响应时间，增加企业的赢利能力。

自 20 世纪 90 年代以来，由于全球信息网络和全球化市场形成及技术变革的加速，使得各国企业围绕新产品的市场竞争日趋激烈；技术进步和需求多样化，又使产品寿命周期不断缩短；因而各国企业面临着缩短交货期、提高产品质量、降低成本和改进服务的压力。企业如何以更高的产品价值、更优的产品质量、更低廉的成本、更快捷的市场反应速度和更满意的服务与竞争者抗衡，以占领尽可能大的市场份额，成为企业经营战略的核心。但是传统的生产企业与经销商、与供应商之间的交易关系是低效率的被动合作；而生产企业及其上下游企业与同业对手的竞争，取决于关联企业整体之间竞争的结果。因此，企业以加强合作来提高竞争力，共同将利益蛋糕做大，建立一种"共赢"的战略合作伙伴关系，从而产生了国际范围内的供应链及供应链管理。

在国际化供应链管理中，合作是其管理的核心。但由于供应链中各企业自身内部的业务调整变化或外部环境的变动，供应链成员之间的合作是不稳定的，经过一定的时间就要及时做出调整，重新进行选择和优化，所以供应链不是一成不变的，而是动态发展的。

造成国际化供应链成员合作不稳定的因素是多方面的。例如合作伙伴选择不当、信息不对称、利益分配不公以及激励机制不合理等。供应链成员的关系很复杂，成员之间的关系既可能是竞争性的，同时又可能是合作性的。这种关系被称作"竞合"(Cooperation)关系。成员之间因利益之间的冲突而竞争，因共同利益的存在而合作。成员都会从这种竞合关系中获益。

2. 适应国际物流发展需要的供应链管理

1) 国际化背景下供应链管理特点

适应国际物流迅速发展的供应链管理与传统的物料控制及储运管理等常规物流活动相比较有其自身的特点。

(1) 供应链是一个整体，它是围绕着整体物流目标而建立起来的一种具有高度适应性的跨国界企业的"合作—竞争"模式，而不单单是由采购、制造、分销、销售等活动所构成的一些分离的功能块。

(2) 供应链管理要求对整个供应链进行动态的战略决策，并最终依靠这种动态的战略决策进行管理。

(3) 在供应链管理中，库存活动并不一定是必须的一项功能，库存活动只是起平衡产销作用的最后的工具。

(4) 作为跨国界的企业管理，供应链管理要求采用系统的、集成化的管理方法来统筹管理整个供应链的各个功能。

(5) 支撑供应链管理顺利进行的是现代化的网络信息技术。

2) 国际化背景下供应链管理目标和科学管理思路

适应国际物流发展趋势的供应链管理是对整个供应链系统进行计划、协调、操作、控制和优化的各种活动和过程，其目标是在总成本最小的条件下，将顾客所需正确的产品(Right Product)，能够在正确的时间(Right Time)，按照正确的数量(Right Quantity)、正确的质量(Right Quality)和正确的状态(Right Status)送到正确的地点(Right Place)。这就是6R标准。对于物流企业来说，它的最直接的运营目标就必然是以物流效率为中心，操作方面就是在JIT(Just In Time)的思想下，通过跨企业管理，努力降低物流成本，积极缩短物流周期，编制相应计划，控制整个供应链，使物流过程最合理。

以下是在国际化背景下供应链管理的思路。

(1) 供应链管理中降低物流成本侧重于非价值增值环节的成本，如库存成本、在途制品成本和运输成本。在现代化的网络信息支撑下，原本看似从销售商到制造商再到供应商逐个完成的环节，可以"同时"进行。这就使原来存在于它们之间的因需求不确定而建立的缓冲库存被取消，在供应商与制造商之间建立转运中心，在制造商与销售商之间建立配送中心，这种中心集中管理各供应链的库存，从而降低原来链中分散的各企业单独仓库的库存成本，通过库存的集成管理，最终达到降低整个库存成本的效果。此外，转运中心和配送中心还可以统一组织运输，完成供应商、制造商、销售商之间的库存中转任务，极大地降低整个供应链的运输成本，加快物流周转速度。

(2) 供应链管理过程充分体现了及时生产的思想。在供应链的及时生产体系下，供应商及时将原料(配件)送至制造商，制造商及时将产品送至销售商。供应链准时生产的基础是在快速电子信息条件下，三者制订同步的生产、发货计划。另一基础是链中核心制造商的生产能力和柔性，因为它把握着链中物流的节奏，其生产能力决定是否准时向需要供货的销售商运输产品，其生产柔性决定能否随需求变化而变化生产。

(3) 运用价值链思想进行供应链管理。一体化物流(Integrated Logistics)是20世纪末以来最有影响的物流趋势之一，其基本含义是指不同职能部门之间或不同企业之间通过物流上的合作，达到提高物流效率，降低物流成本的效果，包括垂直一体化、水平一体化和物流网络一体化。其中应用最广泛的是垂直一体化物流，它要求企业将提供产品或运输服务等的供货商和用户纳入管理范围，并作为物流管理的一项中心内容，为解决复杂的物流问题提供了方便。随着垂直一体化物流的深入发展，对物流研究的范围不断扩大，在企业经营集团化和国际化的背景下，美国人Michael Porter首先提出了"价值链"的概念，并在此基础上，形成了比较完整的供应链理论。

价值链概念把企业看做是一综合了设计、生产、销售、配送和管理等活动的集合体。企业要生存发展，必须为企业的股东和其他利益集团创造价值。企业的增值活动就是一系列互不相同但又关联的经济活动，其总和即构成企业的"价值链"，而每一项经营管理活动就是这一"价值链条"上的一个环节，它们都对企业的竞争优势和核心能力产生直接影响。

企业所创造的价值来自企业价值链上特定的价值活动，是企业价值链的"战略环节"。企业的竞争优势，尤其是能够长期保持的优势，就来自于战略环节。而物流在价值链的主体和辅助活动中以及上、下游环节里占据着重要地位。采购、内部物流、外部物流等活动都与企业供应链管理密切相关，是企业的增值活动，当然就是企业的战略环节。事实证明，企业运用价值链思想对自身进行物流供应链管理具有获取成本优势以及生产率优势的巨大潜力，同时赢得市场竞争优势的前景也很大。

总之，随着信息技术的发展与管理思维的创新，有效的供应链管理和现代物流正取而代之成为公司赢得竞争优势的重要源泉。以前的竞争是企业与企业之间的竞争，以后的竞争将是供应链与供应链之间的竞争。

3. 供应链管理中几个不可忽略的关键环节

1) 建立基础数据库

供应链管理计划是保证供应链及时响应用户需求、保证链中各企业的正常运转、降低物流成本、提高物流效率的基础。因此，它必须以充分准确的信息为条件，这就使建立各企业的基础数据库成为供应链管理中的基础环节。

2) 编制管理计划

企业通过网络互访数据库，获得编制计划的信息，并结合本企业情况编制计划，这一过程一般是从销售商开始的。

销售商根据用户需求和实际库存等信息编制销售计划；配送中心根据销售商的需求计划和自己实际库存等信息编制配送计划；制造商根据配送计划、销售计划结合自身能力编制生产计划；转运中心根据生产计划和现有库存等信息编制运转计划；供应商根据运转计划、生产计划和自己供货能力编制供应计划，这样一步步完成从销售商到供货商的计划编制。

3) 核心企业相对集权

当市场需求变化时，需求信息通过网络传递给各企业，进而反映在各自计划中，此时各企业都是计划中心兼控制中心，其中，需求变动较大时，核心企业相对集权对供应链进行协调和控制至关重要。

4) 供应链合作伙伴关系的建立

要通过供应链管理获取竞争优势，就需要建立上下游企业之间的合作关系，并使其保持异质的特征。就此而言，合作意愿是前提，能力互补是基础，异质特征是条件，有效治理是保证。进一步讲，实施供应链管理所必需的前提条件，就是树立合作竞争的经营理念，并确立面向合作的企业文化。作为合作基础的资源与能力的互补性，则是上下游企业间资源与能力的固有特性。由于上下游企业间的合作不仅产生新的、为竞争者难以观察和模仿的异质资源与能力，也对竞争产生一定的限制作用，供应链管理尤其适合关系租金的产生。当合作企业将其互补资源与能力进行结合，并使其产生协同效果时，就可使这种结合变得更有价值、更稀有和更难以模仿。一般而言，协同效果越大，其结合就越有价值、越稀有、越难以模仿，相应地，其产生关系租金的潜力也就越大。

总之，在当今经济一体化、企业相互依赖、用户需求个性化的环境下，供应链管理日益成为企业新的竞争战略。从供应链的角度来考虑企业的经营管理在我国还处于起步阶段，目前在研究和应用上都很缺乏。我国企业和学术界都应高度重视，根据我国国情和企业实际，开展有自己特色的供应链管理的研究和实践。

14.4.3 经济全球化背景下的国际物流管理发展趋势

21世纪全球经济将进一步增长，尤其是发展中国家的经济增长将不可抑制，伴随着经济全球化增长的国际物流将会得到迅猛的发展。国际物流是经济全球化的产物，也是推动经济全球化的重要服务业。国际物流的发展趋势可以归纳为以下6个方面。

1. 国际物流的信息化

国际物流信息化是整个社会信息化发展的必然要求，也是物流得以发展的最基本要素。电子商务的迅速发展促使了电子物流的兴起。国外物流企业已经形成了以系统技术为核心，以信息技术、运输技术、配送技术、装卸搬运技术、自动化仓储技术、库存控制技术、包装技术等专业技术为支撑的现代化国际物流装备技术格局。信息化是基础，没有国际物流的信息化，任何先进的技术装备都不可能用于物流领域，电子商务信息技术及计算机技术在国际物流中的应用将会彻底改变世界物流的面貌和格局。

2. 物流运作全球化

21世纪是一个物流全球化的时代，物流发展规模和物流活动范围将进一步扩大。全球跨国货物交易总额逐年增加。要满足全球化的物流服务，物流企业必须向集约化、协同化方向发展，形成规模效益。如积极展开并购，争取更大的市场份额；整合物流能力，创造新的物流价值；建立物流园区，实现企业物流协同化发展。

3. 物流服务规范化

面对 21 世纪更加激烈的市场竞争和迅速变化的市场需求，为客户提供日益完善的增值服务，满足客户日益复杂的个性化需求将成为现代物流企业生存和发展的关键。国际物流服务范围将不仅仅限于一项或一系列分散的外协物流功能，而是更加注重客户物流体系的整体运作效率与效益。随着合同导向的个性化服务体系的建立，物流市场的服务标准将逐渐趋于规范化。在物流服务产品化的初期，众多物流产品之间往往千差万别，市场尚未形成公认的行业服务标准。这在某种程度上阻碍了物流产品的优化和服务成本的下降，并加剧了替代品的竞争。随着合同导向的客户服务观念的确立与普及，以及物流服务产品化、市场化的继续发展，国际物流市场的服务标准将逐渐趋于规范化。

4. 国际物流智能化

智能化是信息化的一种高层次应用，国际物流作业过程涉及大量的运筹和决策，如库存水平的确定、运输路径的选择、自动导向车的运行轨迹和作业控制、自动分拣机的运行、物流配送中心经营管理的决策支持等，这些问题都需要借助于大量的知识才能解决，在物流的自动化进程中，物流的智能化是不可回避的技术难题。为了提高物流自动化水平，国际物流的智能化已经成为国际物流发展的一个新趋势。

5. 国际物流社会化

跨国企业特别重视通过外包物流环节，以整合全球物流资源，降低供应链成本，增强核心竞争力。随着经济全球化、电子商务以及信息技术的不断发展，供需鸿沟的扩大，第三方物流向第四方物流转变也成为未来发展的趋势，第四方物流将进一步促进物流服务外包化。由于全球工业巨头们倾向于选择能同时提供第三方物流和第四方物流服务的独家物流商，这一趋势将导致第三方物流和第四方物流在业务范围上的整合。

6. 国际物流绿色化

物流与全球经济的发展是相辅相成的，现代国际物流一方面促进了国民经济从粗放型向集约型转变，另一方面成为消费生活高度化发展的支柱。然而，无论是在"大量生产—大量流通—大量消费"的时代，还是在"多样化消费—有限生产—高效率流通"的时代，都需要从环境的角度对物流体系进行改进，即需要形成一个与环境共生型的国际物流管理系统。全球经济的发展必须建立在维护地球环境的基础上，对资源的开发和利用必须有利于下一代环境的维护以及可持续发展。因此，为了实现长期、持续发展，就必须采取各种措施来维护自然环境。而物流活动过程却会对环境产生很多不利的影响，如运输工具带来的噪声、废气排放污染环境，货物包装物、衬垫物等生活中废弃物的不当处理对环境所造成的影响及存在火灾隐患等。为此，21 世纪对物流提出了新的要求，产生了绿色物流的理念。在开展国际物流活动的同时要考虑环保和可持续发展的问题。

本 章 小 结

国际货物运输是指货物在国家与国家、国家与地区之间的运输。国际货物运输又可分为国际贸易物资运输和非贸易物资(如展览品、个人行李、办公用品、援外物资等)运输两种。

国际货物运输合理化的基本要求是"安全、迅速、准确、节省、方便"。

国际物流仓储是指以改变货物流通的时间状态和调整供需之间的时间差异为目的的一种物流业务活动。国际货物仓储的两种代表形式是保税仓库、保税区。

国际货物配送是指在不同国家或地区之间,根据客户要求,对国际流通货物进行拣选、加工、包装、分割、组配等作业,并按时送达目的地的物流活动。

在激烈的国际市场竞争中,企业为了集中精力发展自己的核心业务,往往需要将非核心业务外包给更加专业的企业来完成,从而实现快速响应市场需求、不断提高其核心竞争力的目的。因此,更多的企业在参与国际市场竞争时将国际货运代理、国际船舶代理、国际快递等业务委托给专业的第三方来完成。

20世纪80年代以来,贸易全球化必然要求物流国际化的发展趋势,即物流设施国际化、物流技术国际化、物流服务国际化、货物运输国际化、包装国际化和流通加工国际化等。随着全球经济的快速发展,人们已经形成共识:只有广泛开展国际物流合作,才能促进世界经济繁荣——物流无国界。

关键术语

国际物流	国际贸易	国际运输
国际仓储	国际配送	国际货运代理
国际船舶代理	国际快递	

课堂讨论

1. 国际物流与国内物流研究侧重点有哪些不同?
2. 针对经济全球化背景下的国际物流发展趋势,说明我国国际物流发展应采取哪些措施。

综合练习

1. 名词解释

国际物流;国际运输;国际仓储;国际配送;国际货运代理;国际船舶代理;国际快递;大陆桥运输

2. 填空题

(1) 根据商品在国与国之间的流向分类,国际物流可以分为_____和_____。
(2) 从贸易的角度来说,_____就是一种无形的国际贸易。
(3) 国际货物运输合理化的"十字方针"是: _____、_____、_____、_____、_____。
(4) _____主要设立在发运出口货物的沿海港口城市,主要用于储存口岸、内地外贸企业的货物。
(5) _____是一种最为快捷的运输方式,特别适合于各种急需物品和文件资料。

3. 简答题

(1) 简述国际物流和国际贸易的关系。
(2) 简述国际货物运输的任务。
(3) 国际船舶代理有什么作用?
(4) 国际货物配送与国际货物运输有何区别?

4. 论述题

(1) 论述国际物流发展中的影响因素。
(2) 试论国际物流发展趋势下的供应链管理。
(3) 试论经济全球化背景下的国际物流管理发展趋势。

案例分析

瑞士邮政物流发展经验值得我国邮政物流改革借鉴

2009 年 4 月,国家邮政局代表团赴瑞士伯尔尼参加 "2009 年万国邮联经营理事会年会"并重点对瑞士邮政普遍服务、政府监管工作进行考察。考察团成员——北京邮政局局长胡仲元认为,从考察情况看,瑞士邮政普遍具有服务水平高、邮件处理能力强、市场开放适度有序、事业发展呈良性循环 4 个鲜明特色。瑞士邮政发展经验值得我国在邮政改革中学习和借鉴。

1. 邮政局网点星罗棋布,城乡居民一户一箱

考察期间,代表团拜会了万国邮联国际局总局长、副总局长,参观了苏黎世信函处理中心,听取了瑞士邮政监管局局长关于如何开展邮政监管工作的介绍。胡仲元说,据万国邮联 2007 年统计资料,在瑞士国土面积 4.1 万平方千米、人口 748 万的土地上,拥有 2462 个固定邮局,每个邮局服务面积 16.7 平方千米、服务人口 3039.7 人;同时,设有 1050 个流动邮局和 2.06 万个信箱(筒)。从局所数字看,同发达国家一般每个邮政局所服务 5000 人至 6000 人相比领先很多,同我国每个邮政局所服务 2 万至 3 万人相比,更显超前。

在瑞士,无论海拔 3500 米的高山冰峰旅游滑雪地,还是平原湖边宾馆旅店旁,均有正规邮局提供服务。胡仲元说,瑞士城镇邮政局所设置以步行 20 分钟路程为标准。另外,信报箱设置同样十分到位,一户一箱,既方便邮局插箱投递,也方便用户收取邮件。信报箱功能设计十分人性化,箱体分为上下两部分,上放邮件,下放物品;上面装门装锁,下面装门不装锁;上层专用,下层公用。瑞士全国城乡居民邮政投递服务已实现均等化,100% 的人口均能享受上门投递服务。

2. 电子分拣高科技，邮件处理快速准确

瑞士现有邮件处理中心 18 个，其中信函分拣中心 9 个，退信中心 2 个。苏黎世信函处理中心规模大、现代化程度高，令人耳目一新。瑞士全国日处理信函 1500 万件，其中苏黎世 700 万件，高于北京邮件处理中心 1 倍以上。该中心有员工 1200 人，固定员工占 2/3，实行"三班倒"，昼夜不停地作业。中心对平信、快信(该业务在我国被取消，只有特快专递)分别处理，对散户、大客户区别对待，对时限要求高的报纸杂志甚至商业广告，由用户或邮局先装入标准信封再进行机器分拣，并按不同时限、不同工作量计算成本合理收费。由于平信不慢，快信很快，邮政服务真正做到了迅速、准确、安全、方便，从人民群众到工商业主、机关团体都乐于通过邮政渠道传递邮件。

3. 市场开放适度有序，专营保护落实到位

依据法规规定，瑞士目前 100 克以内的信件由邮政企业专营，2009 年 7 月之后根据欧盟指令规定将其降为 50 克。瑞士共发给非邮政社会快递公司 35 张经营许可证，其中经营信函许可证 9 张，经营包裹许可证 26 张，物流不在邮政监管范围之内。邮政由于网络能力强、处理时效快、服务质量好，信函市场占有率达 99%。

从管理体制上看，瑞士邮政归瑞士联邦所有，其董事会及其主席由联邦委员会任命。在国家支持保护下，瑞士邮政除了提供邮政服务外，还提供金融、物流和客运(邮政巴士)服务，已成为以服务国计民生为特点的瑞士国内第二大国有企业。由于社会认可程度高，人们对其"混业经营"乃至在营业厅内出售便民百货普遍接受，既不反其"垄断"也不让其"拆分"。

4. 规模经营产生效益，邮政发展良性循环

据 2007 年统计信息，该国邮政年营业收入 87.1 亿瑞士法郎，净收益 9.09 亿瑞士法郎，其中信函收入占总收入的 34.5%，包裹、物流占 16.8%，金融占 22.2%，其他占 26.5%，集邮占 0.55%;年人均交寄信函 717 封，名列世界前茅，大大超过了世界平均水平，更为我国近百倍。令人鼓舞的是，邮政普遍服务在绝大多数国家中是亏损的，瑞士邮政却一直赢利，2008 年已超过 10 亿瑞士法郎，其中普遍服务占 90%。代表团被告知，瑞士邮政不但简单再生产能自己独立维持，扩大再生产亦不用政府投入或向非邮政快递公司收取普遍服务基金。

5. 我国邮政改革应重点把握 4 个基本点

胡仲元说，以上可以看出，瑞士的邮政改革始终坚持国家开办、国家所有、履行普遍服务职责、按企业式经营但不搞私有化三原则，与时俱进，稳步前行，越做越大，越做越强。胡仲元认为，在我国邮政改革中，有 4 个基本点应重点把握。

(1) 定好位。进一步明确各相关主体应承担的责任、权利和义务。

(2) 建好网。应加大中央和地方政府对公共邮政网络建设的投入，为邮政普遍服务提供物质基础保障。

(3) 服好务。当前，要本着"以人为本"的精神，突出解决因邮政局所、信报箱、村邮站等配套建设不到位造成的城乡居民通邮、用邮不便问题。

(4) 管好市场。邮政普遍服务不属于市场行为，但又存在于市场领域。一个时期以来，由于政策失误造成邮政过度放开，造成无序竞争。国家有必要采取"保护合法、纠正违规、打击违法、取缔非法"措施，确保"邮政在前，安全在后"的国家信息安全保障机制得以继续维系并加强完善。

总之，要按照邮政事业生存、发展的客观规律办事而不脱离实际、主观臆断行事。这样，经过较长一段时间的努力，瑞士邮政的今天可以变成中国邮政的明天或后天。

资料来源：http://www.examda.com

思考分析题：

1. 瑞士邮政物流的鲜明特色是什么？
2. 瑞士邮政物流有哪些经验值得我们借鉴？
3. 我国邮政物流发展改革的重点有哪些？

参 考 文 献

[1] 齐二石，刘亮．物流与供应链管理[M]．北京：电子工业出版社，2007．
[2] 夏春玉．物流与供应链管理[M]．大连：东北财经大学出版社，2007．
[3] 王之泰．现代物流管理[M]．北京：中国工人出版社，2001．
[4] 汝宜红．配送中心规划[M]．北京：北京交通大学出版社，2002．
[5] 刘寅斌，刘晓霞，熊励．物流战略规划与实施[M]．北京：电子工业出版社，2008．
[6] 刘仲康，郑明身．企业管理概论[M]．武汉：武汉大学出版社．2005．
[7] 阎子刚．物流运输管理实务[M]．北京：高等教育出版社，2006．
[8] 张理，李雪松．现代物流运输管理[M]．北京：中国水利水电出版社，2005．
[9] 田源．物流管理概论[M]．北京：机械工业出版社，2006．
[10] 刘明菲，王槐林．物流管理[M]．北京：科学出版社，2008．
[11] 周启蕾．物流学概论[M]．北京：清华大学出版社，2005．
[12] 赵刚，周鑫，刘伟．物流管理教程[M]．上海：上海人民出版社，2008．
[13] 马士华，林勇．供应链管理[M]．2版．北京：机械工业出版社，2005．
[14] 查先进．物流与供应链管理[M]．武汉：武汉大学出版社，2004．
[15] 林自葵．货物运输与包装[M]．2版．北京：机械工业出版社，2010．
[16] 戢守峰．物流管理新论[M]．北京：科学出版社，2004．
[17] 郑克俊．仓储与配送管理[M]．2版．北京：科学出版社，2010．
[18] 邬星根．仓储与配送管理[M]．上海：复旦大学出版社，2005．
[19] 黄静．仓储管理实务[M]．大连：大连理工大学出版社，2007．
[20] 严余松．物流信息与技术[M]．成都：西南交通大学出版社，2006．
[21] 王蔌兰，谢颖．物流信息技术[M]．北京：清华大学出版社，北京交通大学出版社，2007．
[22] 赵家俊，于宝琴．现代物流配送管理[M]．北京：北京大学出版社，2004．
[23] 刘仁军．物流管理通论[M]．武汉：武汉大学出版社，2008．
[24] 王新利．物流管理[M]．北京：中国农业出版社，2005．
[25] 张理．现代物流案例分析[M]．北京：中国水利水电出版社，2005．
[26] 贲志宇．现代物流基础[M]．大连：大连出版社，2006．
[27] 祁晓霞，郭建名．现代物流管理概论[M]．北京：航空工业出版社，2008．
[28] 胡怀邦．物流管理学[M]．广州：中山大学出版社，2006．
[29] 高凤莲，舒良友．物流学概论[M]．徐州：中国矿业大学出版社，2006．
[30] 魏莺．电子商务物流管理[M]．北京：北京交通大学出版社，2006．
[31] 刘延平，李卫东．物流统计学[M]．北京：北京交通大学出版社，2006．
[32] 戴宗群，钱芝网．国际物流实务[M]．北京：中国时代经济出版社，2007．
[33] 江春雨，王春萍．国际物流理论与实务[M]．北京：北京大学出版社，2008．
[34] 逮宇铎，候铁珊，邢金有．国际物流管理[M]．北京：机械工业出版社，2006．
[35] 连桂兰．如何进行物流成本管理[M]．北京：北京大学出版社，2004．
[36] 傅桂林．物流成本管理[M]．北京：中国物资出版社，2004．

[37] 莫柏预，秦龙有. 物流与供应链管理[M]. 北京：中国商业出版社，2007.

[38] 张雪月. 现代物流学导论[M]. 北京：中国财政经济出版社，2005.

[39] 张庆. 物流管理[M]. 北京：科学出版社，2006.

[40] 王斌义. 现代物流实务[M]. 北京：对外经济贸易大学出版社，2003.

[41] 田源，周建勤. 物流运作实务[M]. 北京：清华大学出版社，北京交通大学出版社，2004.

[42] 彭彦平，王晓敏. 物流与包装技术[M]. 北京：中国轻工业出版社，2007.

[43] 刘万韬. 现代物流管理概论[M]. 北京：中国传媒大学出版社，2008.

[44] 钱廷仙. 现代物流管理[M]. 南京：东南大学出版社，2003.

[45] 汤齐，谢芳，王亚超. 物流技术基础[M]. 北京：中国铁道出版社，2008.

[46] 江少文. 现代仓储管理实务[M]. 北京：中国铁道出版社，2006.

[47] 陈杰伦，陈纪锋，缪兴锋. 物流设施与设备[M]. 广州：华南理工大学出版社，2006.

[48] 周建亚. 物流基础[M]. 北京：中国物资出版社，2007.

[49] 吴清一. 物流学[M]. 2版. 北京：中国物资出版社，2005.

[50] 何开伦. 物流成本管理[M]. 武汉：武汉理工大学出版社，2007.

[51] 刘敏. 物流管理概论[M]. 上海：上海交通大学出版社，2005.

[52] 李文斐，张娟，朱文利. 现代物流装备与技术实务[M]. 北京：人民邮电出版社，2006.

[53] 何三全. 综合运输与装卸机械[M]. 北京：人民交通出版社，2007.

[54] 孟祥茹，吕延昌. 现代物流管理[M]. 北京：人民交通出版社，2001.

[55] 陈子侠. 现代物流学理论与实践[M]. 杭州：浙江大学出版社，2003.

[56] 杨平安. 现代物流国际通用管理与成功案例典范[M]. 北京：新华出版社，2002.

[57] 徐章一. 敏捷物流：供应链一体化的价值实现[M]. 北京：中国物资出版社，2004.

[58] 刘志强，丁鹏，盛焕烨. 物流配送系统设计[M]. 北京：清华大学出版社，2004.

[59] 江少文. 配送中心运营管理[M]. 北京：高等教育出版社，2006.

[60] 方仲民. 物流系统规划与设计[M]. 北京：机械工业出版社，2003.

[61] 谭刚. 仓储与配送管理[M]. 北京：中央广播电视大学出版社，2005.

[62] 刘云霞，王富忠，彭鸿广. 现代物流配送管理[M]. 北京：清华大学出版社，北京交通大学出版社，2009.

[63] 杨希锐. 高级物流师[M]. 北京：机械工业出版社，2007.

[64] 张阿娟. 一体化供应链管理[M]. 上海：立信会计出版社，2006.

[65] 刘晓冰. 运营管理[M]. 大连：大连理工大学出版社，2005.

[66] 杨国明，尹衍波. 现代物流管理概论[M]. 北京：北京交通大学出版社，2007.

[67] 姜方桃，陈长彬. 供应链管理实务[M]. 武汉：武汉理工大学出版社，2007.

[68] 郑力，厉嘉玲. 供应链管理[M]. 北京：中央广播电视大学出版社，2006.

[69] 万志坚. 供应链管理运营实务与案例分析[M]. 北京：中国物资出版社，2006.

[70] 彭扬，伍蓓. 物流系统优化与仿真[M]. 北京：中国物资出版社，2007.

[71] 张文杰. 供应链管理[M]. 北京：化学工业出版社，2008.

[72] 魏修建. 电子商务物流管理[M]. 重庆：重庆大学出版社，2008.

[73] 伏建全. 怎样成为物流业中的王牌[M]. 北京：中华工商联合出版社，2007.

[74] 程一飞. 供应链管理[M]. 北京：人民交通出版社，2005.

[75] 葛晓敏. 电子商务物流管理[M]. 北京：中国水利水电出版社，2007.

[76] 甘嵘静，陈文林. 电子商务概论[M]. 北京：电子工业出版社，2006.

[77] 施先亮，李伊松. 供应链管理概论[M]. 北京：首都经济贸易大学出版社，2006.

[78] 阎子刚，刘雅丽. 供应链物流管理[M]. 北京：机械工业出版社，2007.

[79] 黄福华. 物流绩效管理研究[M]. 长沙：湖南人民出版社，2007.

[80] 钱芝网，王攀桂. 物流管理概论[M]. 北京：中国时代经济出版社，2007.

[81] 陈文汉. 电子商务物流[M]. 北京：机械工业出版社，2005.

[82] 孙元欣. 供应链管理原理[M]. 上海：上海财经大学出版社，2003.

[83] 魏文术. 企业物流成本管理与控制研究[D]. 武汉：华中科技大学，2007.

[84] 刘春霞. 工业企业物流成本管理[D]. 北京：中国物资出版社，2009.

[85] 闵亨锋. 基于供应链管理的企业物流成本控制策略研究[D]. 上海：上海交通大学，2006.

[86] 黄由衡. 物流成本管理理论及其应用[D]. 北京：中国物资出版社，2009.

[87] 杨头平. 企业物流系统成本分析与控制优化研究[D]. 武汉：华中科技大学，2008.

[88] 沈湘筠. 企业物流成本控制研究[D]. 大连：大连理工大学，2006.

[89] 刘俊茹. 企业预算管理历史分析及未来展望[D]. 厦门：厦门大学，2006.

[90] 张春华. 精益生产理论在供应链库存管理中的应用[D]. 兰州：兰州大学，2007.

[91] 李荣国. 物流企业质量管理研究[D]. 西安：长安大学，2006.

[92] 杨晓菲. 基于顾客需求的物流企业质量管理研究[D]. 西安：西安交通大学，2007.

[93] 徐超毅. 物流客户服务绩效评价研究[D]. 合肥：合肥工业大学，2006.

[94] 吴保峰. 物流服务能力的系统化认知与战略性获取[D]. 上海：同济大学，2006.

[95] 李肖钢. 社会物流服务绩效管理研究[D]. 武汉：武汉理工大学，2005.

[96] 赵晓艳. 我国物流管理的现状研究与对策[J]. 四川经济管理学院学报，2007，(02).

[97] 张国庆，叶民强，刘龙青. 企业物流成本核算研究综述[J]. 物流科技，2007，(03).

[98] 刘艳萍. 企业物流成本核算方法的设计研究[J]. 会计之友，2009，(14).

[99] 管慧芳，徐焕章. 基于作业成本法的企业物流成本管理[J]. 财会月刊，2009，(03).

[100] 曾照富. 成本分析理论及其应用[J]. 科技信息，2007，(16).

[101] 李会太. 物流成本的纵向控制[J]. 企业管理，2006，(05).

[102] 顾煜. 物流成本层次性分析与优化途径探析[J]. 中国流通经济，2005，19(11).

[103] 周宏. 物流战略联盟的组建及运营管理[J]. 商业研究，2006，(04).

[104] 叶海燕. 企业物流组织结构的演变与启示[J]. 物流科技，2006，(01).

[105] 黄福华. 现代企业物流质量管理的理论思考与途径分析[J]. 科技进步与对策，2001，18(9).

[106] 蒋俊锋. 我国物流企业顾客服务绩效评价研究[J]. 商业研究，2005，(06).

[107] 张妍. 物流服务及绩效评价[J]. 物流科技，2007，(10).

[108] 孔文. 国际物流发展趋势下的供应链管理[J]. 江西财经大学学报，2005，(01).

[109] 段嘉. 我国绿色物流发展的问题与策略分析[J]. 内蒙古科技与经济，2010，(01).

[110] 陈常菊，王炬香，于龙振，李国政. 供应链网络设计的概念架构和影响因素研究[J]. 物流技术，2006，(02).

21世纪全国高等院校物流专业创新型应用人才培养规划教材

序号	书名	书号	编著者	定价	序号	书名	书号	编著者	定价
1	物流工程	7-301-15045-0	林丽华	30.00	32	商品检验与质量认证	7-301-10563-4	陈红丽	32.00
2	现代物流决策技术	7-301-15868-5	王道平	30.00	33	供应链管理	7-301-19734-9	刘永胜	49.00
3	物流管理信息系统	7-301-16564-5	杜彦华	33.00	34	逆向物流	7-301-19809-4	甘卫华	33.00
4	物流信息管理	7-301-16699-4	王汉新	38.00	35	供应链设计理论与方法	7-301-20018-6	王道平	32.00
5	现代物流学	7-301-16662-8	吴健	42.00	36	物流管理概论	7-301-20095-7	李传荣	44.00
6	物流英语	7-301-16807-3	阚功俭	28.00	37	供应链管理	7-301-20094-0	高举红	38.00
7	第三方物流	7-301-16663-5	张旭辉	35.00	38	企业物流管理	7-301-20818-2	孔继利	45.00
8	物流运作管理	7-301-16913-1	董千里	28.00	39	物流项目管理	7-301-20851-9	王道平	30.00
9	采购管理与库存控制	7-301-16921-6	张浩	30.00	40	供应链管理	7-301-20901-1	王道平	35.00
10	物流管理基础	7-301-16906-3	李蔚田	36.00	41	现代仓储管理与实务	7-301-21043-7	周兴建	45.00
11	供应链管理	7-301-16714-4	曹翠珍	40.00	42	物流学概论	7-301-21098-7	李创	44.00
12	物流技术装备	7-301-16808-0	于英	38.00	43	航空物流管理	7-301-21118-2	刘元洪	32.00
13	现代物流信息技术	7-301-16049-7	王道平	30.00	44	物流管理实验教程	7-301-21094-9	李晓龙	25.00
14	现代物流仿真技术	7-301-17571-2	王道平	34.00	45	物流系统仿真案例	7-301-21072-7	赵宁	25.00
15	物流信息系统应用实例教程	7-301-17581-1	徐琪	32.00	46	物流与供应链金融	7-301-21135-9	李向文	30.00
16	物流项目招投标管理	7-301-17615-3	孟祥茹	30.00	47	物流信息系统	7-301-20989-9	王道平	28.00
17	物流运筹学实用教程	7-301-17610-8	赵丽君	33.00	48	物料学	7-301-17476-0	肖生苓	44.00
18	现代物流基础	7-301-17611-5	王侃	37.00	49	智能物流	7-301-22036-8	李蔚田	45.00
19	现代企业物流管理实用教程	7-301-17612-2	乔志强	40.00	50	物流项目管理	7-301-21676-7	张旭辉	38.00
20	现代物流管理学	7-301-17672-6	丁小龙	42.00	51	新物流概论	7-301-22114-3	李向文	34.00
21	物流运筹学	7-301-17674-0	郝海	36.00	52	物流决策技术	7-301-21965-2	王道平	38.00
22	供应链库存管理与控制	7-301-17929-1	王道平	28.00	53	物流系统优化建模与求解	7-301-22115-0	李向文	32.00
23	物流信息系统	7-301-18500-1	修桂华	32.00	54	集装箱运输实务	7-301-16644-4	孙家庆	34.00
24	城市物流	7-301-18523-0	张潜	24.00	55	库存管理	7-301-22389-5	张旭凤	25.00
25	营销物流管理	7-301-18658-9	李学工	45.00	56	运输组织学	7-301-22744-2	王小霞	30.00
26	物流信息技术概论	7-301-18670-1	张磊	28.00	57	物流金融	7-301-22699-5	李蔚田	39.00
27	物流配送中心运作管理	7-301-18671-8	陈虎	40.00	58	物流系统集成技术	7-301-22800-5	杜彦华	40.00
28	物流项目管理	7-301-18801-9	周晓晔	35.00	59	商品学	7-301-23067-1	王海刚	30.00
29	物流工程与管理	7-301-18960-3	高举红	39.00	60	项目采购管理	7-301-23100-5	杨丽	38.00
30	交通运输工程学	7-301-19405-8	于英	43.00	61	电子商务与现代物流	7-301-23356-6	吴健	49.80
31	国际物流管理	7-301-19431-7	柴庆春	40.00	62	国际海上运输	7-301-23486-0	张良卫	45.00

相关教学资源如电子课件、电子教材、习题答案等可以登录 www.pup6.com 下载或在线阅读。

扑六知识网(www.pup6.com)有海量的相关教学资源和电子教材供阅读及下载(包括北京大学出版社第六事业部的相关资源),同时欢迎您将教学课件、视频、教案、素材、习题、试卷、辅导材料、课改成果、设计作品、论文等教学资源上传到 pup6.com,与全国高校师生分享您的教学成就与经验,并可自由设定价格,知识也能创造财富。具体情况请登录网站查询。

如您需要免费纸质样书用于教学,欢迎登录第六事业部门户网(www.pup6.com)填表申请,并欢迎在线登记选题以到北京大学出版社来出版您的大作,也可下载相关表格填写后发到我们的邮箱,我们将及时与您取得联系并做好全方位的服务。

扑六知识网将打造成全国最大的教育资源共享平台,欢迎您的加入——让知识有价值,让教学无界限,让学习更轻松。

联系方式:010-62750667、dreamliu3742@163.com、lihu80@163.com,欢迎来电来信咨询。